GREEN BOOK

智库成果出版与传播平台

权威·前沿·原创

皮书系列为
"十二五""十三五""十四五"时期国家重点出版物出版专项规划项目

吉林文旅绿皮书
GREEN BOOK OF CULTURE AND TOURISM IN JILIN

吉林省文化和旅游发展报告
（2024）

ANNUAL REPORT ON CULTURE AND TOURISM OF JILIN
(2024)

主　编／丁晓燕
副主编／纪明辉　敬　然　朱　勇　陈春生

社 会 科 学 文 献 出 版 社
SOCIAL SCIENCES ACADEMIC PRESS (CHINA)

图书在版编目(CIP)数据

吉林省文化和旅游发展报告.2024／丁晓燕主编.
北京：社会科学文献出版社，2025.6.--（吉林文旅绿皮书）. -- ISBN 978-7-5228-5222-5

Ⅰ.G127.34；F592.734

中国国家版本馆CIP数据核字第2025PA3623号

吉林文旅绿皮书
吉林省文化和旅游发展报告（2024）

主　　编／丁晓燕
副 主 编／纪明辉　敬　然　朱　勇　陈春生

出 版 人／冀祥德
责任编辑／张丽丽
文稿编辑／吴尚昀
责任印制／岳　阳

出　　版／社会科学文献出版社·生态文明分社（010）59367143
　　　　　地址：北京市北三环中路甲29号院华龙大厦　邮编：100029
　　　　　网址：www.ssap.com.cn
发　　行／社会科学文献出版社（010）59367028
印　　装／三河市东方印刷有限公司

规　　格／开　本：787mm×1092mm　1/16
　　　　　印　张：24.5　字　数：366千字
版　　次／2025年6月第1版　2025年6月第1次印刷
书　　号／ISBN 978-7-5228-5222-5
定　　价／128.00元

读者服务电话：4008918866

版权所有 翻印必究

编 委 会

主 任　刘立新　马　克

成 员　丁晓燕　朱　勇　陈春生　金振林　金　硕
　　　　唐冰开　唐艺彬　盛连喜　曹保明　胡维革

主要编撰者简介

丁晓燕 吉林省社会科学院（社科联）党组成员、副院长，研究员，吉林省委、省政府决策咨询委员，吉林省委宣传部、吉林省文旅厅专家智库成员。系享受国务院政府特殊津贴专家、吉林省有突出贡献的中青年专业技术人才、吉林省拔尖创新人才。长期从事产业经济、文旅经济研究，近年来，主持、承担各级各类课题50余项，发表论文和研究报告百余篇，主编出版《吉林省文化和旅游发展报告》《吉林省文化产业发展解析》等。作为课题负责人，主持国家社科基金项目"振兴东北老工业基地战略跟踪研究"、国家发展改革委项目"寒地冰雪经济发展的政策研究"，相关研究成果得到中央政治局有关领导批示。先后完成了一批关于吉林省文化和旅游发展方面的课题，主要有省科技厅科技规划项目"吉林地域文化对经济发展的影响"，省发改委委托项目"吉林省文化产业发展报告"，吉林省社会科学院重大项目"吉林省文化产业发展的制约因素研究"，省文旅厅委托项目"吉林省全域旅游发展研究""吉林省乡村旅游发展的思路与对策研究""吉林省文化和旅游'十四五'规划中期评估"等。

纪明辉 吉林省社会科学院软科学开发研究所研究员，主要研究方向为文化与旅游发展。主持承担吉林省科技厅科技创新项目、吉林省哲学社会科学规划项目等省级各类项目10余项；出版专著10部，其中独立编撰出版1部，合著出版9部，参与《东北振兴与吉林旅游高质量发展》《吉林省文化产业发展解析》《吉林省旅游支柱产业培育研究》等著作撰写。在《社会科学战线》《中国社会科学报》等期刊报纸公开发表《吉林省发展冰雪旅游的优势、机遇及对策》《文化产业高质量发展的对策建议——以吉林省为例》《吉林省提升旅游业发展水平的思考》《对吉林省文化产业发展问题的探析》等论文20余篇。1项研究成果获得第十三届吉林省社会科学优秀成果奖研究报告类二等奖。

敬　然　长春财经学院教授，韩国嘉泉大学特聘教授，博士生导师，现任长春财经学院副校长。研究方向为数字经济、产业政策和农业经济，是"数字经济"吉林省黄大年式教师团队负责人、吉林省数字经济战略发展研究中心负责人、经济学省一流专业负责人、吉林省拔尖创新人才、吉林省有突出贡献专家，享受吉林省政府和长春市政府特殊津贴。担任国家社会科学基金项目评审专家、吉林省社会科学"十四五"规划学科专家、吉林省科技发展项目评审专家，兼任中国商业统计学会常务理事、吉林省数字经济学会副会长、中国现场统计研究会旅游大数据分会理事、全国工业统计教学研究会数字经济与区块链技术协会常务理事、中国科学与科技政策研究会企业创新专委会委员、吉林省农业经济学会常务理事、吉林省政治经济学学会理事等学术职务。主持完成各类省部级项目20项，发表SSCI、CSSCI论文20余篇，曾荣获吉林省"五一劳动奖章"，吉林省教学成果二等奖、三等奖，吉林省第九届教育科学优秀成果奖，吉林省高等教育学会第十二届优秀高教科研成果二等奖等奖项。

朱　勇　省旅游标准化技术委员会委员，省旅游协会首席专家顾问、专家委员会副主任委员兼秘书长。曾任吉林省旅游局副局长、梅河口市副市长、《中国旅游景区景点大辞典》（吉林省卷）指导委员会副主任兼编辑委员会主任、吉林林学院兼职教授。发表《多方筹措资金加快旅游业发展》《对我省旅游业发展的前瞻及思考》《积极开发我省农业旅游资源及项目》《安全—旅游生命线》等多项研究成果。是《旅游滑雪场等级划分与评定》《旅游漂流经营场所等级划分与评定》《旅游购物店等级划分与评定》《乡村旅游经营单位服务质量等级划分与评定》四个等级划分与评定标准,《旅行社安全管理规范》《星级饭店安全管理规范》《旅游景区安全管理规范》《自驾游安全管理规范》四个安全管理规范及《特色旅游名镇评价规范》共九个吉林省地方标准的主要起草人。

陈春生 吉林省文化企业商会秘书长、吉林省外国人文化服务基地秘书长,高级政工师,吉林大学工程仿生教育部重点实验室仿生运动装备课题组研究员,吉林外国语大学国际文化旅游学院、长春建筑学院文创产业学院、辽宁大学国际教育学院客座教授,辽宁大学民建研究院高级顾问、辽宁省沈阳市浑南区文化产业学术顾问,吉林省委宣传部、吉林省文化和旅游厅、吉林省体育局、长春市委宣传部、长春市文化广播电视和旅游局、吉林省残疾人联合会、吉林省餐饮文化研究院专家智库成员。兼任吉林省文化和旅游厅"新时代文明实践中心"专家智库小组组长、吉林省文化发展研究会副会长、吉林省残疾人事业宣传文体促进会副会长、吉林省会展协会副秘书长、《吉林省文化和旅游发展报告》副主编、《中国房车露营文化旅游手册》编委、吉林省教育厅多项全国大学生创业大赛评委。参与省市政府多项政策文件论证、重点课题研究、大型文旅项目调研,并发表多篇学术论文,所负责的商会被吉林省民政厅评定为4A级商会。

摘 要

《吉林省文化和旅游发展报告（2024）》（即"吉林文旅绿皮书"No.6），是由吉林省社会科学院组织编撰的第6本文化和旅游发展年度报告。本报告围绕党的二十届三中全会精神和习近平总书记在新时代推动东北全面振兴座谈会、宣传思想文化工作会议、全国旅游发展大会上的重要讲话、重要指示精神谋划选题并开展研究，聚焦文化和旅游高质量发展，结合文化和旅游领域的热点亮点，设计了总报告、文化篇、旅游篇、景区篇、地区篇、专题篇共六个篇章。全书包含1篇总报告和20篇专题报告，对吉林省文化和旅游发展进程和情况进行解析，对新时期吉林省文化和旅游的功能定位及发展趋势进行探讨和分析，为面临的发展难题提供对策建议。

本报告指出吉林省积极推动旅游业向万亿级产业目标迈进，全面推进文化强省、旅游强省、冰雪强省建设，走出了一条具有吉林特色的文化和旅游高质量发展之路。随着文化和旅游项目的推进、落实，以及各项文旅发展政策的出台，2024年全省文化和旅游发展取得了不错的成绩。旅游景区扩容增量成效显著，旅游产品供给更加多元，文化产业发展布局全面铺开，文化产业良好生态逐步构建，文创商品不断创新，文化事业加速繁荣。面对新的市场需求和发展要求，吉林省文化和旅游在发展中仍面临一些突出问题。但是，总体来看，文化和旅游发展具有向上向好的发展环境，并将保持持续的快速增长趋势。业态融合、创新创意和新质生产力将对文化和旅游高质量发展产生更加重要的影响。为推动全省文化和旅游业行稳致远，本报告建议吉林省应进一步优化旅游产品供给，加大品牌宣传力度，提升景区管理服务水

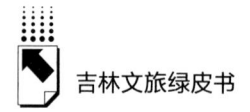

平，加强旅游特色化发展格局的塑造；壮大各类文化市场主体，培育文化产业新质生产力，推进文化产业数字化布局，加快文化产业规模的持续扩大；提升公共文化服务水平，完善文化遗产保护传承体制机制，有序推动文化事业繁荣发展；突出独特性和差异性，促进新型文旅消费新场景的打造；进一步加强资金和人才等发展要素对文化和旅游业的支撑作用。

关键词： 文化产业　旅游业　冰雪旅游　数字化转型

Abstract

Annual Reports on Culture and Tourism of Jilin (also known as the "Green Book of Culture and Tourism in Jilin No. 6) is the sixth annual report on cultural and tourism development organized and compiled by the Jilin Academy of Social Sciences. The report focuses on the spirit of the Third Plenary Session of the 20th Central Committee of the Communist Party of China and the important speeches and instructions of General Secretary Xi Jinping at the symposium on promoting the comprehensive revitalization of northeast China in the new era, the conference on propaganda, ideological and cultural work, and the National Tourism Development Conference. It plans to select topics and conduct research, focusing on the high-quality development of culture and tourism. Combining the hot spots and highlights in the fields of culture and tourism, it designs a total of six chapters, including the general report, culture reports, tourism reports, scenic spots reports, regional reports, and special topics. The book contains one general report and 20 special reports, analyzing the development process and situation of culture and tourism in Jilin Province, exploring and analyzing the functional positioning and development trend of culture and tourism in Jilin Province in the new era, and providing countermeasures and suggestions for the development difficulties faced.

This report points out that Jilin Province actively promotes the tourism industry towards the trillion level industry goal, comprehensively promotes the construction of a strong cultural province, a strong tourism province, and a strong ice and snow province, and has embarked on a path of high-quality development of culture and tourism with Jilin characteristics. With the promotion and implementation of cultural and tourism projects, as well as the introduction of various cultural and tourism development policies, the province has achieved good results in cultural and tourism development in 2024. The expansion and increment of tourist attractions have achieved significant results, the supply of tourism products has become more diversified, the development layout of the cultural industry has been fully deployed, a good ecological environment for the cultural industry has gradually been built, the innovation of cultural and creative products has been continued, and the prosperity of culture industry has been accelerated. Faced with new market demands and development requirements, Jilin Province's culture and tourism still face some prominent problem. However, the development of culture and tourism has a positive development environment and will maintain a sustained trend of rapid growth. The integration of business formats, innovative creativity, and new quality productivity will have a more significant impact on the high-quality development of culture and tourism. To promote the stable and far-reaching development of the cultural and tourism industry in the whole province, the report suggests that Jilin Province should further optimize the supply of tourism products, increase brand promotion, enhance scenic spot management services, and thus strengthen the shaping of the development pattern of tourism characteristics; should strengthen various cultural market entities, cultivate new quality productive forces in the cultural industry, promote the digital layout of the cultural industry, and accelerate the continuous expansion of the cultural industry scale; should enhance the level of public cultural services, improve the system and mechanism for cultural heritage protection and inheritance, and orderly promote the prosperity and development of cultural undertakings; should highlight uniqueness and differentiation, promote the creation of new cultural and tourism consumption scenarios; should further strengthen the supporting role of development factors such as funding and talent in the cultural and tourism industries.

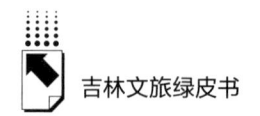

Keywords: Cultural Industry; Tourism Industry; Ice and Snow Tourism; Digital Transformation

目 录

Ⅰ 总报告

G.1 吉林省文化和旅游发展报告 …………………… 丁晓燕 纪明辉 / 001

Ⅱ 文化篇

G.2 吉林省红色文化资源保护利用研究 ………………………… 华海迪 / 027
G.3 吉林省文旅融合与数字文化产业协同发展研究
　　　………………………………… 赵昌洲 刘子瑞 蔺 丹 / 044

Ⅲ 旅游篇

G.4 吉林省文旅资源数字化创新发展
　　　——以长白山为例 ………………………………… 冯小珊 / 061
G.5 吉林省冰雪旅游竞争力评价与提升策略研究
　　　……………………………………………… 王荣成 朱昕妍 / 072
G.6 吉林省冰雪旅游绿色低碳发展路径研究 ……………… 于 杰 / 102

G.7　吉林省冰雪旅游产业数字化转型研究……………………杨絮飞 / 122

G.8　数字经济赋能吉林省乡村旅游高质量发展作用机制及实现路径
　　　　……………………………………………………………任新玉 / 143

G.9　吉林省旅游经济韧性及影响因素分析
　　　　………………………………………李秋雨　臧兴晨　米书依 / 160

Ⅳ　景区篇

G.10　吉林省旅游景区沉浸式演出创新发展研究…………邢　岩 / 176

G.11　吉林省A级景区数字传播能力提升策略研究………周丽君 / 196

G.12　高校微专业设立对景区托管模式优化的促进作用研究
　　　　……………………………………………………………张鹏翔 / 216

G.13　打牲乌拉文化助力长白山旅游品牌升级路径研究
　　　　……………………………………………………………胡　迪 / 235

Ⅴ　地区篇

G.14　长春市旅游形象可视分析及提升策略研究…………曹馨元 / 252

G.15　吉林市冰雪旅游游客感知价值与提升策略研究……姜春源 / 271

Ⅵ　专题篇

G.16　彭氏微刻技艺传承保护与产业化发展研究
　　　　………………………………………朱立春　高　宇　冯梓铭 / 290

G.17　长影集团实现突破升级的优势、路径与对策…………赵丙成 / 304

目　录

G.18　"吉字号"地域特色产品为拉动文旅消费提供品牌
　　　　支撑的研究 …………………………………………… 陈春生 / 311
G.19　新型中医药膳产业与文旅产业融合发展对策研究 …… 于泓坤 / 321
G.20　吉林省民宿价格空间分异及高质量发展研究 ………… 姜乃源 / 334
G.21　吉林省冰雪人才培养路径研究 ………………………… 李　倓 / 351

皮书数据库阅读使用指南

CONTENTS

I General Report

G.1 Culture and Tourism Development Report of Jilin Province
Ding Xiaoyan, Ji Minghui / 001

II Cultural Reports

G.2 Research on the Protection and Utilization of Red Cultural Resources in Jilin Province *Hua Haidi* / 027
G.3 Research on the Coordinated Development between the Integration of Culture and Tourism with the Digital Cultural Industry in Jilin Province
Zhao Changzhou, Liu Zirui and Lin Dan / 044

III Tourism Reports

G.4 The Digital Innovation Development of Jilin Province's
Cultural and Tourism Resources *Feng Xiaoshan* / 061

G.5 Research on the Competitiveness Evaluation and Development Strategy
of Ice and Snow Tourism in Jilin Province
Wang Rongcheng, Zhu Xinyan / 072

G.6 Research on the Green and Low Carbon Development Strategy of
Ice and Snow Tourism in Jilin Province *Yu Jie* / 102

G.7 Research on the Digital Transformation of Jilin Province's Ice and
Snow Tourism Industry *Yang Xufei* / 122

G.8 Mechanism and Implementation Path of Digital Empowerment for
High Quality Development of Rural Tourism in Jilin Province
Ren Xinyu / 143

G.9 Analysis of the Resilience and Influencing Factors of Jilin
Province's Tourism Economy *Li Qiuyu, Zang Xingchen and Mi Shuyi* / 160

IV Scenic Spot Reports

G.10 Research on the Innovative Development of Immersive Performances
in Tourist Attractions in Jilin Province *Xing Yan* / 176

G.11 Research on the Strategy for Enhancing the Digital Communication
Capability of A-level Scenic Spots in Jilin Province *Zhou Lijun* / 196

G.12 Research on the Promoting Effect of Establishing Micro majors in
Universities on Optimizing the Management Mode of Scenic Spots
Zhang Pengxiang / 216

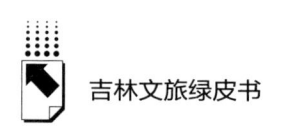

G.13　Research on the Path of Upgrading Changbai Mountain Tourism Brand with "Buthaula Culture "Assistance　　　*Hu Di* / 235

V　Regional Reports

G.14　Visual Analysis of Changchun's Tourism Image and Research on Improvement Strategies　　　*Cao Xinyuan* / 252

G.15　Research on the Value Perception and Enhancement Strategies of Ice and Snow Tourists in Jilin City　　　*Jiang Chunyuan* / 271

VI　Special Topics

G.16　Research on the Inheritance, Protection, and Industrialization Development of Peng's Microcutting Technique
　　　Zhu Lichun, Gao Yu and Feng Ziming / 290

G.17　The Advantages, Paths, and Countermeasures of Changying Group's Breakthrough Promotion　　　*Zhao Bingcheng* / 304

G.18　Research on providing brand support for promoting cultural and tourism consumption with regional characteristic products of "Jilin brand"
　　　Chen Chunsheng / 311

G.19　Research on the Countermeasures for the Integration of New Tonic Diet Therapy and Cultural Tourism Industry　　　*Yu Hongkun* / 321

G.20　Research on the spatial differentiation and high-quality development of homestay prices in Jilin Province　　　*Jiang Naiyuan* / 334

G.21　Research on the Path of Cultivating Ice and Snow Talents in Jilin Province
　　　Li Tan / 351

总报告

G.1 吉林省文化和旅游发展报告

丁晓燕 纪明辉[*]

摘　要： 2024年吉林省文化和旅游项目的推进以及各项文旅发展政策的出台，为文旅产业发展提供了支撑和保障，全省文化和旅游发展取得了较好成绩，旅游景区扩容增量成效显著，旅游产品供给更加多元，文化产业发展布局全面铺开，文化产业良好生态逐步构建，文创商品不断创新，文化事业加速繁荣。面对新的市场需求和发展要求，吉林省文化和旅游在发展中仍存在一些突出问题，如优质文旅产品有待开发，产业融合的深度和广度有待拓展，文化产业发展能级有待提升，文化企业市场竞争力有待提高，产业发展要素制约有待突破。吉林省文化和旅游发展面临总体向好的发展环境，并将持续快速增长，业态融合、创新创意和新质生产力将对其高质量发展产生更加重要的影响。为推动全省文化和旅游业行稳致远，吉林省应进一步塑造旅游特色化发展格局，促进文化产业提质增效，推进文化事业繁荣发展，打造新型文旅消费场景，强化发展要素支撑。

---

[*] 丁晓燕，吉林省社会科学院副院长、研究员，研究方向为文化产业、旅游经济；纪明辉，吉林省社会科学院研究员，研究方向为文化产业。

关键词： 吉林省 文化产业 旅游业 融合 高质量发展

2024年是吉林省推动《旅游万亿级产业攻坚行动方案》高质量落实的关键之年。这一年，吉林省坚持守正创新、提质增效，积极开拓文旅融合新局面，推动全省旅游向"万亿级"产业目标前进，更好发挥出文化和旅游的经济和社会效益，走出了一条具有吉林特色的文化和旅游高质量发展之路。党的二十届三中全会强调，要健全文化和旅游深度融合发展体制机制。高站位和全局性的谋划为吉林省推进文化和旅游深度融合发展明确了改革的方向、提供了改革的根本遵循，也为吉林省进一步推进文化和旅游工作明确了任务和方向。吉林省要把握机遇、突出优势、挖掘潜力，着力完善现代文化产业体系、旅游经济体系，持续推动文旅产业高质量发展，全面推进文化强省、旅游强省、冰雪强省建设，使文化和旅游业更好服务美好生活。

一 吉林省文化和旅游发展成效

（一）旅游发展新格局逐步构建

旅游景区扩容增量。截至2024年2月，吉林省A级旅游景区数量达302家，比2023年初的275家增加了27家，增加了9.8%；其中，5A级景区增加了1家，4A级景区增加了3家，3A级景区增加了12家，1A级景区增加了11家。吉林省5A级景区数量比辽宁省和黑龙江省均多2家，说明吉林省景区在资源特色、吸引力和管理方面具有一定的领先优势。2023年，吉林省A级旅游景区接待人数达9101.5万人次，占全省旅游接待人数（31449.73万人次）的28.94%；全省A级乡村旅游经营单位达741家，同比增长22.8%；丙级旅游民宿达33家，同比增长37.5%。[①]

---

① 资料来源：吉林省文化和旅游厅调研材料。

顶层设计日渐清晰。为更好发挥自身资源优势，基于"白山"、"松水"和G331旅游大通道旅游开发，2024年吉林省集中发布了三大规划，分别是《大长白山区域旅游发展规划》《松花江流域（吉林省段）旅游发展规划（修编）》《吉林省沿边开放旅游大通道旅游发展规划》。三大规划从顶层设计层面规划了全省"一山一水一通道"的旅游空间布局，确立了以大产业观和大品牌观推进全省地脉、水系、交通线路和旅游发展方向的思路和方法，也使吉林省旅游特色更加凸显。

文旅项目不断创新。吉林省坚持创新旅游产品，推进旅游项目落地，积极引入新玩法、搭建新场景，促进新项目、新产品加速生成。2023年建设文旅项目193个，同比增长46.2%；完成投资184亿元。[①] 多个文旅项目获得较好的市场反馈。长春市动植物公园"梦幻西游季·夜游动物园"系列演艺活动好评如潮，"雪饼猴"火爆出圈。长白山传奇文化发展有限公司飞行体验馆项目成功创评全国首批智慧旅游沉浸式体验新空间培育试点项目。长影旧址博物馆上演的"沉浸式博物馆"游览体验——"长影NPC"，吸引外地众多游客全方位体验长春电影文化的独特魅力。长春莲花岛影视休闲文化园探索"演艺+场景化"的创新发展新模式，通过融入影视文旅演艺、影视特色文创、影视剧本体验等丰富的文旅新业态，成为"中国旅游·旅游产品"创意案例、吉林省文旅产业高质量发展十佳案例。

融合场景彰显特色。吉林省以创新为核心，以体验为导向，不断增加优质供给，文旅消费新场景、新业态、新模式不断增多，有效满足了游客的消费需求。54路有轨电车是吉林省全新打造的文化、旅游、交通融合的新消费场景，成为城市流动风景，并入选2024中国文创地图。长春市红旗街"这有山"积极推进商贸与文旅的深度融合，举办国潮民乐音乐会、推出沉浸式戏剧，获得"全国首批SIT超级沉浸旅游项目"称号。延边州中国朝鲜族民俗园积极将民俗、演艺、传统建筑及餐饮相融合，打造出朝鲜族服饰

---

① 资料来源：吉林省文化和旅游厅调研材料。

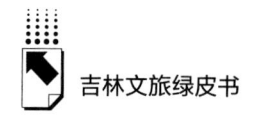

体验和创新旅拍的新消费场景，旅拍、美妆以及朝鲜族民族服装租赁等相关行业迅猛发展，2023年中国朝鲜族民俗园商业街的朝鲜族特色服装租赁店数量超过100家，而在2022年还只有3家。①

（二）旅游产品供给更加多元

生态保护与旅游发展相得益彰。吉林省坚定走生态优先、绿色发展之路，高标准开展生态环境保护，进一步筑牢长白山这一生态屏障，开展多项生态保护专项行动，长白山保护区生物多样性保护成效显著。长白山优质生态环境使其获得三张世界级名片，分别为"世界生物圈保护区""世界最佳自然保护地""世界地质公园"。长白山正逐步实现从单季旅游向全季旅游的蜕变。大长白山区域旅游创新发展联盟正式成立，持续塑造大长白山IP，推动旅游高质量发展。吉林省大力开展山水林田湖草生态保护修复工程，实施西部河湖连通工程，湖水质量和生态自我净化能力得到显著提升，查干湖水域面积扩大到420平方公里。2024年，查干湖景区晋升为国家5A级旅游景区，"大查干湖"旅游发展格局逐步确立。

"冰雪+"链条逐步延伸。吉林省冰雪产业保持领先，已建成5家国家级滑雪旅游度假地，数量居全国首位。2023~2024年雪季，全省冰雪市场加速升温，各项旅游数据均创历史新高，在全国范围内引起较大反响。"冰雪+"发展有力推进，冰雪与旅游、体育、养生等业态深度融合，优质旅游产品供给更加丰富。各地结合自身资源和文化特色推出具有创新创意的冰雪消费场景。如吉林市打造了江上游船赏雾凇全新IP，白山市推出"冰河穿越"等冰雪体验项目，松原市推出查干湖"定制式"冬捕、捺钵冰雪欢乐园等创新产品，延边州推出"雪国列车+民族歌舞表演"等新产品和新玩法，等等。在冰雪产业向制造领域延伸方面，吉林省加大对重型冰雪装备、轻型冰雪器材与智能型装备的支持力度，积极推动冰雪装备本土化。

---

① 资料来源：延边州调研材料。

红色旅游加速繁荣。吉林省拥有厚重、独特的红色资源，重视红色资源利用、红色基因传承工作，提炼形成"三地三摇篮"①红色标识，依托红色纪念馆、文博场馆以及红色旧址等开展的红色旅游渐成规模，特色凸显。省内各地积极推进红色资源与生态、乡村、工业、民俗、历史等资源的融合发展，推出系统化、集成化的红色主题展陈、红色研学和观光线路等，加快推动红色资源向发展优势转化。长春市推出一汽文旅1号体验示范线路，通过14个文旅线路点位的展示，体现吉林省"新中国汽车工业的摇篮"的历史地位。吉林市积极推动红色资源与雾凇、陨石、冰雪等旅游资源的整体开发和联合推介，以"博物馆之城"建设为契机，推动红色场馆提档升级。延边州将红色资源利用与乡村振兴相结合，推动红色乡村建设，打造串点成线、连线成面的红色特色村落。白山市将红色旅游景点与其他景观景点、文化景点相结合，推出内容更加丰富、体验更加多样的精品线路。

边境旅游扬帆起势。G331在吉林省域内起于集安市，止于珲春市，全长1437公里，沿途包含216个边境村。G331沿线自然景色优美，特色物产丰富，具备开发旅游项目和旅游产品的基础和优势。吉林省全力推进兴边富民行动，将G331沿线边境村发展摆在重要位置，着力强化G331沿边开放旅游大通道建设对边境村发展的引领作用。近年来，吉林省边境村基础设施和居民生活环境不断改善，各地通过有的放矢的政策和服务，推动边境旅游火热起来。通化市积极开展乡村旅游民宿培训、"巾帼助农直通车"进乡村等活动，为边境旅游格局加速构建提供支撑。2023年，全省边境村接待游客271万人次，同比增长180%；2024年1月至8月，边境村接待游客已达450万人次。② 边境村在维护国家安全、促进区域发展、传承民族文化中的重要作用越来越凸显。

---

① "三地三摇篮"为东北抗日联军创建地、东北解放战争发起地、抗美援朝后援地、新中国汽车工业的摇篮、新中国电影事业的摇篮、中国人民航空事业的摇篮。
② 李娜：《环境美　产业兴　人气旺——民营企业助力吉林边疆振兴发展走笔》，《吉林日报》2024年10月12日。

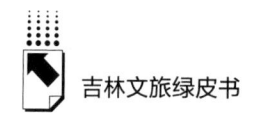

（三）文化产业发展呈现新局面

产业规模稳步扩大。规上文化企业数量增加，实力逐步提升。全省聚焦文化高质量发展，探索文化和科技融合的有效机制，推进文化和旅游深度融合，坚持以项目、企业、园区为依托，优化文化产业内部结构和布局，做大做优做强特色文化产业，拉长主导文化产业链条，文化产品和服务生产、传播、消费的数字化、网络化进程不断加快，文化产业结构调整稳步推进。2023年全年，全省文化产业规模以上企业新增41家，退库24家，净增17家，现有283家。从产业类型来看，文化制造业企业减少1家，文化批发和零售业与文化服务业企业均有所增长。按可比口径计算，2023年吉林省文化产业规模以上企业营业收入同比增长6.0%，高于东北地区平均水平（5.4%）0.6个百分点，高于2022年同期增速（4.7%）1.3个百分点。其中，重点骨干企业中独立核算营业收入过亿元的企业共计40家，新增11家。[1]

核心领域文化产业优势明显。2023年，吉林省文化产业九大行业中的内容创作生产（33.3亿元）、创意设计服务（31.5亿元）、文化传播渠道（70.9亿元）、文化辅助生产和中介服务（30.7亿元）4个核心行业规模以上企业营业收入占到全部行业营业收入的86.94%，新闻信息服务（5.5亿元）、文化投资运营（4.5亿元）、文化娱乐休闲服务（6.1亿元）、文化装备生产（0.3亿元）、文化消费终端生产（8.6亿元）5个行业规模以上企业营业收入占全部行业营业收入的13.06%（见图1）。其中，文化娱乐休闲服务增速最高，同比增长了139.8%；文化投资运营同比增长44%，文化传播渠道同比增长14%，文化消费终端生产同比增长12.7%，新闻信息服务同比增长2.4%，其余4个行业的营业收入则均有所下降。[2]

文化产业集群趋势增强。吉林省文化产业园区和基地规划建设稳步推

---

[1] 资料来源：根据吉林省统计局提供数据计算而得。
[2] 数据来源于吉林省统计局，均为实际增长率。

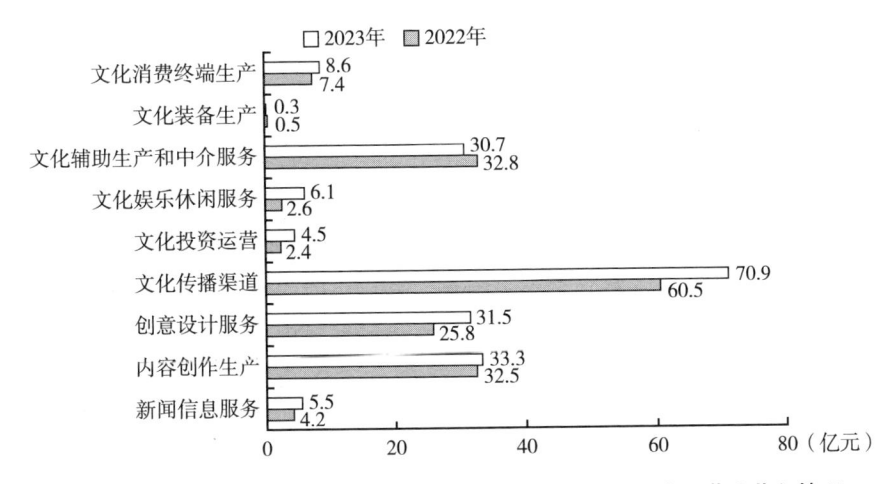

图1　2022年和2023年吉林省文化产业九大行业规模以上企业营业收入情况

资料来源：吉林省统计局。

进，规模化和专业化水平稳步提升。吉林省加快推动文化产业园区建设，园区发展水平稳步提升，全省已构建起以国家级文化产业示范园区为引领、省级文化产业重点园区为中坚、地方特色文化产业园区为补充的多层次、立体化发展格局。截至2024年3月，吉林省拥有2家国家级文化产业示范园区，这一数量在东北地区处于领先地位，积极培育了18家省级文化产业重点园区，园区主营业务广泛覆盖创意设计、动漫游戏、影视演艺、文化旅游等多个领域，基本涵盖了省域内重点发展的十大产业门类，形成了多元化、专业化的产业集群效应。2023年全省文化产业示范园区（基地）营收52.86亿元，2022年为28.60亿元，同比增长84.85%。① 吉林动漫原创游戏产业园孵化企业总数达到80余家，成功毕业企业60余家，并有1家公司在"新三板"上市。文化产业园区为文化新业态培育与发展提供了良好的环境和平台。吉林省国家广告文化产业园打造中国·吉林演艺综合体新地标"山尚山"，深入推动文化产业与旅游行业相融合，为观众提供了集创意休闲体验、沉浸式戏剧互动以及潮流文化社交等于一体的创新体验项目。

---

① 资料来源：吉林省文化和旅游厅调研资料。

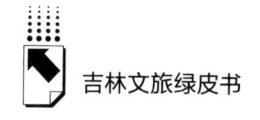

文化数字化发展成效突出。出台了《吉林省加快推动文化企业数字化转型的行动方案（2024—2026年）》，围绕文化科技、新闻传播、出版印刷、影视制作、文旅融合五大领域开展数字化转型行动。吉视传媒开发的"家庭互联网视频类应用区域运营策略分析数据集"在北京国际大数据交易所成功登记并获得《数据资产登记证书》，成为吉林省国有文化企业首个家庭互联网视频类数据资产确权登记案例，这标志着吉视传媒数据资产入表工作取得了实质性成果。此次确权登记的数据产品从区域角度反映了吉林省家庭互联网视频类应用的市场需求，为政府、企业和研究类用户在风险管控、内容优化、营销策略制定、市场趋势洞察等方面提供了数据和分析支撑；从内部运营角度将业务原始数据转化为高价值的运营策略分析数据，在降本增效的同时，也增强了公司整体服务水平与竞争力；代表了广电行业与数据要素市场融合的重要探索，标志着吉视传媒在数字化转型的道路上迈出了坚实的步伐。

（四）文化产业生态日渐形成

"拍在吉林"品牌效应初步形成。近年来，吉林以其四季分明的自然美景、得天独厚的冰雪资源、跨越百年的历史人文建筑、老工业基地遗址遗存等，成为众多影视制作团队钟爱的取景地。电视剧《人世间》《父辈的荣耀》《冰雪尖刀连》《雪迷宫》，电影《狙击手》《悬崖之上》《年会不能停》《末路狂花钱》《茶啊二中》等众多历史、年代、都市、悬疑、动画题材影视作品和上百部网剧、微短剧纷纷在这里找到理想中的景地取景拍摄，进而引爆全国影视市场。为了更好地服务和保障影视作品在吉林省取景拍摄，让影视企业、剧组享有优质拍摄服务，积极营造良好的影视产业发展环境，吉林省委宣传部、省广播电视局制定了《支持服务影视作品在吉拍摄工作机制》，并专门编制《拍在吉林——影视剧拍摄服务指南》。

地方戏曲精彩纷呈。吉林省两大地方戏曲剧种——吉剧和满族新城戏，分别推出全新剧目吉剧《积德泉》与满族新城戏《高凤元辅范文程》，进一步丰富了吉林省舞台艺术创作成果，用具有吉林地域特色的艺术形式展现吉林文化内涵。由吉林省戏曲剧院吉剧团倾力打造的大型原创吉剧《积德泉》是吉林省首部以吉商为题材的大型吉剧作品。作为吉林省独有的地方戏曲艺术，吉剧自创立以来，不仅成为吉林省优秀地域文化的重要品牌，也以其独特的魅力扩大了吉林文化在全国的影响力。满族新城戏大型历史剧《高风元辅范文程》由松原市满族新城戏传承保护中心历时两年精心打造。①

动漫产业"建圈强链"。省委、省政府以扶持省内优秀动漫企业为突破口大力扶持吉林动漫游戏产业，吸引了一大批实力强劲的动漫制作公司来吉林创业，逐渐涌现以吉林吉动文化艺术集团股份有限公司、吉林省凝羽动画有限公司、吉林省爱未来文创集团有限公司等为代表的动漫公司在长春落地生根，充分发挥龙头企业带动作用，在动漫产业多元化、动漫产业布局优化、打造动漫产业链等方面重点发力。从 IP 创意到动画片制作，再到周边衍生品开发，位于长春高新区的摆渡知行数字科技产业园，实现了以动漫文化为核心的全产业链发展，"园区楼上楼下即是上游下游"的产业集群正在这里形成。吉林省动漫作品在国内国际上均受到较大关注，《茶啊二中》获中国动漫至高荣誉"金猴奖"综合奖动画电影银奖；《青蛙王国》在 25 个国家和地区上映。全省动漫企业营业收入逐步攀升，2022 年全省互联网游戏服务行业规模以上企业营业收入约为 2 亿元，2023 年达到 2.4 亿元；2023 年游戏动漫软件开发行业规模以上企业营业收入约为 5.6 亿元。②

图书出版成果丰硕。面对国内出版产业越来越激烈的竞争环境，吉林省优化调整产业布局，谋划实施重点项目，策划制作一批能够充分和深刻反映新时代吉林发展成就的重点读物，推出"吉林文脉""中国劳模"系列丛书等具有思想深度、学术高度、读者认可度的重大主题出版物。吉林东北亚出版传媒集团聚焦出版主责主业，坚持把社会效益放在首位，实现社会效益和经济效益相统一，精耕细作主题出版工程，取得了丰硕的成果。年均出版图书 1.3 万种以上，一般图书市场占有率和动销品种稳居全国第一方阵。主题

---

① 裴雨虹：《吉林省两剧种推出全新剧目》，《吉林日报》2024 年 10 月 15 日。
② 李亚东、左道：《解码长春动漫产业发展的"时"与"势"》，《吉林日报》2024 年 7 月 16 日。

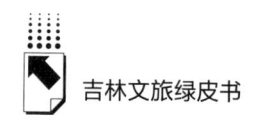

出版图书在业界有一定的影响力，近 300 个项目荣获国家级奖项或入选国家重点项目。围绕推动习近平新时代中国特色社会主义思想研究阐释和宣传普及、培育社会主义核心价值观、弘扬中华优秀传统文化、传承红色基因等重点，坚持抓原创抓精品抓项目，推出年度精品图书产品项目。2023 年，共有 16 大类 83 个项目荣获国家级奖项或入选国家重点项目。其中，《创造青春之中国：走近李大钊》等 4 种出版物荣获第八届中华优秀出版物奖；《中国式现代化新道路与人类文明新形态（上下篇）》等 4 种出版物获得 2023 年度国家出版基金资助；《气候经济与中国生态：美国人亲历中国生态文明建设 10 周年》入选"十四五"国家重点出版物出版规划增补项目；"中国劳模"系列丛书（第一辑 20 种）、《云朵上的爸爸》入选 2023 年中宣部主题出版重点出版物选题；《绘本中国：科普启蒙》等 7 种出版物入选 2022 年全国优秀科普作品；《新农人+新电商运营指南》等 48 种出版物入选 2023 年农家书屋重点出版物推荐目录；《开端：中国共产党成立述实（图文增订版）》等 2 种出版物入选 2022 年向全国老年人推荐优秀出版物；《海西女真史料》《东三省政略校注》获全国古籍出版社年度百佳图书。吉林出版集团股份有限公司是全国唯一一家自身拥有出版权的集团公司，获评"全国百佳出版单位"，并于 2023 年入选第十五届全国文化企业 30 强提名企业。

会展品质稳步提升。市场进程日益加快，专业化程度稳步提高。近年来，全省会展业产业规模快速壮大，市场秩序日益规范，综合竞争力得到较大增强。吉林省会展业运营方式加快向市场化方向转变，80%以上的展会采用市场化方式运作，政府主办或支持的展会也严格按照《党政机关境内举办展会活动管理办法》和《关于省部级党政机关、人民团体举办展会清理规范的通知》的要求履行办展管理程序，建立退出机制，逐步走向市场化。同时，吉林省会展业的专业化程度也不断提高，形成了东博会、农博会、长春航空展、汽博会、雪博会、安博会、民博会、文博会、房地产交易会、电子展、医药展、建材展、图书展、教育展、农产品展、金融产品展等一批主题突出、特色鲜明的重要会展活动，专业性展会占全部展会数量的 90%以上。"一市一展"的格局初现，展会主题特色鲜明。各市州围绕地区产业特点，发展和引进优质品牌会展项目。公主岭市的玉米产业博览会主题特色鲜明，内容丰富多彩，社会反响热烈；吉林市和松原市的进出口商品展洽会取得圆满成功；辽源市每两年一届的中国辽源袜业交易会已经成为国内外较具影响力的专业性展会；延边州的图们江地区（延吉）国际投资贸易洽谈会成为吉林省开展"一带一路"建设的贸易纽带；扶余市的扶余花生（四粒红）及杂粮杂豆产业博览会正在慢慢成形；白城市、通化市、白山市、长白山管委会分别策划举办农业机械、电子商务、森工特产和避暑休闲博览会。

（五）文化事业持续繁荣

博物馆、文化馆锐意创新。近年来，吉林省博物馆系统积极适应新形势，不断提升业务水平和服务能力，满足了人民日益增长的精神文化需求。吉林省在陈列展览、社会教育、文创产品开发等方面获得了多项国家级奖项。伪满皇宫博物院"点亮文博之光"数智创新助力中小博物馆提质升级案例获评2023年度文物事业高质量发展"十佳案例"，是东北地区文博单位首次获得这一殊荣。文化场馆积极推进创新性转变。省内多个文化场馆依托自身文化特色，开展数字化陈展、沉浸式体验、情景式空间等一系列创新性活动。省博物院借助VR、3D等数字技术手段展示文物内涵，以更生动鲜活、更易接近的方式呈现文物背后的故事。长影旧址博物馆创新推出"长影NPC"沉浸式演出，打破了传统的博物馆参观形式。大型文旅演艺《炫·墨》之"东北抗联篇"在伪满皇宫博物院首演。长春市文庙博物馆晋升国家二级博物馆，标志着文庙博物馆的各项工作将迈上新台阶。博物馆和文化场馆逐渐演变为既能参观学习，又能互动体验，还能休闲娱乐的复合型文化空间，是新型文旅产品体验地。

文化遗产保护成效突出。吉林省文物考古工作持续取得突破。加大力度实施考古挖掘，文物家底更加清晰，吉林省境内已发现不可移动文物9204处，可移动文物71万件（套），其中珍贵文物近2.5万件（套）。[1] 全省构

---

[1] 裴雨虹：《守住文化传承的根》，《吉林日报》2024年4月15日。

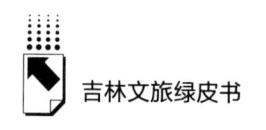

建起以高句丽、渤海考古为核心的文物考古研究格局，着力改善文物本体保存状况，构建吉林文明标识体系，着力拓展文物价值传播渠道，不断提升文物领域活力，增强吉林文物的社会影响力。革命文物管理日臻完善。吉林省充分发挥以"三地三摇篮"为标识的红色资源优势，在活化红色资源、加强革命文物保护等方面制定方案和措施，为红色文化有规划、成体系发展提供保障。非遗保护与传承能力增强。持续举办吉林非遗消费节、吉林非遗购物节等非遗主题消费活动，积极筹划打造非遗精品旅游线路，开展"非遗进景区"、"非遗进校园"、非遗研学等活动，持续推动全省优秀传统文化创造性转化、创新性发展。

公共文化服务保障更加有力。保障制度逐步完善。吉林省公共文化领域首部地方性法规《吉林省公共文化服务保障条例》于2024年1月1日起施行，具有里程碑意义。公共文化服务体系逐步完善，实现了市、县、乡、村四级公共文化设施全覆盖。积极策划丰富多彩的群众文化活动，在重要传统节日和重要历史时间节点积极策划并深入开展全省性主题群众文化活动，每年全省举办各类大型文化活动千余场，参与人数千余万人次，与阵地服务形成了有效补充和互动。积极推动公共文化数字化建设。全省公共图书馆、文化馆全部实现数字化服务；吉林省公共文化一体化服务平台（吉林文旅云）一期系统已上线运营。全省公共文化服务标准化、均等化建设顺利推进，免费开放的公共文化场馆、流动文化服务、24小时图书馆、智慧文旅体验等已经成为新的文化现象，为丰富群众文化活动提供了有力支撑。

二 发展中存在的问题

（一）优质文旅产品有待开发

全省各类景区景点仍以传统的景区生态观光为主，度假、康养、研学、旅游演艺等体验性、互动性更好的新产品还没有形成雨后春笋般的发展态势。大型景区内游玩参与性业态少，购物和大型集中游玩场所缺乏，在

"吃住行游购娱"全链条的衔接上存在短板。长白山保护区、松花江流域沿线旅游特色餐饮、星级住宿以及大小交通接驳等配套仍有不足。自驾游线路产品冬夏季差别较大，与市场贴合度仍需提高，冰雪观光、冰雪游乐结构单一，消费链条短。旅游产品存在同质化、低质化现象。部分地区文旅品牌不响，区域旅游品牌辨识度不高，品牌形象没有很好体现当地独特的自然和人文魅力。

（二）产业融合的深度与广度有待拓展

全省虽然在文旅融合新业态、新产品开发上取得了阶段性成效，但体验创新、融合创新的程度还不够，文化和旅游融合的平衡性、充分性还不够。文艺演出多为传统演出，活动内容创新不足，旅游演艺项目没有起到震撼性效果，观众参与度和对旅游的影响力有限。科技赋能、智慧赋能的支撑力还比较弱，一些文旅产品有科技缺创意，仅停留在"堆砌技术"的阶段，忽视了科技与文化、旅游内容的深度融合；还有部分文旅产品的技术手段单薄，缺乏对新技术应用的深度理解，对文旅产品中的科技元素挖掘还不够深入，特色不够鲜明，相关产品缺乏体系化和关联性。具有一流数字化、沉浸式、体验感的文旅新产品还比较少。

（三）产业发展能级有待提升

随着数字经济的不断发展，文化产业也已经进入数字化发展的赛道。吉林省文化产业数字化发展短板明显，数字赋能产业能力偏弱，产业转型升级迟缓，创新性产品少，文化新业态增长乏力。吉林省统计局公布的2023年文化产业主要指标中，文化新业态发展下降明显，文化新业态营业收入和利润总额分别下降了28%、18.1%。[1] 从具体行业来看，动漫、会展、创意设计等产业生态处于初级阶段，企业规模小、处于单打独斗状态，无法形成产业闭环。大多数文化新业态企业自身品牌建设力度不够，产品缺乏原创性和

---

[1] 资料来源：吉林省统计局。

突破性。以创意设计服务为例，2023年，吉林省创意设计服务规模以上企业营业收入同比下降5.1%，同期全国创意设计服务规模以上企业营业收入同比增长8.7%。[1] 如此显著的差异，主要受市场影响。吉林省创意设计服务企业开展业务更多面向的是汽车、教育培训以及房地产领域，近几年受需求和市场大环境影响，汽车、教育培训和房地产市场收缩，相应创意设计服务需求减少，导致部分创意设计服务企业出现较大规模亏损。国内创意设计服务发达省市业务领域覆盖面更广，且紧跟市场需求，及时更新和推进创意设计新技术和新业态，实现了营收的可观增长。由此可见，吉林省文化企业亟须向更高技术水平和更契合市场需求的方向转型。

（四）文化企业市场竞争力有待提高

吉林省有实力的文化企业数量少，全国共有国家文化出口重点企业367家，吉林省仅有3家，且吉林省文化企业上市公司仅有1家（吉视传媒）。[2] 近年来，文化产业行业内竞争加剧，如在线视频、游戏、直播等新兴娱乐方式分流了传统文化产业的市场份额，吉林省部分传统文化业态、服务形态以及文化企业还不能适应科技发展和时代要求，转型比较缓慢，生存面临严峻挑战。受当前经济大环境下行的影响，省内文化园区和企业整体业绩增长缓慢，部分文化企业经营利润出现了严重下降。2023年，吉林省规模以上文化企业营业利润下降16.7%，利润总额下降18.1%，[3] 部分企业经营收入大幅下滑，特别是实体、演出、动漫等行业表现尤为突出。10家国家动漫认定企业2023年营收6314.82万元，2022年营收6798.27万元，同比下降7.11%。[4]

（五）产业发展要素制约有待突破

一方面，文旅产业缺乏资金支持。吉林省缺少在资金、人才、土地、税

---

[1] 资料来源：根据吉林省统计局和国家统计局公布数据计算而得。
[2] 资料来源：吉林省委宣传部调研材料。
[3] 资料来源：吉林省统计局。
[4] 资料来源：吉林省统计局。

收等方面对文旅龙头骨干企业的政策扶持。吉林省没有对国家级文化产业示范园区和示范基地的奖补政策，而辽宁省对获评国家级文化产业示范园区的给予500万元奖补，对国家级文化产业示范基地给予100万元奖补；黑龙江省对获评国家级文化产业示范园区的给予100万元奖补，对国家级文化产业示范基地给予50万元奖补。吉林省整体经济发展相对滞后，收入水平有限，缺少文化消费的大环境，进一步加剧了龙头骨干文化企业入驻吉林省的难度。同时，也造成了企业入规入统、申报文化产业示范基地的积极性不高。另一方面，文旅产业专业化人才紧缺。吉林省文化及相关产业法人单位2022年末从业人员数量仅有7.35万人，在全国31个省（区、市）中位列第28。[①] 部分行业从业人员从吉林省向北京、江苏、广州、上海等地区转移，就业市场呈现紧缩趋势。吉林省旅游、会展、动漫、创意设计等行业从业人员还没有形成职业化体系，在从业人员专业素质方面也存在很大的提升空间。当前随着文旅融合的深入推进，产业发展对人才的专业技能要求较高，中高端人才支撑不足，科技赋能文旅产品的能力不足。

三 文化和旅游发展环境与趋势

（一）发展环境

1.经济回升向好构建文化和旅游发展基础

我国经济总体形势稳中向好，由高速增长阶段转向高质量发展阶段，经济发展方式、经济结构和增长动力发生着转变和转换。2023年全年国内生产总值126万亿元，同比增长5.2%，宏观统计数据反映了我国经济发展态势符合预期，仍保持稳定的发展态势。经济的稳步回升为文化和旅游发展提供了坚实的基础。近年来，吉林省克服经济运行中的不利因素，扎实推动高质量发展，主要指标增速超过全国水平。2024年上半年，吉林省地区生产

---

① 资料来源：《2023年中国文化及相关产业统计年鉴》。

总值同比增长5.7%，增速高于全国0.7个百分点，连续6个季度高于全国。城镇和农村居民人均可支配收入实际增速分别达到5.2%和6.8%，城镇和农村居民人均消费支出实际增速分别为8.5%和1.4%，[①] 经济呈现以进促稳、结构优化、保持增长的良好发展态势。

2. 文化和旅游进一步全面深化改革踏上新征程

进入新时代以来，以习近平同志为核心的党中央不断推动全面深化改革向广度和深度进军，改革任务由点到面、由局部到整体，已经实现了系统性转变，开创了我国改革开放新局面，党和国家事业取得历史性成就、发生历史性变革。党的二十届三中全会审议通过的《中共中央关于进一步全面深化改革、推进中国式现代化的决定》，紧紧围绕推进中国式现代化主题，谋划进一步全面深化改革战略举措，阐明进一步全面深化改革、推进中国式现代化的重大意义和总体要求。进一步全面深化改革是当下及未来社会主义强国建设伟大实践的重要抓手。吉林省锚定现代化，以改革为动力，加速确定全省文旅深度融合高质量发展的目标和思路举措是推进繁荣兴盛的文化强省和高品质旅游强省建设的重要任务。

3. 文化和旅游高质量发展面临新的机遇

一是东北全面振兴取得新突破的时代性机遇。党中央高度重视东北振兴，党的十八大以来，习近平总书记先后10次到东北考察，3次到吉林，深入地了解东北振兴困境、优势及出路，召开东北地区座谈会并发表重要讲话，为新时代东北地区全面振兴把脉问诊、指明方向，给吉林人民以极大鼓励鞭策，增强了发展信心。中共中央政治局会议审议《关于进一步推动新时代东北全面振兴取得新突破若干政策措施的意见》，涵盖了"五大安全"，新一轮东北振兴目标更清晰，路子更宽阔，导向更明确。今后，还将陆续出台相关配套政策措施，这对于吉林省文化和旅游领域在产业升级、吸引人才、融合发展等方面实现新突破呈现巨大的利好。二是跨区域协同发展机遇。2024年7月1日，《关于促进东北三省一区旅游业协同发展的决定》正

---

① 资料来源：根据吉林省统计局和国家统计局公布数据计算而得。

式施行。该决定以更宽视野和更高站位对东北旅游进行了谋划，将东北三省及内蒙古自治区纳入旅游一体化框架，这是东北三省一区开展的首部协同立法项目，将为东北旅游业高质量发展提供法治保障。实施东北振兴战略以来，东北地区加强综合交通体系构建和衔接，机场、高铁、高速公路等交通网络基本形成。沈白高铁即将开通，将大大缩短通化、白山等地进京的时间，使得北京等地的游客能够在短短几个小时内直达吉林。并且随着交通的便利，东北地区各城市间将形成一个高铁旅游环线，各地联系将更加紧密，省内各城市间及与东北地区其他城市间的文旅深度融合与协同发展将迎来全新的机遇。位于吉辽蒙三省区交界地区的辽源市、抚顺市、通化市、通辽市、铁岭市、四平市已经连续2年召开协同一体化发展市长联席会议，围绕"规划共绘、设施共联、环境共治、产业共兴、社会共享"等积极开展协同一体化发展探索。

（二）发展趋势

1. 文化和旅游发展持续驶在快车道

一方面，文化和旅游高质量发展是国家发展战略的重要内容。党中央首次以旅游发展为主题召开全国旅游发展大会，释放大抓旅游、大兴旅游的强烈信号。习近平总书记关于旅游工作的重要论述和指示批示，深刻阐明了当代旅游业发展趋势，深化了对旅游发展规律的认识，是建设旅游强国、推动旅游业高质量发展的行动指南。文化方面，2024年政府工作报告中有四处提到文化，其中"大力发展文化产业"被单独列为重点工作条目。纵观往年政府工作报告中关于文化产业的表述，从2017年的"加快培育文化产业"，2018年的"加快文化产业发展"，2019年的"推动文化事业和文化产业改革发展"，到2023年的"支持文化产业发展"，再到2024年的"大力发展文化产业"，我们可以看出国家对文化产业的高度重视以及长远布局，也能感受到文化产业融入国家经济发展战略的底气。文化数字化战略加速推进。2022年5月，《关于推进实施国家文化数字化战略的意见》出台，标志着文化数字化从专项工程上升为国家战略。2023年中共中央、国务院印发

《数字中国建设整体布局规划》，再次明确推进文化数字化发展，深入实施国家文化数字化战略，建设国家文化大数据体系，形成中华文化数据库。"深入推进国家文化数字化战略"首次被列入政府工作报告。文化和旅游领域内国家鲜明的发展目标和有力的支持政策，将加速推动文化和旅游产业实现高质量发展。另一方面，文化和旅游消费意愿强烈，行业未来仍将处于加速发展阶段。由中央广播电视总台、国家统计局等联合发起的"中国美好生活大调查"显示，2024年在国人消费意愿榜上，旅游第3次站到了榜首位置。2024年国庆节假期，全国国内出游人次和国内游客出游总花费分别比2019年增长10.2%和7.9%。① 2024年，我国不断优化签证和通关政策，扩大免签国家范围，入境旅游将持续升温，文化和旅游市场将持续拓展。

2. 文旅消费市场呈现多业跨界融合态势

业态融合逐渐成为文旅消费市场的主角，成为释放消费潜力的重要领域和撬动消费活力的重要支点。一是文化和旅游领域线上线下融合加速推进。数字技术赋能文化和旅游行业转型升级，催生新产业、新业态、新模式。有不少地方将直播移至景区、民宿和农业产业观光园，推动电商直播与休闲农业、景点旅游、乡村旅游深度融合。二是文化和旅游发展边界逐渐拓展。多元业态融合发展推动传统交易会向"展会+旅游+音乐+美食"多个消费场景融合转变，推动传统体育赛事向"体育+旅游+餐饮+零售"新型发展模式转变。2022年7月以来，贵州"村BA"强势"出圈"，火遍全网。"贵州村超"显著地助力了乡村振兴，"村超"带火了榕江的蜡染、苗族刺绣、银饰等文创产品，相应订单大幅提高。

3. 创意创新成为优化供给的重要动力

一是创意创新为旅游活动添彩。各地区各部门创意上新、玩法上新，打造出越来越多新场景、新服务，相关行业内企业也积极推进旅游新业态、新模式加速融合，更好地满足了游客和消费者品质化、多元化的需求。例如，

---

① 资料来源：文化和旅游部网站。

酒店积极开展创意文化体验、特色亲子房间布置、打卡集章免房费、静心疗愈节等一系列活动，同时为游客提供详尽的旅游路线介绍，包括景点的历史背景、人文环境、交通信息以及游览时长等，甚至把相应的租车服务、当地的美食也做好匹配推荐。二是新技术拓宽文旅市场新空间。随着信息技术发展，体验经济兴起，"网红点打卡""零距离互动"等旅游新场景不断涌现，沉浸式旅游产品持续升级迭代，呈现万物皆可沉浸的发展状态。"只有红楼梦·戏剧幻城""三体·引力之外""飞越清明上河图""夜上黄鹤楼""长安十二时辰"等赫赫有名的依托文化IP打造的地方旅游新亮点，均借助文化创意，叠加技术创新，将传统文化遗产地的文化资源以不同形态、方式全新呈现。随着沉浸交互的生活消费场景逐步推广，元宇宙技术、产业、应用、治理等将取得突破，元宇宙典型软硬件产品在生活消费和公共服务等领域将继续形成一批新业务、新模式、新业态。在科技的赋能下，文化也将变得可看、可玩、可品尝、可互动，还可带回家。三是特色文化进入发展红利的释放期。从文旅消费市场火热、"爆款"影视剧不断涌现、网络文学与微短剧产业"井喷"式增长的现象可以看出，文化尤其是地方特色文化，已经不只是发挥精神动力和智力支持的作用，而是更多作为生产要素，向实体经济和社会进行覆盖和渗透。文化艺术元素与大众化的日常生活对接，加速了文化产业规模化生产方式的演进。当传统与现代邂逅，创新让传统文化焕发出蓬勃生命力，文化业态呈现"百花齐放"的状态。吉林省文化底蕴丰厚，"古色长白""红色抗战""白色冰雪""绿色山川"等特色文化资源被充分挖掘，打造出"三地三摇篮"、长白天下雪、虎啸撼三疆等特色文化品牌。特色文化有利于形成"现象级"的文艺作品和"吉林原创"的精品和文化IP。在文化强省的目标要求下，吉林省特色文化资源将被进一步整合和挖掘价值，为全省经济提升注入文化动力。

4. 文化和旅游进入以新质生产力推动的高质量发展时期

一是新质生产力直接作用于文化和旅游领域带动高质量发展。新质生产力的核心是科技创新，具有高科技、高效能、高质量的显著性特征，新质生产力的"三高"特征与文旅产业由粗放式发展向高质量、高层次的

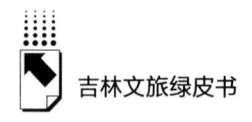

精细化发展模式转变高度契合。在推进中国式现代化发展进程中，新质生产力可为文化和旅游业提供具有革命性突破的技术，不断激发文旅消费需求。同时，新质生产力可有效推动劳动力、资本、技术等文化和旅游生产要素在各企业之间有效流动，实现文旅领域内生产要素的创新性配置。新质生产力对文化和旅游业的深度转型升级和全要素生产率的大幅提升具有关键作用，必然成为文化和旅游领域转变发展方式、转换增长动能的新引擎。二是新质生产力通过对其他领域产生影响间接促进文化和旅游高质量发展。当前，经济各领域、全国各地区均在寻求新质生产力的培育与发力途径。文化和旅游业具有较强的综合性，各行各业持续深入推进"+旅游""+文化"，文化和旅游业与其他产业关联带动性越来越强，新一代信息技术在全面推动各个产业发展并发生革命性变化的同时，将为文化和旅游业形成新供给，塑造出全新的发展基础，并进一步催生出文化和旅游领域的新质生产力。

四 吉林省文化和旅游发展对策

（一）塑造旅游特色化发展格局

优化旅游产品供给。深入了解人们旅游需求的新变化，把握消费需求背后的核心诉求和基本规律，进而强化、深化、细化、优化旅游业供给侧结构性改革，构建需求牵引供给、供给创造需求的高水平动态平衡机制，为旅游业高质量发展提供坚实的保障。围绕人民群众对旅游产品多样化、个性化和高品质的需求，推进优质景区景点、跨区域旅游产品和精品旅游线路的打造工程。立足全域全季，全面优化产品供给，从创新供给、引导示范、城市更新、盘活存量项目等方面入手，不断优化旅游消费选择。重点打造吉林省"一山一水一通道"的大旅游格局。长白山区域以世界地质公园为有力抓手，优化"两山"转化路径，加快将长白山建设成为避暑休闲、冰雪旅游、温泉康养、生态文化、山地运动胜地，打造"两山"理念试验区和样板式开发区，加快向世界顶级旅游目的地迈进。深度开发松花江流域旅游资源。促进松花江沿岸各地文化旅游、生态旅游和农业旅游的融合发展，加快推进旅游航线和航道开发。着力推进 G331 交旅融合。持续促进交通与旅游资源互补、协同发展，谋划旅游项目，充分挖掘生态、红色、民俗资源优势，配套建设观景台、驿站等，进一步丰富边境沿线综合旅游业态，积极推动边境乡村旅游发展，推动建设景点景区和旅游接待设施，加快打造"国家边境1号风景道"，打响"长白秘境　吉线331"品牌。

进一步加大文旅品牌宣传推广力度。文旅主管部门应有规划地引导从话题策划到传播的全流程，注重城市宣传活力的全方位、有节奏释放。加强文旅品牌传播模式向全域社交营造转变。注重以微短创意形式展示文旅品牌内容。充分发挥"微短剧"传播速度快、覆盖范围广的特点，深度挖掘一汽、长影、长白山、冰雪、民族文化等吉林省优势文旅资源的稀缺性和独特性，以文化脉络为主线，突出风土人情，秉持"可靠可信"的文旅短剧制作底线，坚持"精品化"制作，形成文化与价值相融合的核心竞争力，使观众发自内心地产生文化认同，加速吉林文旅微短剧的"出圈"和商业性转化。吉林省文旅宣传相关部门应充分利用社交平台，协同多元主体，做好联动传播，提高受众通过社交平台分享观剧体验、旅行经历的意愿，不断扩大地方文旅形象传播与圈粉范围。文旅部门要加强与微短剧创作方、MCN 机构等的合作，发挥文旅微短剧话题带动作用，共同制造相关营销话题，提高旅游目的地的曝光度和吸引力。广电、文旅、文物等部门应完善对接机制，积极促成区县、平台及制作机构结对，推进"一市一剧"的创作计划，将微短剧发展为讲好吉林故事、赋能文旅 IP 消费的重要载体。

提升景区管理服务质量。大力提升旅游承载能力，构建"快进漫游"的旅游交通网络，全面提升服务保障能力。坚持以新质生产力推动文旅产业提质升级，打造一批充满科技元素的文旅新产品、新业态，进一步丰富景区夜间业态。在景区品质方面，聚焦深化旅游景区体制机制改革、产业深度融合发展、业态产品丰富等，让二次消费进一步延展。在景区效益方面，强调内外融合协调发展，充分发挥对地方经济和社会发展等的带动作用。重视游

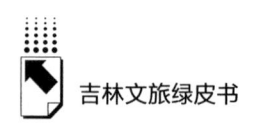

客体验感和获得感，坚持以游客为中心，从产品、设施和人文关怀等各方面多措并举完善服务体系、提高服务水平，认真倾听广大游客诉求，加强旅游行业监管，提升行业服务水平，不断提升广大游客的旅游体验。

（二）促进文化产业提质增效

推动各类文化市场主体发展壮大。以重大文化产业项目为抓手，加快培育一批品牌文化产业园区，提升国家级文化产业园区建设水平，开展新型文化企业培育，建立覆盖领军型、成长型、初创型经营主体的培育体系。深化文化领域国资国企改革，推进转型升级，优化资源配置和布局结构，打造知名文化品牌和企业集团。完善文艺院团建设发展机制，建立和完善剧本质高量多、剧目纷呈多彩、剧场布局合理、院团人才辈出的可持续发展体制机制和政策体系，实现国有文艺院团创演质量、管理水平、服务效能大幅提升。加大平台型文化企业的监管力度，鼓励、支持、引导非公有资本依法进入文化产业，培养骨干型、新锐型和"小精特型"民营文化企业，扶持"出海型"文化企业。鼓励和支持文化科技企业加强技术研发和创新，推动大数据、云计算、人工智能等技术应用，提升企业核心竞争力。加大力度培育民营龙头骨干文化科技企业，鼓励推动中小微文化企业走"专精特新"之路。

以新质生产力推动文化产业提高质效。把创新作为文化产业发展的核心驱动力，加大对文化科技创新的投入力度，进一步整合创意、技术、资本、人才等各类现代产业要素，推动大数据、人工智能、虚拟现实等技术全面应用于文化创作、生产、传播、消费等各环节，释放科技和文化融合潜力，培育更多文化新业态、新模式、新场景。着力做好旅游新质生产力培育这篇大文章，把握高科技、高效能、高质量特征，将创新成果融入旅游产业发展全过程，优化资源配置、增强数字时代融合性、摆脱传统增长路径，打造更多旅游新业态、新模式、新场景。深化科技赋能，壮大新型文化业态，加速推动新兴技术在文化生产领域的最新应用，推进实现文化生产数字化、文化传播网络化、文化消费智能化。

大力推进文化产业数字化布局。持续推进文化资源数字化进程。将文化数据采集、加工、挖掘与数据服务纳入经常性工作。深度挖掘文化数据价值，将各类关联数据转化为可溯源、可量化、可交易的资产，延展成数据检索、数据关联、数据重构的供应链、价值链，形成企业创新发展的新增长极。积极推进文化产品数字化生产。加快发展数字影视制作、广播电视集成播控、数字出版、数字印刷、动漫、网络游戏、数字创意等新业态。加速推进长影集团建设文化数字资产管理平台和文化数字资产经营平台，加速推进老胶片修复、长影档案、艺术档案等资源数字化和资产化。借助数字技术对文化领域传统产业进行全方位改造，对文化产品进行数字化升级，大力发展数字阅读、网络视听、在线教育、虚拟现实等数字业态，推进文化资源、文化符号、文化印记更好地转化为数字文化产品。依托人工智能大模型支撑，提供动画的多语业翻译、配音的共享服务；积极尝试虚拟拍摄、虚拟主播等数字动漫领域新方向。除人工智能技术外，也应当积极尝试虚拟现实、5G、大数据和物联网等前沿数字技术，努力实现前沿数字技术在动漫产业的广泛应用，有力推动吉林省动漫产业的创新与发展，培养吉林省动漫产业的新质生产力。

（三）推进文化事业繁荣发展

大力提升公共文化服务水平。完善公共文化服务体系，推动公共文化服务社会化发展，健全社会力量参与公共文化服务机制，鼓励社会力量参与公共文化服务，形成政府、企业、社会组织共同参与的公共文化服务格局。发挥市场竞争的有效作用，制定公共文化服务社会采购标准和规范流程。推进城乡公共文化服务体系一体化建设，完善基层公共文化服务网络，扩大和提升公共文化服务的覆盖面和时效性，增强公共文化服务均衡性和可及性。加强基层文化建设，加速公共文化服务"下沉"，创新实施文化惠民工程，通过线上线下相结合的方式举办群众性文化活动，推动更多优质文化资源向农村地区、民族地区、边疆地区倾斜。

完善文化遗产保护传承体制机制。以常态化、专业化、系统化的方式开展文物、非物质文化遗产、历史建筑、传统村落等的保护和传承工作。抓好

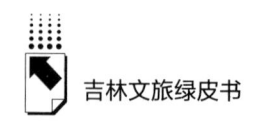

考古调查，深化考古研究，以文物保护单位、博物馆、纪念馆为主体，促进各文博机构及政产学研等合力攻关，加强多学科协同，在系统保护文化遗产的同时充分挖掘其文化价值和经济价值。统筹处理好各类文化遗产资源的保护，积极探索各类文化遗产一体化保护机制，加快形成有利于各类文化遗产协同保护的大保护格局。积极发挥数字信息技术在保护文化古迹方面的独特作用，提升文化遗产的科技保护和展示水平。推动文化遗产的活化利用，挖掘文物和文化遗产的多重价值，持续探索文化遗产与现代生活的连接点，开发适应现代消费需求的文创产品，推动非遗与旅游融合发展，释放文化遗产活力。

（四）打造新型文旅消费场景

挖掘文旅消费场景的独特性。学习借鉴袁家村将消费场景融入本地生活的经验，深度挖掘全省长白山文化、黑土地文化、高句丽文化，及民俗、风土人情、消费习惯等地域特色，把承载吉林历史、彰显吉林底蕴、体现吉林特色的文化特质、文化内容、文化符号纳入旅游线路、融入景区景点，在打造"老建筑+新消费""原场景+新体验"消费业态的基础上，注重恢复和活化地方民俗，重建和还原本地生活，提升场景的真实性和独特魅力，以此产生价值，强化地域印象，逐步形成具有鲜明吉林特色的旅游目的地和消费市场。

突出文旅消费场景的差异性。基于吉林省最具差异性的冰雪资源、避暑资源及边境风光，通过持续创新和精细化运营，打造出可长时间、全方位、零距离、多角度感受和体验且能够体现地域差异的消费场景，通过提升场景的差异性满足不同客群的社交生活需求，适应消费者需求结构的深刻变迁，满足消费者对个性化、沉浸式体验的追求。尤其是要抓住沈白高铁开通和G331建设的重要窗口期，将体现地域差异性的创意注入旅游与大交通融合的消费场景谋划和布局中，通过大通道消费场景建设提升对南方地区消费人群的吸引力。

（五）强化发展要素支撑

加大对文旅企业的资金和政策支持力度。明确并细化文旅产业发展支持政策，制定具有吸引力的奖励措施、补贴资金和优惠政策，确保各项政策精准对接园区及企业发展需求，加大奖励力度，对营业收入高、发展潜力大、产品反响好的企业分别设立专门奖项，给予丰厚的经济奖励。建立健全政策落实机制，加强跟踪评估，确保政策红利切实惠及园区和企业，激发市场活力。落实税收优惠政策，设立专项发展基金，加大财政投入力度。对于有创造力、对本地有较大贡献的企业应当给予税收优惠，对于生产经营有困难的企业，应当部分减免或扣除。政府购买服务进一步倾斜，将动漫、文化创意、研学等产品纳入政府购买服务目录。降低信贷门槛，鼓励银行和保险机构设立专项特色产品，提升对文旅行业的金融服务质效，特别是对初创企业、中小微企业予以小额贷款支持，开辟融资"绿色通道"，降低融资成本，提高融资效率。

引聚培养优秀文旅人才队伍。发挥吉林省文化大省、科教大省的资源优势，搭建引、育、留、用的文化和旅游全链条人才体系。结合吉林省产业发展特点，加大对数字技术、故事创意、营销宣传、景区运营等方面高端人才的引进和培养力度。优化人才招聘渠道，通过定向招聘、精准引进等形式柔性引进合适人才，针对特殊和急需人才，灵活放开政策，探索"一人一策"，加大人才引进力度。制定可靠的文化和旅游产业人才评价标准并与实际待遇挂钩，吸引更多优秀文旅人才来吉创业就业。发挥高校优势培养创新型人才，鼓励高校、科研院所与文化企业、文化园区平台开展交流合作与挂职锻炼。提高福利优惠水平吸引高水平教师，根据行业发展趋势更新优化专业课程设置，增加学生社会实践和交流学习的机会。

参考文献

范建华、李林江：《习近平文化思想指引文化产业高质量发展的理论诠释和实践路径》，《云南师范大学学报》（社会社会科学版）2024年第4期。

范周、郑元瑶：《"十五五"时期我国公共文化服务体系发展趋势研判与对策思考》，《图书馆建设》2024年第10期。

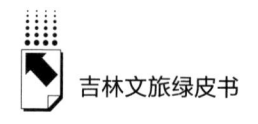

厉新建、张赛楠：《如何丰富旅游供给，满足游客个性化、多样化需求？》，《中国旅游报》2024年5月30日。

李亚东、左道：《解码长春动漫产业发展的"时"与"势"》，《吉林日报》2024年7月16日。

李娜：《环境美　产业兴　人气旺——民营企业助力吉林边疆振兴发展走笔》，《吉林日报》2024年10月12日。

马洪超：《长白山努力迈向世界顶级旅游目的地》，《经济日报》2024年6月19日。

裴雨虹：《守住文化传承的根》，《吉林日报》2024年4月15日。

裴雨虹：《吉林省两剧种推出全新剧目》，《吉林日报》2024年10月15日。

宋瑞：《旅游强国建设与旅游业高质量发展》，《旅游学刊》2024年第7期。

王金伟等：《新质生产力赋能旅游业高质量发展：理论内涵与科学问题》，《自然资源学报》2024年第7期。

王伟杰：《文旅元宇宙创新发展驶入"快车道"》，《中国文化报》2023年10月10日。

向勇：《新质生产力与数字文化产业高质量发展的价值建构》，《江苏社会科学》2024年第5期。

文化篇

G.2 吉林省红色文化资源保护利用研究

华海迪*

摘　要： 吉林省高度重视红色文化资源的保护与利用工作，扎实推进各项任务，取得了显著成效。颁布了一系列文物保护文件，奠定了红色文化资源保护利用的基础，提炼形成了吉林红色文化资源"三地三摇篮"红色标识，将东北抗联精神的内涵概括为六个方面并予以公布和宣传。吉林省红色文化资源具有资源丰富、类型多样，底蕴深厚、地域特色鲜明，融合发展、潜力巨大的特点。但是，红色文化资源保护利用工作还存在资源保护和整合力度还需加大、产品供给有待优化、设施服务有待完善、品牌营销有待加强等问题。进一步推动吉林省红色文化资源系统保护与红色旅游工作高质量发展，更好满足人民日益增长的精神文化需求，吉林省应做好如下工作：科学保护，整合红色文化资源；融合创新，丰富产品供给；优化条件，完善设施服务建设；提升形象，加强品牌营销。

关键词： 吉林省　红色文化资源开发　红色文化旅游

---

* 华海迪，长春财经学院旅游管理专业教师，研究方向为旅游管理、旅游文化。

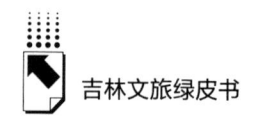

党的十八大以来，以习近平同志为核心的党中央对红色文化资源保护利用工作给予了高度的重视，反复强调要用好红色资源、传承好红色基因。党的二十大报告提出弘扬以伟大建党精神为源头的中国共产党人精神谱系，用好红色资源。在党的百年光辉历程中，吉林省在抗日战争、解放战争、抗美援朝战争中均扮演了重要角色，并在汽车工业、电影事业及航空事业等领域取得了显著成就，铸就了丰富的红色文化资源，流传下众多感人至深的革命故事。近年来，吉林省深入贯彻党中央决策部署，致力于红色文化资源的保护利用工作，通过丰富红色文化产品供给、提升红色文化品牌影响力等措施，积极弘扬吉林省的红色文化传统，确保红色基因得以薪火相传。此外，吉林省还积极探索红色文化资源与旅游、教育、演艺等领域的融合发展，为吉林省全面振兴全方位振兴注入强劲动力。接下来，如何更有效地凸显吉林省红色文化资源的独特优势，并进一步深化其保护与利用工作，是值得深入研究和探讨的重要课题。

一 吉林省红色文化资源保护利用现状

吉林省高度重视红色文化资源的保护与利用工作，扎实推进各项任务，取得了显著成效。

（一）红色文化资源保护利用基础工作

吉林省先后于2020年、2022年公布了两批《吉林省革命旧址名录》《吉林省东北抗日联军旧址名录》《吉林省馆藏珍贵革命文物名录》，公布了吉林省10市（州）共330处革命旧址，登记7市（州）共165处抗日联军旧址，登记12家博物馆共1145件/套珍贵革命文物。[①]《吉林省红色资源保护传承条例》的颁布，标志着吉林省在红色资源保护方面迈出了重要的一步。该条例不仅为红色文化资源的保护提供了法律依据，还明确了各级政

---

① 资料来源：吉林省文化和旅游厅。

府和相关部门的责任，确保红色文化资源得到科学、合理和有效的保护与传承。颁布了吉林省《关于加强文物保护利用改革的实施意见》以及《关于吉林省革命文物保护利用工程（2018—2022年）的实施意见》。此外，编制了《吉林省革命文物保护利用规划纲要》和《吉林省东北抗联文物保护专项规划》，旨在系统地保护和利用吉林省的革命文物，确保这些宝贵的文化遗产得到妥善保存和合理利用。同时，为了进一步推动红色旅游的发展，吉林省还修编了《吉林省红色旅游发展总体规划》，以红色文化为核心，对红色旅游的发展重点和发展方向提出了建议。

吉林省初步构建了以抗联文物为核心的"一线、两地、三集群、七组团、十片区"的革命文物保护利用格局，即以中国共产党在吉林为主线；以东满和南满两个游击区为两地；以抗日战争、解放战争、社会主义建设为三大历史集群；以东北沦陷史陈列馆、红石砬子抗日根据地、四平战役纪念馆、杨靖宇干部学院、靖宇东北抗联教育中心、马村抗日根据地、老黑河遗址为七大教育组团；以桦甸市、磐石市、集安市、靖宇县、通化县、浑江区、延吉市、敦化市、珲春市、汪清县为十大片区。目前，桦甸蒿子湖密营等革命旧址已成为吉林省学习和红色旅游的主要基地，杨靖宇烈士陵园等革命旧址已被纳入杨靖宇干部学院教学体系，形成点、线、面相结合的发展布局。

（二）红色文化的弘扬传播

吉林省提炼形成了吉林红色文化资源"三地三摇篮"红色标识，将东北抗联精神的内涵概括为六点予以公布和宣传。举办了"初心如磐"主题系列推广活动。其中，"初心如磐·使命在肩"主题推广活动期间，发布全省百佳红色旅游地（旧址）、百佳红色故事和百名红色故事讲述人；"初心如磐·河山留证"主题活动期间，以革命旧址、纪念地、博物馆等为现场，以讲解员、亲历者、管理者、研究专家为讲述人，以视频录制和现场导览的方式来讲述党在吉林的光辉历程；"初心如磐·向未来"主题活动期间，全面展示红色文化资源，激活红色旅游市场。举办了以"吉林红·点亮创意生活"为主题的吉林省首届红色文创产品展销活动,旨在通过创新形式传播吉林红色文化,弘扬革命传统,激发人民群众的爱国热情和文化自信。

利用互联网数字化手段,打造红色文化资源展示传播平台,建设以吉林省百佳红色旅游地(旧址)为基础的红色资源数据库,涌现了一批如杨靖宇烈士陵园全景网络展览、四平战役纪念馆的四战四平"半景画"、抗美援朝第一渡、长白山老黑河遗址、临江市陈云旧居纪念馆等运用数字化技术等手段,提升展馆的展陈效果,提升红色景区体验感的创新应用案例。此外,充分挖掘爱国主义教育基地的红色文化因素,综合运用新旧媒体平台开展红色文化新闻宣传,编写红色文化读物和宣传品,扩大公众宣教面,连续三年举办吉林省红色故事讲解员大赛,开展了百余场红色故事宣讲活动,深化了红色文化主题教育。

(三)红色文化旅游开发工程

围绕打造"三地三摇篮"红色标识,吉林省不断创新革命文物和红色文化资源保护利用模式,积极探索"红色旅游+"多业态融合,将红色文化资源与乡村、生态、民俗、演艺等旅游方式相融合,与周边红色景区联合形成以红色旅游为主题、结合多种旅游形式的复合型旅游产品和线路。这种多元化的设计,不仅能让游客深入了解红色历史,还能提升旅游的趣味性和教育意义。

吉林省通过红色文化资源推动文旅深度融合,打造红色旅游精品线路,红色旅游经典景区体系已经基本形成。吉林省公布了百佳红色旅游地(旧址)、30条红色旅游精品线路以及20条"喜迎党的二十大"红色旅游主题线路,① 充分展示了吉林省丰富的红色旅游资源和深厚的历史文化底蕴。此外,吉林省还有4条红色旅游线路入选国家"建党百年红色旅游百条精品线路"(见表1),这些红色文化资源不仅具有重要的历史意义,还具有独特的旅游价值。同时,8处16个景区成功入选全国红色旅游经典景区名录

---

① 资料来源:吉林省文化和旅游厅。

（见表2），这些景区不仅承载着革命历史的记忆，还为游客提供了深入了解红色文化的机会。值得一提的是，郭尔罗斯草原也入选了国家第一批"红色草原"，这不仅为吉林省的红色旅游资源增添了新的亮点，也为游客提供了更多了解红色历史的途径。

表1　吉林省入选"建党百年红色旅游百条精品线路"名单

单位：个

主题	所属线路	涉及景区	数量
重温红色历史、传承奋斗精神	"抗美援朝·保家卫国"精品线路	吉林省集安市鸭绿江国境铁路大桥	1
重温红色历史、传承奋斗精神	"英雄吉林·精神永存"精品线路	长春市东北沦陷史陈列馆 吉林市革命烈士陵园、纪念园 吉林市丰满劳工纪念馆 通化市杨靖宇烈士陵园 延边朝鲜族革命纪念馆 珲春市大荒沟抗日根据地遗址 长白山老黑河遗址 四平市塔子山战斗遗址 四平战役纪念馆 四平烈士陵园 四平市三道林子战斗遗址 四平市东北民主联军四平保卫战指挥部旧址	12
走近大国重器、感受中国力量	"民族工业·科技之星"精品线路	长春市长光卫星技术基地 长春汽车经济技术开发区 长春一汽红旗文化展馆 长春空军航空大学航空馆 长春电影制片厂	5
体验脱贫成就、助力乡村振兴	"兴边富民·辽吉风光"精品线路	通化市集安市太王镇钱湾村 吉林省延边州敦化雁鸣湖小山村 延边州汪清县大兴沟镇红日村 延边州和龙市东城镇光东村 延边州珲春市敬信镇防川村	5

资料来源：《文化和旅游部　中央宣传部　中央党史和文献研究院　国家发展改革委关于发布"建党百年红色旅游百条精品线路"的公告》，文化和旅游部网站，2021年5月14日，https：//zwgk.mct.gov.cn/zfxxgkml/zykf/202105/t20210531_924852.html。

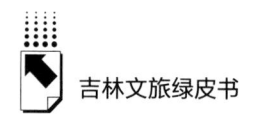

表2 吉林省入选全国红色旅游经典景区名录

单位：个

序号	名录	数量
1	四平市红色旅游系列景区（四平战役纪念馆、四平烈士陵园、四平烈士纪念塔、梨树县东北民主联军四平保卫战指挥部旧址）	4
2	白山市红色旅游系列景区（七道江会议旧址、东北抗日联军纪念园、临江市四保临江战役纪念馆及烈士陵园、陈云旧居、靖宇县杨靖宇将军殉难地、城墙砬子东北抗日联军诞生地）	6
3	通化市杨靖宇烈士陵园	1
4	长春市东北沦陷史陈列馆	1
5	长春市长春电影制片厂	1
6	辽源市日军辽源高级战俘营旧址	1
7	白城市中共辽吉省委辽北省政府办公旧址和侵华日军机场遗址群	1
8	珲春大荒沟抗日根据地遗址	1

资料来源：《关于印发全国红色旅游经典景区名录的通知》，中国政府网，2016年12月30日，https：//www.gov.cn/xinwen/2016-12/30/content_5154944.htm。

确定长春市九台区土们岭街道马鞍山村、吉林市磐石市烟筒山镇官马新村、四平市铁东区石岭镇塔子沟村、四平市梨树县康平街道八里庙村、通化市集安市榆林镇治安村、通化市通化县兴林镇大荒沟村、白山市临江市花山镇珍珠门村、延边州汪清县大兴沟镇红日村、长白山管委会池南区漫江村、梅河口市吉乐乡吉兴村10个村为2022年吉林省红色旅游示范村。[1] 吉林省文化和旅游厅联合东北各省区的文旅部门整合东北区域红色旅游资源，共同设计推出了东北区域红色旅游精品线路，包含东北抗联、解放战争、抗美援朝等5条主题线路和红色+乡村、红色+冰雪2条融合线路。[2] 牵头成立全国首个革命文物和红色旅游融合发展区域性联盟，高标准编制了《吉林省红色旅游发展总体规划》，对于提升红色旅游品位具有重要的示范意义。

[1] 资料来源：《关于公布2022年吉林省红色旅游示范村名单的通知》，吉林省人民政府网站，2022年11月23日，https：//xxgk.jl.gov.cn/zcbm/fgw_98067/xxgkmlqy/202211/t20221124_8636693.html。

[2] 资料来源：《"初心如磐·向未来"吉林省首届红色旅游节启幕》，吉林省文化和旅游厅，2023年9月25日，http：//whhlyt.jl.gov.cn/stdt/202309/t20230925_8804127.html。

二 吉林省红色文化资源分类与评价

（一）吉林省红色文化资源分类

红色文化资源是指中国共产党在领导中国人民进行革命、建设和改革的伟大历程中，所创造的具有历史价值、教育意义、纪念意义的资源。按照存在形式，红色文化资源可分为物质文化资源和非物质文化资源。物质文化资源包括那些承载着历史记忆的物质实体，如革命遗址、纪念馆、烈士陵园、党史馆等，非物质文化资源涵盖了那些无形的精神财富，如革命精神、英雄事迹、革命传统、红色歌曲、红色文学等。根据《吉林省红色资源保护传承条例》，红色资源可分为以下七类：重要机构、会议、事件、战役、战斗的遗址或者旧址；具有重要影响的党史人物及英雄烈士的故居、旧居、活动地、墓地、殉难地、遗物和纪念设施；重要工业遗产等产业遗产核心物项；重要档案、文献、手稿、视听资料等可移动的物质资源；重大事件、重要事迹等；有代表性的文学、艺术作品等；具有代表性的其他资源等。

（二）吉林省红色文化资源评价

1. 资源丰富，类型多样

吉林省红色文化资源丰富，涵盖了多种类型。作为英雄的土地，吉林省在党和国家伟大事业发展过程中写下了浓墨重彩的篇章，留下了众多宝贵的红色资源和不朽的感人故事。中国革命、建设、改革的伟大实践在吉林省遗留了众多革命文物、遗址遗迹、名人故居、烈士陵园、纪念设施，以及反映英烈、模范事迹的红色文艺作品等，共同构成类型多样的红色文化资源。吉林省公布的革命旧址330处、东北抗日联军旧址165处、馆藏革命文物3948件/套、珍贵革命文物1145件/套。通化市、吉林市两个地区已发现抗联遗迹2.4万余处。长白山地区的老黑河遗址保存较完整、形制独特、规模巨大。红石砬子遗址的考古调查与发掘工作更是取得了显著成果，共发现抗联遗迹3000余处，有力地证实了吉林省作为东北抗日联军创建地的历史地位。[①] 吉林省有23个县（市、区）被纳入全国第二批革命文物保护利用片区（见表3），有全国爱国主义教育示范基地11个（见表4）。

表3　吉林省全国第二批革命文物保护利用片区名单

分区	省名	市（州）	县（市、区）
东北抗日联军片区	吉林	长春市	榆树市
		吉林市	桦甸市、舒兰市、磐石市
		四平市	梨树县、伊通满族自治县
		通化市	通化县、柳河县、梅河口市、集安市
		白山市	浑江区、江源区、抚松县、靖宇县、长白朝鲜族自治县、临江市
		延边朝鲜族自治州	延吉市、敦化市、珲春市、龙井市、和龙市、汪清县、安图县

资料来源：《四部门公布第二批革命文物保护利用片区分县名单》，国家文物局网站，2020年7月1日，http://www.ncha.gov.cn/art/2020/7/1/art_722_161608.html。

表4　吉林省全国爱国主义教育示范基地

基地	批次	时间
杨靖宇烈士陵园	第1批	1997年
四平战役纪念馆暨四平烈士陵园	第2批	2001年
延边革命烈士陵园	第2批	2001年
"四保临江"烈士陵园	第2批	2001年
白山抗日纪念地（杨靖宇将军殉国地、那尔轰会师遗址、城墙砬子会议旧址等）	第3批	2005年
日伪统治时期辽源煤矿死难矿工文物馆	第3批	2005年
吉林市革命烈士陵园	第4批	2009年
伪满皇宫博物院暨东北沦陷史陈列馆	第4批	2009年
白城市烈士陵园	第4批	2009年
长白山老黑河遗址	第7批	2021年
中车长客股份公司高速动车组制造中心	第7批	2021年

资料来源：吉林省人民政府网站。

① 资料来源：根据吉林省文化和旅游厅网站资料整理。

2.底蕴深厚，地域特色鲜明

吉林省作为中国近代革命历史的重要见证地之一，拥有丰富的红色文化资源，这些资源承载着厚重的历史记忆和深刻的革命精神。吉林省的红色文化资源可以被集中地凝练和概括性地表述为"三地三摇篮"。"三地三摇篮"六个红色标识，不仅彰显了吉林省深厚的历史底蕴，而且极大地丰富了吉林省地域文化内涵。

吉林省铸就了独具魅力的东北抗联精神、英雄事迹、红色叙事与革命历史文化瑰宝。这些宝贵的红色文化资源不仅镌刻了中国共产党带领人民英勇奋斗的光辉篇章，更深刻铭记了无数革命先烈为民族独立、人民解放所展现出的崇高的牺牲精神与持续奋斗精神。吉林省的红色文化资源具有鲜明的地域特色，与当地的自然景观、民俗风貌及历史底蕴深度融合，形成了独一无二的文化景观。这种独特性使得吉林省红色文化资源在全国范围内独具魅力与影响力，为当地文化旅游产业的蓬勃发展奠定了坚实的基础。通过进一步的保护利用，吉林省的红色文化资源必将在未来发挥更大的作用，为传承红色基因、弘扬革命精神做出更大的贡献。

3.融合发展，潜力巨大

吉林省地处我国的东北边疆，旅游资源富集且独具特色。吉林省冰雪资源得天独厚，长白山、吉林雾凇等一批特色冰雪旅游产品都以其独特的冰雪景观而闻名全国，成为冰雪旅游的热门目的地。吉林省的地理地貌呈现明显的差异性，地势总体上从东南向西北倾斜，从东到西自然地划分为几个不同的生态区域：东部的原始森林生态区、中东部的低山丘陵次生植被生态区、中部的松辽平原生态区以及西部的草原湿地生态区，森林、草原、湿地以及野生动植物资源都非常丰富。吉林省的水系分布广泛：东部的延边州主要属于图们江水系，还有一小部分属于绥芬河水系；东南部以鸭绿江水系为主；西南部的四平辽源一带属于辽河水系；其余大部分地区属于松花江水系。吉林省湖泊资源同样丰富，拥有多处著名的湖泊，如长白山天池、松花湖、雁鸣湖、查干湖和月亮泡等。这些湖泊不仅风景优美，而且在生态和科研方面也具有重要价值。吉林省是一个多民族聚居的地区，满族、朝鲜族、蒙古族

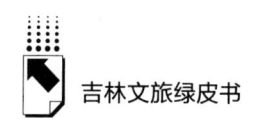

等少数民族的文化在这里得到了很好的传承和发展。这些少数民族的民间舞蹈、戏曲音乐以及风味饮食等民俗文化特色鲜明，为吉林省增添了独特的文化魅力。

吉林省富饶多姿的自然景观和丰富的人文资源，为"红色旅游+"的融合发展提供了坚实的基础。这里的红色文化资源与旅游产业的结合，不仅为吉林省带来了无限的发展潜力，还为其在旅游产业中脱颖而出提供了巨大的优势。

三 吉林省红色文化资源保护利用存在的问题

（一）资源保护和整合力度还需加大

吉林省拥有丰富的红色文化资源，这些资源承载着深厚的历史和文化价值。近年来，尽管各地区已经认识到这些红色文化资源的重要性，并且在保护和开发方面做出了一定的努力，但目前在保护和整合这些资源方面仍然面临着许多挑战。吉林省的红色文化资源分布广泛，许多红色遗址和纪念地散布在偏远地区，这给管理和保护工作带来了很大的难度。目前，对这些红色文化资源的挖掘和保护还不够充分，导致其知名度和影响力相对较低，对地方经济社会发展的贡献也相对有限。特别是在一些交通不便、经济发展相对滞后的偏远乡村，红色文化资源尚未得到有效的管理和保护。此外，区域间在红色文化资源保护利用上呈现明显的碎片化态势。受制于人力物力资源，保护工作呈现分散化、碎片化特点，缺乏统一规划与协同合作机制，难以形成共存共荣的良好局面。各地在资源保护利用上缺乏有效沟通与协作，导致红色旅游线路布局散乱，红色文化资源的深度挖掘工作尚显不足，其潜在价值尚未得到充分发掘。项目重复建设现象较为严重，进而降低了整体的工作效率与效益。基础研究层面，对历史事件的研究缺乏深入的分析与挖掘，导致对事件背后的深层次价值内涵与精神意义的理解不够全面、深刻。在这种情况下，个性化表达的缺乏尤为明显，难以通过独特视角与创新方式，将历史事件与文化价值转化为生动、引人入胜的内容。因此，构建一套完整、彰显光辉历程与伟大意义的宏大叙事体系面临诸多挑战，难以在公众中产生广泛而深刻的影响，限制了具有显著品牌效应旅游产品的形成。因此，亟须对全省红色文化资源进行深度整合，发挥集群效应，打破地理界限，加大资源整合力度，汇聚强大合力。为此，应加强与周边省份及省内各地区间的紧密合作，共同规划跨区域红色旅游线路。通过资源整合、客源共享，实现优势互补，进而提升整体吸引力与竞争力。

（二）产品供给有待优化

吉林省在红色文化资源的挖掘和开发方面还有待优化。首先，红色文化资源的开发和利用不够充分，诸多承载着重要历史意义的红色遗址与纪念地的保护力度尚待加大，且未能实现科学合理的利用，进而使得这些珍贵的文化遗产在教育传承与旅游开发方面的潜在价值未能得到充分挖掘与展现。其次，吉林省红色文化旅游产品的创新力度尚显不足。当前，吉林省红色文化旅游产品的呈现形式较为传统，缺乏深度融合与多元化发展，主要局限于参观旧址、浏览展板及听取讲解等传统模式，未能充分引入参与式、互动式及体验式等新型游览模式。在重大节日及纪念日之际，党政机关与企事业单位组织前往周边红色教育基地开展学习考察活动时，教育手段往往趋于单一、形式趋于僵化，难以提供系统性强、内容丰富多样的红色教育体验，从而难以让参与者从内心深处深刻感受红色文化的厚重与震撼。最后，红色文化资源与其他旅游业态的融合不够紧密。吉林省的生态旅游、冰雪旅游、乡村旅游发展势头迅猛，但红色文化资源与这些旅游业态的结合不够紧密，缺乏有效的联动机制和综合的旅游产品设计，导致红色文化旅游产品在整体旅游市场中的影响力有限。总之，吉林省红色文化资源虽然丰富，但是红色文化资源挖掘不深，不同旅游业态仍缺乏深度融合。

（三）设施服务有待完善

大部分红色文化资源远离城镇中心，可进入性差，难以对游客产生吸引力。红色文化资源的开发周期相对较长，资金投入较大，并且经济回报周期

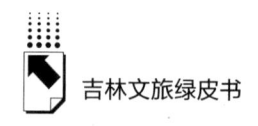

较长。鉴于红色文化资源所承载的深厚历史价值与教育意义，其开发过程必然伴随长时间的精心规划与资源调配。在此过程中，需确保充足的财政支持与人力资源投入，以保障各项保护、研究与传承工作的顺利进行。除了以政府为主导进行投资建设，还需进一步激发社会力量的参与动力。此外，由于冬季漫长且寒冷，红色文化资源开发的难度进一步增加。目前吉林省在红色文化旅游设施和服务方面还有待进一步完善。首先，交通设施的不完善是制约红色旅游发展的重要因素之一。许多红色旅游景点位于偏远地区，交通不便，缺乏便捷的公共交通工具，导致游客难以到达。这不仅影响了游客的出行体验，也限制了红色旅游景点的客流量。其次，红色文化旅游景点的基础设施建设相对滞后，基础配套不足，特别是供水、供电、路况等旅游配套服务难以满足消费者需求，许多景点缺乏必要的旅游公路、停车场、供电用水设施、旅游厕所、展陈场馆等设施，给游客的参观带来了诸多不便。此外，一些景点的标识系统不完善，缺乏清晰的指示牌和解说牌，使得游客难以了解景点的历史背景和文化内涵。最后，红色文化旅游景点的服务质量有待提高。许多景点的导游服务不够专业，缺乏对红色历史和文化的深入了解，无法为游客提供高质量的讲解服务。吉林省需要从交通、基础设施、服务质量等多个方面入手，完善红色文化旅游设施和服务，全面提升红色旅游景点的吸引力和竞争力，以促进红色文化旅游的可持续发展。

（四）品牌营销有待加强

吉林省红色文化资源相关名录公布批次存在不全的情况，吉林省爱国主义教育基地网上展馆资料亟待更新，吉林省红色旅游数据库信息不全面，难以有效满足推广吉林省红色文化资源和红色旅游的需要。目前，吉林省红色文化资源在市场化运作方面还处于起步阶段，缺乏有效的市场推广机制和品牌影响力构建机制。在品牌建设方面，吉林省红色文化资源也存在一定的滞后现象，对于红色文化资源的历史底蕴和文化内涵的深度挖掘也略显不足。此外，红色文化资源的跨界合作还不够广泛和深入，这限制了其在市场中的影响力和吸引力。在新媒体平台上，红色文化资源的精准营销还需要进一步深化。为了推动吉林省红色旅游的繁荣发展，还需要加强旅游企业、教育机构、文化单位等的合作，共同打造更加丰富和多元的红色旅游市场。

四 吉林省红色文化资源保护利用策略

（一）科学保护，整合红色文化资源

加强红色文化资源调查与认定工作。结合现代科技手段，深入全省各地，进行细致的红色文化资源摸底调查。加大对红色文化研究的支持力度，深入探究其深刻内涵与独特价值，为红色文化的持续传承与创新发展提供坚实的理论基础。需扩大红色文化资源普查的覆盖范围，构建层次分明、分类清晰的保护体系。应全面推动革命文物重点保护利用项目的实施，加强对重要红色文化资源的修缮与保护。同时，应强化科技手段在红色文化资源保护领域的应用，充分利用现代数字技术，对革命遗址、纪念馆、纪念碑等珍贵历史遗迹进行精准数字化建档与复原，确保历史记忆的准确再现与广泛传播。此外，应构建红色文化资源数据库，促进跨区域、跨部门的资源共享与高效利用，拓宽红色文化传播的广度与深度。应建立省级动态管理及监督平台，完善红色旅游资源管理系统，构建联动机制，以加强管理与监督。

整合红色文化资源需强化统筹协调，打破地域与部门间的界限。各地应深入挖掘并系统梳理本地红色文化资源的历史背景与独特价值，积极构建跨区域、跨部门的合作机制，实现革命文物的整体规划、连片保护、统筹展示与示范引领。应共同策划与组织展览、演出、论坛等文化活动，打造红色文化旅游的精品线路，以有效推动红色文化的普及与弘扬。同时，应广泛动员社会各界参与，共同致力于红色文化资源的保护与开发，营造全社会关注、支持红色文化传承的良好氛围。

（二）融合创新，丰富产品供给

要着力促进红色旅游与其他旅游业态的深度融合，在利用红色文化资源

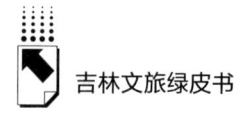

的过程中，不仅要靠红色引领，还要注重与其他旅游业态的结合，以便于产生叠加效应，形成综合优势，深入实施"红色+"的发展模式，促进红色文化资源与其他业态和谐共生，打造叠加优势。目前，吉林省在"红色+生态""红色+冰雪""红色+乡村"等方面虽然取得了一定的成效，但是融合深度还有待进一步挖掘。应充分利用吉林省丰富的红色历史遗址、优质的冰雪旅游资源和生态旅游资源，以红色文化为龙头，积极融入绿色生态、白色冰雪等多维旅游产品和线路，旨在增强旅游吸引力，彰显地域特色，精心培育一批以红色旅游为核心，特色鲜明、内涵丰富、形式多样的复合型旅游产品体系。

要健全现代文化产业体系和市场体系，打造核心产品和精品，用核心产品来引流和突破，用精品来增强整体竞争力。要扩大优质文化产品供给，打造一批有影响力、代表性的文化品牌。加快实现红色经典景区—干部教育学院—红色文化高地的步伐。挖掘红色文化资源，打造全国一流的红色文化精品，以品位高、保存好的红色文化资源为打造对象，重点建设国家级红色旅游景区和度假区。

聚焦体验、教育、观光三大核心功能，着力提升红色体验、红色教育、红色观光三大产品品质，以丰富多样的红色文化体验产品为核心，优化游客体验。要打破传统红色旅游单一说教模式，通过创新旅游体验活动，使红色旅游既富有教育意义，又充满趣味性和互动性。根据国家"双减"政策以及红色旅游发展战略，着重打造"红色+研学"融合模式。利用红色旧址和遗迹，精心打造主题教育研学精品课程，面向大中小学生开展爱国主义教育培训、研学实践等活动，构建集研学、旅行、教育于一体的综合实践教育营地，进一步发挥红色旅游在青少年教育中的重要作用。同时，应积极引进和培育红色旅游演艺团体，推出具有广泛社会影响力和市场价值的演艺项目，以文化演艺为载体，生动展现红色故事，弘扬红色精神。此外，还需不断创新红色文化科普体验方式，推动红色文化传播向活态化、情景化、互动化方向发展，以更加鲜活、生动的形式将红色文化内涵传递给广大游客，促进红色精神的传承与弘扬。

（三）优化条件，完善设施与服务

为了进一步提升红色文化资源开发利用的品质和影响力，积极推动已经入选"全国红色旅游经典景区名录"的16个红色旅游经典景区、已经被纳入"建党百年红色旅游百条精品线路"的23个红色旅游景区以及入选"全国爱国主义教育示范基地"的11个景区进行提质升级，以这些景区为重点，遴选和打造一批红色旅游精品景区，提升高等级景区的规模和影响力。为了实现红色文化资源的规范化开发利用，应大力提升管理水平，着力提高服务质量，引导红色旅游景区朝着健康的方向发展。应建立一套红色旅游精品景区的评定与复核机制，实行动态管理，并定期公布红色旅游精品景区的名单。通过这种方式，发挥示范引领作用，不断提升红色旅游景区的质量和服务水平。

此外，应着力提升基础设施建设和公共服务配套水平。重点加强景区与交通干线的连接公路建设，以及景区内部的专用旅游公路、步行道、停车场、供电用水、旅游厕所、展陈场馆等的建设。完善红色旅游景区景点的智慧语音讲解系统，支持中英文语音讲解系统的开发，全面改善景区环境面貌，以满足红色旅游活动的需要。通过这些措施，为游客提供更加便捷和富有教育意义的红色旅游体验。

2019年，习近平总书记视察河南时指出："依托丰富的红色文化资源和绿色生态资源发展乡村旅游，搞活了农村经济，是振兴乡村的好做法。"①乡村承载了中国革命的红色记忆，吉林省已经开展了红色旅游示范乡村的评选。接下来，可以找准红色旅游和乡村振兴之间的最佳连接点，精心选取一些在党史、革命史上具有重要地位和重大影响，且红色遗址遗迹数量多、保存完好的村落，通过全面整合当地资源，着力打造一批独具特色的红色名村。依托红色名村，推进配套基础设施与公共卫生设施、文化设施等项目的建设，构建既生态又宜居的美丽红色乡村。

---

① 《关于乡村振兴，总书记这样强调》，求是网，2021年3月11日，http：//www.qstheory.cn/laigao/ycjx/2021-03/11/c_1127198193.htm。

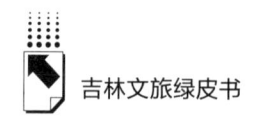

（四）提升形象，加强品牌营销

对已存在的红色文化资源名录、吉林省爱国主义教育基地网上展馆及吉林省红色旅游数据库等线上载体进行深度优化与升级，以保障信息的全面性与时效性。建立吉林省红色旅游线上公众平台，创新打造红色文化和旅游全媒体传播体系，在推广促销、产品开发、线路设计、项目布局等方面开展集中宣传。

强化吉林省内各类旅游营销元素的协同作用，将红色旅游纳入整体旅游营销策略之中。深入挖掘红色文化资源背后的历史脉络、人物事迹及精神实质，借助学术论坛、文艺创作、书籍出版等多种形式，持续丰富与拓展红色文化的展现形式与传播途径。基于红色文化资源的独特性，特别是聚焦体现"抗联精神"的历史事件与英雄人物，精心策划一批独具特色、具有广泛社会影响力的红色旅游产品。在此基础上，进一步策划并推广一批彰显吉林特色的红色旅游品牌，通过品牌化运营策略，提高吉林省红色旅游的市场辨识度与吸引力。

为构建多元化的市场推广体系，需充分利用互联网、社交媒体及短视频平台等新媒体手段，实施精准营销策略与互动体验活动，以吸引更多年轻群体的关注与参与。鼓励各级机关与事业单位结合本单位文化建设，引导开展红色旅游活动，并利用各自平台加大对红色旅游形象的宣传力度，制作并推广一系列红色旅游宣传片。定期举办红色旅游线路设计、文化创意、宣传广告设计等竞赛活动，广泛吸引社会各界参与，深入挖掘并传承红色文化。同时，鼓励创作红色旅游主题的视频短片，以扩大品牌影响力与知名度。结合建党、建军、建国及世界反法西斯战争胜利等重大纪念日，组织红色旅游节庆活动及系列宣传活动。

此外，应鼓励社会公众积极参与红色文化的保护与传承工作，通过志愿者招募、社区文化活动等方式，激发社会各界的参与热情。同时，加强旅游企业、教育机构、文化单位等的跨界合作，共同开发红色旅游线路、研学产品、文创商品等，形成合力，共同推动吉林省红色旅游的蓬勃发展。

参考文献

国莉莉、曲向东：《浅谈"三地三摇篮"红色标识的时代价值与开发利用》，《新长征（党建版）》2023年第7期。

陈晓键、鲁岩、刘欣怡：《红色文化资源保护利用的"释-织"路径》，《西安建筑科技大学学报》（自然科学版）2024年第3期。

谭娜、万金城、程振强：《红色文化资源、旅游吸引与地区经济发展》，《中国软科学》2022年第1期。

汤泽金、林坚：《红色文化资源保护、开发和利用探讨》，《河北开放大学学报》2024年第1期。

陈燕：《铸牢中华民族共同体意识背景下保护利用红色文化资源的路径研究》，《传承》2024年第1期。

张珊：《红色文化资源的时代样态与发展境遇研究》，《老区建设》2022年第9期。

张爱博：《乡村振兴视域下吉林省红色文化资源价值实现路径研究》，《农村经济与科技》2022年第23期。

G.3 吉林省文旅融合与数字文化产业协同发展研究

赵昌洲 刘子瑞 蔺 丹*

摘 要： 随着我国数字技术日益成熟，数字文化产业呈现爆发式增长趋势，也在一定程度上改变了文化产业和旅游业的发展格局。吉林省拥有丰富的文化和旅游资源，为数字文化产业集聚发展提供了良好的基础条件。但是吉林省在文旅融合及数字文化产业集聚发展过程中仍然存在一些问题，涉及品牌、政策、人才、技术等多方面。为加快数字文化产业集聚发展，本文从特色品牌建设、政策导向、人才培养、资金投入等角度提出了建议，旨在充分挖掘吉林省的文化和旅游资源潜力，打造具有特色的数字文化产业集群，带动区域经济繁荣发展，提升吉林省在文化产业领域的竞争力和影响力。

关键词： 文旅融合 吉林省 数字文化产业

近年来，数字化技术蓬勃发展，成为文化产业与旅游业融合的助推力，促进了线上线下结合的文旅产业、虚拟现实技术下的文化展览等的发展。在数字化新时代，吉林省通过文旅融合不仅可以提升旅游业的吸引力和竞争力，还能促进文化产业的创新与发展。随着经济的持续增长和人们对高品质生活需求的增加，数字文化产业成为吉林省区域经济发展的新增长点。吉林省通过积极探索和实践，将数字化技术与文化旅游深度融合，有望在全国文

---

* 赵昌洲，长春财经学院副研究员，研究方向为智慧旅游和红色旅游；刘子瑞，吉林省文化和旅游厅资源开发处处长，研究方向为旅游资源开发；蔺丹，长春财经学院副教授，研究方向为旅游管理。

化旅游市场中占据更加重要的地位。在未来的发展中,数字文化产业将成为吉林省区域经济发展新的增长点,更是新的消费点,如何利用文旅融合优势,加快助力数字文化产业集聚发展,形成产业集聚效应,成为重要的研究课题。本文的研究对吉林省在数字化新时代实现文化产业的转型升级和经济的可持续发展具有深远的意义。

一 文旅融合与数字文化产业的内涵

(一)文旅融合

文旅融合即文化产业与旅游产业相互渗透、相互交叉、资源共享,实现二者的协同发展。通过文旅融合,文化资源可以为旅游业赋予深厚的内涵和更持久的吸引力,而旅游业发展可以为文化提供更加广阔的传播平台及更加多元的传播形式。但是文旅融合并不是简单地将文化元素"添加"到旅游活动中,或者在旅游景点、文化场所将其生硬地结合起来,而是注重对文化内在价值的深入挖掘,注重文化与旅游的体验性和参与性。比如,以历史文化为背景打造的实景演出,可以让游客有一种身临其境的感触,能够近距离地感受历史的魅力;将传统手艺制作融入旅游活动,让游客亲身参与,增强旅游体验感。

(二)数字文化产业

数字文化产业是以数字技术为驱动力,以文化创意为核心内容,通过创作、生产、传播和服务等,将多种产业形态融合起来的新兴产业领域,比如数字影视、数字音乐、数字出版、网络游戏、数字动漫等。数字文化产业具有创新性、高附加值、融合性等特点,通过不断的创新,为人们提供更加多元化、个性化的选择,使得文化产品和服务形式日益丰富。数字文化产业还打破了时间与空间的限制,利用数字技术构建线上文化展览、数字图书馆等,使人们可以随时随地地享受文化资源,获得全新的体验。随着数字技术不断成熟,数字文化产业会有更加广阔的发展空间。

（三）文旅融合与数字文化产业的协同发展关系

文旅融合成为数字文化产业集聚发展的重要引擎，不仅为数字文化产业提供创意源泉和文化底蕴，而且使传统文化资源和旅游资源的价值得以呈现，为游客带来全新的旅游体验，也增强了文化传播的影响力，提升了文化产品的附加值和市场竞争力。同时，数字文化产业为文旅融合提供了强大的技术支持，使文旅产品设计、生存、传播以及消费模式发生了深刻变化，极大地促进了文旅产业的转型升级。

二 吉林省文旅融合与数字文化产业协同发展现状

（一）政策环境

1. 政策引领与扶持力度较大

近年来，吉林省高度重视文旅产业发展，相继出台了一系列政策，为文旅融合和数字文化产业发展创造了良好的环境，如出台《吉林省"十四五"文化发展规划》《吉林省推进文化数字化战略的实施方案》等，明确了数字文化产业的发展方向和重点任务。同时，在2022年，为推动文化产业发展，吉林省下发专项资金7650万元，重点扶持文化精品创作、文化产业项目、重大文化活动等180个文化项目；为了刺激文旅消费，向广大消费者发放消费券，共计投入专项资金2000万元，多措并举推动文化产业发展，取得了良好反响。[①]

另外，吉林省积极打造繁荣有序的大数据产业生态，如建设净月数字经济产业园、长春大数据深加工基地、正元信息安全产业园等，并从政策、市场、监管、保障以及项目建设等方面加强各部门协调联动，为吉林省数字文

---

① 纪洋：《深挖"文化+"激活产业新动能——2022年我省文化产业高质量发展综述》，《吉林日报》2023年3月9日。

化产业集聚发展提供了有力支撑。

2."十大行动"的实施效果显著

2022年初，吉林省委宣传部印发了《关于组织实施文化产业高质量发展"十大行动"的实施方案》，全省各单位积极响应，围绕这一方案积极展开行动，深入挖掘本地资源，实施一系列措施，助力文化产业发展。长春市作为数字文化升级的引领者，大力开发数字化产品服务，精心培育云演播业态，积极拓展数字艺术展示业态，效果显著；吉林市充分发挥自身优势，积极推动冰雪品牌与文化的深度融合，打造了独具特色的冰雪文化体验，吸引众多游客前来感受；白城市着力打造旅游网红打卡地等，通过创意和特色吸引游客，提升了当地旅游的吸引力。各地积极行动，抓住文旅融合和数字文化产业发展的契机，形成了强大的合力，共同助力全省文化产业蓬勃发展，为推动吉林省经济增长和文化繁荣注入了新的活力。

（二）数字文化产业发展取得的成效

随着相关政策的落地实施，吉林省数字文化产业取得了一定成绩，比如2022年，全省文化及相关产业规模以上企业净增24户，达到266户，培育文化产业项目107个，总投资高达1322亿元。[1] 值得一提的是，"吉林省文化大数据中心项目"成功入选国家文化产业发展项目库，这也充分表明国家对吉林省数字文化产业发展的高度认可。从具体数据来看，2022年吉林省规模以上文化企业营业收入达168.7亿元，同比增长4.7%；文化新业态规模以上企业实现营业收入23.1亿元，同比增长21%；文化服务业规模以上企业营业收入90.2亿元，同比增长3.1%；文化核心领域的新闻信息服务、内容创作生产、创意设计服务、文化传播渠道、文化投资运营行业规模以上企业营业收入同比分别增长10.5%、7.5%、4.1%、2.8%、84.4%。[2]

---

[1] 纪洋：《深挖"文化+"激活产业新动能——2022年我省文化产业高质量发展综述》，《吉林日报》2023年3月9日。

[2] 纪洋：《深挖"文化+"激活产业新动能——2022年我省文化产业高质量发展综述》，《吉林日报》2023年3月9日。

从这些数据不难看出，在相关部门及政策的支持下，吉林省数字文化产业发展动力十足、势头强劲，各个领域均展现出良好的发展态势，为经济增长和文化的繁荣发展贡献了力量。

（三）技术创新与跨界融合

吉林省在数字文旅发展方面也加大了投入力度，比如开展吉林文旅新媒体"双百计划"，积极探索多元化宣传渠道，率先发起"内容创享者友好省份"倡议，实施流量扶持，建立旅游业联名品牌的常态化机制等系列措施。同时，邀请专业新媒体团队，深化巧借"外脑"的智力引进模式，加快了文旅产业与互联网、大数据、云计算等新技术的融合发展，积极研发数字文旅服务平台，实现了从线上分享美好生活，到电子票务、线上展演、线上娱乐等文旅消费互联网新业态，推动了文旅消费的智能化、网联化发展。但是与国内发达地区相比，吉林省数字文化产业发展仍然处于初级阶段。

在产业规模方面，数字文化产业呈现稳步增长的态势，比如动漫、游戏、数字影视等发展速度较快，取得的成绩也比较可观。长春的动漫产业园吸引一大批企业入驻，创造了许多动漫作品。但是总体来看，吉林省数字文化产业规模比较小，竞争优势不明显，尚未形成产业集群。

吉林省具有得天独厚的自然资源与历史文化资源，为文旅融合提供了丰富的素材和广阔空间，而数字文化产业可以为文旅融合提供技术层面的支持，推动文旅融合的创新发展和产业升级。吉林省必须抓住文旅融合契机，推动数字文化产业集聚发展。

三 吉林省推动文旅融合与数字文化产业协同发展的优势与挑战

（一）优势分析

1. 丰富的文化旅游资源优势

吉林省位于我国东北部地区，历史文化底蕴深厚、绚烂多彩，拥有丰富的文化旅游资源。从历史文化角度来看，吉林省古老的夫余、高句丽文化遗址，古老的城墙、宫殿遗迹都见证了这片土地的悠久历史，向人们呈现了曾经的辉煌与繁荣，为考古研究提供了重要资料；从民俗文化角度来看，这里有满族、朝鲜族等少数民族，民族文化源远流长，有着独特的民俗风情，比如满族的旗袍、剪纸艺术，朝鲜族的象帽舞、伽倻琴弹奏等，这些民俗风情、传统技艺和特色美食，组成了特色、丰富的民俗文化宝库，这些特色文化旅游资源吸引了大批游客前来旅游体验，感受别样的文化魅力。

吉林省还拥有壮丽的自然风光，比如长白山雄浑壮美，神秘而威严，令人叹为观止；净月潭清幽秀丽，为人们呈现了一幅宁静的山水画，是休闲度假的好去处；查干湖广袤辽阔，冬季捕鱼时万鱼跃出冰面的壮观景象，让人们感受到大自然的雄浑力量。冬季的吉林省，更像是一个梦幻的冰雪世界，拥有丰富的冰雪运动和娱乐项目，让游客尽情地享受欢乐，这些丰富的文化旅游资源为吉林省数字文化产业集聚发展提供了自然资源基础和更多的思路。

2. 技术和网络优势

为保证文旅融合与数字文化产业发展，吉林省持续优化网络基础设施，加快"千兆城市"建设，扩大千兆网络覆盖范围。2023年5月5日，吉林省政府新闻办召开推进"数字吉林"建设新闻发布会，吉林省发展改革委一级巡视员张志勇对《吉林省大数据产业发展指导意见》（以下简称"《意见》"）进行了解读，为吉林省数字文化产业集聚发展指明了新方向。《意见》指出，要强化数据基础设施建设，加强5G网络建设部署，目前全省已经建成5G基站3.4万个，4G网络实现全面覆盖，力争2025年，全省建成5G基站5.5万个，5G用户普及率达到56%，为数字文化产业发展提供网络技术层面的支持，并积极推进长春国家级互联网骨干直联点建设，谋划建设国家新型互联网交换中心，打造东北地区重要的信息通信枢纽，大力推进5G应用示范。随着5G网络的覆盖面越来越广，景区也能为游客提供更加流畅、优质的网络体验，为游客实时分享美景、视频通话等提供了诸多便利。在大数据中心建设方面，"吉林祥云"大数据平台、长春市算力中心、

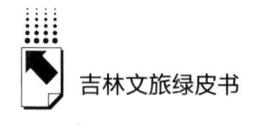

长春新区人工智能算力中心等重点算力基础设施建设不断推进,"吉林祥云"大数据平台形成"两地三中心"的基础架构,功能日益完善,为数字文化产品的创作、存储和分析提供了技术支持。

3. 人才储备优势

在人才储备方面,吉林省已经与多所高校、科研机构等建立合作,大力培养文旅融合和数字文化产业相关的专业人才,比如一些高校设立了文化产业管理、数字媒体技术等专业,培养学生在数字内容、软件开发、市场营销等方面的能力,甚至还招聘毕业生参与当地文旅项目,发挥人才专业优势,为毕业生提供了更多就业机会,也推动了文旅融合和数字文化产业的发展。吉林省高度重视人才的吸引和培养,通过定期举办各类创新创业大赛、提供实习机会等方式,挖掘和培养有潜力的人才,并通过高校与企业建立合作,开展产学研项目,让学生将理论知识付诸实践,在实践中提升综合能力。对于在文旅融合和数字文化产业领域有突出贡献的人才,政府给予了更多奖励和支持,激励更多人才投入这一领域。

吉林省具有丰富的自然资源和文化资源,技术基础不断完善以及人才培养力度加大,为文旅融合和数字义化产业发展提供了强有力的保障。但是市场竞争日益激烈,数字文化产业集聚发展对技术、人才等的需求持续增加,尤其是复合型人才稀缺,因此吉林省还需在技术和人才方面加大投入力度,充分利用文旅融合带来的优势,助力数字文化产业迈向更高的发展阶段。

(二)挑战分析

1. 缺乏特色品牌塑造

吉林省拥有满族、朝鲜族等民族文化,其中满族的萨满文化、朝鲜族的歌舞和美食等都极具特色,还有丰富的自然景观资源,比如长白山、净月潭等。但是吉林省在文旅融合发展中并没有深入挖掘和打造具有鲜明地域特色的品牌,比如满族的传统服饰和手工艺品具有独特的艺术价值,但是在市场推广和品牌建设方面投入不足,知名度比较低,并没有成为热门的旅游商品。长白山是东北地区的名山,景色壮观,还有神秘的天池和丰富的生态资源,但是与黄山、泰山等景区相比,品牌宣传力度和市场影响力并不明显,而且旅游品牌形象不够清晰,缺乏独特的品牌标识,难以在众多旅游名地中脱颖而出。所以,吉林省文旅品牌知名度和影响力相对较弱,竞争优势不明显,在文旅融合推进数字文化产业集聚发展过程中,仍需要加大力度挖掘和打造地区文旅品牌,提高市场吸引力和影响力。

2. 文旅融合深度不够

目前,吉林省文旅融合仍然处于初级阶段,融合深度远远不够。比如,长白山景区在旅游线路中增加了朝鲜族的歌舞表演,给游客带来不一样的旅游体验,但是舞蹈表演通常在固定的地方,也有固定的时间安排,游客用来体验的时间很短,基本上是短暂停留观看,难以融入其中。这种形式的创新虽然给人一种新鲜感,但是舞蹈内容没有结合长白山的神话传说或者独特的风光特点等,游客无法亲身体验朝鲜族文化与长白山自然风光之间的内在关联。游客在观看完舞蹈表演以后,对于朝鲜族文化的理解依然停留在表面,对于长白山景区的印象并不能因为歌舞表演而得到深化,可以说这种形式的创新很难达到预期效果,文旅融合过于浅层。

吉林市别称北国江城,是国家历史文化名城,承载史迹繁多,拥有吉林文庙、西团山遗址、完颜希尹家族墓地、阿什哈达摩崖石刻等文物遗迹。这些古建筑、古遗迹蕴藏着深厚的历史文化,但是古建筑旅游项目大多给人"无趣"的感觉,历史文化故事仅仅依靠导游讲解,不够生动有趣,缺乏与游客的互动,游客的体验感较为单一,更是难以领略城市深厚的历史文化底蕴。随着科技的不断进步,传统的古建筑旅游项目可以借助3D投影、虚拟导游等先进技术,为游客呈现不同时期的建筑、重要的历史事件等,增强游客体验感和互动性,还能让游客深入了解历史文化背后的故事,这样才能真正地促进文旅深度融合,也是今后文旅融合发展的重要方向。

3. 缺乏足够的资金支持

在吉林省文旅融合助力数字文化产业集聚发展进程中,资金不足成了一大阻碍,而且资金来源渠道单一,过于依赖政府的财政投入,财政资金有限且面临分配的局限性,能够真正投入数字文化产业的资金并不充足,难以满

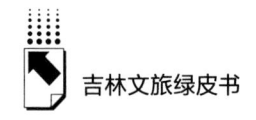

足数字文化产业快速发展和多元化的需求。银行贷款可以为一部分企业提供资金，但是数字文化产业具备特殊性，属于轻资产，风险高且回报周期不确定，为了避免投资风险，银行在审批贷款时往往持谨慎的态度，设置了较高的门槛和严格的条件。吉林省数字文化产业正处于发展阶段，很多企业仍处于发展初期，市场份额小、产品附加值不高、自身的盈利能力和资金积累普遍较弱，而且数字文化相关产品市场推广难度大，企业难以获取充足的资金用来持续投入，也就难以依靠自身经营获得足够的资金对产业进行升级和创新，面临着被市场淘汰的风险。[1]

另外，社会资本参与数字文化产业的积极性也不高，与国内发达地区相比，吉林省数字文化产业的市场吸引力较弱，并且尚未形成成熟的投资环境和有效的引导机制，存在一定的投资风险，而社会资本，尤其是私人投资者更倾向于将资金投向传统的、收益较为稳定的行业。上述问题在很大程度上制约了吉林省数字文化这种新兴且风险不确定的产业发展。

4. 缺少懂数字化营销和运营的复合型人才

在文旅融合助推吉林省数字文化产业集聚发展过程中，缺乏懂数字化技术和文化旅游的复合型人才是吉林省当前面临的主要问题。近年来，我国科技水平不断提升，数字化技术发展更是日新月异，比如大数据分析、虚拟现实、增强现实以及人工智能等技术不断成熟，在文化旅游领域的应用也在逐渐深化。但是吉林省在这些前沿数字技术领域的人才储备相对薄弱，能够熟练掌握并应用这些技术的专业人才更少，特别是能够灵活应用数字化技术提升文化旅游体验的人才少之又少，懂数字化技术的人员对文化旅游的内涵和特点理解不够深入，熟悉文化旅游的人才对数字化技术的应用掌握不足，加上文旅融合的发展起步比较晚，从事这一领域的技术人员经验欠缺，导致项目创意及技术难以达到理想效果。[2]

另外，吉林省在复合型人才培养方面也存在一些困难。目前吉林省高校

---

[1] 蔡天勇等：《数字经济时代吉林省文化产业效率变革的演化机理》，《大众商务（上半月）》2021年第3期。
[2] 任玲、邵思琪：《吉林省文化产业数字化转型问题研究》，《税务与经济》2023年第5期。

和相关培训机构在专业设置与课程体系设计上并未充分实现文化旅游与数字化技术的有机结合，教学内容滞后，难以跟上行业发展形势，并且实践环节也比较薄弱，理论与实践脱节，学生难以满足市场的实际需求。与发达地区相比，吉林省在人才薪酬待遇、发展机会以及创新环境方面对优秀人才的吸引力明显不足，很难吸引复合型人才前来就业和创业。人才短缺严重制约了吉林省数字文化产业集聚发展，许多有潜力的文旅项目无法利用数字化技术实现转型升级，产业集聚的速度也因此受到影响。

5. 产业链不完善

目前，吉林省文旅融合发展的产业链并不完善。在创意策划方面，文旅项目策划普遍缺乏深度和创新性，比如历史文化景区的开发，主要是罗列历史事件及相关人物，并没有深入挖掘背后的文化内涵，对于游客的体验感、兴趣点、消费需求等考虑不多；在内容生产方面，表演形式比较单一，缺乏对文化的多元呈现与深加工，无法展现当地文化的魅力，游客难以从表演中获得更好的旅游体验；在营销推广方面，吉林省文旅项目普遍存在推广渠道受限的问题，推广方式传统，很多优秀的文旅资源缺乏有效的营销手段，尤其是那些小众但极具特色的乡村旅游景点，宣传渠道单一，游客数量少，也未能利用好各社交媒体、在线旅游平台等新兴渠道。[1] 另外，产业链上下游企业之间的协同合作不够紧密，比如创意策划公司与旅游景区运营方沟通不深入，导致策划方案在实际运营中难以落地、内容生产企业提供的数字文化产品主题和风格与景区不符，影响宣传效果，还会给游客带来不好的体验；与周边酒店、餐饮企业等没有达成协同合作，难以满足游客的一站式服务需求，降低游客满意度。文旅融合是今后旅游业发展的必然趋势，并且数字化技术的日益成熟为文旅融合提供了技术层面的支持，如何抓住机遇，形成完整、高效的产业链，实现产业集聚发展，促进上下游企业之间的协同合作成为亟须解决的问题。

---

[1] 孙萍萍：《文旅融合背景下文化产业与旅游经济互动发展分析》，《旅游纵览》2023年第10期。

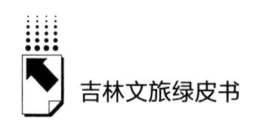

四 对策建议

(一)发展模式

1."文化旅游+数字创意"模式

吉林省可以充分挖掘本地文化旅游资源,将文化旅游与数字创意产业深度融合。一方面,依托吉林省的历史文化、民俗风情、自然风光等优势,借助数字技术进行创意设计和内容创作,比如利用3D建模和动画技术,将历史事件和人物重现,打造沉浸式历史文化体验项目,让消费者以全新的方式感受不一样的历史文化;借助虚拟现实和增强现实等技术,让游客身临其境地感受自然景色。另一方面,根据数字创意产业的特点,开发具有创新性和互动性的文化旅游产品,比如可以设计以吉林省特色文化为主题的手机游戏、在线互动展览等,这些新颖独特的方式尤其可以吸引年轻群体的关注,或者利用社交媒体、抖音和快手等短视频平台将这些创新内容进行传播,扩大影响力,让更多的消费者了解吉林省文化旅游的魅力。

吉林省还可以通过建立数字创意产业园区,吸引更多企业入驻,逐步形成产业集聚效应,为企业提供完善的基础设施、技术支持和政策服务等,促使企业之间深入交流,形成合力,共同推动"文化旅游+数字创意"发展。

2."智慧旅游+数字内容生产"模式

目前,我国物联网、大数据、云计算等技术已经日趋成熟,为"智慧旅游+数字内容生产"模式发展提供了技术层面的支持,为游客呈现了更加丰富多样的内容。在智慧旅游方面,可以利用物联网、大数据、云计算等技术对景区进行智能化管理,比如用智能传感器实时监测景区的客流量、环境质量,为游客提供更加精准优质的导览服务、旅游路线推荐,提升游客的旅游体验,还可以构建在线预订和支付系统,为游客在线预订景区门票、酒店、餐饮等提供便利。在数字内容生产方面,需要收集智慧旅游的相关数据,再进行数字内容创作,比如根据游客的兴趣偏好和行为数据,制作定化的旅游纪录片、短视频、虚拟旅游产品；利用数字内容进行旅游目的地的品牌推广和形象塑造，再借助各种信息传播平台，提升吉林省旅游的知名度。[1]

推动"智慧旅游+数字内容生产"模式发展需要景区与数字内容生产企业建立合作，打造出更多精品智慧旅游产品和数字内容，加强基础设施建设，提升技术水平。

（二）发展策略

1. 加强特色品牌建设与市场营销

文旅融合为吉林省数字文化产业发展带来了契机，要想在激烈的市场竞争中脱颖而出，加强特色品牌建设和市场营销非常有必要。

在特色品牌建设方面，吉林省应该深入挖掘独特的文化资源和旅游资源，打造具有独特魅力的数字文化品牌。比如，利用满族、朝鲜族等少数民族文化，打造具有鲜明民族特色的文旅品牌，以满族的萨满文化为例，可以建设萨满文化主题公园，主要向游客展示萨满文化的仪式、传统服饰以及手工艺品等，让游客深入了解萨满文化，对萨满文化有深刻的印象，从而获得更好的旅游体验。再比如，吉林省有着丰富的自然景观，可以围绕自然景观开发一些与生态、探险、文化传承有关的文旅项目，将自然之美与文化内涵相融合，形成吉林省独特的生态旅游品牌。除了品牌建设，还要精心设计品牌形象标识以及宣传口号，提升品牌的辨识度与吸引力，扩大宣传范围，让更多游客知晓。[2]

在市场营销方面，吉林省可以充分借助新媒体平台，开展网络直播、短视频营销以及社交媒体推广，举办线上文旅活动等，展示吉林省的自然风光和独特文化，吸引更多的消费者关注。同时，吉林省还可以定期举办各类文

---

[1] 高晓波、孙秀娟：《文旅融合背景下文化产业与旅游经济互动发展路径》，《南方农机》2023年第13期。
[2] 郭家赫、高嘉琦：《探究文旅融合背景下旅游经济与文化产业的融合路径》，《武侠故事》2022年第10期。

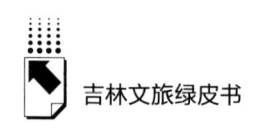

化旅游节庆活动和主题活动，如冰雪节、民俗文化节等，为游客带来多元化旅游体验，提升品牌知名度与影响力。可以利用新媒体平台实施精准营销策略，根据不同的目标客户群体，制定个性化营销策略，基于大数据技术分析消费者的需求和偏好，为其精准提供产品和服务信息。另外，吉林省还可以选择具有代表性的景区、文化场馆或文旅企业，开展数字文旅融合示范项目建设，发挥示范项目的引领作用，加快推进全省文旅行业的数字化转型，促进相关企业和单位形成合力，助力产业集聚发展。

2. 促进文化旅游与数字技术深度融合

文化旅游与数字技术深度融合是推进吉林省数字文化产业集聚发展的关键。首先，数字技术正处于快速发展阶段，仍然需要加大研发力度。要鼓励企业、高校和科研机构开展产学研合作，重点攻克数字技术在文旅融合应用中的技术难题，比如利用虚拟现实技术和增强现实技术为游客呈现更加逼真的画面，提升游客的沉浸式体验；开发智能数据分析系统，深入分析和了解游客需求，为游客提供个性化服务与精准营销。其次，加快推进文旅资源数字化转化，为后续数字化资源开发和利用提供便利。吉林省拥有丰富的历史文化遗产、自然景观、民俗风情等，可以利用3D扫描、高清摄像等方式对这些资源进行数字化采集、整理和存储，再将这些数字化资源整合到资源库中，最后转化为数字资产。

要充分利用数字技术，打造虚拟景区游览、数字文化演艺、互动式文化体验等数字文化旅游产品和服务，更好地满足消费者的多元化需求。[①] 同时，还可以利用移动互联网和智能终端，开发文旅App，为游客提供在线预订、智能导览、虚拟讲解等服务，让游客对旅游目的地有全面的了解，增强游客旅游体验感。

3. 拓展投融资渠道

文旅融合助力吉林省数字文化产业集聚发展需要有充足的资金支持，仅

[①] 高永鹏、刘伯书：《数字技术赋能文旅产业融合发展研究》，《产业创新研究》2023年第10期。

凭借财政支持远远不够，必须拓宽投融资渠道，给予资金保障。

首先，政府部门要给予大力支持，设立专项发展资金，用于数字文化产业的技术研发、内容创作、项目孵化，将资金重点向具有创新性和示范性的文旅融合项目倾斜，调动企业的积极性。同时，优化财政资金的使用方式，可以通过补贴、奖励、贷款贴息等方式，保证财政资金的用途合理及利用率。对于数字文化和文旅融合领域的企业，大力实施税收优惠政策，帮助企业减轻资金压力，比如新成立的企业可以在前几年免征所得税；对于技术研发投入较大的企业给予税收抵免等，解决企业的后顾之忧，为数字文化产业集聚发展提供大力支持。

其次，鼓励社会资本投入。政府部门要积极完善政策法规，鼓励社会资本参与文旅融合和数字文化产业，为其提供税收优惠、贷款担保等服务，降低投资风险，调动社会资本投资积极性。还可以建立产业投资基金，加大潜力企业和项目投资力度，比如设立吉林省数字文化产业投资基金，发挥政府部门的主导作用，吸引金融机构、企业和个人投资者共同参与，为数字文化产业持续发展提供保障。[1]

最后，加快金融创新。金融创新是助力数字文化产业发展的有力保障，应该根据文旅融合以及数字文化产业发展情况，积极开发合适的金融产品与服务，比如知识产权质押贷款、应收账款质押贷款等业务，为企业提供多元化融资渠道。

4. 加大人才培养与引进力度

吉林省数字文化产业的集聚发展需要有专业技术人才的支撑，加大人才培养与引进力度至关重要。针对专业技术人才培养，政府部门应鼓励本地高校、职业院校开设相关专业和课程，比如数字文化创意、文旅营销、智慧旅游管理等课程。同时，高校和职业院校要与企业建立长久合作关系，共同打造实习实训基地，为学生提供实践的机会，向企业定向输出人才，还可以通

---

[1] 张建涛、张琰：《数字经济助推沈阳市文旅融合发展策略研究》，《江苏商论》2022年第9期。

过项目式教学，让学生参与到企业的实际项目中，比如数字文旅产品开发、文旅产品营销策划等，积累实践经验，提升学生实践能力。[1] 针对从事数字文化和文旅行业的人员，可以通过定期举办数字文化产业专题培训班和课程进修等方式，助力其提升专业技能、学习前沿知识、了解行业最新动态和技术，满足不同层次和领域对于人才专业能力的需求。

在人才引进方面，重点是帮助人才解决后顾之忧，应该制定具有吸引力的政策，提供优惠的待遇、良好的工作环境以及发展空间。比如，为符合条件的优秀人才提供住房补贴、子女教育、医疗保障以及科研启动资金等优惠政策，搭建人才交流平台，定期举办数字文化产业人才招聘会、创新创业大赛等活动，吸引更多的人才关注吉林省数字文化产业。同时，引进的人才类型应多元化，除了懂数字技术的专业人才，还要引进具备文旅经验的创新型人才、营销型人才以及管理人才等，为吉林省数字文化产业发展注入新鲜血液。为了调动人才积极性，还应设立人才奖励制度，对文旅融合与数字文化产业领域作出突出贡献的个人进行奖励，包括物质奖励与荣誉称号，调动人才的积极性与创造力，鼓励企业建立公平的晋升机制与薪酬体系，让更多的优秀人才发挥自己的才能，实现自身价值，为数字文化产业集聚发展助力。

5. 打造数字文化产业集聚平台

在文旅融合背景下，打造数字文化产业集聚平台势在必行。吉林省应加快规划和建设专业的数字文化产业园区，大力支持相关企业入驻。产业园区要提供完善的基础设施，如网络通信设施和现代化办公场地、配套服务、便捷的交通物流等，满足企业发展需求，形成产业集聚效应。同时，搭建综合性服务平台，设立专门的服务机构，为企业提供政策咨询、项目申报、知识产权保护、金融支持等，比如设立产业服务中心，使企业可以及时了解相关政策；设立数字技术研发中心，为企业提供技术咨询服务；设立金融服务中

---

[1] 董晓英：《数字经济下陕西省文旅融合发展模式与路径研究》，《经济研究导刊》2023年第4期。

心，为企业提供融资服务。

同时，数字文化产业集聚发展要求企业之间应该协同创新，形成产业链上下游的协同创新机制，可以建立产业联盟、行业协会等组织，加强合作交流。比如，针对文旅融合，数字内容生产企业可以与景区建立合作，共同开发具有地域特色的文旅产品；技术型企业可以与文化企业建立合作，推动数字技术在文旅领域中的创新应用，促进文旅与数字文化产业的深度融合。[①]

通过打造产业集聚平台，为文旅融合及数字文化产业发展提供资源、环境、人才、政策、资金等方面的保障，提升吉林省数字文化产业核心竞争力。

6. 加大政策引导与扶持力度

政策作为产业发展的风向标和催化剂，对推动吉林省数字文化产业集聚发展有着重要意义。在文旅融合背景下，要不断提高政策支持的精细化、精准化水平。首先，吉林省各级政府部门应该加强完善政策法规，制定更加明确、具体的政策措施，为产业发展指明方向。政策应该包括文旅融合和数字文化产业的发展规划、相关项目扶持、市场准入以及人才培养等多个方面，同时要充分考虑市场需求与数字文化产业特点，保证政策内容的有效性，确保政策真正发挥作用。其次，政府及相关部门应该简化行政审批流程，提高审批效率，为文旅融合和数字文化产业项目开辟绿色通道。最后，政府应积极搭建平台，比如举办产业论坛、展览展示、项目对接等活动，展示成果、交流经验，促进文旅融合与数字文化产业的深入交流合作。随着文旅融合及数字文化产业的不断发展，必然会出现更多的问题，这就需要政府和相关部门根据数字文化产业发展情况，对政策进行及时调整，创造良好的政策环境，吸引更多资源投入数字文化产业发展中，推动产业高质量发展。

---

① 张保伟：《数字经济时代江苏省文旅融合高质量发展策略研究》，《边疆经济与文化》2023年第5期。

参考文献

纪洋：《深挖"文化+"激活产业新动能——2022 年我省文化产业高质量发展综述》，《吉林日报》2023 年 3 月 9 日。

蔡天勇等：《数字经济时代吉林省文化产业效率变革的演化机理》，《大众商务（上半月）》2021 年第 3 期。

任玲、邵思琪：《吉林省文化产业数字化转型问题研究》，《税务与经济》2023 年第 5 期。

孙萍萍：《文旅融合背景下文化产业与旅游经济互动发展分析》，《旅游纵览》2023 年第 10 期。

高晓波、孙秀娟：《文旅融合背景下文化产业与旅游经济互动发展路径》，《南方农机》2023 年第 13 期。

郭家赫、高嘉琦：《探究文旅融合背景下旅游经济与文化产业的融合路径》，《武侠故事》2022 年第 10 期。

高永鹏、刘伯书：《数字技术赋能文旅产业融合发展研究》，《产业创新研究》2023 年第 10 期。

张建涛、张琰：《数字经济助推沈阳市文旅融合发展策略研究》，《江苏商论》2022 年第 9 期。

董晓英：《数字经济下陕西省文旅融合发展模式与路径研究》，《经济研究导刊》2023 年第 4 期。

张保伟：《数字经济时代江苏省文旅融合高质量发展策略研究》，《边疆经济与文化》2023 年第 5 期。

旅 游 篇

G.4 吉林省文旅资源数字化创新发展

——以长白山为例

冯小珊[*]

摘　要： 吉林省文化形态多样、文旅资源丰富，具有得天独厚的红色、绿色、古色文化资源，吉林省以数字化思维对文旅资源进行整合具有可行性、紧迫性、前瞻性和重要性。吉林省应借鉴先进地区做法和经验，加快以数字技术实现文旅新体验，以数字化创意开发文创新产品，以数字化精准营销打造新服务。

关键词： 数字化思维　数字化体验　数字化创意　数字化转型

当今世界，数字经济已成为宏观经济发展的新引擎。国家"十四五"

---

[*] 冯小珊，吉林省中吉顺文旅发展有限公司董事长，长春建筑学院特聘教授，中国文化网络传播研究院研究员，厦门市亿迦柒教育科技研究院院长，主要研究方向为数字技术与文旅市场的深度融合。

规划首次将"数字中国"单列成篇,并明确列出七大数字经济重点产业以及十大数字化应用场景。党的二十大报告指出:"加快发展数字经济,促进数字经济和实体经济深度融合,打造具有国际竞争力的数字产业集群。"[①]这说明,新的数字经济时代已经来临。在数字化大发展的背景下,加快实现文旅产业数字化转型已经不再是一道选答题而是一道必答题。吉林省文化形态多样,历史悠久独特、文旅资源丰富,具有得天独厚的红色、绿色、古色文化资源,这是我们将文化和旅游资源进行数字化转型的深厚基础。在决策层面,只有将数字化文旅作为主攻方向,才能在政策、资金等方面得到有效支撑;在实施层面,只有深入细致地研究资源和市场,才能确定有效的路径,才能在更广范围、更深层次、更高水平上推进文旅融合,真正培育出具有吉林特色的文化旅游新模式新业态,从而打造出一批集旅游休闲、文化体验和公共服务等功能于一体的特色文化景区,持续地推出更多高品质的文旅产品,不断激发文旅市场消费活力。

一 以数字化思维整合长白山文旅资源

随着数字技术对各行各业的深入渗透和赋能,以数字化思维推进产业发展成为必然趋势。所谓数字化思维,就是利用数字技术获取、整合、分析数据,实现对有价值信息的挖掘和提取,是一种在数字化环境下的思考和决策过程,可以实现问题的更有效解决和更快速创新。文旅企业的数字化转型不仅是技术的转型和变革,更是以技术为驱动的企业整体经营管理模式的变革,即文旅企业以"数据+技术"为手段,以各种文旅资源为依托,快速构建满足客户需求和市场变化,支持创新的新型经营管理模式。吉林省文化和旅游厅与发改、交通、自然资源、生态环境、林草等部门建立常态化旅游工作协调推进机制,与千亿市、百亿县等重点地区密切协同,合力打造世界级

[①] 《习近平:高举中国特色社会主义伟大旗帜 为全面建设社会主义现代化国家而团结奋斗——在中国共产党第二十次全国代表大会上的报告》,求是网,2022年10月25日,http://www.qstheory.cn/yaowen/2022-10/25/c_1129079926.htm。

冰雪品牌和冰雪旅游胜地、避暑胜地，为文旅产业实现数字化转型、打造全新的吉林形象、高水准讲好吉林故事提供了政策保障。

（一）长白山自然资源数字化的可行性

长白山素有"立体资源宝库""长白林海""人参之乡"之美称。大自然赋予了这片神奇的土地以壮美的山川、丰富的森林、多样的矿产以及众多的山珍土特产和得天独厚的冰雪资源。长期以来，虽然各相关部门对长白山自然资源不断进行多学科的考察和研究，但从文旅的角度看，除主峰天池作为永久性旅游目的地之外，广大的长白山腹地一直没有成为旅游市场的热点，这应该成为数字化文旅时代的破题重点。清末安图知县刘建封在《长白山江岗志略》[①] 中写道："长白山为王气所钟，襟三江，领三岗，奇峰十六，名胜百二；崔巍磅礴，蜿蜒于亚细亚东北海隅，为一绝大名山，于乎盛矣！"百多年前的先辈尚能以"三江，三岗，奇峰十六，名胜百二"来描述这一名山，如今掌握数字化技术的我们，更有必要将长白山众多名贵的自然资源整合在一起，以主干与枝叶共生共荣的现代化展示方式，为长白山旅游热潮的到来提供最深厚的背景。

应借助数字化技术，对长白山各方面的自然资源进行数字化采集和保存。以地质变迁为主干，在采集过程中对这些资源进行进一步挖掘、整理和提炼，对自然奇观、地质奇观、植物奇观、特色矿产进行目的明确的文旅化提炼，形成较为完备的"三江，三岗，奇峰十六，名胜百二"数字资料，为日后的深度旅游和研学旅游提供素材。

（二）长白山文化资源数字化的紧迫性

长白山不仅是著名的风景名胜区，亦是我国重要的文化发源地之一。长白山地区拥有厚重的历史、人文和民俗文化资源。这里的历史文化还具有独特性。长白山地区是夫余、高句丽、渤海、东夏等地方民族政权和辽、金于

---

① （清）刘建封：《长白山江岗志略》，吉林文史出版社，2021。

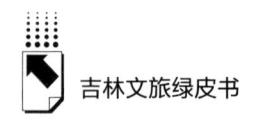

朝的活动区域，其蕴藏的历史信息和文化资源相当丰富。这里的文化体现出边疆性、民族性和多样性特点。同时，长白山地区被誉为满族文化的发祥地，满族先民把长白山视为神山顶礼膜拜。长白山地区艰难地保存下宝贵的历史遗存资源，包括部落遗址、军事遗址、古战场、交通遗迹等，具有重要的历史价值和文化价值。长白山地区自古就是多民族聚集活动区域，特色民族民俗文化非常丰富和独特，经过千百年的代代沿袭，通过口口相传的方式，形成了具有特色的长白山地域文化。

时代在前进，尤其在当今这个技术创新日新月异的时代，仅靠我们拥有的诸多关于长白山历史文化的专著、报刊资料、档案是远远不够的，传统传播媒介的单一性与社会多元化发展的现实早已脱节，从静心阅读到沉浸式体验，文旅市场的新形态也早已形成。所以，新的市场形态要求我们必须从数字化思维的角度出发，推动长白山文化实现全面的数字化转型，为全新的数字化传播打好基础。

（三）长白山红色资源数字化的前瞻性

以抗联和四保临江为代表的红色文化是长白山地区知名度最高的红色文化素材，对广大游客来说，即使对长白山了解不多，也知道杨靖宇的英名，也听过《松花江上》的旋律。在数字化背景下，红色文化主题景区如何成为游客打卡地？如何让红色文旅资源"活起来"？应该承认，相对于长白山曾经的红色历史，红色文化资源创新建设工作是滞后的。当前，红色文化资源的数字化转化和升级程度不够，认知度高的红色文化网络平台建设滞后，而红色文化富足地区又往往是经济发展水平不高的地区，缺少创建网络平台的资金和能力。已经建立起的红色文化网络平台存在的突出问题是持续性创新开发不足，平台搭建起来，但是运营欠缺，平台点击率和传播率不高，而且多个红色文化网络平台之间缺乏整合和共享，红色文化传播的深度和广度不够。

（四）文化资源数字化的重要性

我国的互联网技术和规模可谓飞速发展。根据第 55 次《中国互联网络发展状况统计报告》，截至2024年12月，我国网民规模已经超过11亿人，互联网普及率达到78.6%。互联网的快速发展推动信息资源实现跨地域和跨时空的共享和交流。人们对文化资源的数字化展示接受度越来越高。数字技术为文化资源的抢救性保护提供了方法和可能，在数字技术的加持下，文化资源能够实现全景式、立体式和延伸式的展示和宣传。数字化发展可以开拓吉林省文旅发展新途径，但是，必须认识到数字技术不能取代文化产品和服务本身，数字技术的应用提升的是文化资源存储、处理、展示以及传播的效率，文旅产业要依托本地特色文化资源，形成拳头产品和主打项目，在数字技术的运用中找到技术、市场与行业的融合机会。

二 以数字技术实现文旅新体验

随着数字技术的快速发展和普及，文旅产业正经历着深刻的变革。文旅企业通过对海量数据的收集、分析和挖掘，精准地了解游客的需求和偏好，提供个性化与定制化的旅游服务。同时，虚拟现实（VR）和增强现实（AR）等技术的普及为文旅产业提供了全新的展示方式和互动体验。近年来，以数字技术提升文旅体验的优秀案例为我们带来了多方面启发。

（一）以数字技术提升文旅体验的案例

1.中国国家博物馆多种技术手段诠释文物价值

中国国家博物馆（以下简称"国博"）由于其权威性和所处位置，每年入馆观众都以千万计。从文化的角度看，它是中华民族几千年文化的浓缩；从文旅市场的角度看，它以独特的参观体验成为全球游客游北京的必选之地。面对潮水般的人流，国博一直在探索如何让观众更加快捷地进入博物馆，如何使观众在有限的参观时间内收获更多，如何不断提升观众的参观体验，等等。在这一系列探索中，数字技术的运用功不可没。

以"数说犀尊"展览为例，"犀尊"是一件西汉时期的酒器，具有重要的历史价值和学术价值。以往文物展陈受距离限制，观众只能眼看外形、耳

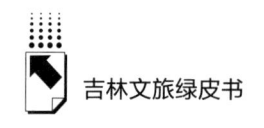

听讲解，文物背后的故事和价值不能充分得到展现。国博运用数字技术对展品"犀尊"进行全方位解读，运用的技术手段包括高清三维扫描、超高清显示、人工智能、红外感应、AOA定位、增强现实、环境监测等，将文物的细节、出土经历和故事、铸造工艺以及造型美学等进行高清展示，进一步通过智慧融合加强观众与展品的互动，实现观众从单纯的参观者转变为探索者和参与者，提高了博物馆的互动性和可沉浸性。

有了数字技术的加持，观众走到哪里就自动讲解到哪里，在智慧导览机的引领下，观众通过AR扫描可以了解更多有趣的知识、参与互动游戏，在打卡点还能召唤出国宝"犀尊"。

2.上海天文馆（元宇宙时光机）智慧旅游沉浸式体验新空间

浩瀚宇宙，奥妙无穷，天文馆何时能够成为文旅打卡地？上海天文馆通过全面的数字技术运用实现了华丽转身，并将"沉浸式"策展理念发挥到新高度，打造出高水平的沉浸式和交互式展览，将神秘的宇宙知识变得可接纳、好接纳。

上海天文馆运用5G+8K、数字孪生、元宇宙、数字人、VR及AR等数字技术将内容板块有机融合，结合自身优势，打造出全国首个天文元宇宙沉浸式体验产品——元宇宙时光机，以数字大屏为媒介，为观众提供一种逼近真实宇宙、身临其境般的视觉体验。在数字技术深入运用的基础上，上海天文馆结合专业的科普课程研发，实现沉浸式空间串联，为观众提供高品质科普文化服务。

此外，上海天文馆还对接场馆客流、展项、安防、消防、环境、能耗等12大系统，打破数据壁垒，一屏掌握实时动态生命体征，实现态势全面感知。强化数据治理，实现对客流、车流、展区环境等跨时空的动态分析，助力管理策略调整和决策制定，并结合AI算法实现应急疏散等的模拟仿真，辅助安全演练，让管理更智慧。

3.大运河数字诗路e站南湖体验中心

大运河之于江浙地区与长白山之于吉林省类似。嘉兴市将大运河看作一首长长的诗，建起了全国第一座数字诗路馆——大运河数字诗路e站南湖体验中心。在展陈方式上,他们将科技时尚元素和历史文化内涵相融合,在实体场景融入文字、影像、VR、全息投影等新媒体技术,整合开发嘉兴运河沿线诗词、景点、历史遗存和非物质文化遗产等资源,打造专属IP,原创大量本土传说手绘插画,构建线上线下相结合的数字化"嘉兴大运河诗路数据库",移步换景、一步一景地为大家讲述了大运河与嘉兴相守千年的故事,让大家身临其境地感受到这千年文脉在嘉兴奔涌不息、传承至今的历程。

(二)经验总结及启示

这些成功的案例表明,数字技术改变文旅产业的商业模式和业态是大势所趋。吉林省应将数字技术应用于文旅产业,形成新的发展动能。

一方面,要着力推进文化产业数字化进程。数字化已成为产业高质量发展的新动能、新赛道。要加快文化产业数字化基础设施建设,夯实文化产业数字化底座,加快传统文化基础设施转型升级,完善文化产业"云、网、端"基础设施。要更加注重文化产业链与互联网、物联网深度融合,支持文化场馆、景区景点等开发数字化产品和服务,积极搭建文化服务平台,促进文化服务供给线上线下融合互动、立体覆盖。大力支持省内有实力的文化企业数字化转型、智能化提升。要打造数字化消费新场景,推动数字藏品、直播基地等文旅市场载体的建设,进一步丰富数字化产品供给,大力发展数字出版、数字电影等新型文化业态。

另一方面,要通过数字化技术充分展示吉林省特色文化和旅游价值。通过技术赋能,促进真人表演、数字光影、屏幕呈现、烟雾气息、舞台场地等现场的光电置景相结合,营造虚幻的故事语境,使观者成为故事的亲身见证者并引发共情,达成脱实入虚的沉浸感。还可以运用区块链技术,将长白山根雕、芦苇画等制成数字凭证,并在保护其数字版权的基础上,实现真实可信的数字化发行、购买、收藏和使用。继续打造"云顶天宫"这一IP,提高"云顶天宫"知名度,深度打造数字文旅空间,提升沉浸感和互动性。

三 以数字化创意开发文创新产品

近几年，各地积极开发代表地方文化特色的文创产品，各大博物馆、文旅打卡地以文创产品展示特色IP，获得了多重效益。文创产品研发、设计不断更迭，在文旅市场中的作用越来越重要，在数字技术的加持下，文创产品的创造性发展更加突飞猛进。

（一）数字创意推动文创产品开发案例

以山东博物馆的数字化文创探索为例，该馆的数字化文创探索始于2019年。2019年4月，由山东博物馆联合手创未来推出的文创智造云平台"鲁博手礼"开始测试，并在同年11月正式上线运营。据悉，平台服务于设计者、生产商、消费者及博物馆、景区和文创企业，集线上交易体系、线下智慧生活馆、原创产品设计转化中心于一体，入选文化和旅游部发布的《2020年度文化和旅游信息化发展典型案例名单》。同年，山东博物馆联合有关单位推出了"王者荣耀·稷下学宫""一起来捉妖"等博物馆数字文创，深受青年人喜爱，也为山东博物馆吸引了大量年轻观众。

山东博物馆文创持续上新，由镇馆之宝"亚醜钺"衍生而来的文创巧克力加入"舌尖上的省博"，成为让观众"种草"的网红新品。可见，植根于文化、繁盛于创意的文创产品借助数字技术，让文物从复制衍生到多元的文化创意"出圈"成为可能。

（二）经验总结与启示

文旅融合成为产业发展方向，历史文化场馆成为当下文化旅游的热门打卡地，其根本原因在于博物馆在展示地域历史文脉的同时也在传播着文化的变迁史，而富有创意的文创产品是博物馆拉近和观众距离的一个非常有效的方式。对于文旅领域的文创从业者而言，更看重的是通过文创产品这种方式，将橱窗里的文物变成让大众看得见摸得着甚至能够带回家的物品，在拓宽文旅市场空间的同时，更好地传播文化。

吉林省博物院作为国家一级博物馆，尤以高句丽、渤海、辽金时期的文物以及中国历代书法绘画、东北抗日联军文物在全国文博界占有重要地位，为具有地域特色的文化创意提供了坚实的背景基础。在数字经济引领文旅产业发展的背景下，具有地域特色的文创产品开发应从更高的层面提上日程。比如，依托长白山满族发祥地的文脉，以丰富的馆藏文物为基础，以线上线下同时推出的方式举办"从长白山到皇城——松花石御砚上的皇家血脉""永远的时尚——满族旗袍的古往今来"等大型永久性展览，同时推出"大清国宝系列"爆款文创产品，让"把长白山带回家"的愿景成为观众打卡吉林省的又一选择。

以数字化思维进行创意，让传统文化资源在数字技术的加持下，整合、破题、转化落地，进而从单向衍生到破圈融合，这种新型的探索已成为近年来文旅界和文博界的共识。

数字藏品不单单是指对文物现状进行原原本本的数字化呈现，文创工作者更希望通过数字化方式将文物的文化内涵与现代生活及与人们对未来生活的渴望融为一体。从景区的文化内涵到展厅内的藏品再到大众身边的生活用品，有创意的文创产品正在融入当下社会。从文物复仿制品、工艺品，到简单的纹样运用，再到深度挖掘文物背后的故事，文化创意产品已经成为文旅产业链中有效的延展部分。所以，我们要围绕数字化及创新性探索，聚焦跨界融合，打造包罗万象的吉林特色文创产品，在当下"文化+金融""文化+科技""文化+互联网"的大趋势下，抓住新机遇，开创新局面。

四　以数字化精准营销打造新服务

在当今数字化时代，大数据已经成为企业决策和市场营销的重要工具。数字化精准营销作为一种新兴的营销方式，以其独特的优势和特点吸引了众多企业的关注。

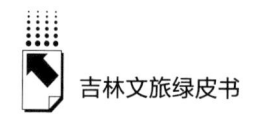

（一）数字化精准营销的特点

一是数据驱动决策。以数据为基础，通过收集、整理和分析海量的用户数据，为企业提供决策支持。相比于传统营销方式，数字化精准营销能够更加准确地洞察用户需求和行为，从而更有针对性地制定营销策略。

二是个性化定制。数字化精准营销能够根据用户的个体特征和行为习惯，进行个性化的产品推荐和营销活动。通过分析用户的购买历史、浏览记录、社交媒体行为等数据，企业可以精准地了解用户的兴趣和偏好，从而提供更加符合用户需求的产品和服务。

三是实时反馈与调整。数字化精准营销具备实时性，能够及时获取用户的反馈信息，并根据反馈结果进行调整和优化。相比于传统营销方式，数字化精准营销能够更加迅速地响应市场变化和用户需求，提高营销效果和用户满意度。

（二）开展数字化精准营销的重点

将数字化精准营销引入文旅产业，能够更加准确地洞察游客的需求和行为，实现个性化的定制和推荐。文旅产业应积极开展数字化精准营销，不断优化营销策略，以适应竞争日益激烈的市场环境。

一是以数字化技术深耕主要客源地，精准提升和优化客源市场结构。景区的数字化营销，内容是关键，最核心的就是符合现在游客的需求，也就是说要有足够的亮点和引爆点。对于传统景区而言，广告投放和营销的精准性一直是难点。缺少大数据的支撑，传统景区往往只能"广撒网"。数字时代的到来，为景区指出了另一条道路。文旅企业可利用数字技术精准分析游客信息，制定适宜的营销方案，并为消费者提供有针对性的个性化服务。在此基础上，继续深耕产品市场，如将市场根据距离划分为150公里本地市场、250公里周边一日游市场、350公里两日游市场、500公里三日游市场以及500公里外的更远端市场等。旅游景区和文旅企业亟须提升数字化水平，提前布局数据采集、整理、分析业务，及时掌握消费趋势变化，了解最新的市场需求，以数字技术赋能，实现应变能力和竞争能力的提高。

二是以数字化技术实施营销组合策略。以数字内容为核心的数字文旅新消费快速发展，文旅产业数字化、网络化、智能化发展呈现加速趋势。线上的文旅产品浏览订购服务具有高效、便捷等优势，但线下文旅服务的体验也不可取代。数字文旅新业态、新体验、新消费成为文旅产业发展重点之一，必须进一步发挥数字技术的融合优势，推动线上与线下营销环节的衔接，协调线上线下资源，加强线上与线下业务体系、管理体系以及分销体系的配合。

三是以数字化精准营销实现文旅公共服务的融合。当前，不少景区的数字化、智慧化建设不断提速，利用数字化提升游客体验，可以更好地服务于消费者。当前景区亟须针对最常见的排队、等候、资讯获取慢等痛点问题进行一次"场景革新"，景区数字化升级应运而生。网上预约、刷脸入园、景点介绍在线播放等智慧旅游新服务，正在成为越来越多景区的"标配"，给游客带来更好的出行体验。

参考文献

戴斌：《数字时代文旅融合新格局的塑造与建构》，《人民论坛》2020年第Z1期。

胡优玄：《基于数字技术腐恶能的文旅产业融合发展路径》，《商业经济研究》2022年第1期。

胡议丹、胡佳：《长白山文化的内涵及其价值》，《吉林日报》2017年8月4日。

刘楠：《以数字经济为支撑的景区体验式营销模式研究》，《商展经济》2024年第18期。

夏杰长、贺少军、徐金海：《数字化：文旅产业融合发展的新方向》，《黑龙江社会科学》2020年第2期。

夏杰长、徐金海：《以数字化推动文旅产业融合发展》，《经济参考报》2020年3月31日。

张伟、吴晶琦：《数字文化产业新业态及发展趋势》，《深圳大学学报》（人文社会科学版）2022年第1期。

周安斌、张婷：《数字技术赋能沉浸式文旅》，《中国文化报》2021年6月5日。

G.5
吉林省冰雪旅游竞争力评价与提升策略研究

王荣成 朱昕妍*

摘 要： 本文系统梳理与评价吉林省冰雪旅游资源类型、区域差异和空间分布特征，并在此基础上分别从省际和县（市、区）尺度对吉林省冰雪旅游竞争力的空间格局和障碍因素进行分析，进而结合吉林省在冰雪旅游竞争力提升中存在的问题和优势，从优化冰雪旅游空间布局、构建冰雪旅游全产业链、加强冰雪旅游品牌化建设、营造冰雪旅游新营销体系、提升冰雪旅游服务水平五个方面提出吉林省冰雪旅游竞争力提升策略。

关键词： 冰雪旅游 冰雪旅游竞争力 冰雪旅游产业链 吉林省

2022年冬奥会成功举办以来，我国冰雪旅游的内需拉动能力突出，冰雪旅游释放出的良好市场潜力正成为冬季旅游和冰雪经济发展的核心引擎。目前，我国冰雪旅游空间发展格局表现为京津冀地区、东北地区和新疆三足鼎立，西南地区、南方地区各省份的冰雪休闲娱乐产业发展迅速，冰雪旅游市场竞争日趋激烈。吉林省冰雪条件优越，冰雪气候适宜，雪质好，降雪期长，雪量充沛，冰雪旅游资源得天独厚，冰雪旅游发展的自然和人文环境优越。因此，抓住我国冰雪经济飞跃式发展的黄金机遇期，多维度分析与评价吉林省冰雪旅游竞争力，针对性地提出冰雪旅游竞争力提

---

* 王荣成，东北师范大学地理科学学院教授，研究方向为旅游开发与规划管理；朱昕妍，东北师范大学地理科学学院硕士研究生，研究方向为旅游开发与规划管理。

升策略，对促进吉林省冰雪旅游高质量发展具有重要的理论探索意义和现实应用价值。

一 研究方法与指标体系构建

（一）研究区域与研究方法

本文以吉林省为主要研究对象，以2022年吉林省冰雪资源普查数据及近两年重点冰雪旅游区域实地调查为基础，结合近五年我国冰雪产业发展格局，选取北京、河北、内蒙古、辽宁、黑龙江、新疆等14个省（区、市）作为吉林省的对比研究省份，通过省际横向对比分析来测度吉林省的冰雪旅游竞争力水平，并从县（市、区）尺度测度吉林省各县（市、区）的冰雪旅游竞争力水平，分析吉林省在冰雪旅游竞争力提升中存在的问题与优势，进而提出吉林省提升冰雪旅游竞争力、促进冰雪旅游发展提质增效的可行性策略。

以吉林省冰雪资源普查数据为基础，通过规模度、优越度、最邻近指数等数理统计法和计量分析法对吉林省冰雪旅游资源的区域差异进行分析。运用空间自相关等空间分析法，并借助ArcGIS 10.8软件的空间可视化功能，反映吉林省冰雪旅游资源的空间分布特征。

通过熵权TOPSIS模型对省际、县（市、区）尺度的冰雪旅游竞争力水平进行评价，分析吉林省在全国冰雪旅游发展中的地位、吉林省各县（市、区）冰雪旅游竞争力水平及分类指标冰雪旅游竞争力的空间格局。通过障碍度模型识别出省际和吉林省各县（市、区）冰雪旅游竞争力的障碍因子，分析吉林省在冰雪旅游竞争力提升中存在的问题和优势，从而提出吉林省冰雪旅游竞争力提升策略。

（二）指标体系构建

本文从多元角度构建了符合吉林省的冰雪旅游竞争力评价指标体系，并运用熵值法计算得出各指标权重（见表1、表2）。省际冰雪旅游竞争力评价指标体系包括冰雪气候条件、冰雪旅游资源、区域经济水平、旅游发展水平、旅游客源市场、旅游服务设施、旅游关联产业和旅游人力资源8个二级指标共36个三级指标，其中冬季平均相对湿度、冬季平均风速、冬季平均降水量为负向指标，其余指标均为正向指标。在省际冰雪旅游竞争力评价指标体系的基础上，结合吉林省各县（市、区）相关数据的一致性和可获得性，吉林省县（市、区）冰雪旅游竞争力评价指标体系包括7个二级指标共17个三级指标，均为正向指标。

表1 省际冰雪旅游竞争力评价指标体系

一级指标(A)	二级指标(B)	三级指标(C)	指标权重	指标属性
A1 核心竞争力	B1 冰雪气候条件 (0.0684)	C1 冬季平均气温	0.0157	+
		C2 冬季平均相对湿度	0.0188	-
		C3 冬季平均风速	0.0112	-
		C4 冬季平均降水量	0.0070	-
		C5 冬季平均日照时数	0.0157	+
	B2 冰雪旅游资源 (0.2071)	C6 冰雪旅游景区数量	0.0138	+
		C7 3A级及以上旅游景区数量	0.0174	+
		C8 国家级滑雪旅游度假地数量	0.0433	+
		C9 冰雪场地数量	0.0514	+
		C10 滑雪场数量	0.0291	+
		C11 滑雪场架空索道数量	0.0440	+
		C12 冬季滑雪气象条件优良率	0.0081	+
A2 发展竞争力	B3 区域经济水平 (0.1461)	C13 地区生产总值	0.0339	+
		C14 第三产业产值占比	0.0271	+
		C15 人均GDP	0.0392	+
		C16 居民人均可支配收入	0.0459	+
	B4 旅游发展水平 (0.1903)	C17 旅游总收入	0.0363	+
		C18 旅游收入占比	0.0270	+
		C19 旅游接待总人数	0.0640	+
		C20 冰雪旅游收入	0.0301	+
		C21 冰雪旅游人数	0.0329	+

续表

一级指标(A)	二级指标(B)	三级指标(C)	指标权重	指标属性
A2 发展竞争力	B5 旅游客源市场 (0.0677)	C22 客源地市场规模	0.0380	+
		C23 人均旅游消费	0.0141	+
		C24 冰雪旅游网络关注度	0.0156	+
A3 支持竞争力	B6 旅游服务设施 (0.1065)	C25 互联网普及率	0.0230	+
		C26 公路网密度	0.0176	+
		C27 交通客运量	0.0252	+
		C28 卫生机构数量	0.0236	+
		C29 公共厕所数量	0.0171	+
	B7 旅游关联产业 (0.1063)	C30 旅行社数量	0.0278	+
		C31 星级饭店数量	0.0158	+
		C32 冰雪旅游相关企业数量	0.0627	+
	B8 旅游人力资源 (0.1073)	C33 冰雪旅游类高校数量	0.0294	+
		C34 旅游类高校数量	0.0240	+
		C35 普通高等学校毕业学生数	0.0279	+
		C36 旅游业从业人员数量	0.0260	+

表2 吉林省各县（市、区）冰雪旅游竞争力评价指标体系

一级指标(A)	二级指标(B)	三级指标(C)	指标权重	指标属性
A1 核心竞争力	B1 冰雪气候条件 (0.0218)	C1 户外冰雪旅游适宜天数	0.0055	+
		C2 白天最高气温 0℃以下天数	0.0163	+
	B2 冰雪旅游资源 (0.2225)	C3 旅游资源丰度	0.0263	+
		C4 旅游资源品质	0.0199	+
		C5 冰雪场地数量	0.0692	+
		C6 3A级以及上旅游景区数量	0.0504	+
		C7 3A级以及上乡村旅游景区数量	0.0567	+
A2 发展竞争力	B3 区域经济水平 (0.0873)	C8 地区生产总值	0.0566	+
		C9 财政支出	0.0307	+
	B4 旅游客源市场 (0.0480)	C10 人均GDP	0.0143	+
		C11 常住人口数	0.0337	+

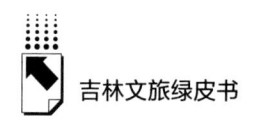

续表

一级指标（A）	二级指标（B）	三级指标（C）	指标权重	指标属性
A3 支持竞争力	B5 旅游服务设施（0.1510）	C12 公路网密度	0.0827	+
		C13 基础设施数量	0.0683	+
	B6 旅游关联产业（0.1865）	C14 旅行社数量	0.0907	+
		C15 酒店数量	0.0958	+
	B7 旅游人力资源（0.2828）	C16 冰雪旅游服务类人才培养单位数量	0.1054	+
		C17 旅游类高校数量	0.1774	+

二 吉林省冰雪旅游竞争力综合评价

（一）冰雪旅游资源区域差异与空间分布特征

1. 冰雪旅游资源区域差异分析

本文基于实地调研及吉林省冰雪资源普查数据，对冰雪资源数据进行筛选，从而确定吉林省冰雪旅游资源共计29305个，包括自然生态类、建筑与设施类、遗址遗迹类、体育运动类、冰雪节事类、温泉康养类、民俗文化类和特色物产类8种类型（见表3）。

在冰雪旅游资源类型结构方面，吉林省冰雪旅游资源在空间分布上区域差异明显，主要集中分布在吉林省中部与东部地区，长春市、延边州、吉林市的冰雪旅游资源数量最多，白山市、通化市、白城市、四平市次之，松原市与辽源市的数量最少；建筑与设施类资源最多，自然生态类资源数量次之，体育运动类、冰雪节事类和温泉康养类资源数量最少。

在冰雪旅游资源密度方面，长春市、白山市、延边州、吉林市冰雪旅游资源丰富，冰雪旅游资源密度较大，冰雪旅游资源规模开发基础好。

在冰雪旅游资源等级方面，吉林省29305个冰雪旅游资源中，五级冰雪旅游资源549个，占资源总量的1.87%；四级冰雪旅游资源873个，占资源总量的2.98%；三级冰雪旅游资源3634个，占资源总量的12.40%；二级冰雪旅游资源11438个，占资源总量的39.03%；一级冰雪旅游资源12811个，占资源总量的43.72%。吉林省冰雪旅游资源等级越高，数量越少，资源数量呈金字塔形分布。吉林省各市州冰雪旅游资源等级结构如图1所示。吉林省优良级（五级、四级、三级）冰雪旅游资源共5056个，占资源总量的17.25%，占比虽然较小，但资源价值较高，是吉林省冰雪旅游资源开发及旅游业发展的主要对象。吉林省优良级冰雪旅游资源集中分布在延边州、长春市和白山市；从类型来看，优良级资源主要为建筑与设施类、自然生态类资源，其他类型优良级资源较少。

表3 吉林省冰雪旅游资源数量分布

单位：个

项目	自然生态类	建筑与设施类	遗址遗迹类	体育运动类	冰雪节事类	温泉康养类	民俗文化类	特色物产类	资源总量	优良级
长春市	1206	2687	244	39	46	22	822	898	5964	1207
松原市	392	856	119	8	6	2	132	178	1693	263
白城市	544	1473	240	12	8	8	215	98	2598	297
吉林市	1353	2217	427	32	7	16	155	154	4361	583
通化市	1278	1337	81	18	6	8	66	103	2897	275
四平市	437	1259	330	13	25	17	99	127	2307	162
延边州	1315	2328	91	29	42	39	538	523	4905	1251
白山市	771	1475	398	20	19	38	140	245	3106	771
辽源市	270	938	54	38	18	5	54	97	1474	247
吉林省	7566	14570	1984	209	177	155	2221	2423	29305	—
优良级	1011	3112	284	99	57	50	307	136	—	5056

资料来源：根据2022年吉林省冰雪资源普查数据整理而来。

在资源优越度方面，延边州、白山市、长春市的优越度指数较高，区域内优良级冰雪旅游资源占资源总量的比例较高，冰雪旅游资源品质高，开发基础好，可将区域内优质建筑与设施类冰雪旅游资源结合民俗文化类、冰雪体育类、冰雪节事类、温泉康养类冰雪旅游资源进行开发，打造知名度高、品牌影响力强的冰雪资源集聚区、高端冰雪旅游目的地。

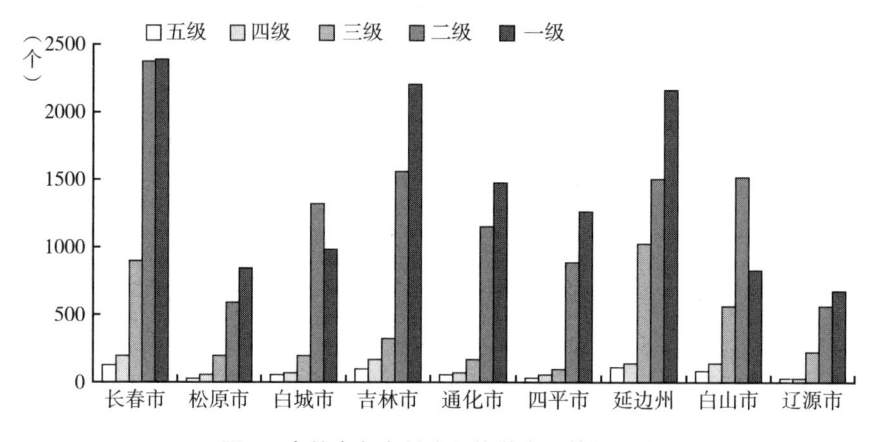

图 1 吉林省各市州冰雪旅游资源等级结构

在资源储量方面，吉林省冰雪旅游资源储量丰富，建筑与设施类冰雪旅游资源储量最多，自然生态类储量次之，民俗文化类、遗址遗迹类、特色物产类冰雪旅游资源储量较多，体育运动类、冰雪节事类、温泉康养类冰雪旅游资源储量较少。在资源品质方面，吉林省体育运动类、温泉康养类、冰雪节事类冰雪旅游资源品质较高，显著高于全省冰雪旅游资源平均品质；优良级冰雪旅游资源中，体育运动类和自然生态类资源品质高于全省优良级冰雪旅游资源平均品质。可见，吉林省不仅冰雪旅游资源数量多、类型丰富，而且资源品质较高，冰雪旅游资源开发潜力巨大。

吉林省冰雪旅游资源的平均品质存在明显的地区差异，白山市冰雪旅游资源平均品质最高，白山市、延边州、长春市资源品质高于全省平均品质。各地区存在不少优良级冰雪旅游资源，为后续冰雪旅游资源开发及冰雪旅游高质量发展提供了条件（见表4、表5）。

表 4 吉林省各类型冰雪旅游资源储量及品质

类型	储量(个)	资源品质	优良级资源平均品质
自然生态类	19138	2.53	6.10
建筑与设施类	40096	2.75	5.84
遗址遗迹类	5581	2.81	5.85

续表

类型	储量(个)	资源品质	优良级资源平均品质
体育运动类	907	4.34	6.68
冰雪节事类	568	3.21	5.61
温泉康养类	528	3.41	5.74
民俗文化类	5745	2.59	5.62
特色物产类	4333	1.79	5.78
吉林省	76896	2.62	5.89

表5 吉林省各地区及优良级冰雪旅游资源平均品质

地区	资源品质	优良级资源平均品质	优良级资源数量（个）	优良级资源占比（%）
长春市	2.77	5.81	1207	20.24
松原市	2.45	5.89	263	15.53
白城市	2.62	6.27	297	11.43
吉林市	2.44	6.37	583	13.37
通化市	2.30	6.34	275	9.49
四平市	2.14	6.35	162	7.02
延边州	2.79	5.61	1251	25.50
白山市	3.19	5.88	771	24.82
辽源市	2.47	5.28	247	16.76
吉林省	2.62	5.89	5056	17.25

2.冰雪旅游资源空间分布特征

本文运用ArcGIS10.8软件进行最邻近指数分析，得到吉林省各地区冰雪旅游资源的理论最邻近距离、实际平均观测距离和最邻近指数（见表6）。

表6 吉林省各地区冰雪旅游资源最邻近指数

单位：km

地区	理论最邻近距离	实际平均观测距离	最邻近指数	分布类型
吉林省	0.422	1.825	0.2313	集聚型
长春市	0.330	1.371	0.2407	集聚型
松原市	0.523	2.156	0.2427	集聚型

续表

地区	理论最邻近距离	实际平均观测距离	最邻近指数	分布类型
白城市	0.476	1.918	0.2485	集聚型
吉林市	1.396	6.682	0.2089	集聚型
通化市	0.559	1.489	0.3753	集聚型
四平市	0.224	1.547	0.1450	集聚型
延边州	0.497	1.955	0.2543	集聚型
白山市	0.448	1.519	0.2952	集聚型
辽源市	0.463	1.068	0.4334	集聚型

吉林省冰雪旅游资源的理论最邻近距离为0.422km，实际平均观测距离为1.825km，理论最邻近距离小于实际平均观测距离，最邻近指数R为0.2313，小于1，说明吉林省冰雪旅游资源分布类型为集聚型。吉林省各地区冰雪旅游资源的理论最邻近距离均小于实际平均观测距离，最邻近指数均小于1，表明吉林省各地区冰雪旅游资源在空间上均呈现集聚型分布。

吉林省优良级冰雪旅游资源的全局Moran's I>0，表明吉林省优良级冰雪旅游资源的空间自相关性较强（见表7）。

表7　吉林省各等级冰雪旅游资源Moran's I计算结果

类型	Moran's I	P值	Z值
优良级冰雪旅游资源	0.1716	0.0220	2.4267
五级冰雪旅游资源	0.2043	0.0080	2.8863
四级冰雪旅游资源	0.2562	0.0050	3.0883
三级冰雪旅游资源	0.1386	0.0390	2.0089
二级冰雪旅游资源	0.0633	0.1790	0.9719
一级冰雪旅游资源	-0.0840	0.2010	-0.8328

（二）冰雪旅游竞争力综合评价结果

在通过熵值法确定各指标权重的基础上，运用熵权TOPSIS模型计算出

2021年吉林省及其横向对比省份、吉林省各县（市、区）的冰雪旅游竞争力水平（见表8、表9）。

表8 省际冰雪旅游竞争力水平

省份	核心竞争力	发展竞争力	支持竞争力	综合竞争力
北 京	0.376	0.425	0.330	0.387
河 北	0.796	0.292	0.399	0.458
内蒙古	0.441	0.123	0.216	0.262
辽 宁	0.384	0.231	0.300	0.294
吉 林	0.632	0.183	0.409	0.387
黑龙江	0.490	0.101	0.479	0.362
上 海	0.160	0.449	0.317	0.354
浙 江	0.255	0.349	0.448	0.361
河 南	0.293	0.551	0.430	0.460
湖 北	0.188	0.284	0.335	0.278
广 东	0.201	0.470	0.507	0.423
四 川	0.266	0.298	0.430	0.338
贵 州	0.181	0.176	0.178	0.178
陕 西	0.272	0.135	0.275	0.225
新 疆	0.465	0.070	0.189	0.259

表9 吉林省各县（市、区）冰雪旅游竞争力水平

县市区	核心竞争力	发展竞争力	支持竞争力	综合竞争力
南关区	0.501	0.549	0.874	0.753
宽城区	0.209	0.431	0.413	0.388
朝阳区	0.216	0.671	0.445	0.437
二道区	0.375	0.277	0.716	0.628
绿园区	0.220	0.394	0.322	0.316
双阳区	0.419	0.302	0.257	0.293
九台区	0.345	0.460	0.242	0.275
农安县	0.252	0.561	0.078	0.180
榆树市	0.218	0.549	0.087	0.178
德惠市	0.142	0.473	0.071	0.141
公主岭市	0.227	0.581	0.107	0.189

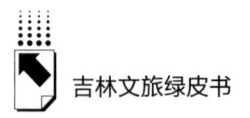

续表

县市区	核心竞争力	发展竞争力	支持竞争力	综合竞争力
昌邑区	0.223	0.631	0.154	0.213
龙潭区	0.305	0.405	0.161	0.202
船营区	0.332	0.261	0.137	0.179
丰满区	0.607	0.114	0.259	0.317
永吉县	0.238	0.178	0.149	0.165
蛟河市	0.245	0.213	0.043	0.114
桦甸市	0.154	0.229	0.046	0.090
舒兰市	0.337	0.297	0.087	0.167
磐石市	0.203	0.268	0.108	0.138
铁西区	0.221	0.326	0.151	0.179
铁东区	0.251	0.123	0.140	0.158
梨树县	0.235	0.360	0.042	0.128
伊通县	0.465	0.261	0.054	0.196
双辽市	0.096	0.248	0.044	0.082
龙山区	0.505	0.139	0.126	0.218
西安区	0.209	0.063	0.079	0.105
东丰县	0.424	0.245	0.072	0.18
东辽县	0.407	0.198	0.040	0.156
东昌区	0.356	0.174	0.200	0.227
二道江区	0.139	0.048	0.038	0.061
通化县	0.361	0.177	0.028	0.142
辉南县	0.210	0.190	0.037	0.095
柳河县	0.325	0.193	0.151	0.181
梅河口市	0.246	0.443	0.135	0.183
集安市	0.536	0.173	0.057	0.200
浑江区	0.250	0.185	0.157	0.174
江源区	0.180	0.151	0.070	0.099
抚松县	0.654	0.206	0.319	0.359
靖宇县	0.270	0.150	0.027	0.111
长白县	0.269	0.140	0.015	0.109
临江市	0.331	0.161	0.150	0.179
宁江区	0.248	0.332	0.224	0.235
前郭县	0.271	0.336	0.086	0.149
长岭县	0.158	0.345	0.046	0.111

续表

县市区	核心竞争力	发展竞争力	支持竞争力	综合竞争力
乾安县	0.163	0.178	0.019	0.078
扶余市	0.151	0.364	0.039	0.113
洮北区	0.369	0.253	0.158	0.205
镇赉县	0.144	0.205	0.027	0.077
通榆县	0.139	0.264	0.028	0.089
洮南市	0.194	0.227	0.041	0.098
大安市	0.274	0.255	0.072	0.132
延吉市	0.524	0.472	0.242	0.310
图们市	0.204	0.104	0.048	0.089
敦化市	0.478	0.297	0.061	0.183
珲春市	0.306	0.170	0.134	0.173
龙井市	0.252	0.138	0.130	0.151
和龙市	0.254	0.130	0.026	0.099
汪清县	0.212	0.150	0.094	0.118
安图县	0.624	0.135	0.167	0.260

1.省际冰雪旅游竞争力的空间格局

在冰雪旅游综合竞争力方面，冰雪旅游竞争力高水平的省份有2个，分别为河南、河北；冰雪旅游竞争力较高水平的省份有3个，分别为广东、北京、吉林；冰雪旅游竞争力中等水平的省份有4个，分别为黑龙江、浙江、上海、四川；冰雪旅游竞争力较低水平的省份有4个，分别为辽宁、湖北、内蒙古、新疆；冰雪旅游竞争力低水平的省份有2个，分别为陕西、贵州。

在冰雪旅游核心竞争力方面，冰雪旅游核心竞争力高水平的省份有2个，分别为河北、吉林；冰雪旅游核心竞争力较高水平的省份有3个，分别为黑龙江、新疆、内蒙古；冰雪旅游核心竞争力中等的省份有2个，分别为辽宁、北京；冰雪旅游核心竞争力较低水平的省份有4个，分别为河南、陕西、四川、浙江；冰雪旅游核心竞争力低水平的省份有4个，分别为广东、湖北、贵州、上海。

在冰雪旅游发展竞争力方面，冰雪旅游发展竞争力高水平的省份有1

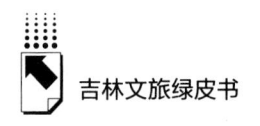

个，即河南；冰雪旅游发展竞争力较高水平的省份有3个，分别为广东、上海、北京；冰雪旅游发展竞争力中等水平的省份有4个，分别为浙江、四川、河北、湖北；冰雪旅游发展竞争力较低水平的省份有3个，分别为辽宁、吉林、贵州；冰雪旅游发展竞争力低水平的省份有4个，分别为陕西、内蒙古、黑龙江、新疆。

在冰雪旅游支持竞争力方面，冰雪旅游支持竞争力高水平的省份有2个，分别为广东、黑龙江；冰雪旅游支持竞争力较高水平的省份有5个，分别为浙江、河南、四川、吉林、河北；冰雪旅游支持竞争力中等水平的省份有3个，分别为湖北、北京、上海；冰雪旅游支持竞争力较低水平的省份有2个，分别为辽宁、陕西；冰雪旅游支持竞争力低水平的省份有3个，分别为内蒙古、新疆、贵州。

2.吉林省冰雪旅游竞争力的空间维度

吉林省冰雪旅游综合竞争力评价指数为0.387，高于省际平均水平（0.335），在省际冰雪旅游综合竞争力中处于较高水平。分维度来看，吉林省冰雪旅游核心竞争力处于高水平等级，支持竞争力处于较高水平等级，而发展竞争力仅为较低水平，其在区域经济水平、旅游发展水平和旅游客源市场方面与其他省份相比均处于弱势。

冰雪旅游竞争力高水平和较高水平的省市的所有指标均位于省域前列，吉林省与这些省市相比，在冰雪气候条件、区域经济水平、旅游发展水平、旅游客源市场、旅游服务设施、旅游人力资源方面存在一定差距。吉林省属于冰雪旅游竞争力较高水平的末位，处于快速发展到高质量发展转型的阶段，与本层次其他省份存在一定差距。吉林省在冰雪旅游资源、旅游发展水平、旅游关联产业等方面具有后发优势。

3.吉林省各县（市、区）冰雪旅游竞争力的空间格局

在冰雪旅游综合竞争力方面，冰雪旅游综合竞争力高水平的区域有2个，分别为南关区、二道区，主要分布在长春市南部地区。冰雪旅游综合竞争力较高水平的区域有8个，分别为朝阳区、宽城区、抚松县、丰满区、绿园区、延吉市、双阳区、九台区，主要分布在长春市和吉林市邻近地区以及吉林省东部具有民俗特色的地区。吉林省冰雪旅游综合竞争力水平空间分布差异明显，总体上呈现中部、南部和长白山地区较高，西部和中东部地区较低的空间格局，冰雪旅游竞争力高水平和较高水平的地区主要分布在经济水平发展较好、客源市场广阔、冰雪资源丰富的长春市、吉林市和长白山周边地区。

在冰雪旅游核心竞争力方面，冰雪旅游核心竞争力高水平的区域有9个，分别为抚松县、安图县、丰满区、集安市、延吉市、龙山区、南关区、敦化市、伊通县；冰雪旅游核心竞争力较高水平的区域有12个，分别为东丰县、双阳区、东辽县、二道区、洮北区、通化县、东昌区、九台区、舒兰市、船营区、临江市、柳河县。吉林省冰雪旅游核心竞争力高水平和较高水平的地区主要分布在中部和东部地区，与吉林省冰雪旅游资源的分布格局相似；冰雪旅游核心竞争力中等水平的地区主要分布在吉林省中部地区；冰雪旅游核心竞争力较低水平和低水平的地区主要分布在吉林省西部、中东部和东北部地区。

在冰雪旅游发展竞争力方面，冰雪旅游发展竞争力高水平的区域有6个，分别为朝阳区、昌邑区、公主岭市、农安县、南关区、榆树市；冰雪旅游发展竞争力较高水平的区域有9个，分别为德惠市、延吉市、九台区、梅河口市、宽城区、龙潭区、绿园区、扶余市、梨树县。吉林省冰雪旅游发展竞争力高水平和较高水平的地区主要分布在中部偏西地区；冰雪旅游发展竞争力中等水平的地区主要分布在吉林省中西部地区；冰雪旅游发展竞争力较低水平和低水平的地区主要分布在吉林省西部、中东部和东北部地区。

在冰雪旅游支持竞争力方面，冰雪旅游支持竞争力高水平的区域有2个，分别为南关区、二道区；冰雪旅游支持竞争力较高水平的区域有8个，分别为朝阳区、宽城区、绿园区、抚松县、丰满区、双阳区、延吉市、九台区。吉林省冰雪旅游支持竞争力高水平和较高水平的地区主要分布在吉林省南部地区；吉林省冰雪旅游支持竞争力中等水平的地区主要分布在吉林省中部和东部地区；冰雪旅游支持竞争力较低水平和低水平的地区主要分布在吉林省中西部、东北部和东南部地区。

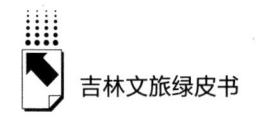

4. 吉林省各县（市、区）冰雪旅游竞争力分类指标的空间格局

在冰雪气候条件方面，吉林省西部和北部地区冰雪气候条件较好，南部和东部地区冰雪气候条件对游客旅游舒适度的影响较大。冰雪气候条件指标得分较高的地区有九台区、乾安县、长白县、宁江区、前郭县、扶余市、榆树市、抚松县、宽城区、珲春市、伊通县、公主岭市、安图县、南关区等，这些地区适宜户外冰雪旅游活动的天数较多，温度更为适宜；冰雪气候条件指标得分较低的地区有永吉县、汪清县、船营区、昌邑区、丰满区、磐石市、梨树县、图们市、龙山区、西安区、集安市、延吉市等，这些地区冬季气候条件对户外冰雪活动影响较大。

在冰雪旅游资源方面，吉林省中部和东部地区冰雪旅游资源禀赋较高，西部地区冰雪旅游资源禀赋较低。冰雪旅游资源指标得分较高的地区有抚松县、安图县、丰满区、集安市、延吉市、龙山区、南关区、敦化市、伊通县、东丰县、双阳区、二道区、洮北区、船营区、临江市、龙潭区、珲春市、靖宇县、和龙市、龙井市、长白县、梅河口市等，这些地区冰雪旅游资源丰富且资源品质较高；冰雪旅游资源指标得分较低的地区有宁江区、绿园区、朝阳区、西安区、辉南县、汪清县、镇赉县、扶余市、乾安县、通榆县、双辽市等，这些地区冰雪旅游资源的数量较少、品质较低。

在区域经济水平方面，吉林省中部地区经济实力较好，西部和东部地区经济实力较差。区域经济水平指标得分较高的地区有朝阳区、昌邑区、南关区、公主岭市、农安县、延吉市、榆树市、九台区、梅河口市、德惠市、龙潭区、宽城区、绿园区等，这些地区经济发展水平相对较高，为冰雪旅游的发展提供了重要保障；区域经济水平指标得分较低的地区有和龙市、安图县、临江市、靖宇县、龙山区、图们市、长白县、铁东区、丰满区、西安、二道江区等，这些地区冰雪旅游的发展缺少资金保障。

在旅游客源市场方面，吉林省中部地区客源市场相对较大，西部和东部地区客源市场相对较小。旅游客源市场指标得分较高的地区有榆树市、农安县、公主岭市、朝阳区、德惠市、南关区、昌邑区、宽城区、扶余市、绿园区、九台区、长岭县、梅河口市、梨树县、延吉市、舒兰市等，这些地区冰雪旅游客源市场较为广阔，潜在客源较多；旅游客源市场指标得分较低的地区有永吉县、东昌区、铁西区、东辽县、浑江区、抚松县、汪清县、安图县、和龙市、西安区、图们市、龙井市、二道江区等，这些地区冰雪旅游客源市场规模相对较小，潜在客源较少。

在旅游服务设施方面，长春市和吉林市的冰雪旅游服务设施相对完善，吉林省西部和东部地区冰雪旅游服务设施相对不完善。旅游服务设施指标得分较高的地区有朝阳区、南关区、绿园区、宽城区、二道区、延吉市、昌邑区、龙山区、宁江区、船营区等，这些地区冰雪旅游服务设施相对完善；旅游服务设施指标得分较低的地区有二道江区、敦化市、伊通县、磐石市、抚松县、梨树县、东丰县、扶余市、辉南县、图们市、双辽市、长白县、和龙市、乾安县、汪清县等，这些地区的冰雪旅游服务设施尚需优化完善。

在旅游关联产业方面，长春市、吉林市的冰雪旅游接待和服务能力相对较高，吉林省西部和东部地区冰雪旅游接待和服务能力相对较差。旅游关联产业指标得分较高的地区有南关区、二道区、朝阳区、宽城区、绿园区、延吉市、昌邑区、宁江区、东昌区、船营区、龙山区、抚松县、梅河口市等，这些地区冰雪旅游接待和服务能力相对较高；旅游关联产业指标得分较低的地区有安图县、九台区、浑江区、公主岭市、榆树市、农安县、洮北区、前郭县、丰满区、德惠市、集安市、磐石市、长岭县等，这些地区冰雪旅游接待和服务能力有待提高。

在旅游人力资源方面，长春市和吉林市以及吉林省东部地区的冰雪旅游人才培养能力较强，吉林省西部和中东部地区冰雪旅游人才培养能力相对较差。旅游人力资源指标得分较高的地区有南关区、二道区、抚松县、宽城区、双阳区、丰满区、九台区、朝阳区、安图县、龙潭区、柳河县、临江市、延吉市等，这些地区冰雪旅游人才培养能力较强，冰雪旅游后备人才充足；旅游人力资源指标得分较低的地区有梅河口市、磐石市、汪清县、前郭县、大安市、舒兰市、江源区、东丰县、绿园区、昌邑区、船营区、公主岭市、集安市、敦化市等，这些地区旅游人才培养能力较弱。

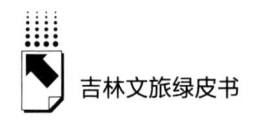

（三）吉林省冰雪旅游竞争力障碍度分析

1. 省际冰雪旅游竞争力障碍度分析

对于吉林省冰雪旅游竞争力的研究，除了从核心竞争力、发展竞争力、支持竞争力和综合竞争力方面进行评价，还要利用障碍度模型，探究影响吉林省冰雪旅游发展的制约因素，找出影响吉林省冰雪旅游发展的主要障碍因子（见表10）。

表10　省际冰雪旅游竞争力的障碍度

一级指标(A)	二级指标(B)	障碍度	三级指标(C)	障碍度	排名
A1 核心竞争力	B1 冰雪气候条件	0.0744	C1 冬季平均气温	0.017	24
			C2 冬季平均相对湿度	0.020	20
			C3 冬季平均风速	0.012	30
			C4 冬季平均降水量	0.008	32
			C5 冬季平均日照时数	0.017	24
	B2 冰雪旅游资源	0.2256	C6 冰雪旅游景区数量	0.015	28
			C7 3A级及以上旅游景区数量	0.019	21
			C8 国家级滑雪旅游度假地数量	0.047	6
			C9 冰雪场地数量	0.056	3
			C10 滑雪场数量	0.032	13
			C11 滑雪场架空索道数量	0.048	5
			C12 冬季滑雪气象条件优良率	0.009	31
A2 发展竞争力	B3 区域经济水平	0.1593	C13 地区生产总值	0.037	10
			C14 第三产业产值占比	0.030	14
			C15 人均GDP	0.043	7
			C16 居民人均可支配收入	0.050	4
	B4 旅游发展水平	0.2068	C17 旅游总收入	0.040	9
			C18 旅游收入占比	0.029	16
			C19 旅游接待总人数	0.070	1
			C20 冰雪旅游收入	0.033	12
			C21 冰雪旅游人数	0.036	11
	B5 旅游客源市场	0.0739	C22 客源地市场规模	0.041	8
			C23 人均旅游消费	0.015	28
			C24 冰雪旅游网络关注度	0.017	24

续表

一级指标（A）	二级指标（B）	障碍度	三级指标（C）	障碍度	排名
A3 支持竞争力	B6 旅游服务设施	0.0866	C25 互联网普及率	0.025	19
			C26 公路网密度	0.019	21
			C27 交通客运量	0.027	17
			C28 卫生机构数量	0.026	18
			C29 公共厕所数量	0.019	21
	B7 旅游关联产业	0.0863	C30 旅行社数量	0.030	14
			C31 星级饭店数量	0.017	24
			C32 冰雪旅游相关企业数量	0.068	2
	B8 旅游人力资源	0.0871	C33 冰雪旅游类高校数量	0.008	32
			C34 旅游类高校数量	0.006	36
			C35 普通高等学校毕业学生数	0.007	34
			C36 旅游业从业人员数量	0.007	34

障碍度居前12位的指标分别是旅游接待总人数（0.070）、冰雪旅游相关企业数量（0.068）、冰雪场地数量（0.056）、居民人均可支配收入（0.050）、滑雪场架空索道数量（0.048）、国家级滑雪旅游度假地数量（0.047）、人均GDP（0.043）、客源地市场规模（0.041）、旅游总收入（0.040）、地区生产总值（0.037）、冰雪旅游人数（0.036）、冰雪旅游收入（0.033）。从二级指标来看，冰雪旅游资源障碍度为0.2256、旅游发展水平障碍度为0.2068、区域经济水平障碍度为0.1593、旅游人力资源障碍度为0.0871、旅游服务设施障碍度为0.0866、旅游关联产业障碍度为0.0863、冰雪气候条件障碍度为0.0744、旅游客源市场障碍度为0.0739。从一级指标来看，发展竞争力障碍度为0.44、核心竞争力障碍度为0.30、支持竞争力障碍度为0.26。

冰雪旅游发展的主要障碍因子首先是冰雪旅游资源，主要体现在冰雪场地的数量、规模和设施建设状况，以及高品质、综合性的冰雪旅游集聚区的数量上，若冰雪旅游资源的数量少、品质低，则很难满足游客多样化的旅游需求，也会对地区冰雪品牌的建设推广、品牌知名度的提高造成一定影响。

其次是旅游发展水平和区域经济水平，主要体现在冰雪旅游的游客数量、旅游收入以及居民收入上，若冰雪旅游的收入较低、游客数量较少，说明该地区旅游经济实力较弱，不利于冰雪旅游的发展。最后是旅游关联产业和旅游客源市场，若冰雪旅游相关企业数量较少，能够提供的冰雪旅游配套服务有限，可能对游客的旅游体验和满意度造成一定影响。

吉林省冰雪旅游竞争力属于冰雪旅游资源障碍型、区域经济水平障碍型、旅游发展水平障碍型，主要障碍因子为旅游接待总人数、居民人均可支配收入、客源地市场规模、人均GDP、地区生产总值、旅游总收入等。

2.吉林省各县（市、区）冰雪旅游竞争力障碍度分析

吉林省各县（市、区）冰雪旅游竞争力障碍度居前8位的三级指标分别是旅游类高校数量、冰雪旅游服务类人才培养单位数量、酒店数量、旅行社数量、公路网密度、冰雪场地数量、基础设施数量、地区生产总值和3A级及以上乡村旅游景区数量。从二级指标来看，旅游人力资源、冰雪旅游资源和旅游关联产业障碍度较高，旅游客源市场和冰雪气候条件障碍度最低。从一级指标来看，支持竞争力障碍度最高，核心竞争力和发展竞争力障碍度较低（见表11）。

表11 吉林省各县（市、区）冰雪旅游竞争力的障碍度

一级指标(A)	二级指标(B)	障碍度	三级指标(C)	障碍度	排名
A1 核心竞争力	B1 冰雪气候条件	0.022	C1 户外冰雪旅游适宜天数	0.006	17
			C2 白天最高气温0℃以下天数	0.016	15
	B2 冰雪旅游资源	0.223	C3 旅游资源丰度	0.026	13
			C4 旅游资源品质	0.020	14
			C5 冰雪场地数量	0.069	6
			C6 3A级及以上旅游景区数量	0.050	10
			C7 3A级及以上乡村旅游景区数量	0.057	8
A2 发展竞争力	B3 区域经济水平	0.087	C8 地区生产总值	0.057	8
			C9 财政支出	0.031	12
	B4 旅游客源市场	0.048	C10 人均GDP	0.014	16
			C11 常住人口数	0.034	11

续表

一级指标（A）	二级指标（B）	障碍度	三级指标（C）	障碍度	排名
A3 支持竞争力	B5 旅游服务设施	0.151	C12 公路网密度	0.083	5
			C13 基础设施数量	0.068	7
	B6 旅游关联产业	0.187	C14 旅行社数量	0.091	4
			C15 酒店数量	0.096	3
	B7 旅游人力资源	0.283	C16 冰雪旅游服务类人才培养单位数量	0.105	2
			C17 旅游类高校数量	0.177	1

三 吉林省冰雪旅游竞争力提升存在的问题

（一）冰雪旅游发展水平有待提高

吉林省冰雪旅游处于快速发展到高质量发展的转型阶段，地区生产总值和第三产业发展不足，人均GDP、居民人均可支配收入较低，客源地市场规模不大，制约了吉林省冰雪旅游的发展。与其他冰雪旅游发展较好省份横向比较来看，吉林省人口规模较小，区域经济和旅游经济总量不足，中心城市实力除长春市外整体不强，居民收入水平不高，市场主体参与度不够，冰雪旅游外部投资不足，省内冰雪文旅消费能力有限，极大地制约了冰雪文旅项目建设投入力度以及文旅产业的开发力度。

吉林省旅游发展较为滞后，旅游接待总人数和冰雪旅游人数较少，旅游消费集中在衣、食、住、行、游等方面，高品质旅游消费占比较低，进而会影响到旅游总收入。吉林省冰雪旅游资源虽然类型丰富、品质较高，但主要集中在长春市、吉林市、延边州等地区，资源分布不均衡，高品质旅游资源处于基本层次的资源型观光开发，质量与效益较低，限制了吉林省冰雪旅游业的全方面、多领域发展。此外，吉林省还面临冰雪旅游资源开发和生态环境保护之间的矛盾。

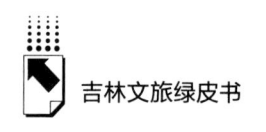

（二）冰雪旅游市场营销不足

吉林省冰雪旅游产品的营销宣传策略缺乏系统性和连续性，宣传效果不明显。吉林省冰雪旅游资源丰富，但在旅游产品的营销推广过程中，市场定位缺乏精准性，不能满足多元化的市场需求；吉林省缺乏品牌意识，缺乏对具有吉林特色、高知名度的冰雪旅游品牌的打造和维护；吉林省缺乏现代化营销思路和营销推广方式，与冰雪旅游竞争力高的省份相比，在互联网、社交媒体等现代化营销手段方面还相对滞后，无法与冰雪旅游的高质量发展相适应；吉林省冰雪旅游发展缺乏区域性合作，在联动发展、资源共享等方面合作力度较小，未形成区域旅游品牌合力。

（三）冰雪旅游产品同质化现象严重

吉林省冰雪旅游产品中观光旅游产品仍占主导地位，度假休闲产品较少，游客滞留时间短、消费面窄、消费意愿低，冰雪旅游资源效益转化为冰雪旅游经济效益的程度低，这与吉林省得天独厚的冰雪、温泉、民俗、生态等冰雪旅游优势资源极不对称。吉林省开发比较成熟的景区较少，大多数还处于较低开发层次，缺乏具有吸引力、高质量、综合性的冰雪旅游知名景区，旅游景点和旅游产品雷同，易造成游客重复性体验，降低游客进行冰雪旅游活动的新鲜感和趣味性，限制了吉林省冰雪旅游的进一步发展。

吉林省冬季漫长寒冷，冰雪旅游主要集中在冬季，季节性明显，季节因素也限制了冰雪旅游的全年持续经营和体验，增加了文旅项目建设与运营成本。一些地区冰雪旅游主要集中在冰雪运动体验方面，缺乏文化内涵。冰雪旅游产品单一，特色冰雪旅游项目数量相对较少，缺乏吉林省地方特色和创新性思维，同时有些旅游项目缺乏对市场需求的把控，旅游项目主题与发展模式缺乏准确定位，功能发挥不够，导致效益不高、同质化严重，经营理念与市场需求变化错位。旅游纪念品缺乏独特性和创意性，与各地旅游纪念品区别不大，不易给游客留下深刻的旅游印象，进而影响到游客的消费意愿。

（四）冰雪旅游基础设施和服务质量有待提升

吉林省冰雪旅游竞争力受旅游服务设施的影响较大。吉林省冰雪旅游的基础设施尚不完善，还存在旅游景区旅游服务设施的便捷度和覆盖度不足，旅游线路指示体系不完善，自驾游线路和服务设施不完善，智慧旅游以及信息化、网络化、智能化技术应用领域不广泛等问题，制约了冰雪旅游的发展。

此外，吉林省冰雪旅游接待和服务能力有待提高，部分景区导游服务水平不高、旅游住宿条件一般，冰雪旅游服务缺乏精细化和个性化，不能满足游客的个性化需求，旅行社发展需要寻求新的发展方向；酒店发展管理存在滞后性，高档星级酒店比例小，有些酒店缺少服务意识，管理理念滞后，从而使整体形象不佳。

（五）冰雪旅游产业融合深度不足

冰雪旅游产业链中的旅游产品供应、旅游规划、旅游交通、旅游住宿、旅游餐饮等各个环节之间的衔接不够顺畅，会导致游客的旅游体验比较单一。需要进一步加强吉林省冰雪旅游基础设施建设，延长冰雪旅游产业链，提高冰雪旅游产业链的整体质量，全要素、全链条、全领域地做好后冬奥时代"冰雪+"文章，加快建设冰雪强省。在新旅游、新消费、新生活的深度融合中，推动"冰雪+""+冰雪"良性互动，促进冰雪旅游产业链的多业态融合，形成全域冰雪文旅产业新体系，推动区域冰雪产业转型。

四 吉林省冰雪旅游竞争力提升策略

（一）优化冰雪旅游空间布局

根据优良级冰雪旅游资源空间分布状况、各县（市、区）冰雪旅游竞争力水平空间分布格局、冰雪旅游发展现状和交通布局体系，吉林省形成了

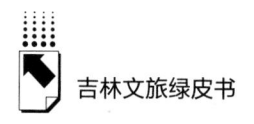

长春、吉林、延吉和长白山四个冰雪旅游核心，长吉都市冰雪与休闲度假集聚区、环延吉冰雪民俗文化旅游集聚区、大长白山冰雪生态度假集聚区、松白休闲旅游与冰产业集聚区四个冰雪旅游集聚区，以及白城—珲春吉林省北部冰雪旅游带、白城—延吉吉林省南部冰雪旅游带、哈尔滨—长春—沈阳吉林省中部冰雪旅游带和延边—白山—通化吉林省东部冰雪旅游带四条冰雪旅游带，构成了吉林省"四核引领、四区支撑、四带协同"的冰雪旅游空间格局。

"四核引领"冰雪旅游发展策略。将长春市、吉林市、延吉市和长白山作为区域冰雪旅游核心，在区域特色优质冰雪旅游资源和便捷交通体系的支撑下，带动周边区域冰雪旅游差异化协同发展。长春市冰雪旅游资源总量较大、优质资源丰富，其南关区、二道区、朝阳区、宽城区冰雪旅游竞争力水平较高。吉林省充分发挥长春市作为吉林省冰雪旅游集散中心的交通枢纽作用，将其建设成为吉林省都市冰雪旅游休闲度假核心。吉林市北大湖滑雪度假区、万科松花湖度假区、吉林雾凇景区、北大湖镇、二合雪乡、韩屯雾凇岛、国际雾凇冰雪节等冰雪旅游资源知名度较高，吉林市可作为冰雪运动和休闲度假核心，继续打造国际标准滑雪旅游度假区和高品质冰雪旅游文化主题IP，建设高品质滑雪滑冰场地，承接多样化大众娱乐活动和专业性竞技冰雪体育赛事，增加冬季温泉度假酒店、室内外冰雪演艺和冰雪节等服务设施和冰雪旅游相关项目供给。延吉市可作为延边州冰雪民俗文化旅游核心，极具朝鲜族特色的冰雪民俗文化旅游资源丰富，向东可以联动俄罗斯和朝鲜发展边境冰雪旅游，向南受到长白山地区冰雪旅游发展的辐射带动，可培育冰雪民俗文化旅游度假区和商业综合体、冰雪乡村旅游特色村镇等项目。长白山地区有长白山天池、讷殷古城、长白山国际滑雪度假区、长白山国际粉雪节等冰雪旅游资源和品牌IP，冰雪自然旅游资源丰富，品质较高，可作为冰雪生态观光和度假旅游核心，同时也可以联动安图县、抚松县、长白县，实现区域冰雪旅游协同发展，拓宽客源市场，发挥长白山地区冰雪旅游资源的集聚优势。

"四区支撑"冰雪旅游发展策略。长吉都市冰雪与休闲度假集聚区包括长春市、吉林市及其附近地区，是吉林省政治、经济和文化中心，冰雪旅游资源丰富且集聚分布，拥有吉林北大湖滑雪度假区、万科松花湖度假区、长春庙香山度假区、长春莲花山滑雪度假区、长春冰雪新天地、长春净月潭景区、吉林雾凇景区等高品质、环市域冰雪旅游目的地，发展集聚区可以促进区域冰雪旅游资源协同发展；借助区域内的人口、经济和文化优势，将资源优势转化为客源优势、消费优势、产业优势，加强冰雪文化发掘研究和艺术创作，以优质冰雪旅游资源为支撑发展城市冰雪旅游、冰雪装备产业园、冰雪文娱项目和冰雪人才和服务培训基地等，并发挥长春市和吉林市的辐射带动作用，带动周边城市的冰雪旅游发展。环延吉冰雪民俗文化旅游集聚区包括延吉市、珲春市、图们市、和龙市，区域内冰雪民俗文化旅游资源丰富，可依托当地朝鲜族民俗文化，打造特色冰雪文化旅游品牌和冰雪旅游文化产品，满足游客对朝鲜族冰雪民俗文化观光、体验和娱乐度假等多元化需求。大长白山冰雪生态度假集聚区包括安图县、白山市、抚松县、长白县和临江市，拥有长白山国际度假区、长白山鲁能胜地、延吉梦都美滑雪场、长白山国家越野滑雪场、仙人桥温泉旅游度假区、白山市冰雪旅游乐园、长白山景区、长白山天池、讷殷古城、安图魔界景区、二道白河镇、松岭雪村、果园朝鲜族民俗村等高品质冰雪生态旅游资源，可以依托长白山国际度假区和长白山鲁能胜地，举办国际级、国家级体育赛事，依托延吉国际冰雪文化旅游节、老白山雪村国际文化冰雪旅游节等节庆活动，全面扩大品牌影响力，把长白山建设成为吉林省冰雪旅游核心增长极、东北亚冰雪产业聚集区、国际冰雪赛会汇集地，推进观光与休闲度假产品融合发展。松白休闲旅游与冰产业集聚区包括白城市、大安市、镇赉县、前郭县，拥有查干湖景区、嫩江湾旅游区、月亮泡景区、莫莫格湿地、向海自然保护区、查干湖冬捕、查干湖冰雪渔猎文化旅游节、三江口湿地、查干浩特旅游度假区、查干浩特冰雪乐园等冰雪旅游资源，可以立足地域冰雪文化和旅游资源，发挥查干湖冬捕渔猎、莫莫格、向海、嫩江湾等品牌优势，推动休闲旅游与冰产业发展。

"四带协同"冰雪旅游发展策略。白城—珲春吉林省北部冰雪旅游带主要联结白城市、松原市、长春市、吉林市、延吉市、珲春市等城市，这条旅

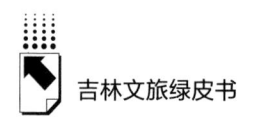

游带借助珲乌高速可贯通长春市冰雪旅游休闲度假核心、吉林市冰雪运动和休闲度假核心、延吉市冰雪民俗文化旅游核心三个冰雪旅游核心与松白休闲旅游与冰产业集聚区、长吉都市冰雪与休闲度假集聚区、环延吉冰雪民俗文化旅游集聚区三个冰雪旅游集聚区，可体验吉林省"东雪西冰"的冰雪旅游生态景观。白城—延吉吉林省南部冰雪旅游带主要联结白城市、通榆县、长岭县、公主岭市、长春市、梅河口市、通化市、白山市和延边州的沿边地区，可以与白城—珲春吉林省北部冰雪旅游带贯通起来，带动吉林省南部地区的冰雪旅游发展。哈尔滨—长春—沈阳吉林省中部冰雪旅游带以京哈高速为轴线，以长春市为中心，贯通吉林省中部，对内联结扶余市、长春市、四平市，对外联动沈阳市和哈尔滨市，扩大吉林省冰雪旅游的客源市场，加快冰雪旅游要素在吉林省中部地区的互联互通，促进区域冰雪旅游一体化协同发展。延边—白山—通化吉林省东部冰雪旅游带主要联结延边州、白山市、通化市，贯通环延吉冰雪民俗文化旅游集聚区和大长白山冰雪生态度假集聚区，促进吉林省东部地区重要冰雪旅游景区发展和客源市场互联互通。

（二）构建冰雪旅游全产业链

冰雪产业与旅游产业覆盖范围广、产业链庞大，二者交叉融合发展创造出涵盖范围更广的冰雪旅游产业链，催生出多样化旅游市场需求。基于此，应在加强冰雪旅游现有产业链互联互通、联动发展的基础上，继续延伸冰雪旅游产业链，推进冰雪旅游新业态全面发展，形成冰雪旅游产业集群。

应进一步促进冰雪旅游全产业链发展，加强产业链上中下游之间的联系，各产业间相互带动从而形成更加完善的产业链和供应链，上游推动中游，中游保障下游，下游倒推上游，推动形成更加顺畅的冰雪旅游产业大循环，促进冰雪旅游相关产业协同发展，保障冰雪旅游发展不断提质升级。

此外，还应推动冰雪旅游产业与其他产业进行融合创新，从而横向延伸冰雪旅游产业链，进一步完善冰雪旅游产业链，开发市场前景好、多元化、特色化、品牌化的冰雪旅游产品及其衍生产品，丰富冰雪旅游产品类型，将吉林省资源优势转化为产业优势和经济优势，满足游客冰雪旅游需求。冰雪旅游与文化产业相融合，将吉林省冰雪文化、渔猎文化、民俗文化等融入冰雪旅游活动，打造品牌特色冰雪旅游节庆活动，并以冰雪节庆活动为载体，推出兼具纪念价值、观赏价值和实用价值的文创产品，打造与节庆活动相关、可长期进行、多次参与的文旅项目等，丰富文旅产品供给；冰雪旅游与研学科普相融合，寓教于乐，提升旅游者的科学文化素养；冰雪旅游与体育运动相融合，继续推出大众冰雪娱乐活动和专业竞技冰雪赛事，吸引更多社会群体参与到冰雪活动中，扩大冰雪旅游客群市场；冰雪旅游与康养产业相融合，依托场地较大、配套设施完善的度假区、康养小镇、温泉酒店、户外温泉、森林景区等，发展森林康养、温泉康养等新业态。因此，在冰雪度假观光、冰雪体育运动、冰雪文化旅游等基础冰雪旅游活动之外，还应积极培育冰雪+文化、冰雪+研学、冰雪+体育、冰雪+康养、冰雪+乡村、冰雪+红色教育、冰雪+工业、冰雪+商贸等的产业融合新业态，积极推动吉林省冰雪旅游产业新业态全面发展。例如，将冰雪旅游与蒙古族、朝鲜族、满族等的特色民俗文化相结合，开发出冬季特色冰雪文化旅游产品；贯彻落实吉林省"冰雪运动进校园""雪假"等相关政策，鼓励中小学开展冰雪夏令营、滑冰、冰雪竞赛等相关活动。

（三）加强冰雪旅游品牌化建设

吉林省高品质冰雪旅游资源丰富，冰雪文化底蕴深厚，应充分发挥地区冬季冰雪气候及资源的优势，打造出市场竞争力高的特色冰雪旅游产品，将冰雪资源优势转化为旅游市场消费优势。后冬奥时代，冰雪旅游逐渐向大众普及，大众冰雪旅游的需求更加层次化、多元化和综合化，这就需要吉林省始终从市场和游客角度出发，推动冰雪旅游方式和冰雪旅游产品向个性化、特色化、综合化方向发展，提升产品的体验性、丰富度和吸引力，满足游客的需求。

重点打造长春市、吉林市、延吉市、长白山这四个冰雪旅游核心城市，以及白城市、松原市、白山市等一批冰雪旅游支点城市；建设冰雪旅游精品乡村和旅游小镇，支持冰雪旅游综合体和主题功能区建设，打造长白山、查干湖、北大湖、万科松花湖等品牌旅游景区。打造品牌节庆活动，进一步梳

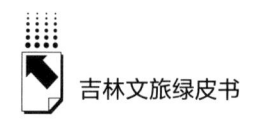

理和挖掘吉林省特色冰雪旅游节庆和民俗文化资源，定期举办相关展示、观赏和体验式节庆活动，突出吉林省自然风光、冰雪节事、民俗文化的独特优势，确定富有吸引力的特色节庆品牌，找准节庆活动的品牌定位，借助线上线下相结合的方式加强品牌节庆活动的宣传推广。

吉林省未来应持续提高"温暖相约·冬季到吉林来玩雪""雪博会""冰雪丝路""世界雾凇之都""中国品质滑雪在吉林""长白春雪""长白山12度粉雪温暖相约""关东雪村（乡）""生态松原渔猎查干湖""最后的渔猎部落"等冰雪旅游品牌的知名度和影响力，重点打造长白山粉雪节、查干湖冬捕旅游节、开江鱼美食节、吉林国际雾凇冰雪节、长春瓦萨滑雪节、北山庙会、中国朝鲜族民俗节、东北亚（中国·延边）冰雪汽摩运动嘉年华等综合性、高品质的冰雪节事活动；借鉴哈尔滨、张家口等城市冰雪旅游发展经验，建立滑雪场分级机制，满足全阶段滑雪人群需求，打造多元冰雪娱乐活动和专业性、大众性冰雪体育赛事；降低滑雪门槛，降低滑雪度假区的门票价格，提供免门票、季卡等多种优惠政策。长春市冰雪新天地等冰雪乐园可加大科技、设计投入，融入长春地域文化特色，将冰雕、雪景与冰雪演艺内容相结合，持续推出沉浸式冰雪演艺，提供暖心服务，增强游客的体验感；吉林市万科松花湖度假区、北大湖滑雪度假区、雾凇岛、神农温泉等可开发赏雾凇、滑雪、泡温泉系列冰雪产品，打造高品质滑雪度假综合体和精品冰雪景区；延边州、白山市和长白山管委会继续推出涵盖冰雪观光、冰雪节庆、冰雪文化、冰雪美食、冰雪民俗、冰雪赛事等的特色冰雪旅游线路，打造"看最美雪花，滑天然野雪，品天池雪茶，泡露天温泉，过关东大年"等系列冰雪旅游产品；梅河口市开展海龙湖新春灯会、百米攀冰节、梅小野城市雪村花车巡游等系列冰雪节庆活动；白城市开展"冰舞鹤乡"文化体育旅游节和速度滑冰比赛等冰雪活动，松原查干湖、大安嫩江湾重视冬捕渔猎文化，填补吉林冬季旅游中"冰"的业态空白。

（四）营造冰雪旅游新营销体系

我国冰雪旅游市场规模持续扩大，冰雪旅游消费朝着多元化、专业化、细分化的方向深入发展。吉林省应扩大新媒体营销，充分运用新媒体、新手段和新技术。随着科技的飞跃式发展，吉林省应加大人工造雪、智能温控、VR/AR/5G等先进技术与冰雪旅游项目的融合发展力度，打造沉浸式体验、元宇宙冰雪文旅、冰雪体育旅游、大型情景歌舞表演、文旅夜经济等冰雪旅游新业态。

利用央广网、澎湃新闻、新浪等媒体平台，腾讯视频、优酷视频、央视频等视频平台，抖音、快手、小红书等短视频直播平台，通过网络直播、旅游攻略、微视频、影视植入等方式，开展平台营销、事件营销、体验营销、节假日营销、口碑营销等，推进冰雪文旅营销向全时空、全领域营销转变。

大力开展冰雪季文旅消费活动，加大对冰雪季惠民消费的支持力度；赠送冰雪文旅大礼包，发布冰雪旅游优惠券，推出冰雪旅游创意盲盒，推出吉林省美食、民宿、娱乐、休闲等多元文旅场景体验优惠卡；定制吉林省冰雪旅游"行程单"，面向亲子游、商务团建、研学旅行等多样化市场需求，推出定制冰雪旅行服务；推出"首页营销"，在携程旅行、飞猪旅行、途牛、驴妈妈、马蜂窝等知名旅行网站首页推广吉林省冰雪旅游。

（五）提升冰雪旅游服务水平

构建吉林省大交通体系，持续推进民航铁路公路建设，优化高铁站、客运站、飞机场交通提示标识，不断完善现代综合立体交通网，优化完善特色旅游厕所、生态停车场、景区公路、旅游专线等交通服务设施的合理布局；鼓励各地建设融入吉林特色文化符号的公共服务设施和旅游标识系统。

利用5G、虚拟现实等数字技术，建设吉林省智慧冰雪旅游体系，统一整合旅游景区、餐饮住宿、旅游购物、旅游交通等冰雪旅游要素和公共服务资源，完善冰雪旅游大数据采集，为游客提供个性化的优质冰雪旅游服务；完善旅游宣传、信息发布、预订门票、地图导航、餐饮娱乐、住宿交通、反馈评价等多个服务系统，开发数字化体验产品，普及电子地图等智慧化服务，打造一站式冰雪旅游服务平台。

重视冰雪人才队伍建设和培养。吉林省长春市、吉林市等区域加强对旅

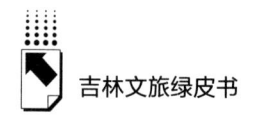

游管理人员、冰雪运动教练、救援人员等冰雪旅游人才的全方位和全过程培养，通过设立冰雪学院、相关专业和课程，加大政府与相关企业、高校、培训机构、职业院校、专业技术人员、国家冰雪运动员等的合作，开展专业技能培训，注重理论教学和实践能力相结合，形成高效、合理的冰雪人才培养和引进机制。

扩大吉林省冰雪联盟，制定行业标准，规范行业秩序，积极践行"优质冰雪服务在吉林"承诺，提升服务质量，打造吉林省优质冰雪服务品牌，持续扩大吉林冰雪旅游的知名度、美誉度和影响力。牢固树立安全防范意识，始终以保证游客人身安全为第一要务，加大雪场安全宣传和雪道巡检力度，重拳打击侵害游客合法利益的违法、欺骗行为，规范旅游市场秩序。全面提高优质冰雪产品和暖心服务供给水平、服务质量，满足游客多样化旅游需求，开通对省外游客落地短信温馨提示、重点区域风险提示。推动城市"适雪化"改造，努力为游客提供热饮、防寒物品等全方位暖心服务，加大力度整治拒绝载客、不打表等行为，合理调度出租车、网约车，增设预约软件服务，延长景区景点车辆班次和运营时间，增加游客倒站车，加快高速公路清雪清障速度，全力保障游客出行。旅游度假区规范明码标价，加强价格管理，提升环境卫生水平，不断提高酒店业务接待能力，引导酒店价位保持在合理区间，让游客留得下、住得久。

参考文献

黄杰龙等：《中国省域森林公园旅游产业竞争力的时空演化特征及影响因素》，《长江流域资源与环境》2018年第10期。

王兆峰、黄冬春：《中国省域康养旅游竞争力空间分异及其影响因素》，《攀枝花学院学报》2022年第2期。

周礼、蒋金亮：《长三角城市旅游竞争力综合评价及其空间分异》，《经济地理》2015年第1期。

张守信：《滑雪旅游目的地竞争力评价指标体系研究》，《冰雪运动》2014年第

6期。

Ayana Yangutova 等:《俄罗斯环贝加尔湖滑雪旅游区竞争力评价研究》,《中国生态旅游》2021年第6期。

杨奇峰:《东北三省旅游滑雪场空间格局特征及优化研究》,哈尔滨师范大学硕士学位论文,2019。

郭璇:《西南地区滑雪旅游产业竞争力分析》,西南财经大学硕士学位论文,2020。

G.6 吉林省冰雪旅游绿色低碳发展路径研究

于 杰*

摘　要： 本文对吉林省冰雪旅游发展现状进行深入调研，采用以电计排的方式统计分析吉林省冰雪旅游碳排放情况。分析发现，从全省来看，吉林省冰雪旅游碳排放总量及冰雪旅游人均碳排放量于2019年已达到极大值，已经实现了碳达峰目标。滑雪旅游目的地主要分布地区即长春市、吉林市、延边州、通化市和白山市的碳排放总量占全省的9成左右，说明滑雪旅游是重要的碳源。吉林省要实现冰雪旅游的绿色低碳发展，应调动多方力量参与，政府要从宏观上加大对冰雪旅游产业低碳运行的监督与引导力度，冰雪旅游企业要加强低碳运营的意识并采取有效措施减少碳排放。

关键词： 吉林省　冰雪旅游　绿色低碳　旅游碳排放

随着经济迅速增长，碳排放增长导致的全球气候变暖已经成为人类面临的一个严重威胁。作为负责任大国，为了应对全球变暖的挑战，我国于2020年提出了"双碳"目标，即力争于2030年前实现碳达峰，2060年前实现碳中和。"双碳"目标已成为我国所有产业未来高质量发展的政策引导和行动约束，因此各地区、各行业面临的碳减排任务还是十分艰巨的。由于经济快速发展和人民生活水平不断提高，我国旅游业得到了迅猛发

---

* 于杰，长春大学旅游学院东北亚休闲经济研究中心副主任、副研究员，研究方向为旅游管理、冰雪旅游。

展,已成为我国战略性支柱产业之一。与此同时,餐饮、住宿、交通、娱乐、购物等与旅游相关的产业所产生的碳排放也在不断增加,绿色低碳转型发展成为我国旅游业高质量发展的必由之路。吉林省作为一个冰雪旅游大省,冰雪旅游资源丰富,冰雪产业领跑全国,冰雪市场占有率、产品销售额、接待总规模稳居全国首位。冰雪旅游产业迅速发展虽然对吉林省社会经济发展有很大的促进作用,但也导致了相关产业的碳排放量和能源消耗量快速增加。因此,在"双碳"目标政策约束下,大力推动冰雪旅游业碳减排,对吉林省冰雪旅游业达成绿色低碳转型和实现高质量发展具有重要的意义。然而,当下吉林省冰雪旅游产业迎合"双碳"目标发展的工作尚未积极展开,冰雪旅游低碳产业规划政策、低碳冰雪旅游企业培育、低碳市场发展、低碳冰雪旅游产品生产、低碳冰雪旅游相关技术研究等仍处于起步阶段,距离"双碳"目标达成仍有很长的路要走。因此,推动冰雪旅游产业低碳转型,挖掘推动产业低碳转型的动力要素是吉林省冰雪旅游绿色低碳发展的必然要求,也是当前吉林省冰雪旅游高质量发展所面临的严重挑战之一。

一 吉林省冰雪旅游碳减排现状分析

(一)冰雪旅游碳排放量持续增长

唐承财等(2021)关于"双碳"目标下中国旅游绿色低碳发展的研究表明,与旅游相关的交通、运输、住宿、餐饮等活动是旅游业碳排放的主要来源。随着我国私家车拥有量不断增加及交通设施不断完善,自驾游逐渐成为人们旅行的首选。同时,人们为了出游获得更加自由、便利及高质量的体验感,较少选择公交等绿色低碳交通方式。在旅游过程中,游客在涉及住宿、餐饮消费时,更多考虑的是价格、品质等因素,较少对是否符合节能减排标准进行关注。这些行为都在一定程度上助推了旅游业碳排放量的增加。与此同时,随着旅游产业链的延伸,建筑、交通、农牧、住宿、餐饮等与旅

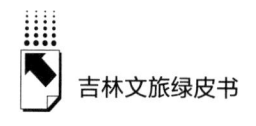

游相关的产业也是节能减排的重点关注领域。目前吉林省旅游产业结构还相对传统，行业耗能成本依旧较高。旅游目的地普遍存在节能建筑覆盖率低、旅游交通的电气化改造不足等现象。随着北京冬奥会的召开，人们对滑雪运动的兴趣大大提升，冬季参加冰雪运动及进行冰雪旅游的人数剧增，吉林省冰雪旅游目的地的能源消耗及碳排放也随之大幅增长。最为重要的是冰雪旅游最主要的项目滑雪需要大量的人工造雪，而人工造雪对能源的严重消耗也导致了吉林省冰雪旅游碳减排任务艰巨。

（二）冰雪旅游碳减排缺乏政策引导

我国构建的碳达峰碳中和"1+N"政策体系，是针对工业、能源等重点领域，煤炭、钢铁等重点行业制定的实施方案，使我国的绿色低碳经济政策逐步趋于完善。但目前有关旅游行业的减碳目标、碳管理、碳排放激励约束机制等仍需要相应的政策和规范加以指引和约束。旅游产业已有的相关碳减排行业标准仍需围绕"双碳"目标进行调整，关于冰雪旅游产业的减碳目标及排碳管理的相应机制几乎空白。吉林省人民政府出台的《吉林省碳达峰实施方案》虽然提出了碳达峰的目标，但具体实施路径和行动方案并不明确，未对单位旅游收入碳排放强度下降提出明确要求，因此对于冰雪旅游企业尽快制定相应的应对措施和转型升级方案的指导性不强。总体而言，吉林省仍存在缺少促进冰雪旅游产业碳减排的规章制度及激励政策、市场主体参与碳减排积极性不高等突出问题。

（三）冰雪旅游市场主体碳减排动力不足

实现碳减排目标的主体是冰雪旅游相关企业。由于没有明确的减碳政策对企业进行责任限制，相关企业对履行碳减排责任缺乏系统性、前瞻性的有效规划及绿色发展战略布局。同时，由于相关企业内部没有建立与减碳相关的管理和激励机制，无法调动企业人员参与减碳排的积极性，企业内部碳减排动力不足。大多数旅游企业对于承担社会责任意识不强，忽视生态环保，缺乏"共生共益"的企业生态理念，总是从经济效益角度考虑是否采用新技术、利用新能源。应用绿色低碳技术会加重企业的运营成本，吉林省部分冰雪旅游企业面临较大的生存压力，因而实施碳减排技术改造的意愿不高。总体来看，吉林省冰雪旅游行业低碳转型面临着严重的挑战，低碳节能技术推广应用比例较低，企业缺乏节能减排方面的专业人才，现有的碳减排技术创新升级能力不足等，制约着吉林省冰雪旅游企业"双碳"目标的实现。

（四）低碳旅游宣传力度有待加大

现有的旅游业节能减排政策和措施主要针对旅游企业，而针对游客的较少，这不利于发挥游客的主动性和能动性。从消费端探索碳减排措施欠缺也是当前旅游业低碳发展的问题之一。同时，游客的低碳旅游意识缺乏、低碳旅游动力欠缺等现象也是旅游业低碳发展的障碍。目前在旅游交通、旅游住宿、旅游景区和旅游活动等方面针对"双碳"目标、低碳理念、绿色出行等的宣传教育还较少，许多旅游目的地对低碳旅游的宣传力度不够，更多侧重于自身人文历史、地方特色、餐饮娱乐、旅游价格等方面，缺乏对旅游消费者个人绿色消费行为的激励回馈机制，这也是社会公众参与减排积极性和主动性不强的重要原因。游客低碳旅游意识薄弱，较少关注自身旅游活动产生的碳排放情况及环境问题，更多关注自身旅途中的体验感和舒适度。因此，还需要从消费端发力，进一步加强完善对游客低碳旅游行为的激励机制。

二　吉林省冰雪旅游碳排放情况分析

（一）冰雪旅游碳排放计算方法

冰雪旅游以冬季滑雪为主，而冰雪旅游企业中，滑雪场为能耗大户。据不完全统计，我国滑雪场的积雪多靠人工制造，需要大量的水电资源。一台造雪机在将水转化成雪的过程中还需要消耗电能来进行制冷和压缩。平均而

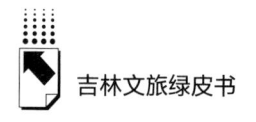

言，一台造雪机的功率要达到15~20千瓦。如果按20千瓦计算，一台造雪机开机一天耗电就达480度。而一般情况下一家滑雪场至少拥有三四台造雪机，多的则达到四五十台，几乎在整个滑雪季都要依赖人工造雪。因此，冰雪旅游的用电量还是十分惊人的。同时，全球气候变暖，雪蒸发加剧，也增加了造雪成本，水、电消耗加大。吉林省大部分冰雪旅游目的地于每年11月初开始准备，11月中旬开板营业，至次年的3月左右结束。因此，本文选取吉林省9个地区2016~2022年的1~3月及11~12月5个月的旅游用电数据进行吉林省冰雪旅游碳排放的时空分布特征分析。本文GDP、旅游收入、工业总耗电量等数据来源于历年吉林省统计年鉴及吉林省文化和旅游厅公开统计数据。地区碳排放量CER（Carbon Emission Reduction）计算方法如下：

$$CER = a \times E_{TOR} \quad (1)$$

$$E_{TOR} = b \times E_G \quad (2)$$

其中，a为每消耗1度电产生的碳排放量；E_{TOR}为地区旅游总耗电量；E_G为地区工业总耗电量；b为旅游总收入占GDP的比例。本文分别对吉林省全省及各地区的冰雪旅游碳排放情况及人均冰雪旅游碳排放情况进行统计。

（二）吉林省碳排放总体情况

吉林省冰雪产业呈东雪西冰的产业格局，东部冰雪体验之旅、西部渔猎文化之旅、南部康体养生之旅各具特色。从经济总量看，分布不均衡。长春、吉林、延边三地冰雪旅游收入占全省冰雪旅游总收入的八成以上，通化、白山冰雪旅游收入占全省冰雪旅游总收入的不足一成，松原、四平、白城、辽源冰雪旅游收入更低，不足全省冰雪旅游总收入的5%。因此，吉林省冰雪旅游的碳排放与冰雪产业的分布密切相关。2016~2022年吉林省冰雪旅游碳排放总量如图1所示。2016~2022年，吉林省冰雪旅游碳排放总量均在200万吨以上，最大值为2019年的664万吨。总体来看，吉林省冰雪旅游碳排放总量呈先逐渐增大，于2019年达到极大值后，逐渐减少的趋势。虽然在2020年和2021年碳排放总量有所波动，但总体趋势是先增后减的。2016~2022年吉林省冰雪旅游人均碳排放量如图2所示。2017~2022年，吉林省冰雪旅游人均碳排放量均在40公斤以上。从变化趋势上看，吉林省冰雪旅游人均碳排放量也于2019年达到峰值后呈逐年下降趋势。

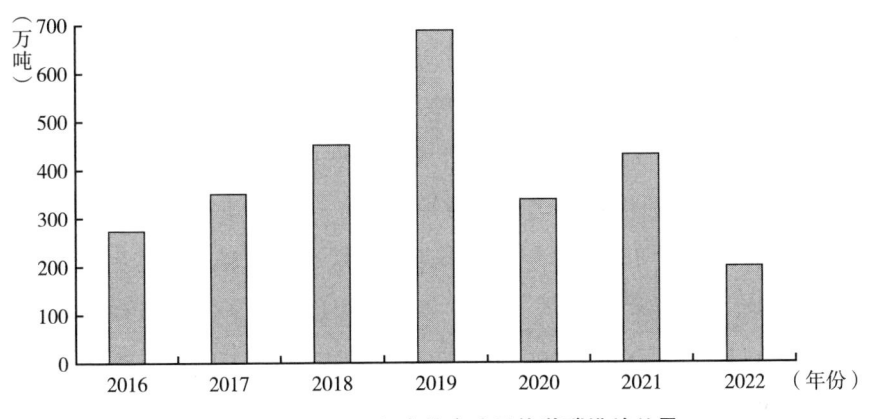

图1 2016~2022年吉林省冰雪旅游碳排放总量

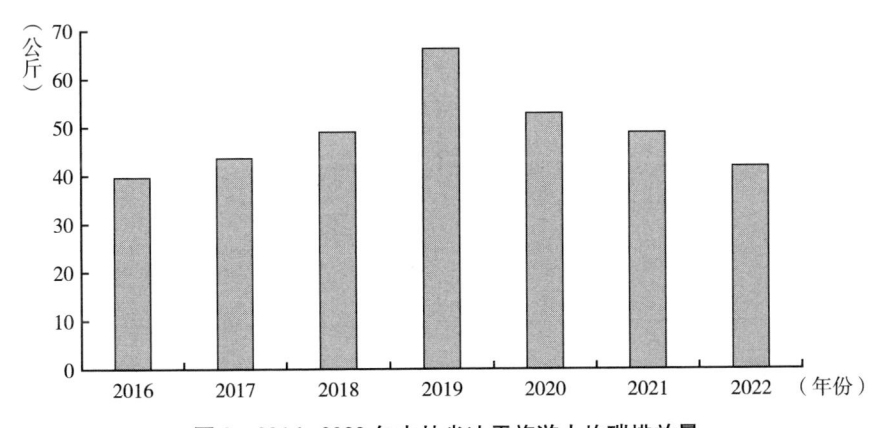

图2 2016~2022年吉林省冰雪旅游人均碳排放量

吉林文旅绿皮书

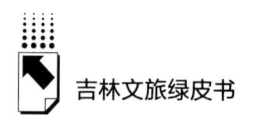

（三）吉林省各地区碳排放情况

1. 吉林省各地区冰雪旅游碳排放量情况

（1）时间演化情况

2016~2022年吉林省各地区冰雪旅游碳排放量时间演化如图3所示。长春市冰雪旅游碳排放量在2019前呈逐年递增趋势，2019年后总体呈下降趋势，2020年冰雪旅游没有充分开展，碳排放量较2021年少，2022年是统计年份中最低的；吉林市在2018年前冰雪旅游碳排放量逐年递增，2018年后总体呈下降趋势，2020年较2019年略有增加，2022年是统计年份中最低的；四平市冰雪旅游碳排放量在2021年前有所波动，但总体呈增长趋势，2022年有所减少，但仍处于统计年份第二高位；辽源市冰雪旅游碳排放量在2019年前逐年递增，2019年后有所减少，呈小幅波动，总体上呈上行趋势；通化市冰雪旅游碳排放量在2019年前逐年递增，2019年大幅下降，随后小幅波动，总体呈下降趋势；白山市冰雪旅游碳排放量在2019年前逐年递增，2019年后大幅下降，2022年较上一年下降幅度较大，总体呈下降趋势；松原市冰雪旅游碳排放量在2019年以前逐年递增，且2019年增长显著，2019年以后骤降，随后明显波动，总体呈上扬趋势；白城市冰雪旅游碳排放量变化趋势与松原市相似，也是在2019年以前逐年递增，2019年以后骤降，随后呈逐年递增趋势；延边州冰雪旅游碳排放量在2019年前逐年递增，随后大幅下降，并呈小幅波动趋势，增幅不大。

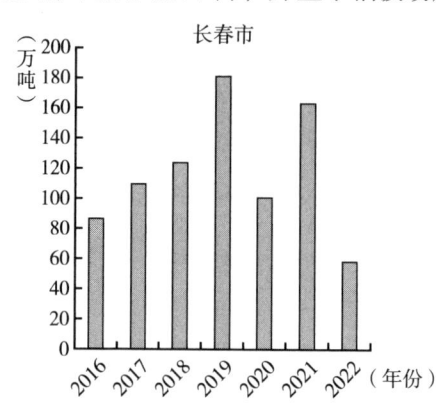

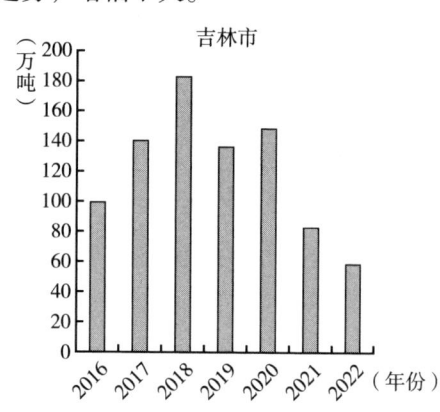

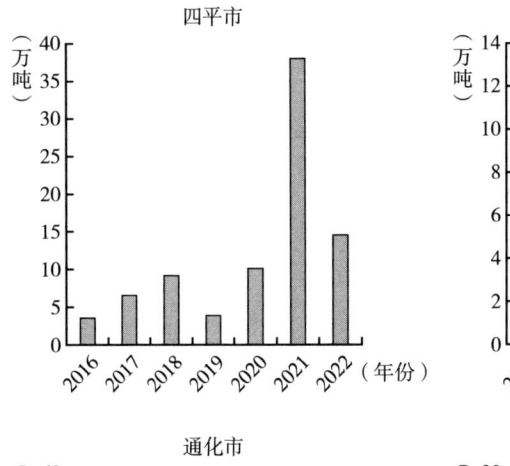

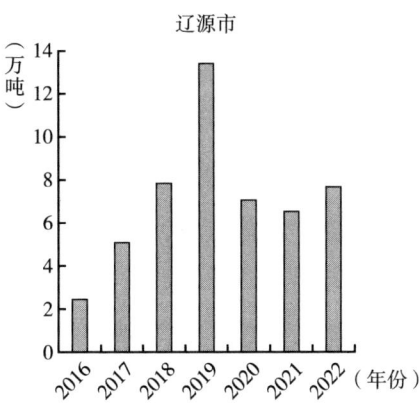

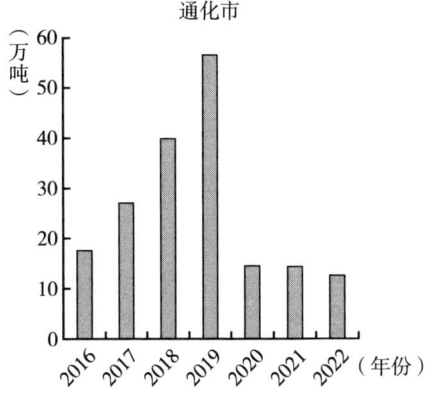

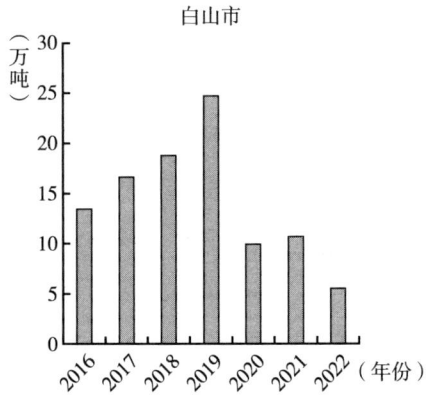

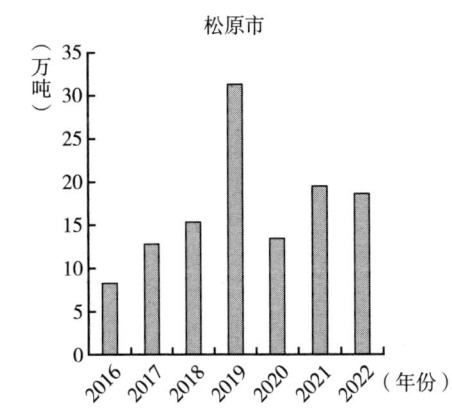

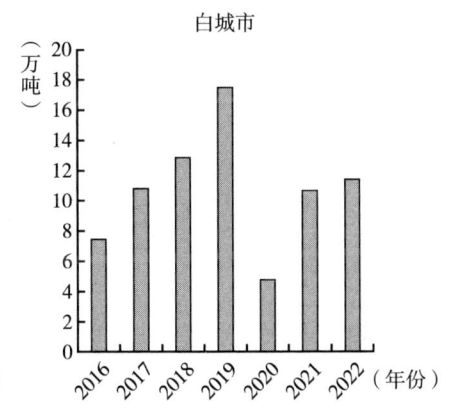

四平市 / 辽源市 / 通化市 / 白山市 / 松原市 / 白城市

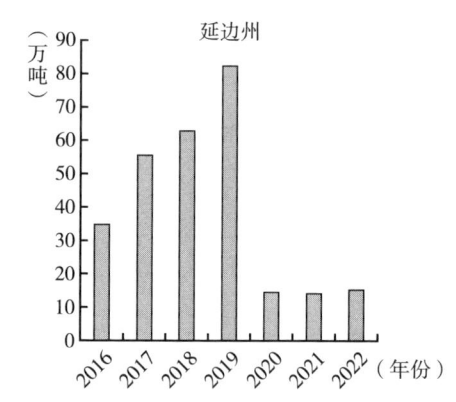

图3 2016~2022年吉林省各地区冰雪旅游碳排放量时间演化

综上，吉林省各地区冰雪旅游碳排放量变化趋势分为两种：长春市、吉林市、通化市和白山市为下行趋势，在减碳排方面呈现良好态势，目前来看，2019年已经实现碳达峰；四平市、辽源市、松原市、白城市和延边州目前还无法判断是否实现碳达峰。

（2）空间演化情况

2016年，吉林市的冰雪旅游碳排放量为99.8万吨，长春市冰雪旅游碳排放量为86.7万吨，延边州冰雪旅游碳排放量为35万吨，通化市和白山市冰雪旅游碳排放量分别为17.5万吨和13.4万吨，冰雪旅游碳排放量最少的地区是辽源市，为2.4万吨。碳排放较多的地区为吉林省滑雪旅游目的地主要分布地区（长春市、吉林市、延边州、通化市和白山市），其碳排放量占全省冰雪旅游总碳排放量的90%以上。

2017年，吉林市的冰雪旅游碳排放量为140.1万吨，长春市冰雪旅游碳排放量为109.9万吨，延边州冰雪旅游碳排放量为55.5万吨，通化市和白山市冰雪旅游碳排放量分别为27万吨和16.7万吨，冰雪旅游碳排放量最少的地区依旧是辽源市，为5.1万吨。全省滑雪旅游目的地主要分布地区碳排放量占全省冰雪旅游总碳排放量的87%。

2018年，吉林省各地区的冰雪旅游碳排放量空间分布与2017年相似，但排放量都有所增长，吉林市冰雪旅游碳排放量为182.9万吨，长春市冰雪旅游碳排放量为120.4万吨，延边州冰雪旅游碳排放量为63万吨，通化市和白山市冰雪旅游碳排放量分别为39.8万吨和18.8万吨，冰雪旅游碳排放量最少的地区依旧是辽源市，为7.8万吨。全省滑雪旅游目的地主要分布地区碳排放量占全省冰雪旅游总碳排放量的90%。

2019年，长春市冰雪旅游碳排放量为181.6万吨，吉林市冰雪旅游碳排放量为136.2万吨，较2018年有所减少，延边州冰雪旅游碳排放量为82.4万吨，通化市冰雪旅游碳排放量为56.6万吨，白山市冰雪旅游碳排放量为24.7万吨，冰雪旅游碳排放量最少的地区是四平市，为4万吨。全省滑雪旅游目的地主要分布地区碳排放量占全省冰雪旅游总碳排放量的88%。

2020年，吉林市冰雪旅游碳排放量为148.4万吨，比2019年有所增加，长春市冰雪旅游碳排放量为101.2万吨，较2019年大幅减少，延边州冰雪旅游碳排放量为14.7万吨，通化市冰雪旅游碳排放量为14.5万吨，白山市冰雪旅游碳排放量为9.9万吨，冰雪旅游碳排放量最少的地区是白城市，为4.8万吨。全省滑雪旅游目的地主要分布地区碳排放量占全省冰雪旅游总碳排放量的89%。

2021年，长春市冰雪旅游碳排放量为163.3万吨，比2020年明显增加，吉林市冰雪旅游碳排放量为83.7万吨，较2019年继续大幅减少，四平市较2020年增长明显，冰雪旅游碳排放量为37.9万吨，松原市冰雪旅游碳排放量为19.5万吨，通化市冰雪旅游碳排放量为14.4万吨，延边州和白山市冰雪旅游碳排放量分别为13.9万吨和10.7万吨，冰雪旅游碳排放量最少的地区是辽源市，为6.5万吨。全省滑雪旅游目的地主要分布地区碳排放量占全省冰雪旅游总碳排放量的90%。

2022年，全省各地区的冰雪旅游碳排放量都有所减少。吉林市冰雪旅游碳排放量为59.1万吨，长春市冰雪旅游碳排放量为59万吨，松原市冰雪旅游碳排放量为18.7万吨，延边州冰雪旅游碳排放量为15.4万吨，白山市冰雪旅游碳排放量为5.6万吨，为冰雪旅游碳排放量最少的地区。全省滑雪旅游目的地主要分布地区碳排放量占全省冰雪旅游总碳排放量的比例有所减少，为74%。

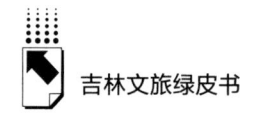

综上，长春市和吉林市为吉林省冰雪旅游碳排放量大户，二者的碳排放量之和占全省的6成以上；全省滑雪旅游目的地主要分布地区碳排放量占全省的9成左右，说明滑雪旅游是重要的碳源；白山市冰雪旅游碳排放量在全省排名逐渐下降，表明其碳排放治理成效较为明显；西部地区以冰上旅游项目为主，碳排放量较少。

2. 吉林省各地区冰雪旅游人均碳排放量情况

（1）时间演化情况

2016~2022年吉林省各地区冰雪旅游人均碳排放量时间演化如图4所示。长春市冰雪旅游人均碳排放量在2019年前波动上升，2019年后呈现波动下降趋势，总体表现为下降趋势，并于2019年达到峰值，为43公斤；吉林市冰雪旅游人均碳排放量在2018年前逐年递增，2018年后则呈现明显的波动趋势，2020年冰雪旅游人均碳排放量最大，达到95公斤，总体趋势是上扬的；四平市在2020年前，除2019年急剧减少外，基本上是逐年增长的，2020年后逐年减少，最大的冰雪旅游人均碳排放量出现在2020年，为65公斤；辽源市冰雪旅游人均碳排放量在2019年前是逐年递增的，于2019年达到最大值82公斤，其后连续两年下降，但2022年又回弹，呈现增长趋势，总体趋势是微弱上扬的。通化市冰雪旅游人均碳排放量在2019年前逐年递增，2020年急剧下降，随后两年又连续增长，人均冰雪旅游碳排放峰值出现在2019年，达到79公斤，总体趋势也是上扬的。白山市冰雪旅游人均碳排放量在2021年前都是逐年递增的，2022年有所下降，人均冰雪旅游碳排放在2021年达到峰值，峰值为58公斤。松原市冰雪旅游人均碳排放在2019年前逐年增长，随后连续下降两年，于2022年又有所回升，冰雪旅游人均碳排放最大值出现在2019年，达到了70公斤。白城市冰雪旅游人均碳排放在2019年前呈逐年增长趋势，2019年后连续下降两年，尤其是2021年下降明显，但是2022年又有所回升，人均冰雪旅游碳排放峰值出现在2019年，达到79公斤。延边州冰雪旅游人均碳排放量在2019年前呈波动增长趋势，并于2019年达到最大值73公斤，2019年后连续两年下降，2022年又明显回升。

吉林省冰雪旅游绿色低碳发展路径研究

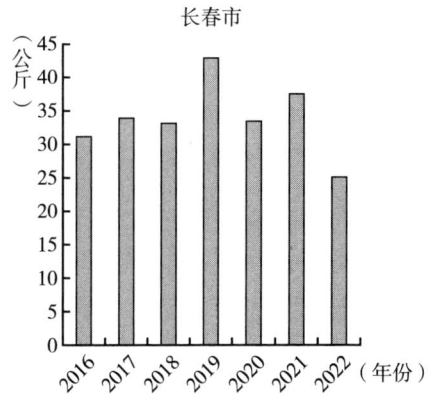

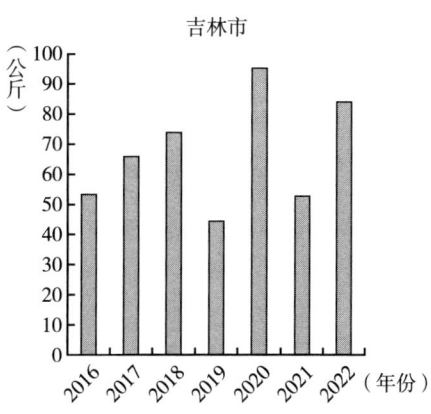

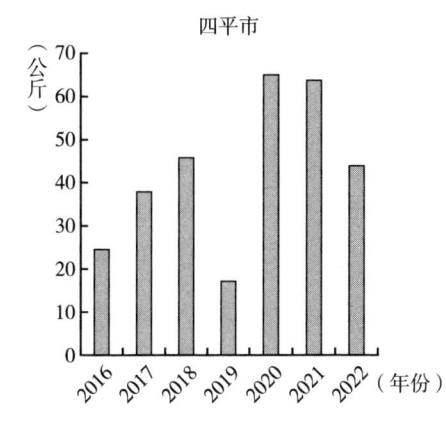

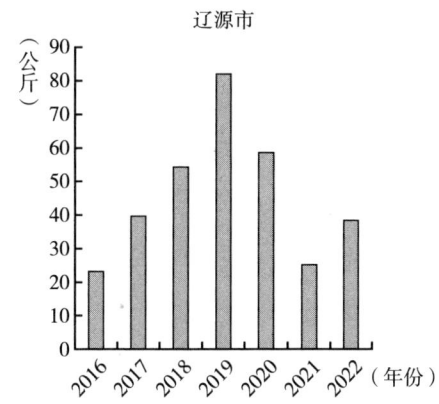

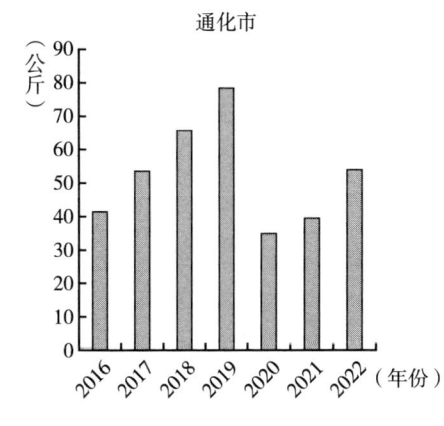

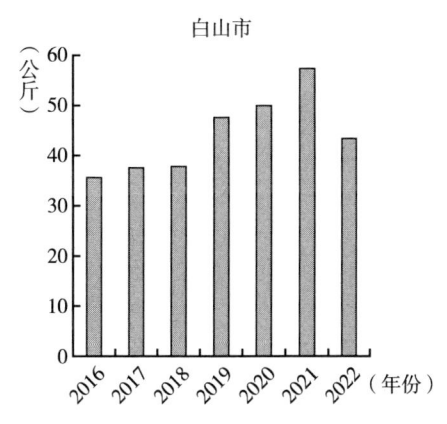

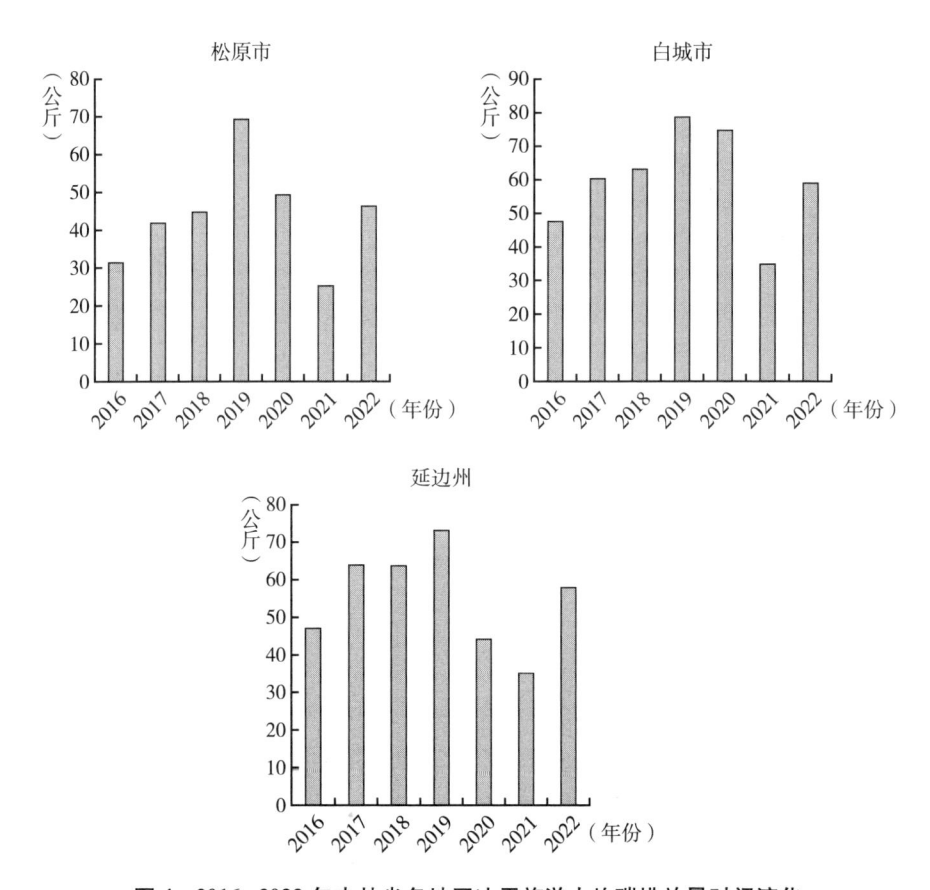

图4 2016~2022年吉林省各地区冰雪旅游人均碳排放量时间演化

(2) 空间演化情况

2016年，吉林市冰雪旅游人均碳排放量为53.62公斤，白城市冰雪旅游人均碳排放量为48.15公斤，延边州冰雪旅游人均碳排放量为46.95公斤，通化市和白山市冰雪旅游人均碳排放量分别为41.65公斤和35.7公斤，冰雪旅游人均碳排放量最少的地区是辽源市，为23.22公斤。吉林省主要滑雪旅游目的地分布地区人均碳排放量处于较高水平。

2017年，吉林市冰雪旅游人均碳排放量为66.33公斤，延边州冰雪旅游人均碳排放量为63.84公斤，白城市冰雪旅游人均碳排放量为60.54公斤，通化市冰雪旅游人均碳排放量为53.51公斤，白山市冰雪旅游人均碳排放量为37.56公斤，冰雪旅游人均碳排放量最少的地区则变为长春市，为33.92公斤。吉林省主要滑雪旅游目的地分布地区中，吉林市、延边州和通化市冰雪旅游人均碳排放量仍居高位，西部以冰上旅游项目为主的白城市和松原市冰雪旅游人均碳排放量也处于高位。

2018年，吉林市冰雪旅游人均碳排放量为73.98公斤，通化市冰雪旅游人均碳排放量为65.86公斤，延边州冰雪旅游人均碳排放量为63.62公斤，白城市冰雪旅游人均碳排放量为63.41公斤，辽源市冰雪旅游人均碳排放量为54.36公斤，白山市和长春市则处于后两位，冰雪旅游人均碳排放量分别为37.86公斤和33.29公斤。吉林省主要滑雪旅游目的地分布地区中，吉林市、延边州和通化市冰雪旅游人均碳排放量仍居高位，西部以冰上旅游项目为主的白城市冰雪旅游人均碳排放量也处于高位。

2019年，辽源市冰雪旅游人均碳排放量为82.12公斤，白城市冰雪旅游人均碳排放量为79.02公斤，通化市冰雪旅游人均碳排放量为78.60公斤，延边州冰雪旅游人均碳排放量为73.37公斤，松原市冰雪旅游人均碳排放量为69.45公斤，白山市、吉林市和长春市冰雪旅游人均碳排放量分别为47.77公斤、44.51公斤和43.10公斤，四平市处于末位，冰雪旅游人均碳排放量为17.23公斤。吉林省主要滑雪旅游目的地分布地区中，延边州和通化市冰雪旅游人均碳排放量仍居高位，西部以冰上旅游项目为主的白城市和松原市冰雪旅游人均碳排放量也处于高位。

2020年，吉林市冰雪旅游人均碳排放量为95.48公斤，白城市冰雪旅游人均碳排放量为74.93公斤，四平市冰雪旅游人均碳排放量为65.05公斤，辽源市冰雪旅游人均碳排放量为58.90公斤，白山市冰雪旅游人均碳排放量为50.18公斤，通化市和长春市处于后两位，冰雪旅游人均碳排放量分别为35.36公斤和33.64公斤。吉林省主要滑雪旅游目的地分布地区中的吉林市及西部以冰上旅游项目为主的白城市和四平市冰雪旅游人均碳排放量仍处于高位。

2021年，四平市冰雪旅游人均碳排放量为63.84公斤，白山市冰雪旅游人均碳排放量为57.52公斤，吉林市冰雪旅游人均碳排放量为53.08公

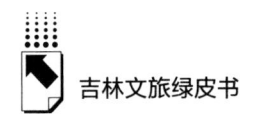

斤，通化市冰雪旅游人均碳排放量为39.80公斤，长春市冰雪旅游人均碳排放量为37.71公斤，延边州冰雪旅游人均碳排放量分别为37.71公斤，辽源市处于末位，冰雪旅游人均碳排放量为25.17公斤。吉林省主要滑雪旅游目的地分布地区中，有4个地区仍居高位，但是冰雪旅游人均碳排放量都有所减少，呈现向好的态势。

2022年，吉林市冰雪旅游人均碳排放量为84.41公斤，白城市冰雪旅游人均碳排放量为59.24公斤，延边州冰雪旅游人均碳排放量为57.69公斤，通化市冰雪旅游人均碳排放量为53.97公斤，白山市冰雪旅游人均碳排放量为43.49公斤，长春市处于末位，冰雪旅游人均碳排放量为25.16公斤。吉林省主要滑雪旅游目的地分布地区中，有3个地区居于高位，但是冰雪旅游人均碳排放量都有所减少，继续呈现向好的态势。

综上，吉林省各地区冰雪旅游人均碳排放量从空间分布上看，长春市、四平市、辽源市和松原市处于较低水平，而吉林市、延边州、通化市、白城市和白山市则处于较高水平。尤其是吉林市，冰雪旅游人均碳排放量始终处于高位。主要滑雪旅游目的地分布地区的人均碳排放量也是较高的。

3. 吉林省各地区冰雪旅游年均碳排放量情况

2016~2022年吉林省各地区冰雪旅游平均碳排放量情况如表1所示。吉林省全省的年均总碳排放量为367万吨，吉林市和长春市为碳排放大户，碳排放量约占全省总碳排放量的6成以上，而主要滑雪旅游目的地分布地区的总碳排量约占全省的9成。由此可以得出，滑雪场的人工造雪、魔毯和缆车等为主要能耗项目，是冰雪旅游碳排放的主要贡献者。虽然长春市平均总碳排放量居全省第2位，但由于其年均冰雪旅游的人数较多，其人均碳排放量是全省最少的。而白城市尽管总碳排放量不高，但是由于冰雪旅游的游客数量较少，人均碳排放量相对较高，居全省第2位。可见提高游客到访数量和冰雪旅游资源的利用率也是减少冰雪旅游人均碳排放量的重要举措。

表 1 2016~2022 年吉林省各地区冰雪旅游平均碳放量情况

	长春市	吉林市	四平市	辽源市	通化市	白山市	松原市	白城市	延边州
总碳排放量（万吨）	118.0	121.5	12.2	7.2	26.1	14.3	17.0	10.8	39.9
人均碳排放量（公斤）	34.01	67.34	42.67	46.01	52.64	44.3	44.15	60.02	54.97

三 吉林省冰雪旅游绿色低碳发展路径

（一）政府要从宏观上加大对冰雪旅游产业低碳运行的监督与引导力度

1. 加强全省节能减排区域间政策协同

吉林省各地区需强化生态环境共保联治的合作机制，确保生态保护红线在各地区间实现无缝衔接，共同推进重要生态屏障和生态廊道的保护工作。同时，要加强节能减排降碳政策的区域协同，构建区域绿色制造体系。全面推行清洁生产，促进重点领域和重点行业实现节能降碳增效，着力发展壮大绿色低碳产业，并建立健全绿色产业体系，以加速形成可持续的生产生活方式。此外，应探索建立跨区域的排污权交易制度，积极且稳妥地推进"双碳"目标的实现。在新型能源体系的规划建设中，需协同推进各地区间的电力互济。全省范围内需进行统筹安排，要求耗电量大的地区向耗电量小的地区提供相应补贴，并通过购买碳排放指标的方式，助力全省范围内"双碳"目标的实现。

2. 强化对冰雪旅游企业的政策支持与政府监督

吉林省应结合"双碳"目标规划，加速制定冰雪旅游产业绿色低碳发展的规范与标准，编制低碳发展规划，并制定节能减排的综合工作方案。政府需要对财税政策、金融工具进行丰富完善，优化碳交易市场环境，引导鼓励冰雪旅游企业参与全国碳排放权交易。同时，管理部门也需要强化监督管

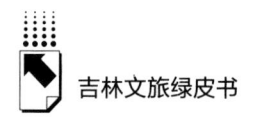

理，推动冰雪旅游企业低碳化改革。例如，可将碳排放量作为景区等级评价的指标之一，或通过行政命令要求企业参与碳减排，以增强对冰雪旅游企业低碳发展的约束；构建有效的激励制度，制定碳达标奖励政策，鼓励企业技术创新，提高冰雪旅游企业参与低碳发展的积极性。

3. 加强冰雪旅游产业低碳节能技术创新

为推动吉林省冰雪旅游产业碳减排体系的构建与完善，应建立"政产学研用"一体化平台，加强对冰雪旅游目的地碳循环机制、低碳旅游活动及碳源地和碳汇的研究，强化相应技术的应用推广。探索设立冰雪旅游景区碳排放监测平台，对景区的碳排放总量、能耗总量、碳排放强度等数据进行实时监测，为碳排放管理和研究提供信息支撑。同时，也要加强对冰雪旅游低碳节能技术的研究，探索生态固碳、碳捕获与封存技术的解决方案。积极推动绿色低碳技术的转化与推广，引入低碳环保技术和设备至服务一线。例如，可采取提高冰雪旅游目的地的节能建筑覆盖率、加速交通电气化改造、广泛应用低碳交通工具、选用低能耗的造雪系统等措施，推动绿色低碳技术的应用与转化。此外，推动数字化在冰雪旅游产业的深度应用，探索大数据、云计算、区块链等信息技术在碳排放源追踪、数据分析、监管及预测预警等方面的应用，以提升冰雪旅游产业的数字化减碳排能力。

4. 创建示范性低碳冰雪旅游目的地

吉林省应积极推进近零碳排放示范景区的建设，选择低碳基础扎实、减排潜力大的冰雪旅游目的地作为抓手树立景区低碳转型示范标杆。首先，鼓励有条件的冰雪旅游景区率先采取行动，根据当地实际情况制订绿色低碳转型计划，推动绿色技术在冰雪旅游中的应用，以低碳化标准完善景区基础设施。其次，在全省范围内加强生态保护与修复工作，可通过适当增加湿地面积、开发林业碳汇项目，提升冰雪旅游景区的碳汇功能和碳中和能力。最后，打造一批冰雪旅游碳中和示范景区，作为标杆在全省范围内推广，发挥其示范效应，带动全省冰雪旅游产业实现由点及面的低碳运营转型升级。

5. 科学规划冰雪旅游项目开发

吉林省现已形成东雪西冰的冰雪旅游形势，而雪上旅游项目是冰雪旅游碳排放的主要来源。因此，在进行冰雪旅游资源开发规划，尤其是滑雪场开发时，一定要充分考虑自然、经济和社会等多方面因素，减少资源消耗与碳排放，实现生态效益与经济效益相统一。借鉴已有的成功经验，冰雪旅游项目科学选址可从如下三个方面入手。一要寻找距离能源输送地近的区域进行开发建设，以减少能源在运输途中造成的碳排放。在条件允许的情况下，应尽量选择可供给清洁能源的地区，充分保证开发建设与运营管理中清洁能源的使用。二要寻找交通节点或已形成交通网的地区作为冰雪旅游项目的规划建设用地，以减少交通建设带来的碳排放，同时也要保证公共交通良好的可达性。三要充分利用大数据、地理信息、云计算等数字化信息化技术开展冰雪旅游项目选址可行性评估，严守生态保护红线，最大限度地减少碳排放。

（二）冰雪旅游企业要加强低碳运营的意识并采取有效措施减少碳排放

1.加强低碳运营的意识

冰雪旅游景区要加强低碳运营的意识，将低碳环保措施贯穿到日常运营活动中。例如，为了补偿因大规模建造和投资雪道砍伐的树木，在山上其他空地种植更多的树木；滑雪场尽量使用效率更高的人工造雪机；景区要尽可能回收旅游者留下的垃圾；在滑雪场及其附近使用太阳能驱动或电能驱动的汽车和雪地摩托。景区在完善雪场交通、通信等基础设施的同时，可引入生态交通、生态饭店、生态旅馆、生态商店等理念和模式，将保护环境和保护传统作为卖点来吸引"绿色"滑雪者，倡导滑雪者进行低碳旅行。

2.加大低碳节能技术研发投入

加强冰雪旅游产业低碳节能技术创新，不仅需要政府引导，更需要发挥企业的能动性。"低碳经济"以低能耗、低排放、低污染为特征，是经济社会发展的必然趋势。冰雪运营企业应当充分利用当前我国大力提倡节能减排的契机，努力成为研发和创新主体，积极参与，主动投入，掌握先进的低碳运营技术，从根本上推动节能减排。例如，吉林省太阳能、风能、地热能的潜力很大，冰雪运营企业可根据企业自身特征，因地制宜地充分利用太阳

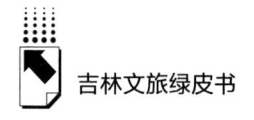

能、风能、地热能等能源，为企业的运营提供新型能源支持。相关科研院所、学校也应积极与企业对接，为吉林省的冰雪旅游低碳节能发展提供思想、技术上的支持，形成全省"政产学研用"一体化技术创新开发模式。

3. 开发绿色低碳冰雪文旅产品

鼓励冰雪旅游目的地积极借鉴国内外有关冰雪旅游低碳发展的成功经验，不断推出并更新以绿色低碳为主题的冰雪文旅产品。通过推出绿色低碳文旅产品强化冰雪旅游者的低碳旅游意识，鼓励旅客积极主动地参与节能减排行动。同时，倡导冰雪旅游景区、酒店等打造低碳旅游的体验环境，设计更多参与性强的低碳旅游活动，将绿色低碳融入旅游活动的每一个环节，让游客亲身体验绿色低碳旅游方式。此外，加强文化创意产业与低碳冰雪旅游的互动融合，创新开发低碳冰雪旅游产品，如低碳冰雪旅游线路、低碳冰雪研学课程以及低碳冰雪文创产品等，旨在为旅游者提供高品质、低碳环保的冰雪旅游体验。

4. 采取有效措施吸引游客

为了提高冰雪旅游资源的利用率，要不断加大冰雪旅游宣传推广力度，不断提升冰雪产品知名度和影响力，吸引更多的游客，以降低人均冰雪旅游碳排放量。要以传统电视媒体为"根据地"，以网络新媒体为"主战场"，以宣传推介吉林冰雪文旅为"大目标"，以"沉浸式体验+短视频"的跨界融合为"新形态"，抓住"沉浸式""冰雪""潮玩""冰雪文化"等关键词，带领全国观众及短视频平台上亿用户展开冰雪旅游季的"吉林冰雪云体验"。采取优化冰雪旅游产品、升级旅游基础设施、完善市场运行和保障机制、改善旅游发展环境等多项措施，构建多层次、多样化、多业态的冬季旅游产业体系。举办特色文旅活动、体育赛事以及非遗保护传承活动，增强游客冰雪游玩体验感。通过增加服务游客的志愿者人数、加大监控力度、增加安全巡视次数、延长营业时间等措施，提升游客的舒适感和体验感。

5. 加强低碳旅游宣传

冰雪旅游企业应利用线上、线下的多种渠道进行绿色低碳旅游宣传，提升游客低碳旅游意识。首先，加大对碳达峰、碳中和相关政策的宣传力度。

建设碳中和环保科普体验馆，传播和普及低碳环保知识。开展全民绿色低碳行动，通过倡导低碳旅游、绿色消费、光盘行动、垃圾分类等，引领绿色低碳生活的新风尚。其次，提升公众的绿色低碳消费意识。可以扩大节能环保汽车的供给，推行共享交通等新型低碳交通模式，鼓励游客出行。

参考文献

胡尊香：《低碳经济视野下旅游经济发展模式探析》，《商展经济》2023 年第 14 期。

张晓会：《低碳经济视域下绿色旅游发展路径探讨》，《产业创新研究》2023 年第 15 期。

王摇橹：《"双碳"目标下旅游业碳减排对策研究——以河南省为例》，《北方经济》2023 年第 5 期。

唐承财等：《北京冬奥会绿色低碳技术应用及其对低碳旅游的启示》，《中国生态旅游》2022 年第 4 期。

张金萍：《最绿色的冬奥 最清洁的低碳——聚焦 2022 冬奥场馆建设中的绿色低碳实践》，《资源与人居环境》2022 年第 3 期。

杨占武：《北京冬奥会和冬残奥会人造雪的研究》，《冰雪运动》2017 年第 1 期。

唐云松：《大型滑雪场度假区的人工造雪对环境影响及生态水资源保护研究》，第八届中国水论坛，2010。

方琰等：《气候变化背景下人工造雪技术提升对中国滑雪季节长度的影响》，《资源科学》2020 年第 6 期。

王冠、张凯、刘静：《低碳绿色发展理念下的生态旅游产业结构经济增长方式研究》，《西南大学学报》（自然科学版）2023 年第 8 期。

唐承财等：《高质量发展下中国旅游业"双碳"目标：评估预测、主要挑战与实现路径》，《中国生态旅游》2021 年第 4 期。

蒋依依等：《中国冰雪资源高质量开发：理论审视、实践转向与挑战应对》，《自然资源学报》2022 年第 9 期。

G.7
吉林省冰雪旅游产业数字化转型研究

杨絮飞*

摘　要： 随着全球旅游业的快速发展，冰雪旅游作为其中的一个重要分支，越来越受到人们的关注。吉林省以其独特的地理位置和丰富的冰雪资源，成为国内冰雪旅游的重要目的地。随着数字技术的飞速发展，冰雪旅游产业数字化转型成为推进吉林省全面振兴全方位振兴的重要路径。本文聚焦于吉林省冰雪旅游产业的数字化转型，基于当前冰雪旅游产业的发展现状，深入探讨了数字技术如何优化冰雪旅游产业的资源配置效率以及调节市场供需平衡的内在机制。同时，本文深度剖析了吉林省冰雪旅游产业在数字化转型过程中遭遇的挑战，并据此构建了统筹推进制度建设、坚定培养紧缺人才、加大资金投入规模、推动数字基础设施建设、创新发展产品服务等冰雪旅游产业的整体升级策略，实现"冷资源"赋能"热经济"，以期为吉林省冰雪旅游产业高质量发展提供参考。

关键词： 冰雪旅游产业　数字化转型　数字技术　吉林省

为深入贯彻落实习近平总书记"冰天雪地也是金山银山"的发展理念和党中央、国务院关于加快发展冰雪运动和冰雪产业的决策部署，文化和旅游部、国家发展改革委、国家体育总局于2021年2月8日印发实施了《冰雪旅游发展行动计划（2021—2023年）》。随着数字经济的蓬勃兴起，冰雪旅游产业的数字化转型已成为提升竞争力、实现高质量发

---

* 杨絮飞，长春大学旅游学院旅游文化学院教授，长春冰雪产业研究院副院长，研究方向为旅游经济、冰雪旅游、文化旅游。

展的必由之路。吉林省凭借其得天独厚的冰雪资源、丰富的旅游产品与服务，长期以来在冰雪旅游领域占据领先地位。面对新疆、河北等省份冰雪旅游产业的竞争，吉林省提出了冰雪旅游产业数字化转型的思路，通过加速数字化进程、构建高效能的数字化平台、孵化新兴业态、建立全面完善的数字化体系，增强吉林省冰雪旅游产业的综合实力和市场竞争力。

一 数字化转型的概念及其在冰雪旅游业中的应用

（一）数字化转型的概念和内涵

数字化转型是指利用数字技术对企业、组织或行业的业务模式、流程、运营和价值创造进行根本性的重新设计和改进，以适应不断变化的市场环境和客户需求，实现创新、市场占有率增长和竞争力提升。数字化转型的内涵主要体现在以下几方面。

一是业务模式创新：重新审视和设计组织的业务模式，利用数字技术创造新的价值主张、拓宽收入来源和提升客户体验。

二是流程优化与再造：对内部业务流程进行数字化改造，去除烦琐的环节，提升效率和准确性。

三是数据驱动决策：重视数据的收集、分析和应用，以数据为依据制定企业战略和进行管理决策。

四是客户体验提升：借助数字化手段更好地了解客户需求，提供个性化、便捷和无缝的服务。

五是生态系统融合：与合作伙伴、供应商和客户建立数字化连接和协同，打造更高效的产业生态。

数字化转型不仅仅是技术的应用，更是一种全方位的战略变革，涉及组织的各个层面和业务的各个环节，旨在通过数字化实现可持续发展。

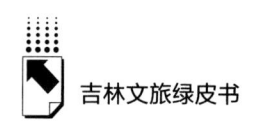

（二）数字化技术在冰雪旅游产业中的应用

1. 构建冰雪旅游智慧服务平台

冰雪旅游智慧服务平台通过数字化技术，精准把握每一位游客的需求，主动推送定制化的旅游信息和服务，实现旅游服务的全面数字化转型。该平台不仅包含导航、导游、导览等基础功能，还可融入导购、观光、休闲以及商务等多元化服务，为游客提供一站式的解决方案，使游客能够更加便捷、高效地获取所需信息和服务，极大地提升了旅游的便利性和满意度。

2. 打造冰雪旅游线上虚拟体验馆

冰雪旅游线上虚拟体验馆通过"5G+VR"全景技术，利用无人机、全景摄像头等进行直播拍摄，使游客随时随地畅享冰雪风光，实现旅游体验在线化。该平台突破冰雪旅游的季节性限制，即使在非雪季，人们也可通过穿戴虚拟装备体验冰雪旅游的乐趣。这为旅游企业或相关行政机构提供了跨时空体验式推介的新渠道，增强对游客的吸引力。例如，2024年1月25日，新华网与网易旗下的《蛋仔派对》联合上线了《哈尔滨冰雪奇遇记》数字文旅地图，上线当天体验人数达到32.3万人次。

3. 建设冰雪旅游大数据中心

冰雪旅游大数据中心充分利用互联网、物联网以及通信网等各类采集终端和采集手段，形成主动感知和数据生产，使数据获取更精准有效。大数据中心可对数据进行分类加工处理，形成全领域数据库和多项专题数据库，为相关部门和企业提供应急预案和决策参考。

4. 在线预订与创新营销推广

随着数字经济的发展，冰雪旅游产业迎来了前所未有的发展机遇。企业可运用大数据技术，洞察消费者的真实需求与独特兴趣，进而绘制出每位游客的精准"画像"，依据这些个性化特征，为游客量身定制旅游产品与服务，使游客享受到更加贴合自身喜好的冰雪旅游体验，提升游客的满意度与忠诚度。

企业可利用互联网和社交媒体进行精准的数字化营销，提高冰雪旅游的曝光度，构建在线平台方便游客了解和分享冰雪旅游信息。例如，一些景区通过社交媒体平台进行宣传推广，吸引更多游客；推出数字冰雪文旅地图，让游客更直观地了解景区景点特色等冰雪内容；提供个性化智慧文旅小程序，一站式包揽游客"吃、住、行、游、购、娱"信息，集咨询、导览、预订等旅游服务功能于一体，精准覆盖游客的多元需求，力求达到"一机游"效果。

5.开启5G+智慧雪场新模式

5G技术凭借其超高速率与超低时延的卓越性能，正深刻改变着冰雪旅游产业的发展路径。将AR（增强现实）、VR（虚拟现实）、MR（混合现实）、360度全景直播及LBS（基于位置的服务）等前沿技术无缝融入雪场及滑雪项目，能够极大地拓宽冰雪旅游的边界。以富龙控股集团、中国移动通信集团河北有限公司及爱立信（中国）通信有限公司在富龙滑雪场的合作为例，三方强强联合，依托各自领域的顶尖资源与技术实力，共谋5G技术在冰雪领域的创新应用与突破。在富龙滑雪场，三方成功打造了"5G+智慧雪场沙盘"与"5G+全景VR看台"两大示范场景，不仅实现了对滑雪者位置的即时追踪，为游客带来了前所未有的沉浸式体验，还极大地提升了滑雪过程中的安全保障，实现了对滑雪者的实时安全监控。"5G+智慧雪场"的构想，为雪场开辟了新的应用创新路径，推动了雪场运营管理的全面数字化转型，为冰雪旅游产业的发展提供了创新思路。

二 数字技术赋能冰雪旅游产业数字化转型的作用机理

（一）数字技术提升冰雪旅游产业要素配置效率

由于地域间发展模式的多元化，吉林省冰雪旅游企业间普遍存在着信息不对称的困境，这一困境直接导致了冰雪旅游市场供需关系的错位，成为行业健康发展的瓶颈。然而，随着数字化浪潮的到来，冰雪旅游企业积极构建

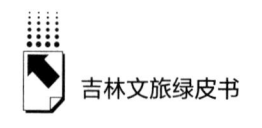

以大数据、云计算、物联网及移动互联网为核心技术的数字化运营体系，实现对产品设计、生产制造、市场营销及消费体验等全链条数据的即时捕捉、高效处理、深入分析及精准应用，从而打破了信息孤岛，促进了资源的高效配置与市场的精准对接。通过这种数字化手段，企业能够更精确地匹配供需，实现资源共享，促进交易的高效完成。这不仅降低了企业在寻找资源时的成本，还拓宽了资源的使用范围，激发了资源的利用潜力。随着冰雪旅游产业数字化转型的深入，各类冰雪资源得以更加智能、高效地流转与利用，能够迅速且精准地流向那些具备更高生产效能的部门，这一过程显著优化了冰雪旅游产业的资源配置效率，成为冰雪旅游企业提升市场地位与竞争力的核心驱动力。冰雪旅游产业的数字化转型已成为企业追求可持续发展、实现经济效益与社会效益双赢的必由之路。

（二）数字技术优化冰雪旅游产业数字治理体系

我国冰雪旅游业快速发展，同时也迎来了一系列挑战，其中之一就是市场监管问题。冰雪旅游产业作为一种融合型业态，其监管工作涉及多个行政部门。在数字经济快速发展的背景下，冰雪旅游产业正积极迈向数字化转型，推动公共数字平台的建设和完善。目前，冰雪旅游领域的智慧化进程已显著推进，构建了先进的智慧旅游大数据中枢以及多维度的智慧服务平台体系，涵盖市场监管、公共服务及舆情监控等功能。这些平台整合了包括5G通信与人脸热力识别在内的前沿技术，实现了对冰雪旅游热门景点交通汇集与游客流动的即时可视化监控。通过高效的网络数据挖掘与分析手段，平台能够综合游客个人偏好、行为数据以及景区的实时气象与交通状况，生成详细的24小时大数据洞察报告，为冰雪旅游市场提供了精准的预警信号，为市场应急响应预案提供了坚实的依据，增强了市场应对不确定性的能力。更为重要的是，这些数字化平台作为信息流通的桥梁，成功打破了传统意义上的信息孤岛现象，促进了跨部门、跨主体、跨区域之间的信息交流与共享，构建起了协同合作、联动响应的治理新生态。这一治理模式融合了科层管理的严谨性、市场机制的灵活性以及网络化治理的广泛性，极大地提升了冰雪旅游产业的应急管理能力和事件处理能力。然而，数字化转型也带来了新的挑战，如网络安全、产权保护等问题日益凸显，为了应对这些挑战，必须持续优化数字经济平台的治理架构，加快市场监管数字化转型的节奏，构建一个全新的、高效的监管治理框架，通过数字化手段实现对冰雪旅游经济活动的精细化管理和有效规制。

（三）数字技术引领冰雪旅游产业供给侧的变革

冰雪旅游企业正围绕市场需求导向展开一场由数字技术和平台驱动的变革。在这一变革中，冰雪旅游产业充分利用大数据、云计算、区块链及人工智能（AI）等尖端科技力量，实现了从产品设计、生产到服务交付的全链条智能化升级，不仅极大地提升了运营效率、有效降低了运营成本，更确保了冰雪旅游产品和服务能够持续达到并超越消费者的需求，实现品质飞跃。此外，冰雪旅游企业还融合了虚拟现实（VR）、增强现实（AR）、混合现实（MR）等前沿技术，为游客打造了沉浸式体验场景，这些技术使游客获得前所未有的身临其境之感，使冰雪旅游产品变得更加丰富多彩。在数字技术的加持下，冰雪旅游企业能够更准确地把握消费者的需求和偏好，利用大数据和云计算技术，迅速分析市场趋势，并通过电商直播、短视频推广等方式，快速将产品和服务推向市场，实现精准营销。这种高效的市场响应机制，大大提高了冰雪旅游产品和服务的匹配度，提升了消费者的满意度。数字技术的引入极大地简化了冰雪旅游产品和服务的供给流程，正在重塑冰雪旅游产业的供给体系。人工智能、区块链、物联网等新技术的应用，不仅改变了支付方式、信用体系和服务模式，还推动了冰雪旅游向数字化、网络化、智能化的方向发展。这一变革使冰雪旅游产业逐步摆脱对自然资源的过度依赖，能够更加灵活地应对市场变化，引领冰雪旅游产业向更加高效、智能和绿色的方向发展。

（四）数字技术激发冰雪旅游产业需求端的潜能

随着数字技术的发展，冰雪旅游产业的消费需求与产业供给之间形成了

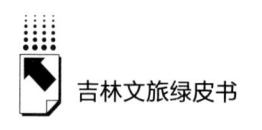

紧密的良性循环。一方面,消费者的多样化需求引领冰雪旅游产业的供给方向,促使企业不断创新以满足市场的需求;另一方面,产业供给的不断丰富和升级,又反过来激发了消费者的新兴趣和新需求,形成了一个由供给创造并激发新消费需求的动态过程。数字技术在这场变革中发挥着至关重要的作用,不仅促进了供需双方的紧密互动,还推动了整个产业的转型和升级。首先,数字技术扩大了冰雪旅游产业的消费群体与消费规模。数字技术通过构建线上线下无缝融合的生态系统,实现了对潜在顾客群体的精准定位和广泛覆盖,不仅加速了消费市场的扩张,还影响着消费行为的演变。其次,数字技术为冰雪旅游产品和服务开辟了一条消费通道,实现了从实体到虚拟、从线下到线上的全面贯通。这种双向结合的模式不仅为消费者提供了更加便捷、多元的选择,也悄然改变着旅游者的消费观念,让他们更加倾向于灵活、个性化的旅游体验。再次,数字技术解锁了冰雪旅游消费的新维度,极大地丰富了消费层次,为冰雪旅游产业带来了更多的增长点和创新空间。数字化综合服务平台整合了旅游目的地的各类服务资源,使得冰雪旅游产品不再单一,而是变得更加多元化和个性化,满足了游客定制化、个性化的需求。最后,数字技术促进了冰雪旅游游客体验的升级。游客能够利用短视频、移动应用等多元化渠道,轻松获取丰富的旅游资讯,不仅极大地拓宽了视野,还深刻影响了旅游体验。

三 数字经济背景下吉林省冰雪旅游产业发展现状

吉林省作为中国北方重要的冰雪旅游目的地,拥有得天独厚的自然条件和文化背景。吉林省位于中纬度地带欧亚大陆东侧,与落基山脉、阿尔卑斯山共处于同一黄金冰雪纬度带,属于温带大陆性季风气候,四季分明,温度适宜,降雪期长,降雪量大,具有发展冰雪旅游得天独厚的优势。吉林省正处在冰雪旅游业的繁荣发展期,政府相关部门加大了对冰雪旅游相关基础设施建设的投入力度。近年来,吉林省积极推出一系列政策措施,扶持和培育冰雪装备行业的领军企业,逐步构建起具有竞争力的产业集群，以此推动冰雪装备制造业的迅猛发展，巩固和提升其在冰雪旅游产业领域的领先地位。

（一）冰雪旅游政策出台，政府支持力度不断加大

吉林省积极出台有关冰雪旅游和冰雪旅游数字化发展的政策，旨在推动吉林省冰雪旅游产业的发展，利用数字化技术提升冰雪旅游的体验和影响力，打造世界级冰雪品牌和冰雪旅游胜地（见表1）。如在2023年10月7日发布的《吉林省旅游万亿级产业攻坚行动方案（2023—2025年）》中提到，要实施"长白天下雪"品牌数字化推广工程，发布"长白天下雪"数字虚拟人及衍生创意产品，研发"雪丝文创"名品1000种以上；实施数字冰雪提升工程，建成全国首批数字孪生雪场。吉林省广泛应用新技术，全力促进冰雪旅游精细化服务、精准化营销、智慧化管理，竭力实现信息服务品质化、产业运行智慧化、行业管理现代化。

表1 2021年以来吉林省出台的冰雪旅游相关发展政策

时间	名称	内容
2021.4	《吉林省国民经济和社会发展第十四个五年规划和2035年远景目标纲要》	大力发展寒地冰雪经济，推进服务业转型提质，培养壮大新动能。2025年振兴发展总目标为确保全面振兴全方位振兴率先实现突破，具体包括8方面"新"发展目标，即振兴发展取得新突破、科创能力实现新提升、改革开放迈出新步伐、乡村振兴展现新成效、数字经济聚合新动力、生态文明开创新局面、民生福祉达到新水平、治理效能再上新台阶
2021.10	《吉林省冰雪产业高质量发展规划(2021—2035年)》	大力发展全域旅游，打造精品旅游路线，突出发展冰雪经济，构建以冰雪旅游、冰雪运动、冰雪文化、冰雪装备为核心的全产业链，打造"三亿人参与冰雪运动"的主要承载区，建成世界级冰雪旅游目的地
2021.10	《吉林省体育事业"十四五"规划》	体育产业总规模达到1000亿元，成为吉林全面振兴全方位振兴新的经济增长点。大力发展冰雪运动，推动冰雪产业跨越式发展

续表

时间	名称	内容
2022.1	《吉林省冰雪运动高质量发展规划(2021—2035年)》	大力推广普及群众性冰雪运动,打造"三亿人参与冰雪运动"重要承载区。着力培育冰雪竞赛表演市场,打造国际冰雪运动赛事中心。完善冰雪体育旅游服务体系,打造世界知名的国际冰雪旅游胜地。充分利用5G技术、大数据、互联网技术、信息技术和人工智能技术等高科技手段,实现滑雪场的智能化管理,提高场馆运营效率
2022.4	《吉林省人民政府关于印发"一主六双"高质量发展战略专项规划的通知》	长通白延吉长避暑休闲冰雪旅游大环线发展规划
	《长通白延吉长避暑休闲冰雪旅游大环线发展规划》	按照省委、省政府部署安排,以旅游环线空间优化引导全域旅游创新发展,强力推进环线旅游功能区崛起,建设运转顺畅、产品丰富、特色鲜明的东西旅游"双线",为建设冰雪旅游强省、避暑休闲名省提供有力支撑。规划中提出建立健全智慧旅游服务体系
2023.10	《吉林省旅游万亿级产业攻坚行动方案(2023—2025年)》	行动目标之一是打造产业集群。达到万亿级产业规模时,全省形成冰雪旅游、冰雪文化、冰雪装备等冰雪产业集群,规模达到5000亿元

资料来源:作者根据相关资料整理。

(二)冰雪资源丰富,开发利用效率日益提高

吉林省冰雪资源独特且优越,文化底蕴深厚且浓郁,根据2023年吉林省冰雪资源普查数据,吉林省冰雪资源单体共89531个,单体密度为0.48个/km²。其中优良级冰雪资源单体数量达到6312个,集合体冰雪资源总量达到26866个,占冰雪资源单体总量的30.01%。吉林省冰雪资源主要有以下特点。

1. 资源总量丰富、类型多样,人文冰雪资源优势显著

吉林省冰雪资源全面覆盖了冰雪地文景观、冰雪水域景观等8大主要类别,细分为25个亚类,并进一步拓展至112个基本类型。吉林省冰雪资源不仅涵盖了丰富的自然景观,还拥有着数量众多、类型多样的人文冰雪资

源，形成了与自然冰雪资源相得益彰的局面。

2.冰雪资源品质地区差异大，优良级冰雪资源突出

全省共有6312个优良级冰雪资源单体，占冰雪资源单体总量的7.05%，绝对数目突出，且在11个地市均有分布，为全省冰雪旅游产业发展奠定了高品质的资源基础。

3.冰雪资源分布展现出"大分散、小集中"的模式，区域特色鲜明

吉林省形成了四大冰雪旅游产业集聚区，这四大集聚区共同构成了吉林省冰雪旅游产业发展的"四轮驱动"空间布局，体现了多元化、特色化、协同化的发展理念。

长吉都市冰雪与休闲度假集聚区：以长春市和吉林市为主，以都市风情与休闲体验为特色，有230个冰雪资源集聚区，占全省总量的42.36%。主要有冰雪运动、冰雪度假、冰雪景观、冰雪文娱、冰雪节庆、冰雪乐园等特色资源，形成了长春世界冰雪名城和吉林冰雪运动名城品牌。例如，长春的净月潭，冬天时这里宛如"蓝色星球"，蓝色冰块晶莹剔透；吉林市的雾凇岛以雾凇多且美丽而闻名。

大长白山冰雪生态度假集聚区：依托长白山的自然生态优势，打造冰雪生态度假胜地。以延边州、白山市、长白山管委会为主，有163个冰雪资源集聚区，占全省总量的30.02%。主要有冰雪运动、冰雪度假、冰雪景观、冰雪温泉、冰雪雪村、冰雪文娱等特色资源。例如，长白山和平滑雪场，雪期长且设施齐全；老里克湖冬季人迹罕至，有壮美的雾凇和天然雪雕；魔界风景区充满魔幻奇妙之感，也是冬季漂流的好去处。

通梅冰雪融合发展集聚区：强调冰雪旅游与其他产业的深度融合与创新发展。例如，通化冰雪产业示范新城的万峰通化滑雪度假区，设有初、中、高级雪道，其"粉雪+静风"的条件赋予了其得天独厚的滑雪资源优势。

松白冰产业集聚区：专注于冰上产业的集聚效应，形成产业联动的新高地。

吉林省还有露水河国家森林公园、四方顶景区、松岭雪村等其他冰雪旅游胜地，这些地方各具特色，共同构成了吉林省丰富多样的冰雪旅游资源。

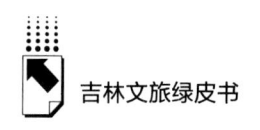

（三）完善冰雪旅游基础设施，开发建设水平逐渐提高

近年来，吉林省在推动冰雪旅游产业升级过程中，不断优化基础设施的建设，创新冰雪旅游产品，完善滑雪场等关键旅游体验区域的公共设施，为游客打造更加高质量的冰雪旅游体验。

1. 政策支持力度不断加大

制定《吉林省旅游万亿级产业攻坚行动方案》《加大文旅消费十八条措施》《吉林省"引客入吉"和文旅项目招商政策》《2023—2024 新雪季吉林省冰雪政策》等相关政策，推出景区门票减免、演出活动奖励等系列创新性政策举措，并发放冰雪消费券、冰雪交通补贴等。

2. 交通便利度不断提高

吉林省文化和旅游厅组织开通了 32 条"冰雪直通车"，旅游团队可由省内主要机场、高铁站免费直达各大滑雪场及度假区；长春市新开通了 8 条冰雪旅游公交专线，为游客提供了更加便捷的交通选择。

3. 景区设施不断完善

全省进一步完善了旅游景区的道路连接、游客服务中心、旅游厕所、停车场、信息网络、标志标识系统等基础和公共服务设施，绝大多数滑雪场都配套建有交通、餐饮、住宿、娱乐、购物、度假、文化、赛事和装备租赁、器械供应、教学训练等日益延伸的产业链条。例如，长白山景区不断加大服务保障力度，新购置了大量雪地摩托以满足游客需求。北大湖滑雪度假区投入运营多条雪道，并开展丰富的赛事和活动，拥有亚洲最大的滑雪地形公园。万科松花湖度假区正在尝试突破以往"一季养三季"的发展瓶颈，实现从"冬季游"向"四季游"转变。该度假区拥有 60 万平方米的高山花海，还有热气球、全地形越野车等 20 多种山地网红娱乐项目，形成了观光休闲区、山地运动区、家庭娱乐区、户外婚礼区、航空飞行区、水上运动区六大特色运营分区，不断更新玩法路线，打造四季旅游新场景。长春冰雪新天地推出众多体验娱乐项目和演艺活动，并打造热门打卡点，2023~2024 年雪季推出体验娱乐项目 30 项、各类演艺活动 500 多场次，512.6 米的超长冰滑梯成为游客游玩的必选项。通化冰雪产业示范新城总投资100亿元，规划设计了9个组团，汇聚大、小、轻、重各类项目。率先"上线"的万峰通化滑雪度假区设有初、中、高级雪道34条，造雪面积达117万平方米，海拔960米，有效落差560米，还增设了能满足专业赛事需求的设施。度假区配备了崭新高端的压雪机、造雪和索道托牵设备，达到冬奥会标准，科学的缆车乘降设置和初中高级雪道分布配备提升了索道的平均运力，缓解了客流高峰缆车站排队时间长的问题。经过两年的建设，通化冰雪产业示范新城的滑冰馆、射击馆、冬季竞训基地、城市旅游服务中心等相继建成并投入使用，已具备承办28项国际标准滑雪赛事的能力。其配套设施持续完善，促进了当地冰雪文化与多种文化的深度融合，打造了多业态融合、多元化发展的冰雪产业集聚区。

这些基础设施的完善和发展，提升了吉林省冰雪旅游的吸引力和游客的体验感，有助于推动吉林省冰雪旅游产业的高质量发展。

（四）创新产品服务业态，冰雪旅游品牌知名度逐年提升

吉林省委、省政府重视冰雪经济发展，积极探索打通"冰天雪地"向"金山银山"转换的通道，努力构建高质量发展和高品质生活体系，创新打造了"长白天下雪"特色品牌，激活冰雪旅游品牌效应，冰雪旅游品牌知名度逐年提升，市场关注度、美誉度不断提升，成为中国冰雪旅游的热门目的地之一，为文旅产业发展提供了支撑和保障，合力推动吉林省的冰雪"冷资源"散发"热效应"，助力吉林省冰雪产业发展。

1. 创新宣传营销

吉林省构建了包含冰雪旅游官方网站、官方微信账号及官方微博在内的多元化数字营销平台体系，充分利用"现场小型活动融合网络直播"、创意短视频创作、图文资讯发布等多种新颖的传播手段，生动展示与传播吉林省的冰雪旅游景观。吉林省整合线上资源，链接多个购物、短视频、OTA（在线旅游代理）等平台，推动产品服务、应用场景、营销技术等方面的创新，扩大了冰雪旅游营销覆盖面。与全国各大旅行社、旅游景区、

在线旅游平台或垂直类网站加强合作，开设冰雪旅游专线和专区，通过拓展营销方式着力开展精准营销和靶向营销，扩大吉林省冰雪旅游吸引力、影响力、传播力。吉林省冰雪旅游通过综合运用 OTA、MTA（移动旅游应用）、B2B 以及 B2C 等多元化营销组合策略，精准地在各大旅游门户网站投放关键词广告，实现了对冰雪旅游企业及品牌的全方位、多角度宣传。吉林省通过一系列创新的营销活动提升冰雪旅游品牌知名度，加速了冰雪旅游产业的数字化转型进程。例如，"向往的冬天在吉林"抖音全民互动短视频宣传营销活动，以高达 45 亿播放量、150 余万人次参与、8800 万人次点赞的成绩圆满收官。

2. 举办大型赛事活动

吉林省打造永不落幕的"云上雪博会"，通过线上活动吸引了大量关注，如第六届吉林雪博会开幕式吸引了 87 万人次在线观看直播，相关话题挑战赛播放量突破 16.5 亿次。利用数字技术进行实景体验的数字化表达，让人们随时随地感受吉林冰雪的魅力。长春净月潭举办的瓦萨国际越野滑雪节自 2003 年落户以来，每年吸引众多国内外滑雪爱好者参加，目前已成为我国冰雪旅游产业的精品项目，它从最初单一的赛事演绎发展成为集体育健身、旅游休闲、文化交流和经贸合作于一体的大型国际性节庆活动，提升了长春市在国内外冰雪旅游的知名度和影响力。吉林市的雾凇冰雪节已发展成为集旅游、文化、体育、经贸于一体的具有国内外影响力的综合性节庆活动。中国松原查干湖冰雪渔猎文化旅游节也颇具知名度，2008 年，具有千年历史的查干湖冬捕传统习俗被列入国家级非物质文化遗产保护名录，2017 年该旅游节被评为国家级示范性渔业文化节庆活动。

3. 丰富产品业态

近年来，吉林省通过举办雪博会等活动，加大产品业态创新力度，促进"冰雪+休闲""冰雪+文化"等跨界融合，加强宣传推介，打造安心舒心的旅游环境，不断推动冰雪旅游产业的发展，冰雪旅游产业展现出强劲的发展势头。长白山围绕休闲度假模式发展"冰雪+"业态，周边城镇逐渐焕发生机。如二道白河镇的"云顶市集"冬季版拓展了游客夜晚娱乐空间；漫江村发展温泉、漂流、森林穿越等冬季项目，并建设滑雪场，为村民提供就业机会。此外，以万科松花湖、吉林北大湖、万达长白山、鲁能胜地等为代表的滑雪度假区，形成了冬季滑雪运动、夏季避暑休闲相结合的运营新模式。查干湖景区在冬捕的基础上，策划推出冰湖捕鱼、非遗鱼皮画制作等多项文旅体验项目，旅游直播、云旅游、云演艺、数字展馆等新业态不断涌现。吉林省还积极构建数字文旅生态圈，布局智慧化建设和数字化转型，与各大平台开展合作，上线各类数字产品（应用），研发本土数字文旅服务平台等。例如，部分景区通过综合信息系统提升服务质量及运营效能，一些数字产品（如 VR 体验）受到观众追捧；在滑雪 App "滑呗"开办吉林专区，实现线上线下滑雪体验的融合，并提供多元化综合服务。

（五）冰雪旅游人才紧缺，旅游市场竞争日趋激烈

冰雪旅游人才对保证冰雪旅游顺利进行，提升冰雪旅游形象和游客的满意度起到至关重要的作用。吉林省万亿级产业的打造，将会大大地促进冰雪旅游的快速发展，对人才数量和质量的需求会大大增加，冰雪运动培训、冰雪运营管理、冰雪开发规划、冰雪服务、冰雪工程、冰雪教育等类型人才都非常紧缺。吉林省高校围绕冰雪旅游专业人才需求的实际，紧密结合冰雪经济发展的时代需求，加快培育各类冰雪旅游专门人才，推动吉林省冰雪经济上规模、上档次、上水平，为冰雪经济高质量发展提供有力的人才支撑。吉林省高校重视冰雪旅游人才的培养，部分院校成立了冰雪学院（见表2）。

表2　吉林省冰雪学院成立情况

学院名称	成立时间	依托高校	主要作用
冰雪学院	2019 年	北华大学	冰雪人才培养、科学研究、社会服务、文化传承创新
冰雪学院	2020 年	通化师范学院 通化体校	冰雪人才培养、冰雪专业运动员培养、冰雪运动后备人才储备
冰雪产业学院	2021 年	吉林体育学院	冰雪运动、冰上演艺人才培养

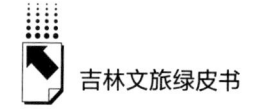

续表

学院名称	成立时间	依托高校	主要作用
冰雪旅游场地装备与智能服务技术文化和旅游部重点实验室	2021年	吉林大学	冰雪运载装备、冰雪用具高性能材料、冰雪经济数据信息与智能服务技术研究
国际冰雪学院、冰雪经济研究院	2021年	吉林外国语大学	"冰雪旅游+英语+小语种"应用型人才培养
冰雪旅游研究院、冰雪旅游产业学院	2022年	长春大学旅游学院	冰雪文化、冰雪旅游发展与冰雪大数据研究

资料来源：作者根据相关资料整理。

《中国冰雪旅游发展报告（2024）》数据显示，2022~2023年冰雪季旅游收入达3490亿元，全国冰雪旅游人次达3.12亿人次，连续两个冰雪季实现了市场规模超过3亿人次。数据显示，冰雪观光休闲仍是冰雪旅游的主流形式，2023~2024年冰雪季中62.1%的游客选择在欣赏壮观的冰雪景观的同时，参与各种冰雪活动。此外，冰雪度假比例显著提高，占到了37.9%。越来越多的游客倾向于在冰雪景区进行度假，冰雪旅游目的地要更加重视度假类产品和服务的开发。2022~2023年冰雪季我国滑雪场数量达697家，吉林滑雪场热度最高，吉林市松花湖滑雪场打卡量最大，排在第2的是阿勒泰地区的将军山国际滑雪度假区，张家口的富龙滑雪场打卡量位列第3。打卡量前10的雪场中，有2家来自吉林省吉林市，数量最多。长白山景区冬季游客量同比增长超过30%。长春冰雪新天地等热门景点在节假日期间常常游客爆满，需要提前预订门票。冰雪旅游消费从弹性体验式需求逐渐转变为人民群众的刚性生活需求，到2030年，吉林省计划达成全省冰雪旅游人数突破2亿人次、收入突破2000亿元的发展目标。而与此同时，旅游市场竞争日趋激烈，消费者对于冰雪旅游的品质和体验要求越来越高，这就使得企业在人才匮乏的情况下，还要面临激烈的市场竞争，解决人才问题、提升自身竞争力成为众多冰雪旅游相关企业亟待解决的难题。

四 吉林省冰雪旅游产业数字化转型面临的问题

（一）冰雪旅游产业转型机制尚需健全

吉林省对冰雪旅游产业转型工作高度重视，多次出台数字经济赋能冰雪旅游产业的支持性政策，但在数字化转型过程中，并未构建起健全的工作机制，对冰雪旅游的数字化建设宣传不到位，相关政策并未得到有效落实，数据治理及保护机制不完善，对数据进行治理时，缺乏统一的参考依据，导致数据很难得到进一步整合，降低了数据的利用价值。相关企业缺乏安全防范意识，不重视数据安全，不能熟练使用各种数字化技术和安全管理技术，对相关设备和系统保护不到位，导致信息面临泄漏和遗失的风险。"冰雪旅游+数字技术"制度建设尚需加速成型，以便正确规范冰雪旅游数字化发展进程。

（二）高端复合型冰雪人才较为匮乏

首先，吉林省在冰雪旅游与数字经济融合方面的人才培养机制还不健全，尽管已有高校设立了旅游管理和数字经济相关专业，但两者间的交叉融合尚不充分，缺乏系统和完整的教育规划，导致冰雪旅游领域的数字化人才供给不足，学科体系亟待完善。其次，吉林省面临人才流失的严峻挑战。毕业生出于追求更高薪资和职业发展机会的考虑，选择前往经济发达地区，从而加剧了吉林省冰雪旅游领域的人才短缺问题。最后，冰雪旅游企业在数字化转型过程中面临内部障碍。具体而言，企业现有人才队伍的数字化技能基础薄弱，整体信息技术应用水平不高。由于缺乏有效的在职培训和技能提升机制，员工的数字化能力和综合素质难以跟上产业升级的步伐，进而影响了数字化转型的推进效率和冰雪旅游产业的数字化升级进程。

（三）冰雪旅游产业资金投入有待加大

首先，吉林省冰雪旅游企业以小型企业为主，市场主体规模偏小，融资

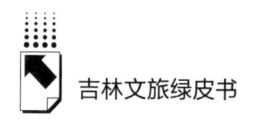

渠道不畅。资金实力不够雄厚，自主研发能力相对较弱，盈利水平大幅下降，加之数字化改造升级是一个高风险的过程，其研发成本高昂，且投资回报往往具有不确定性和长期性，这使得许多企业对数字化转型投入的资金相对有限。其次，资金扶持政策虽已出台，但覆盖面和深度仍有待拓展。尽管政府提供了诸多优惠政策以鼓励企业数字化转型，但这些政策往往难以满足所有冰雪旅游企业的实际需求，从而限制了冰雪旅游企业获取及时融资的机会。总之，吉林省冰雪旅游产业的数字化转型仍处于资源依赖阶段，面临着自身实力不足、融资渠道有限等困境，这些因素在一定程度上制约了冰雪旅游产业的数字化转型进程。

（四）冰雪旅游产业设施建设相对滞后

冰雪旅游产业的软硬件基础设施仍需全面优化。硬件层面，部分景区项目的规划与建设显得盲目，导致场地布局不合理、冰雪相关设施维护不足，影响了游客体验与产业效率。软件层面，则显现出冰雪旅游服务平台的匮乏与分散。当前，吉林省缺乏统一、完善的冰雪旅游服务平台，现有的 App、微信公众号及小程序等营销工具数量有限且各自为政，未能形成集监管、服务、数据分析等功能于一体的综合性系统，导致冰雪旅游产业数据碎片化，阻碍了数据资源的流通与共享，进而影响到整体产业链的数字化协同与转型步伐，无法满足消费者的多元化需求。因此，冰雪旅游产业亟须加强系统化的规划与布局，促进软硬件基础设施的协同升级，以构建更加完善、高效的产业链结构，推动产业数字化转型。

（五）冰雪旅游产品服务亟须创新发展

从市场需求的角度来看，随着游客对旅游体验的要求日益提高，传统的冰雪旅游产品和服务已经难以满足多样化、个性化的需求。从旅游供给的角度来看，冰雪旅游产品存在项目同质化严重的问题，如常见的滑雪、滑冰等活动，缺乏独特的吸引力。应创新开发诸如冰雪主题探险、民俗文化体验、冰雪音乐节等新颖的项目。此外，结合现代科技手段，如利用虚拟现实

（VR）、增强现实（AR）等技术，为游客提供更加沉浸式的冰雪旅游体验，也是创新发展的重要方向。加大宣传推广力度，打造吉林省独特的冰雪旅游品牌形象，吸引更多国内外游客，同样是推动吉林省冰雪旅游产品服务创新发展的关键举措。

五　吉林省冰雪旅游产业数字化转型的建议

吉林省应继续发挥自身优势，抓住数字经济机遇，推动冰雪旅游产业的数字化转型不断深入，实现高质量发展，全力推动"冷"资源变为"热"经济。同时，需关注技术更新、市场需求变化和游客体验，及时调整策略和措施，以保持在冰雪旅游市场的竞争力。

（一）统筹推进制度建设，为数字化发展提供制度保障

首先，秉持开放式发展理念以及需求导向，对投资融资体制机制加以创新，在用地、税收、人才等方面为企业提供精准的支持。要加大对出台政策的宣传力度，引领省内各基层单位主动推出和冰雪旅游产业转型有关的制度，从而使冰雪旅游产业在数字化转型期间能够遵循章程、依据法规。其次，健全消费政策，创建数字化消费平台，构建数字化监管体系，明晰各方主体的责任，保障各方的合法权益，助推冰雪产业稳健发展。最后，聚焦数字治理标准的制定与数据安全保护的强化，打破信息壁垒，促进资源的共享与流通，鼓励冰雪旅游企业采纳如隐私计算等先进技术手段，确保在处理游客信息数据时遵循"最小权限"和"即用即毁"的原则，严格限制数据访问权限，以最高标准保护个人隐私安全。

（二）坚定培养紧缺人才，为数字化升级强化人才支撑

确保冰雪旅游产业成功实现数字化转型，核心在于强化人才的数字化能力建设，确保他们既精通冰雪旅游的专业知识，又熟练掌握先进的数字化技术，构建一套高水准的人才培养体系，以培育出适应数字化时代需求的冰雪

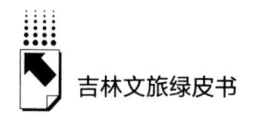

旅游人才队伍。为此，政府应出台更加优厚的人才发展政策，为这些人才提供包括经济补贴、税收优惠在内的多项优惠待遇。具体而言，政府可将冰雪旅游产业复合型人才的培养纳入人才工作经费预算，通过"产学研"结合的模式，即高校与实地应用场景的紧密合作，制订全面的培养计划。与省内的滑雪场、冰雪旅游企业等建立实习实训基地和就业合作关系，既能为高校毕业生提供实践机会，也能有效缓解冰雪旅游行业对复合型人才的迫切需求。同时，政府应积极采取措施解决人才流失问题，如为引进人才提供子女教育、住房购置或租赁等方面的优惠政策，以优厚的待遇和良好的职业发展前景吸引他们留在冰雪旅游行业。此外，企业也应发挥主体作用，积极组织数字化技能的在职培训，利用先进的信息技术工具，完善数字化培训体系，提升员工的数字素养和综合能力，进而打造一支高水平的数字化团队，加速冰雪旅游产业的数字化转型进程。

（三）加大资金投入规模，为数字化改造提供资金支持

数字化改造是一项复杂且长期的工程，需要充足的资金来推动。加大资金投入规模，为冰雪旅游企业数字化改造提供资金支持是企业发展的关键举措。首先，政府应构建多元化的融资体系，整合现有的各类扶持资金，形成合力，集中资源重点扶持那些经营稳健、市场竞争力突出的冰雪旅游企业。通过政策引导和市场机制，激发社会资本对冰雪旅游企业数字化转型的兴趣，特别是对那些主动拥抱变革、积极推进数字化进程的企业提供更多金融支持，从而增强它们进行数字化改造的决心和动力。其次，政府应引导冰雪旅游企业提前做好全面规划，合理分配数字化改造所需的专项贷款，精准投入，减少决策失误导致的资金浪费。最后，政府还需加大政策层面的资金支持力度，确保政策与产业发展实际需求相契合。如通过设立专项资金、提供税收减免、发放奖励补贴等多种方式，鼓励冰雪旅游企业积极开展数字化转型。同时，资金支持还可以用于开展大数据分析，精准洞察市场趋势和客户需求，从而制定更加科学合理的经营策略。

（四）推动数字基础设施建设，为数字化变革奠定转型基础

加快构建人、机、物相互连接的数字基础设施，强化核心技术的研发工作，创建数字基础设施建设示范区域，加大数字基础设施建设力度，形成由点到线、由线到面的经济发展效果。与此同时构建冰雪产业大数据中心，达成信息共享、数据交换以及资源利用的目标。硬件方面，对景区布局进行科学规划，确保冰雪配套设施与安全救护体系始终保持最新状态，提升场地设施的现代化标准。软件方面，构建一个集智慧化、网络化、智能化于一体的综合管理平台，充分利用自身冰雪旅游资源的独特优势，将营销、导游服务、游客评价等功能深度融合于平台之中。此外，冰雪旅游企业应加速推进5G 网络、数据中心等新型数字基础设施的建设，扩大其覆盖范围，实现供需两端的数字化对接，以创新技术为引擎，显著提升冰雪旅游"新基建"的供给效能，引领整个产业向数字化、网络化、智能化的方向迈进，实现冰雪旅游产业供给端与需求端在数字化领域的深度融合与协同发展。

（五）创新发展产品服务，为数字化转型提供营销保障

吉林省应着重优化产品服务与市场营销策略。积极运用大数据与5G 等前沿技术，增强旅游产品的技术含量与附加值，促进旅游产业向智能化、数字化方向深度转型，并孵化出如数字动漫、在线旅游、智慧景区等新兴数字化旅游产品，丰富旅游市场供给。通过深度挖掘大数据资源，精准捕捉游客的个性化需求与偏好，定制化推出符合其需求的旅游方案，实现服务的精细化与高端化。同时，将多样化的数字产品进行创意组合，打造一站式旅游服务解决方案，以卓越的服务体验提升游客满意度。此外，应拓展多元化的宣传渠道与互动方式。借助短视频平台和旅游达人的影响力，树立并强化吉林省冰雪旅游的品牌形象，提升品牌的认知度与吸引力。利用网络直播的即时互动特性，与游客建立直接联系，解答疑问，为游客推荐优质的住宿与旅游线路，消除游客的出行顾虑，进一步激发游客对吉林省冰雪旅游的兴趣。

综上所述，数字经济浪潮下，吉林省冰雪旅游产业的数字化转型，需紧

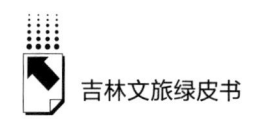

密依托先进数字技术，全面激发产业潜能，优化产业结构，实现产业链的深度整合与升级，为吉林省冰雪经济的高质量发展奠定坚实基础。

参考文献

张莹、姜昂：《黑龙江省冰雪旅游产业数字化转型路径研究》，《冰雪运动》2024年第1期。

梁珑瀚：《黑龙江省冰雪旅游产业发展数字化转型研究》，《河北旅游职业学院学报》2023年第3期。

蒋抒博、林文静、吴一晓：《黑龙江省冰雪旅游产业数字化转型研究》，《黑龙江社会科学》2023年第1期。

郭晓雨、张慧妍、李新月：《黑龙江省冰雪旅游产业结构升级路径研究》，《对外经贸》2024年第6期。

郭梦珂：《促进吉林省冰雪旅游产业发展的财税政策研究》，吉林财经大学硕士学位论文，2023。

周文静、张瑞林：《东北地区冰雪运动产业高质量发展目标与路径》，《体育文化导刊》2021年第8期。

蔡维英、石芳赫：《后冬奥时代吉林省冰雪旅游人才服务能力提升研究》，《西部旅游》2022年第20期。

巫瑞、李飚、原上伟：《数字经济对区域经济高质量发展的影响研究》，《工业技术经济》2022年第1期。

G.8 数字经济赋能吉林省乡村旅游高质量发展作用机制及实现路径

任新玉*

摘　要： 数字经济是高质量发展的重要驱动力量，将互联网、大数据、云计算、人工智能等数字技术应用于旅游行业，创新乡村旅游商业模式和产品服务，有助于吉林省万亿级产业目标的实现。本文通过明晰数字经济赋能、高质量发展的含义，厘清吉林省数字经济赋能乡村旅游高质量发展的理论逻辑，基于PEST理论分析吉林省数字经济赋能乡村旅游高质量发展的现实环境及发展成效，并阐明目前吉林省乡村旅游依然存在基础设施不完备、引导机制不健全、供需衔接不足、技术人才缺失等梗阻，基于"微观—中观—宏观"三个层次分析数字经济赋能资源要素整合、文旅融合模式、应用场景重构，构建实现乡村旅游业态创新、产业规模化、供需对接的"要素—作用"机制，并从前提、核心、突破口、保障四个方面提出数字经济赋能吉林省乡村旅游高质量发展的实现路径，对于促进吉林省乡村旅游数字化进程具有一定的实践意义。

关键词： 数字经济赋能　乡村旅游产业　高质量发展

中国共产党第二十届中央委员会第三次全体会议提出，"高质量发展是全面建设社会主义现代化国家的首要任务"，"要健全因地制宜发展新质生产力体制机制，健全促进实体经济和数字经济深度融合制度"，"健

---

* 任新玉，长春财经学院副教授，研究方向为乡村旅游发展。

全提升产业链供应链韧性和安全水平制度"。文化和旅游部早在《"十四五"文化和旅游发展规划》《"十四五"文化和旅游科技创新规划》中就将"实施文化产业数字化战略"与"积极发展智慧旅游"提上日程，并对如何利用数字技术赋能文化和旅游创新作出细致规划。乡村旅游是乡村振兴战略实现的重要依托，借助数字经济发展机遇，探索"数字+农旅"新模式、新理念、新路径，用数字化手段实现资源整合是乡村旅游高质量发展的必然路径。然而，数字化改革与乡村发展之间存在着天然的信息鸿沟，使得文旅融合过程中面临些许阻滞问题，如何解决这些问题进而实现数字经济赋能乡村旅游高质量发展是吉林省实现万亿级产业目标亟须解决的问题。

一 数字经济赋能乡村旅游的理论与实践进展

（一）数字经济赋能与乡村旅游高质量发展的关系

2016年G20杭州峰会首次提出数字经济概念，即"以使用数字化的知识和信息作为关键生产要素、以现代信息网络作为重要载体、以信息通信技术的有效使用作为效率提升和经济结构优化的重要推动力的一系列经济活动"[1]。数字经济作为一种快速发展的新兴经济形态，将大数据、云计算、人工智能等数字技术应用到生产过程中，推动了全球要素资源重组、经济结构重塑，从而助力企业摆脱单一供给，转向网络化和协同化，通过深度挖掘用户需求，探索多元的业务场景，实现业态创新。

党的十九大报告指出我国经济已由高速增长阶段转向高质量发展阶段，尽快建立碳循环体系、激发经济活力、增强创新性和经济竞争力是下一步经济发展的主要方向。高质量发展的时代语境下，更强调经济发展与环境保护的协同共进，更关注生产效益和产品质量，更聚焦社会平衡与可持续发展。

---

[1] 《二十国集团数字经济发展与合作倡议》，2016年G20峰会官网。

乡村旅游是发生在乡村地区，以乡村的本真性为吸引点，城市人口在乡村地区对"乡村性"的生产方式、生活方式以及生活环境进行观光、体验、娱乐等休闲活动的过程。乡村旅游是农旅融合发展的重要业态，是乡村振兴的重要一环。在迈向高质量发展的过程中，乡村旅游应逐渐摒弃以往效益低下、管理混乱、同质化严重、业态单一的发展弊端，深度挖掘乡村特色资源，优化服务与产品，探寻生态保护、产业升级、文旅融合的一体化发展模式，实现经济、社会、环境多赢。

乡村旅游高质量发展涉及面较广，涵盖了政治、经济、文化、社会、生态等诸多领域，加快产业升级、提升经济效益是乡村旅游高质量发展的应有之义，推进文化振兴、延续历史文脉是乡村旅游高质量发展的内在要求，保护生态环境、实现绿色发展是乡村旅游高质量发展的必然之举。数字经济是乡村旅游高质量发展的重要驱动力，以网络为载体，将数字技术、信息通信技术与乡村旅游产业深度融合，不仅有助于产品研发，优化旅游组织管理，而且能够改变原有的产业规模、结构和组织方式，通过"数字科技+文化+旅游"的融合，衍生出更多的新场景和新业态，使游客的旅游体验变得更加直观、高效、便捷、新奇，带给游客更高的情绪价值。

（二）国内外数字经济赋能乡村旅游产业发展情况

1. 国外情况

乡村旅游起源于19世纪的欧洲，数字经济在国外发展较早，2000年欧洲6个国家12个落后乡村联合确立了"一体化乡村旅游"（IRT）发展框架，促进了乡村旅游产业的发展，为数字经济赋能乡村旅游实现协同发展奠定了理论基础。21世纪以来，数字化在欧美地区乡村旅游产业发展中逐渐占据主导地位，其中法国、英国和美国的做法具有一定的借鉴意义。

法国乡村旅游产业规模可观，销售网络完备，采取的发展模式是"政府扶持+行业自治"。政府投入大量资金用于改善交通、通信网络、水利、

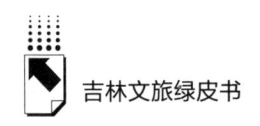

电力和教育等设施，拟定乡村整治规划，促进乡村经济发展及设施的优化，为数字经济赋能创造条件。此外，法国在乡村旅游发展中尤其重视产品销售渠道的拓展，各目的地均建设有自己的网站，为游客进行网络咨询和预订提供便捷，初步构建了数字化模式。

英国乡村旅游的发展与其城市化进程密切相关，随着城市化率超过90%，原生态乡村的存在显得尤为珍贵，因此，田园风格、古堡复古风和生态农业等成为英国独特的乡村旅游品牌特征。英国乡村旅游发展采用的模式为"经营者+协会+政府"模式，对目的地网络营销非常重视，打造了集饮食、住宿、交通和景点门票等于一体的各类乡村旅游网站，为游客提供方便快捷的预订服务。

美国的乡村旅游发展不论是产业体系构建、业态体系创新，还是服务管理体系搭建、营销及法律体系的完备，均引领世界。美国的乡村旅游起源于19世纪，在19世纪70年代末至80年代初快速发展，随着城市化和工业化的推进，到20世纪末，乡村旅游逐步实现数字化转型。目前，美国数字经济赋能乡村旅游产业发展呈现三个层级，常见的乡村旅游推介网站、宣传广告等属于基础层级；为旅游者提供方便快捷的出行服务的OTA网站等属于中级层级；社交平台如Facebook和Twitter，媒体巨头Netflix、YouTube等属于较高层级，它们通过短视频等形式进行乡村旅游宣传推广，为乡村旅游发展提供了新机遇，吸引了越来越多的游客关注。

2. 国内情况

自20世纪80年代起步以来，中国乡村旅游产业经历了自发萌芽到有序开发阶段，后在乡村振兴战略的推动下进入了快速发展阶段。随着旅游市场规模的扩大，城市周边游和近郊游日益成为旅游者主要的出行方式，乡村旅游逐渐成为国内旅游业经济增长的重要部分，对产品和服务质量提出了更高的要求，逐步向高质量发展迈进。近年来，我国不断完善相关法律制度，出台相关规划和政策，为产业数字化转型和高质量发展提供了保障。2018年，我国明确提出要实施数字乡村战略，做好整体规划设计；2019年，中共中央进一步印发了《数字乡村发展战略纲要》；2021年，

《"十四五"文化和旅游发展规划》明确提出要推动智慧旅游的深度发展和模式创新；2022年，文化和旅游部等十部门联合印发了《关于深化"互联网+旅游"推动旅游业高质量发展的意见》；2024年，中央网信办等四部门印发《2024年数字乡村发展工作要点》。

数字信息技术在我国得到深入发展，形成了以互联网、云计算、大数据为基础，以5G、物联网、虚拟现实技术为支撑的数字架构，并催生了多元旅游消费形态，为乡村旅游的高质量发展提供了基础和指引。5G网络逐渐延伸至乡村，覆盖率不断提高，为数字经济赋能乡村旅游产业提供了坚实支撑，各类在线旅游平台纷纷推出乡村旅游板块，游客能够方便地预订乡村民宿、农家乐、旅游线路等产品。同时，社交媒体和短视频平台成为乡村旅游的重要推广渠道，许多乡村通过精美的图片、生动的视频吸引了大量游客。总体来说，数字经济赋能乡村旅游产业发展具有广阔的前景，需要政府、企业和社会各界共同努力，将数字技术与乡村旅游产品、服务有效融合，为乡村旅游产业带来更多创新与发展机遇。

二 吉林省数字经济赋能乡村旅游高质量发展的PEST分析

（一）政策因素（Policy）

近年来，吉林省政府积极贯彻落实党的二十大关于"加快数字经济与实体经济深度融合"的战略部署，切实落实中共中央、国务院发布的《关于全面实施乡村振兴战略的意见》，大力发展数字农业、乡村旅游产业，通过发布系列政策与指导意见，完善相关基础设施建设，推进吉林省数字乡村建设，助力乡村振兴。在国家公布的首批数字乡村试点地区中，长春市双阳区、四平市伊通满族自治县成功入选，长春市和白城市洮北区第二批入选。2021年吉林省启动"数字村"试点建设，完成第一批12个县的"数字村"试点建设。2021年,出台《关于推进吉林省乡村旅游高质量发展的实施意见》,对接"一主、六双"产业空间布局,提出打造"环城、沿路、依江、邻景"的乡村旅游产业集群,形成"一环双线三带十区多点"的全省乡村旅游空间发展新格局,制定了"到2025年,全省乡村旅游接待人次年均增长20%以上"的目标。2023年2月,吉林省人民政府办公厅印发《吉林省乡村建设"百村提升"工作方案》,提出依托数字乡村建设,深入实施"数商兴农"和"互联网+"农产品出村进城工程,打造有故事、有意境、有情感、有品质的乡村旅游产品,推动农文旅融合高质量发展。2023年12月,吉林省人民政府办公厅印发《加快推进吉林省数字经济高质量发展实施方案(2023—2025年)》,提出要围绕"四大集群"培育、"六新产业"发展、"四新设施"建设,协同推进数字产业化和产业数字化。

(二)经济因素(Economy)

吉林省作为中国重要的老工业基地之一,工业基础雄厚,产业门类齐全,为数字经济与实体经济融合发展提供了广阔的空间。作为中国重要的农业大省之一,吉林省连续多年农业总产值稳居东北地区前列,乡村特色浓郁,农产品丰富,具有农文旅融合的坚实基础。吉林省文化和旅游行业发展势头强劲,2023年全省接待国内外游客31449.73万人次,比上年增长173.0%;全年旅游总收入5284.63亿元,增长242.1%。[1]吉林省2024年省级旅游产业发展专项资金规模为5亿元,其中,旅游产业发展项目资金14261万元,[2]为推动吉林省旅游万亿级产业目标实现提供了资金保障。此外,吉林省在乡村旅游产业推广和宣传方面也开始积极探索,推出一系列独具特色的乡村旅游项目,如"春节到农村过大年""夏季到农村去避暑",有针对性地满足游客的需求,提高了乡村旅游的吸引力;与多个平

---

[1] 资料来源:《吉林省2023年国民经济和社会发展统计公报》。
[2] 资料来源:《2024年省级旅游产业发展专项资金分配方案》,吉林省文化和旅游厅,2024年7月5日,http://whhlyt.jl.gov.cn/zwgk/xxgs/202407/t20240705_8930623.html。

台合作建立乡村旅游专题，推动线上营销，以2024年"五一"假期为例，全网涉及吉林省文旅信息的词条共13.16万条，其中央媒累计报道近200条，进入微博、头条、抖音热榜76个，《新京报》特稿《这届年轻人为什么都爱去吉林》受全网关注，微博同名话题阅读量超417.4万。① 总体来看，吉林省乡村旅游发展持续向好。

（三）社会因素（Social）

在数字经济赋能建设方面，吉林省在推进"数字吉林"战略的过程中，数字基础设施持续改进，全省的城区和行政村几乎都实现了光纤全覆盖，城乡家庭的网速普遍达到了100 Mbps，城乡之间的数字化差距也在不断缩小，各地数字乡村建设不断取得新成就，游客可以通过手机登录"吉农码"的"数智乡旅"系统，一站式逛遍全村美景美食，并在线上下单特色农产品。通过数字技术还原，以沉浸式民宿体验、嵌入式旅游演艺为表现形态的乡村文化新样态，让吉林省乡村文化更加富有感染力和感召力，共享农场、云上农场等网络经营新模式不断涌现，推动了互联网驱动下的创意农业、认养农业及健康养生等新兴业态的发展。

吉林省乡村旅游向着高质量发展不断迈进，截至2023年底，全省共有省级及以上乡村旅游重点村镇187个，其中国家级乡村旅游重点村镇53个；共打造10个省级乡村旅游精品村；全省共有33家国家丙级旅游民宿；全省各类乡村旅游经营单位1059家，其中A级乡村旅游经营单位741家。② 在文化和旅游部推出的"乡村是座博物馆"全国精品旅游线路中，吉林省有6条线路入选；"乡村四时好风光"中，吉林省2条线路入选；"岁时节令自在乡村"中，吉林省3条线路入选。③ 吉林省乡村旅游的形式日趋多样化，不再局限于农家乐、渔家乐等传统形式，冰雪体验、红色路线、生态康

---

① 资料来源：《吉林省五一假期吸引游客1836.3万人次》，中国吉林网，2024年5月6日，https://news.cnjiwang.com/jwyc/202405/3845448.html#20898。
② 资料来源：吉林省文化和旅游厅。
③ 资料来源：文化和旅游部。

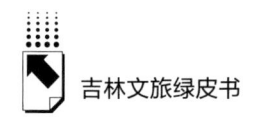

养、民俗研学等各具特色的项目不断涌现，满足了不同游客的需求，不断提升乡村旅游的吸引力和竞争力。

（四）技术因素（Technology）

从电子商务到直播带货，数字化平台打开了乡土文化产品新销路，借此机遇，吉林省积极推进平台化建设，开展了涵盖马蜂窝、携程等OTA平台的多元营销合作，推出了"吉"字号、一图游吉林、雪博会等数字旅游产品（应用），并开发了吉旅行、如美生活、吉刻出发等本土数字文旅服务平台。仅在短短几年内，吉林文旅的数字化转型已经在形象品牌、产品品牌、政策支持以及项目投资机会等多个领域取得了一定成效。2022年，借助"精彩夜吉林"活动，"吉林文旅云"公共文化一体化服务平台推出全省联动活动——"我心中的最美乡村"摄影大赛，当晚登录平台点击直播次数达21.6万人次[1]，极大地提高了吉林省乡村知名度。此外，吉林文旅启动了新媒体"双百计划"，对多个政务账号及个人账号进行流量打造，形成了多渠道、多点位发声的立体宣传网络。吉林文旅官方账号"悠游吉林"打造了包括微博、微信公众号、头条号、百家号、抖音号、快手号等的媒体矩阵；长白山网友"小宇"播报天池天气的视频获得高点赞量；吉林省通过发起"内容创享者友好省份"倡议，实施系列举措，激发了百万网友宣传分享吉林的热情。

吉林省不仅拥有一批高水平的科研机构和高校，在信息技术、智能制造、生物医药等领域具有较强的科技创新能力，而且与多家头部企业开展合作，如中国联通建立了延边大米专属稻田综合信息服务平台，腾讯云与吉投集团、中国电信吉林公司与吉林省旅游控股集团等签订战略合作协议，这些都为吉林省数字经济赋能乡村旅游提供了有力的技术支撑。

---

[1] 资料来源：《"吉林文旅云"上线，掌上文旅小宝库太赞了!》，悠游吉林微信公众号，2022年8月14日，https://mp.weixin.qq.com/s/YOqxc-3epZ11pqFcUP01_w。

三 数字经济赋能吉林省乡村旅游高质量发展中的梗阻

（一）数字经济赋能乡村旅游高质量发展基础设施不完备

近年来，吉林省围绕基础设施建设工作做了大量努力，不仅积极推动公用移动信息基站覆盖，并在各地区推广光纤入户，改善了偏远农村地区的信息通信。移动互联网设备的广泛使用，不仅丰富了乡村村民的生活，而且促进了乡村地区电子网络产业的发展。然而，吉林省仍有一些乡村地区尚未接入互联网，网络普及率仍低于全国平均水平，有些村庄即便已经安装了光纤网络，但信号不稳定、通信质量不佳、网络连接不稳定、网速与城市相比明显较慢等问题依然存在，这不仅给当地农村居民的生活带来了不便，也严重影响了游客在乡村旅游活动中的体验感。

吉林省乡村网络基础设施的建设虽已有大幅进步，但还不足以支撑数字技术在乡村旅游高质量发展中的应用，仍需要进一步提升数字化水平，以满足乡村旅游产业数字化发展的需求。因此，吉林省乡村旅游想要实现高质量发展，首先需要着力完善数字基础设施，优化乡村公路网络，确保交通和物流系统的畅通。稳定的水电系统和网络信号是数字经济赋能乡村旅游发展的基石。

（二）数字经济赋能乡村旅游高质量发展引导机制不健全

乡村旅游产业发展与其他旅游活动相比具有滞后性，需要政府给予针对性引导和支持。吉林省在乡村旅游高质量发展顶层设计中的引导效果尚显不足，尽管出台了一系列的产业优惠政策，但仅停留在政策、项目、资金等表面。为了有效推动数字经济赋能乡村旅游，吉林省需要加强相关政策的整合和优化，确保政策更具针对性和可操作性，同时提高政策的实施效果，让其能够更好地服务于乡村旅游产业的发展。

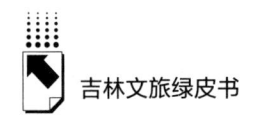

吉林省乡村旅游长效发展引导机制也需要完善。当地农民是乡村旅游发展的重要参与人，但从目前的发展格局来看，农民实际参与不足。吉林省作为农业大省，虽然传统的小农经济模式在一定程度上推动了其社会生产力的发展，但在这种长久的精细耕作模式下，人们逐渐产生了安于现状、因循守旧的思想观念，而对数字化技术的洞察力和敏感度不足，使得数字经济在赋能乡村旅游的进程中表现得十分被动。因此，需要加强对农民的培训和教育，提升农民数字素养，提高他们对数字技术的认知和应用能力，借鉴其他地区的成功经验，给予相应的政策支持和激励措施，鼓励他们积极参与到乡村旅游高质量发展的实际工作中。

（三）数字经济赋能乡村旅游高质量发展供需衔接不足

随着旅游市场的强劲复苏，个性化、多样化的旅游新需求日益显现，便捷周到的乡村旅游服务和有文化韵味的乡村旅游产品成为关注点，因此，乡村旅游的"质"和"智"都亟须数字赋能。就吉林省数字经济赋能乡村旅游产业发展而言，"拿来主义"和简单复制他处成功经验的做法使得乡村旅游产业同质化问题显现，导致乡村旅游产品"特色不特"，限制了产业的进一步发展。从媒体平台上吉林乡村旅游相关短视频、宣传文案等可以看出，尽管一些乡村旅游短视频创作者意识到以特色民俗、服饰、节日活动等为选题和叙事的重要性，但他们对文化的展示缺乏纵向和深层次的解读，这种表面化的浅层叙事导致宝贵的文化资源在经历一阵喧嚣后很容易被遗忘。

需求的多样化和个性化使得文旅产品需要更加精准地满足游客的需求，而从供给来看，企业需要具备创新拓展能力，提供更具特色和个性化的数字化产品和服务。吉林省在乡村旅游高质量发展实现过程中存在明显的供需衔接不足。因此，建议吉林省在数字经济赋能乡村旅游高质量发展中，更加注重本地区的文化特色和资源优势，深入挖掘乡村的独特魅力，通过数字技术创新，开发出更符合游客需求的当地特色数字文旅产品。

（四）数字经济赋能乡村旅游高质量发展技术人才缺失

《中国互联网络发展状况统计报告》显示，截至2023年12月，我国网民规模为10.92亿人，同比增加2.5%，互联网普及率达77.5%。其中，城镇网民数量为7.66亿人；农村网民为3.26亿人，互联网普及率达到66.5%。数据显示，城镇网民的数量是乡村网民的两倍多，且农村地区互联网普及率低于整体水平，这反映出城乡之间仍存在显著差距，同时乡村在技术能力和相关人才方面也较为不足。

吉林省乡村地区的人才流失也是阻碍乡村旅游高质量发展的重要原因。受薪资待遇和发展环境等因素影响，很多具有数字技术能力的人才选择在大城市就业，而较少选择回到乡村发展，留守乡村的绝大部分人是老人和孩子，数字化意识和素养普遍较低。同时，由于从事文旅产业的人员往往是文科型人才，不懂技术开发，兼备农业知识和数字技术的人才较为缺乏，优质乡村旅游从业人员存在较大的缺口。多数地区乡村旅游发展依靠乡镇人才帮扶，但带动有限，本土的乡村旅游经营者在知识结构和数字应用能力上亟须提升，利用数字经营实现乡村旅游引流还有挖掘空间。

四　数字经济赋能吉林省乡村旅游高质量发展作用机制

（一）赋能资源要素整合，推进业态创新

首先，利用数字技术创新乡村旅游产品。数字科技的发展给乡村振兴在文旅实践场域带来了新方向，吉林省乡村旅游高质量发展亟须进行产品转型升级，深入挖掘乡村现有的传统文化资源，将数字技术融入乡村旅游产品中，进行旅游资源整合，激发新动能，使各类资源焕发活力，助力乡村振兴目标的实现。在这一过程中，数字化扮演着重要的推动角色。应借助大数据和云计算等核心技术，抓住大众对乡村和乡愁的情感共鸣，凝练具有吉林省

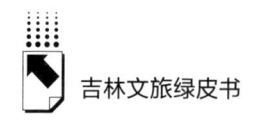

区域特色的高质量数字文化内容，开发建设休闲农庄、家庭农场、共享农园、特色民宿等高品质乡村休闲度假旅游产品，为游客打造丰富多彩的文旅体验，在餐饮、民宿、交通、游览、购物、娱乐等方面进行数字化创新，创建交互式、沉浸式的消费场景，发展VR展览、数字文创、掌上互动等新业态，吸引更多游客的关注参与。

其次，数字技术的应用也可以提升乡村旅游产品的附加值，如通过5G移动通信、虚拟现实等技术手段，开展5G+VR全景直播、5G+AI游记分享等活动，展现乡村的独特魅力。"乡村+非遗""乡村+文创"等数字化产品不仅可以实现乡村文化的保护和传播，还可以提供更加丰富的感官体验，推动乡村文化实现现代表达和走向现代生活。改进基础设施，提供更稳定的网络连接和更先进的设施设备，同时采用新技术，引入智能化服务和数字化体验，实现线上和线下数字化双重传播渠道，更有效地吸引游客，达成资源的均衡发展。数字化旅游管理系统可以实现流量监控，及时发现旅游环境中的各项问题，促进乡村经济效益的提高。总之，乡村旅游高质量发展中要有效利用数字技术打造优质内容，对乡村生活主题旅游资源进行深度开发，实现乡村生产、生活、生态的协同联动，实现传统乡村产品的价值提升。

（二）赋能文旅融合模式，提升产业规模

通过数字经济赋能，吉林省能够进一步挖掘乡村旅游产业的发展潜力，实现规模提升。数字技术为乡村旅游产业带来了创新的业态和发展模式，并在主体、服务和平台层面推动融合发展的转变。

首先，数字经济赋能实现了乡村旅游产业主体从企业到农民的转变。数字经济时代下，电商、直播等新兴产业的兴起打破了传统旅游的地域限制，为乡村地区农民从事旅游工作提供了就业机会，拓宽了产品销售渠道。因此，越来越多的农民主动参与到文旅产品的创作、生产和传播工作中，提升了对当地乡村生产生活的自信心、归属感，以及乡村建设的责任感，成为乡村旅游产业的主体，这种主体层面的转变有助于促进乡村旅游产业的全面发展和规模的扩大。

其次，数字经济赋能推动乡村旅游产业服务方式从粗放到精准的转变。推进数字乡村建设，建立智能旅游管理系统，形成文旅数据库，精准分析游客的需求与行为、进行实时路况监测、大数据深入行业洞察以及旅游环境监测服务等，有助于提高乡村旅游服务质量，提高游客满意度和忠诚度，增强乡村旅游产业的竞争力和吸引力。

最后，数字经济赋能实现乡村旅游融合发展方式从孤立化到联动化的转变。数字技术的进步，使得跨行业、跨部门、跨区域的文旅融合发展服务平台得以构建，解决了部分乡村旅游产业发展中存在的散乱化、碎片化和孤立化难题。通过数字经济赋能，不同乡村旅游产业可以相互合作，形成协同效应，共同推进整个产业的发展，实现乡村旅游融合发展的联动化。

（三）赋能应用场景重构，实现供需对接

数字经济赋能在重构乡村旅游产业场景和实现供需对接方面发挥了重要作用。通过现代数字媒介，乡村旅游产业得以突破传统媒介的限制，实现数字产品的快速、多元传播，打造了新的生产和消费场景，促进了乡村旅游产业的发展。

在生产场景构建方面，电子商务网站、移动商城 App、小程序等旅游电商平台成为重要的数字化生产场景。这些平台使得乡村旅游产业的资源和信息得到激活，提高了生产的灵活性、即时性和共享性，使得企业能更好地利用闲置资源和满足用户需求，从而提升企业的生产效率和效益。而在消费场景构建方面，乡村旅游产业所建设的服务型平台为游客提供了丰富的旅游信息和线路选择，帮助游客更好地规划行程和购买门票等。这些消费场景的构建使得游客能够更加便捷地获取信息，提高了旅游体验的满意度，促进了乡村旅游产业的吸引力和竞争力。

元宇宙技术的介入为乡村社区打造了虚拟旅游空间，使得用户可以在数字化的乡村社区中获得更真实的旅游体验。这种虚拟乡村社区旅游空间的构建让需求方能够在虚拟世界中感受乡村的真实与丰富，同时也为供给方提供了更多的价值创造和交互机会，推动了供需双方的更深度融合。以延边大米

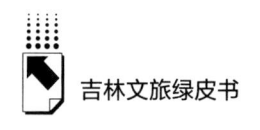

专属稻田综合信息服务平台为例，游客可以通过沙盘、物联网大屏、VR眼镜等了解现代化农业生产及农耕和民俗文化，平台可实时监测田间环境和气候，提供影像支持，实现农业生产可视化、可溯源。

五 数字经济赋能吉林省乡村旅游高质量发展实现路径

（一）发展前提：加强乡村旅游数字化基础设施建设

第一，乡村受地域及经济发展制约，普遍存在着数字基础设施不足、数字技术资源匮乏等问题，这些问题也是乡村全面振兴战略目标实现的梗阻。因此，加强数字化基础设施建设是数字经济赋能吉林省乡村旅游产业发展的前提。具体来讲，需进一步加强农村地区的网络覆盖，建设高速、稳定、安全的网络，完善数字化乡村旅游市场流通网络；创建数字化乡村旅游产业基础数据库，包括文化遗产、旅游资源、市场需求等信息，为决策提供科学依据和支持；打造数字化乡村旅游产业公共技术服务平台，为乡村旅游企业提供数字技术支持、培训和创新服务，促进产业的数字化转型和升级；鼓励乡村旅游产业利用虚拟现实、增强现实等技术，创新文旅产品的呈现方式，提升游客体验和参与感。

第二，信息与通信设施的建设与更新换代都需要巨额的成本，这对于许多乡村地区是难以承受。因此，吉林省各级政府应在财政支出中设立乡村数字化振兴的专项资金，保障乡村地区数字化基础设施建设的资金需求。同时，政府和相关机构应密切跟踪乡村旅游产业发展，开展监测和研究，为决策提供科学依据和指导；政府应带头建立多元化的融资体系，吸引社会资本参与乡村旅游基础设施建设，缓解资金缺口问题。

（二）升级核心：提升乡村旅游主体数字意识与素质

第一，提升乡村居民主体的数字化思维、能力、技能以及其他方面的综合素质，是进一步缩小城乡"数字鸿沟"、推动乡村数字文旅发展的核心任务。通过线上和线下结合的培训方式，设计简单易懂的数字化文旅课程，如数字媒介界面操作、数字化生产、数字化经营与管理、数字文旅营销等，培养乡村居民的数字化思维、能力和综合素质；培训师要掌握当地语言，并能够理解乡村旅游中的实际情况，以更好地帮助农民主体理解和应用数字化技术，借助微信群、QQ群、抖音平台等在线数字平台，为村民解答疑难点和困惑点，提供实时帮助与指导。

第二，政府应鼓励乡村旅游主体利用数字化工具转化收益。例如，通过社交平台、直播等，将乡村生活和文旅资源进行传播和推广，实现直播带货和旅游推介；可以引导乡村旅游主体将自己经营的民宿、旅游服务等产品通过旅游在线平台进行销售，提升其宣传、管理和服务水平；可以在实操培训中加强对宣传技能、管理水平和服务意识的培训，使乡村旅游主体能够更好地向外界推广和展示自身特色；建立奖励机制，对在数字化文旅方面做出突出贡献和创新的个人和集体予以表彰和奖励，激发其数字化发展的积极性。

（三）转型突破口：构建乡村旅游数字特色文化传播体系

第一，乡村旅游产业的核心吸引力在于独特的文化性，因此在开发数字文旅产品时要深入挖掘乡村文化内涵，强化地方特色发展。利用数字技术将丰富多彩的乡村文化资源转变为现代旅游吸引物，提高数字经济的文化水平、创意水准和经济附加价值。在数字化乡村旅游产品开发中，要加强对乡村特色文化的数字技术应用，将吉林省朝鲜族文化、农耕文化、曲艺文化、物产文化等与数字化技术和现代化的创意融合，开发既保留乡村特色又具有现代审美的数字文化产品，打造"醉美吉乡"IP品牌，形成人文符号，实现以文塑旅。延吉凤林村便靠"一杯咖啡"解锁了流量密码，将乡村与现代结合，形成了独特的文化旅游体验。

第二，立足乡村地区优秀的传统文化资源，利用影像技术对特色建筑、历史景观等物质文化遗产以及戏曲、习俗、文学等非物质文化遗产进行采集和存档，借助人工智能、区块链、信息通信等数字技术，对这些传统文化在数字技术时代进行传播和推广。此外，在建立起乡村文化传播的数字化平台

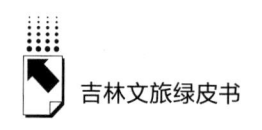

的基础上，整合各种资源，包括音视频内容、图片、文字等，并与社交媒体平台进行合作，构建具有吉林省区域特色的高质量数字文化内容。通过社交媒体的传播，将吉林省长白山、镜泊湖、朝鲜族民俗村等民族文化、红色文化、生态文化推送到更广泛的受众面前，发挥互联网平台的"引流"作用。

（四）升级保障：促进乡村旅游整体数字环境优化

第一，营造乡村数字文旅产业的创新氛围。数字化是一种全新的发展思维模式，应鼓励乡村主体联同社会各界力量，将数字化技术与乡村传统文旅产业深度融合，营造出创新的文旅发展环境，构建出利用数字文旅产业创新的生态系统。此外，通过关注当下文旅消费市场的最新动态，持续与市场热点对接，例如在乡村数字文旅产业打造过程中加入旅游流量 IP、沉浸式体验场景复合体、尖端科技拓展性表达等新的思路，进一步推动数字创新对乡村传统文旅产业的改革与升级。同时，推进"放管服"的相关措施，深化改革，解决影响市场主体和创新主体创新创造的体制机制问题，为乡村数字文旅产业的企业和生产主体创造公平、透明、法治的创新环境。这将鼓励更多的企业和创新者参与到乡村旅游数字化转型中，推动整个产业生态系统的优化和升级。

第二，搭建能满足社会需求、能创新、会经营、善管理、品质好的乡村旅游人才队伍。政府部门要进一步完善乡村旅游人才培训机制，强化对乡村旅游数字化发展领军人才、急需紧缺人才和新技术、新业态人才的培养力度，着力构建一支乡村旅游数字化团队，指引优秀数字人才投身乡村旅游发展。各乡村要重视对优秀人才的引进，与高校旅游管理专业开展政校企行合作，共同为乡村旅游数字化发展提供人才支撑；要重视本土能人的挖掘和培育，对乡村当地旅游带头人加强数字化培训，借助网络资源，围绕数字赋能、农业科技、乡村旅游管理等开展线上授课和远程专业指导，不仅有助于提高乡村旅游人才的服务水平，也有助于促进乡村经济多元化发展。

数字经济赋能是吉林省也是我国乡村旅游产业未来发展的大趋势，吉林省数字经济赋能乡村旅游产业高质量发展能够有效聚集资金、人才和技术，是加快实现吉林省乡村振兴，缩小城乡之间数字差距的新依托和新动力。新质生产力背景下，数字经济赋能必将成为吉林省乡村旅游高质量发展的重要驱动力，提升吉林省乡村地区的吸引力和知名度，更好地满足当地居民对美好生活的向往和追求。

参考文献

于胜然：《吉林省数字乡村建设研究》，长春理工大学硕士学位论文，2022。

杨志萍：《数字赋能乡村产业振兴的内在逻辑与现实选择》，《湖北经济学院学报》（人文社会科学版）2022年第3期。

芦人静、余日季：《数字化助力乡村文旅产业融合创新发展的价值意蕴与实践路径》，《南京社会科学》2022年第5期。

吴晓红：《数字经济赋能乡村旅游业发展：作用机制、现实困境与路径优化》，《农场经济管理》2024年第5期。

G.9 吉林省旅游经济韧性及影响因素分析[*]

李秋雨 臧兴晨 米书依[**]

摘　要： 本文基于韧性理论，运用核心变量法，从抵抗能力、恢复能力和韧性提升能力视角，测度评价了2020~2023年吉林省各市州旅游经济韧性，探究旅游经济韧性的时空异质性特征，构建了包括旅游业发展、区域经济基础和消费市场三个维度的旅游经济韧性影响因素指标体系，并运用地理探测器进行影响因素分析。研究结果表明：2021年旅游经济韧性水平最高、2022年最低，入境旅游的韧性水平远低于国内旅游；四平市、辽源市、松原市等地旅游经济韧性水平较高，而吉林市、通化市和延边州的旅游经济韧性水平较低；旅游业发展、区域经济基础两个维度对旅游经济韧性具有较强的解释力，旅游资源禀赋、经济发展水平和产业结构在考察期具有较强解释力，财政支出的解释力在不断加强；影响因子间交互作用对旅游经济韧性空间分异的影响均超过单因子作用，全部为非线性增强或双因子增强，表明吉林省旅游经济韧性空间分异是多因素相互作用的结果。吉林省提升旅游经济韧性，应进一步加大对旅游业的支持力度，促进多元融合与创新发展，提升经济社会支撑能力。

关键词： 吉林省　旅游经济韧性　空间分异　评价指标体系

---

[*] 基金项目：吉林省教育厅人文社科研究项目"突发危机事件下吉林省旅游经济韧性的评价及影响因素分析"（JJKH20230857SK）。

[**] 李秋雨，长春师范大学文旅与电影学院副教授，主要研究方向为旅游地理；臧兴晨，长春师范大学文旅与电影学院在读研究生，研究方向为旅游文化；米书依，长春师范大学文旅与电影学院在读研究生，研究方向为旅游文化。

一 旅游经济韧性研究意义重大

旅游业与经济社会发展关系密切，随着经济社会的发展，旅游业在广度和深度上迅速发展，一方面旅游人次不断增长，另一方面旅游者人均旅游消费额不断提高。我国旅游业已经进入大众旅游时代和高质量发展阶段，2023年全年国内出游48.9亿人次，入境游客8203万人次，国内旅游收入49133亿元，入境旅游收入530亿美元，[①] 在经济社会发展中发挥越来越重要的作用。旅游已经成为人民群众的刚性需求，是新时代追求美好生活的重要内容和不可或缺的生活方式。大力发展旅游业，是解决人民日益增长的美好生活需要和不平衡不充分的发展之间的矛盾的抓手。随着旅游业的发展，我国旅游产业地位不断提升，所承担的功能也日渐丰富，旅游业由承担经济功能转变为承担经济功能、社会功能、政治功能和外交功能等。从经济功能来看，旅游已经成为经济增长的新引擎；从社会功能来看，旅游业已经成为促进就业和解决贫困问题的主要渠道；从政治功能来看，旅游业已经成为爱国主义教育和践行社会主义核心价值观的重要手段；从外交功能来看，旅游外交已经成为民间外交的重要载体，对消除分歧和偏见具有重要意义。但旅游业作为后向关联性产业，中间需求率较低，它的产品用作国民经济各产业部门的生产要素的比重较小，促使旅游业具有较强的依赖性和脆弱性。自然因素中的地震、恶劣气候、瘟疫，经济因素中的金融危机，政治因素中的国家关系恶化等都会不同程度地影响旅游业的正常发展。

21世纪以后，自然灾害、经济危机、政治动荡以及公共卫生等突发事件的高频发生，对旅游业产生了较大的冲击。旅游业发展的外部环境条件面临着巨大的不确定性、复杂性和多变性，[②] 这种外部环境条件的变化也将成为一种常态。近些年，受一系列突发事件的影响，旅游业表现出强烈的敏

---

① 资料来源：《2023年国民经济和社会发展统计公报》。
② 刘卫东：《新冠肺炎疫情对经济全球化的影响分析》，《地理研究》2020年第7期。

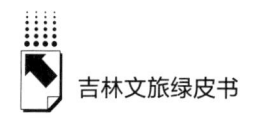

感、脆弱和低韧性特征。随着形势和政策的变化，旅游业在波动中复苏，但旅游人次和旅游收入很难迅速恢复至先前的水平，表现出强烈的阵痛。多种因素共同作用，使旅游经济表现出明显的脆弱性和风险性，内外因素合力推动了旅游业的重新洗牌。面对外界众多不确定风险因素的扰动和冲击，如何量化测度风险因素对旅游经济的影响？不同地区旅游经济在面对风险时，它们抵御冲击、复苏和反弹能力如何？面对这些扰动和冲击，如何提升旅游经济韧性水平？越来越多的学者将韧性理论引入旅游经济研究中，运用韧性理论中的抵抗、恢复、转化和复苏的逻辑探究旅游经济系统面对扰动冲击时的承受能力、恢复能力和反弹能力。韧性理论为解决旅游经济的危机风险问题提供了新的研究视角，旅游经济韧性的研究对旅游地在危机发生时迅速反应、减少旅游经济损失和实现旅游经济高质量发展具有至关重要的作用。

二 吉林省旅游经济韧性的综合评价

（一）吉林省旅游经济基本情况

吉林省旅游资源丰富，"冰天雪地"和"绿水青山"是得天独厚的生态禀赋，旅游产业优势突出。吉林省拥有世界级的粉雪资源，有长白山景区、伪满皇宫博物院、高句丽文物古迹旅游景区、世界雕塑公园和查干湖景区等8家5A级旅游景区，5A级景区数量位于东北之首。在省委、省政府高位推动下，吉林省将旅游业作为新的支柱产业优先培育，突出发展，实现了旅游业从经济边缘向主战场的转变，旅游经济成为全省经济增长的新亮点。2023年吉林省发布《吉林省旅游万亿级产业攻坚行动方案》，力争在5年内将旅游业打造成为万亿级产业，"十四五"时期将深入推进旅游业的高质量发展，建设成世界知名的国际冰雪旅游胜地、旅游强国建设的吉林样板，并将旅游业确定为"十四五"时期三大万亿级支柱产业之一。随着吉林省旅游业规模越来越大、功能越来越综合、辐射带动面越来越宽，推动全域旅游的发展，将会是吉林省发展旅游业最大的契机、最大的优势、最大的潜力。

2023年吉林省接待国内外游客31449.73万人次，旅游总收入5284.63亿元，拥有845家旅行社，66家星级以上饭店，303家国家A级旅游景区，旅游业已经成为拉动吉林省经济增长的重要支柱产业。

公共卫生危机事件的发生，导致吉林省旅游经济发展受到较大冲击。由于吉林省内各地区在旅游资源禀赋、经济发展水平等方面存在差异，不同地区旅游经济系统在抵御扰动和恢复过程中呈现显著不同。在旅游业快速发展的当下，吉林省旅游经济韧性水平在面对危机冲击时的状态，对判定旅游业能否实现持续稳定发展有着重要参考价值。21世纪以来，经济危机、公共卫生事件等给吉林省旅游经济带来了一定冲击，致使游客人数、旅游收入大幅减少，对旅游经济造成较大影响。因而，本文以2019~2023年为研究年份，以2019年为观察对比年份，分析危机事件冲击时吉林省旅游经济的抵抗力和恢复力，进而全面深入探究吉林省旅游经济韧性特征和影响因素，提升吉林省旅游经济面临危机事件时的应变能力，减少危机造成的经济损失，实现旅游经济的高质量发展。

（二）吉林省旅游经济韧性分析

韧性是系统有效应对外界扰动的能力，韧性的大小反映了受到外界扰动后系统恢复的快慢和复苏的能力。旅游经济韧性是指旅游经济系统应对外界扰动时表现出来的抵抗能力、恢复能力、再组织能力和更新能力。抵抗能力反映旅游经济系统应对冲击时展示出的脆弱性；恢复能力反映旅游经济系统从冲击中恢复的能力；再组织能力反映旅游经济系统受到内外部冲击扰动过程中的适应、转型和内部系统结构、功能重构的能力；更新能力反映旅游经济系统在遭受冲击后恢复探寻出新路径实现稳定发展的能力。本文运用抵抗力、恢复力和提升能力表征旅游经济韧性，其中提升能力用旅游经济系统在抵抗期和恢复期韧性提升的绝对量来表征。

1. 旅游经济韧性的评价方法

旅游经济韧性评价常用核心变量指标法，核心变量优势在于能够直观地展示旅游经济在冲击下的韧性表现。常见的核心评价指标有旅游经济收入、过夜游客人次、入境旅游人数等。基于选取指标数据的完整性、可获得性和准确性原则，借鉴韧性研究的相关成果①，本文将旅游收入作为核心变量测度吉林省旅游经济的抵抗力和恢复力。以吉林省为研究单位时，将从旅游经济总体韧性、国内旅游经济韧性、入境旅游经济韧性三个方面展开韧性评价分析，用旅游总收入测度吉林省旅游经济韧性，用国内旅游收入测度国内旅游经济韧性，用入境旅游收入测度入境旅游经济韧性。

本文选取 2019~2023 年为研究时间段，2019 年为参照基期，2020~2022 年为抵抗期，2023 年为恢复期。参考以往学者的相关研究成果②，吉林省旅游经济韧性中的抵抗力（$Resistance_{ij}$）、恢复力（$Recoverability_{ij}$）和提升力（Lc_{ij}）测度公式如下。

$$Resistance_{ij} = \frac{V_{ij}^{rt} - T_{2019j}^{rt}}{T_{2019j}^{rt}} \quad (1)$$

式中 V_{ij}^{rt} 表示 j 地区抵抗期第 i 年（i = 2020、2021、2022）的旅游收入；T_{2019j}^{rt} 表示 j 地区 2019 年的旅游收入。

$$Recoverability_{ij} = \frac{V_{ij}^{rv} - T_{2019j}^{rv}}{T_{2019j}^{rt}} \quad (2)$$

式中 V_{ij}^{rv} 表示 j 地区恢复期第 i 年（i = 2023）的旅游收入；T_{2019j}^{rv} 表示 j 地区 2019 年的旅游收入。

$$Lc_{ij} = Rl_{ij} - Rl_{(i-1)j} \quad (3)$$

---

① 宗会明、张嘉敏、刘绘敏：《COVID-19 疫情冲击下的中国对外贸易韧性格局及影响因素》，《地理研究》2021 年第 12 期；狄乾斌、陈科其、陈小龙：《疫情冲击下北京市旅游业经济韧性测度及其影响因素》，《经济地理》2023 年第 1 期；康佳奇、游长江：《危机冲击下海南省旅游经济韧性与高质量发展》，《资源开发与市场》2024 年第 4 期；Zhang P. Y., et al., "Does Resilience Exist in China's Tourism Economy? from the Perspectives of Resistance and Recoverability," Sustainability 14（2022）。

② 狄乾斌、陈科其、陈小龙：《疫情冲击下北京市旅游业经济韧性测度及其影响因素》，《经济地理》2023 年第 1 期；崔文静、薛涛：《粤港澳大湾区旅游产业经济韧性影响因素研究》，《特区经济》2021 年第 12 期。

式中 Lc_{ij} 表示 j 地区第 i 年的提升能力，Rl_{ij} 表示 j 地区第 i 年的抵抗力值或恢复力值，$Rl_{(i-1)j}$ 表示 j 地区第 $i-1$ 年的抵抗力值或恢复力值。

地理探测器为用于空间分析的统计模型，在生态、气象、水文和社会经济等领域广泛使用，可以度量因变量的空间分异性、判别对因变量起主要作用的变量因素、变量因素之间的相互关系。本文运用地理探测器分析吉林省旅游经济韧性的影响因素，探究出各影响因素对旅游经济韧性解释程度的差异性。地理探测器的具体公式如下。

$$q = 1 - \frac{1}{N\sigma^2}\sum_{h=1}^{L}N_h\sigma_h^2 \tag{4}$$

式中 q 为变量因素对旅游经济韧性的解释程度，q 值大小说明变量因素对旅游经济韧性解释力的强弱，取值范围为 [0, 1]，q 值越大解释力越强；N 为总样本数；σ^2 为总方差；h 为分层数，分为 1 层到 L 层；N_h 为第 h 层的样本数；σ_h^2 为第 h 层的样本方差。

2. 数据来源

本文所用数据大部分来源于历年《吉林省统计年鉴》，部分数据来源于吉林省各市州国民经济和社会发展统计公报，2023 年旅游收入数据来源于国家统计局年度数据，旅游景区数据来源于吉林省文化和旅游厅网站。

（三）省域层面旅游经济韧性评价

运用公式（1）~（4），代入吉林省 2019~2023 年旅游总收入、国内旅游收入、入境旅游收入数据，测度吉林省总体旅游经济韧性、国内旅游经济韧性和入境旅游经济韧性。2020~2023 年吉林省旅游经济韧性评价值如表 1 所示。

2019~2023 年吉林省国内旅游收入占旅游总收入的比重超过 99%，入境旅游收入占比不足 1%，国内旅游发展情况基本上代表着吉林省旅游总体情况，这与表 1 测算出来的吉林省总体旅游经济韧性和国内旅游经济韧性值相符。因此，本文仅对吉林省总体旅游经济韧性和入境旅游经济韧性进行评价分析。

表 1　2020~2023 年吉林省旅游经济韧性评价值

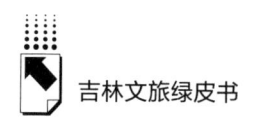

旅游经济韧性	抵抗力值 2020年	抵抗力值 2021年	抵抗力值 2022年	恢复力值 2023年	提升力值 2021年	提升力值 2022年	提升力值 2023年
总体旅游经济韧性	-0.485	-0.334	-0.686	0.074	0.151	-0.352	0.760
国内旅游经济韧性	-0.482	-0.329	-0.684	0.082	0.153	-0.355	0.766
入境旅游经济韧性	-0.842	-0.893	-0.958	-0.833	-0.50	-0.066	0.126

1. 总体旅游经济韧性评价

旅游业遭受危机冲击时，旅游经济韧性水平越高，意味着旅游业抵御危机冲击的能力越强，越能够以较快的速度恢复至危机前的水平甚至超越危机前的水平。相较于 2020 年，2021 年吉林省旅游经济韧性值有所上升，2022 年大幅度下降，表明吉林省旅游经济抵抗危机冲击扰动的能力处于波动变化中。2020 年吉林省总体旅游经济抵抗力值为 -0.485，2021 年总体旅游经济韧性值为 -0.334，旅游经济韧性值呈现上升趋势，归因于吉林省在政府的坚强领导下，全面贯彻新发展理念，经济社会发展得到一定恢复，旅游抵御危机冲击能力增强。2022 年总体旅游经济韧性值断崖式下降，抵抗力值为 -0.686。2023 年总体旅游经济韧性恢复力值为 0.074，旅游收入相较于 2019 年有所提升。从提升力来看，吉林省旅游经济韧性的提升力在波动中上升，总体旅游经济韧性提升力值由 2021 年的 0.151 下降至 2022 年的 -0.352，又上升至 2023 年的 0.760，表明吉林省旅游经济具有较强的韧性提升力。

2. 入境旅游经济韧性评价

由表 1 可知，2020~2022 年，吉林省入境旅游在抵抗期经济韧性值不断下降，在 2023 年恢复期旅游经济韧性值有微小的提升，这表明吉林省入境旅游经济的抵抗力和恢复力水平较差，入境旅游仍需相对更长的时间恢复到 2019 年的水平。危机的冲击往往会导致入境旅游出现断崖式下降，显示出其抵御危机冲击的能力较弱，难以迅速恢复至危机前的状态。从提升力值来看，入境旅游经济韧性提升力值在 2023 年终于转为正值，结束了 2021 年以来的持续下滑趋势,但整体的复苏能力仍有待加强。吉林省入境旅游韧性无论是在抵抗期还是在恢复期都远低于国内旅游韧性,主要原因在于吉林省入境旅游发展与国内旅游相比较为迟缓,吉林省入境旅游的发展任重而道远。

(四)地市州旅游经济韧性评价

本部分以吉林省9个地市州为研究对象。由于大部分地市缺少入境旅游收入数据,加之入境旅游收入占旅游总收入的比重不到1%,所以用国内旅游收入测度旅游经济韧性。根据上部分分析,国内旅游经济韧性基本可以代表总体旅游经济韧性水平,因此本部分通过国内旅游经济韧性分析各市州的旅游经济韧性。2020~2023年吉林省各地市州国内旅游韧性评价值如表2所示。

表2 2020~2023年吉林省各地市州国内旅游经济韧性评价值

项目	抵抗力值				恢复力值	提升力值			
	2020	2021	2022	均值	2023	2021	2022	2023	均值
长春市	-0.366	-0.257	-0.672	-0.432	0.110	0.109	-0.416	0.782	0.158
吉林市	-0.538	-0.503	-0.800	-0.614	-0.241	0.035	-0.297	0.559	0.099
四平市	1.342	7.433	2.672	3.816	6.283	6.091	-4.761	3.610	1.647
辽源市	-0.559	0.455	0.024	-0.027	2.002	1.014	-0.430	1.977	0.854
通化市	-0.783	-0.561	-0.749	-0.698	-0.053	0.222	-0.188	0.696	0.243
白山市	-0.595	-0.648	-0.779	-0.674	0.044	-0.053	-0.131	0.823	0.213
松原市	-0.574	0.608	-0.126	-0.031	1.052	1.182	-0.733	1.177	0.542
白城市	-0.720	0.195	-0.341	-0.289	-0.052	0.915	-0.535	0.289	0.223
延边州	-0.819	-0.726	-0.833	-0.793	-0.191	0.093	-0.107	0.642	0.209
中位数	-0.574	-0.257	-0.672	—	0.044	0.222	-0.416	0.782	—
标准差	0.668	2.585	1.115	—	2.115	1.942	1.483	1.033	—

2020年吉林省地市州旅游经济抵抗力值在地区间差距较大,旅游经济抵抗力值最大的四平市为1.342,最小的延边州为-0.819。从空间分布来看,旅游经济抵抗力的相对高值区包括四平市、长春市,大部分地市抵抗力值在[-0.6,-0.5],处于中间水平;相对低值区为通化市、白城市和延边

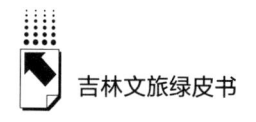

州，三者抵抗力值均低于-0.7。2021年各地市州的旅游经济抵抗力总体上呈上升的态势，旅游经济抵抗力在空间分布上与2020年有较大的变化。2020年抵抗力处于中游水平的辽源市、松原市展现出较强的抵抗力，处于抵抗力末位的白城市也实现了旅游经济韧性的逆袭，加上旅游经济抵抗力水平高的四平市，这四个城市旅游经济超出2019年的水平。2021年旅游经济抵抗力相对较低的地区为白山市和延边州，白山市是全省唯一一个旅游经济韧性值低于2020年的。2022年各地市州旅游经济抵抗力值相较于2021年均出现不同程度下降，抵抗力值的中位数低于2020年，这表明吉林省各市州2022年旅游经济抵抗力明显下降，仅有四平市和辽源市两地旅游经济韧性抵抗力值为正，其他地区均为负，其中吉林市和延边州旅游经济韧性抵抗力值最低。纵观2020年、2021年、2022年抵抗期旅游经济韧性值可知，抵抗力较强的为四平市，抵抗力值始终为正，辽源、松原位列其后，吉林市、通化市、延边州三地旅游经济抵抗力相对较差。

2023年各地旅游业进入恢复期，与抵抗期相比，大部分地市州在恢复期旅游经济韧性值有一定幅度的提升。由2023年吉林省各地市州旅游经济恢复力值可知，四平市、辽源市和松原市展现出较强的恢复能力，这三个城市也是旅游经济抵抗危机冲击能力相对较强的城市。长春市、白山市也进入了快速恢复期，相较于2019年，也取得了一定的进步。吉林市、通化市、白城市和延边州四个地区相较于其他地区均展现出较弱的恢复力。根据提升力值可知，大部分地市州表现出较强的提升能力。2021年，除白山市外，其他地市州旅游经济韧性提升力值均为正，提升能力强的地区为四平市、辽源市和松原。2022年各地市州提升力值全部为负，出现旅游经济发展的低谷。相较于2022年，2023年各地市州提升力值均有一定幅度的提升，白城市提升能力最差，其次为吉林市、通化市和延边州，四平市、辽源市和松原市提升能力仍然最强。结合吉林省各地市州抵抗力分析、恢复力分析和提升力分析可知，抵抗力强的地区恢复能力和提升力也相对较强，四平市、辽源市和松原市是吉林省旅游经济韧性较强的地区，而吉林市、白山市和延边州是吉林省旅游经济韧性较差的地区。

三 吉林省旅游经济韧性的影响因素分析

（一）影响因素选择

旅游经济的发展与区域经济社会发展关系密切，旅游经济韧性是众多因素相互作用的结果。参考现有旅游经济韧性影响因素的研究成果[1]，结合数据的可得性、连续性以及代表性，本文从旅游业发展、区域经济基础、消费市场三个维度构建旅游经济韧性影响因素指标体系。旅游业发展由旅游资源禀赋、旅游业依赖度和生态环境质量构成。旅游资源禀赋作为旅游吸引物，是游客旅游目的地选择的重要因素，选取A级旅游景区加权得分来衡量旅游资源禀赋，对不同级别景区进行赋值，参照狄乾斌等[2]学者的研究，5A级景区赋值9分，4A级景区赋值7分，3A级景区赋值5分，2A级景区赋值3分，A级景区赋值1分；旅游业依赖度反映了旅游业在本地区经济发展中的地位和作用，选取国内旅游收入与GDP的比值来衡量旅游业依赖度；生态环境质量关系到游客目的地选择和游客整体的旅游体验感知，选取空气质量优良天数比例来衡量生态环境质量。区域经济基础由经济发展水平、产业结构和财政支出三个指标构成。经济发展水平是旅游经济发展的保障，二者之间往往正相关，选取人均GDP来衡量地区经济发展水平；产业结构关系到旅游经济增长、资源配置的合理性，选取第三产业产值与GDP的比值来衡量产业结构；财政支出会影响到旅游市场经济的运行和政府职能的履行，选取财政支出金额来衡量财政支出。消费市场由居民收入水平、消费环境能力、人口密度、交通水平四个指标构成。居民收入水平是进行旅游消费的基础，一般来说居民收入水平越高，可用于旅游消费的支出越

---

[1] 方叶林等：《中国旅游经济韧性的时空演化及影响机理研究》，《地理科学进展》2023年第3期。
[2] 狄乾斌、陈科其、陈小龙：《疫情冲击下北京市旅游业经济韧性测度及其影响因素》，《经济地理》2023年第1期。

多，选取城乡居民人均可支配收入来衡量居民收入水平；旅游经济的发展依赖于消费环境能力，选取社会消费品零售总额来衡量消费环境能力；人口密度直接影响客源市场规模，人口构成了市场规模的基础，选取人口数量与行政区面积的比值来衡量人口密度；区域内交通水平与旅游经济正相关，交通越发达，旅游的可进入性越强，选取高速公路的里程数来衡量交通水平（见表3）。

表3 旅游经济韧性影响因素指标体系

维度	指标	解释说明
旅游业发展	旅游资源禀赋($x1$)	A级旅游景区加权得分
	旅游业依赖度($x2$)	国内旅游收入/GDP
	生态环境质量($x3$)	空气质量优良天数比例
区域经济基础	经济发展水平($x4$)	人均GDP
	产业结构($x5$)	第三产业产值/GDP
	财政支出($x6$)	财政支出金额
消费市场	居民收入水平($x7$)	城乡居民人均可支配收入
	消费环境能力($x8$)	社会消费品零售总额
	人口密度($x9$)	人口数量/行政区面积
	交通水平($x10$)	高速公路的里程数

（二）影响因素的探测分析

为厘清不同影响因素对旅游经济韧性解释程度的差异性，本部分使用Arc GIS对自变量和因变量进行数据栅格化和重分类，然后用因子探测评估各影响因子对2020~2022年旅游经济韧性空间分异的解释力强度。

1. 旅游经济韧性的影响因子探测

2020~2022年旅游经济韧性因子探测结果如表4所示。通过因子探测结果可知，2020~2022年10个因子的q值均大于0.1，且均通过1%的显著性水平检验，这表明这些因子是吉林省旅游经济韧性的重要影响因素。比较来看，A级旅游景区加权得分、第三产业产值与GDP比值和人均GDP表现出较强的解释力，说明旅游资源禀赋、产业结构和经济发展水平是旅游经济发展的有力支撑，丰富的旅游资源、合理的产业结构和较高的经济发展水平会提升该地旅游经济应对危机冲击的能力。

表4　2020~2022年旅游经济韧性因子探测结果

影响因素	2020年q值	2021年q值	2022年q值
$x1$	0.543***	0.515***	0.543***
$x2$	0.351***	0.215***	0.231***
$x3$	0.310***	0.253***	0.241***
$x4$	0.429***	0.407***	0.419***
$x5$	0.534***	0.256***	0.543***
$x6$	0.111***	0.316***	0.335***
$x7$	0.337***	0.295***	0.322***
$x8$	0.371***	0.231***	0.371***
$x9$	0.139***	0.307***	0.326***
$x10$	0.386***	0.321***	0.386***

注：***表示P<0.01。

从不同时间各因子解释力来看，旅游业发展维度，A级旅游景区加权得分解释力变化不大，而国内旅游收入与GDP比值、空气质量优良天数比例的解释力总体表现出下降的趋势，说明旅游业发展对吉林省旅游经济韧性的影响程度逐渐降低。区域经济基础维度，人均GDP、第三产业产值与GDP比值的解释力变化不大，财政支出金额的解释力有较大幅度提升，体现了政府的引导和促进对旅游经济韧性的重要性。消费市场维度，城乡居民人均可支配收入、社会消费品零售总额、高速公路的里程数解释力变化较小，人口数量与行政区面积比值的解释力不断上升，说明危机期间地区人口规模对旅游经济韧性的影响越来越大。综合各维度比较来看，区域经济基础在旅游经济韧性中解释力较强，在危机冲击较大的时期，旅游业发展对旅游经济韧性的解释力有所下降。

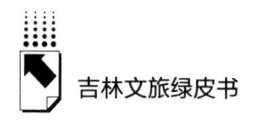

2. 旅游经济韧性影响因子的交互探测

在因子探测分析的基础上，本部分使用地理探测器对 10 个影响因子做交互探测分析，探究因子之间两两交互所产生的作用是否会增强对因变量旅游经济韧性的解释力。具体做法是分别求出各探测因子对因变量的 q 值，再依次求出因子交互作用所产生的 q 值，最后通过各探测因子对应 q 值与交互作用 q 值的大小判定因子间交互作用的强弱。2020~2022 年旅游经济韧性交互因子探测结果如表 5、6、7 所示。表 5、6、7 对角线上的数值表示单因子对旅游经济韧性的解释力，单因子的探测结果均通过 1% 的显著性水平检验。非对角线上的数值表示双因子交互对旅游经济韧性的解释力。交互探测结果表明，研究期内因子间交互作用对旅游经济韧性空间分异的影响均超过单因子作用，各影响因子间的交互不存在独立和减弱的类型，全部为非线性增强或双因子增强，这进一步证明吉林省旅游经济韧性空间分异是多因素相互作用的结果。

表 5 2020 年旅游经济韧性交互因子探测结果

	$x1$	$x2$	$x3$	$x4$	$x5$	$x6$	$x7$	$x8$	$x9$	$x10$
$x1$	0.543									
$x2$	0.569	0.351								
$x3$	0.555	0.572	0.310							
$x4$	0.982	0.976	0.982	0.429						
$x5$	0.554	0.572	0.572	0.985	0.534					
$x6$	0.997	0.973	1.000	0.961	0.985	0.111				
$x7$	0.572	0.355	0.572	0.976	0.558	0.964	0.337			
$x8$	0.997	0.433	1.000	0.983	0.985	0.978	0.424	0.371		
$x9$	0.982	0.976	0.381	0.960	1.000	0.964	0.802	0.986	0.139	
$x10$	1.000	1.000	1.000	0.985	0.985	0.985	0.838	0.985	0.838	0.386

表6　2021年旅游经济韧性交互因子探测结果

	x1	x2	x3	x4	x5	x6	x7	x8	x9	x10
x1	0.515									
x2	0.517	0.215								
x3	1.000	0.264	0.253							
x4	0.998	0.999	0.997	0.407						
x5	1.000	0.280	0.271	0.994	0.256					
x6	0.999	1.000	1.000	0.994	0.988	0.316				
x7	0.517	0.517	1.000	0.995	0.987	0.780	0.295			
x8	0.999	1.000	1.000	0.410	0.988	0.957	0.432	0.231		
x9	0.517	0.517	0.998	0.998	0.991	0.999	0.312	0.432	0.307	
x10	1.000	1.000	1.000	0.994	0.994	0.324	0.781	0.964	1.000	0.321

表7　2022年旅游经济韧性交互因子探测结果

	x1	x2	x3	x4	x5	x6	x7	x8	x9	x10
x1	0.543									
x2	0.568	0.231								
x3	0.982	0.265	0.241							
x4	0.999	0.951	1.000	0.419						
x5	0.569	0.555	0.990	0.983	0.543					
x6	1.000	0.990	0.828	0.985	0.974	0.335				
x7	0.572	0.572	1.000	1.000	0.560	0.999	0.322			
x8	0.997	0.997	1.000	0.985	0.980	0.938	0.424	0.371		
x9	0.555	0.572	0.982	0.988	0.560	0.999	0.343	0.424	0.326	
x10	1.000	1.000	0.838	0.985	0.982	0.392	1.000	0.985	1.000	0.386

四　吉林省提升旅游经济韧性的对策建议

（一）加大对旅游业的支持力度

统筹规划层面，一要基于吉林省入境旅游在整个旅游业中占比较低和

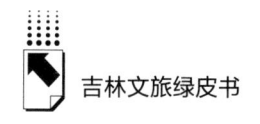

研究期内抵抗能力和恢复能力远低于国内旅游的情况,做好国内旅游和入境旅游在资金和政策支持等方面的前瞻性规划;二要总结各市州的旅游经济发展经验,探究通化市、延边州和吉林市等旅游经济相对发达地区抵抗能力、恢复能力较差的原因,推广以松原市为代表的旅游业和经济发达的地市以及以四平市、辽源市为代表的旅游业和经济欠发达地市在抵抗能力、恢复能力提升方面的成功经验。财政支出对旅游经济韧性的解释力不断上升,政府应加大力度助企纾困,重振投资信心,扩大旅游发展专项资金规模,了解旅游企业发展面临的困难和实际需求,为旅游企业的发展提供资金、政策和人力资源方面的支持。

(二)促进多元融合与创新发展

旅游业在危机冲击下,表现出非常敏感和脆弱的特性。未来不确定性风险因素的扰动和冲击还会出现,旅游企业应积极与农业、工业、商业、文化、康养和体育等产业实现多元融合,扩大旅游企业的经营范围,分散经营风险,拓宽旅游企业的收入来源。危机冲击下,旅游需求是仍然存在的,旅游企业应根据危机时旅游需求特征,加大创新力度,引入新技术、新玩法、新场景等丰富旅游产品体系,如利用虚拟现实技术、增强技术等改变传统旅游产品形式,丰富旅游产品供给,满足游客在危机冲击时的需求。同时要未雨绸缪,前瞻布局新市场,更要着重做好近程周边游市场的开发与营销,创新发展模式,提升旅游经济韧性。

(三)提升经济社会支撑能力

经济发展是旅游经济发展的根基和重要支撑,产业结构优化在提高旅游资源配置效率、协调旅游产业结构和优化旅游区域布局等方面发挥重要作用。城乡居民收入水平的提升能够增加旅游经济抵抗能力、恢复能力以及提升能力,以抵御外界冲击。推进以"新能源、新装备、新材料、新农业、新旅游、新电商"为核心的"六新产业"快速发展,以多样性的产业结构提升吉林省的适应能力和经济韧性,延伸产业链,提升价值链,避免单一的经济结构僵化和路径依赖效应，围绕"一主六双"的发展战略，推动吉林省进入高质量发展阶段，为吉林省旅游经济韧性提升提供坚实的保障。

参考文献

刘卫东：《新冠肺炎疫情对经济全球化的影响分析》，《地理研究》2020年第7期。

宗会明、张嘉敏、刘绘敏：《COVID-19疫情冲击下的中国对外贸易韧性格局及影响因素》，《地理研究》2021年第12期。

狄乾斌、陈科其、陈小龙：《疫情冲击下北京市旅游业经济韧性测度及其影响因素》，《经济地理》2023年第1期。

康佳奇、游长江：《危机冲击下海南省旅游经济韧性与高质量发展》，《资源开发与市场》2024年第4期。

Zhang P. Y., et al., "Does Resilience Exist in China's Tourism Economy? from the Perspectives of Resistance and Recoverability," *Sustainability* 14（2022）.

崔文静、薛涛：《粤港澳大湾区旅游产业经济韧性影响因素研究》，《特区经济》2021年第12期。

方叶林等：《中国旅游经济韧性的时空演化及影响机理研究》，《地理科学进展》2023年第3期。

景区篇

G.10 吉林省旅游景区沉浸式演出创新发展研究

邢 岩*

摘　要： 党的二十大报告明确提出"繁荣发展文化事业和文化产业"。随着旅游产业的快速发展，人们已经切实触碰到文旅融合发展为旅游带来的内容革命。在新的时代背景下，旅游演艺作为一种典型的文旅融合的精神体验产品，其内容和形式不断进化迭代，特别是近年来旅游演艺在新媒体和短视频平台裂变"出圈"，形成了以沉浸式演出为标志性符号的演艺载体，演艺新业态、新场景、新空间实现大跨步发展。旅游景区沉浸式演出创新，是深入贯彻党中央、国务院相关文件精神，加快发展新型文化企业、文化业态、文化消费模式，激发行业创新活力，优化演艺内容供给，扩大和引导文化消费的重要手段。

关键词： 文旅融合　旅游演艺　沉浸式　文化创意

* 邢岩，吉林省和平大戏院集团有限公司副总裁，研究方向为戏剧戏曲学。

文化是旅游的灵魂，旅游是文化的载体。随着产业发展的进步，人们对于文旅融合也有了更迫切、更具体的需求，这也意味着推进文旅深度融合发展，就要紧跟时代，不断开拓创新，不断供给更能引领行业、引领时代的旅游产品来满足大众对文旅内容的需求，实现从资源存量向创意增量的转变。沉浸式演出作为沉浸式旅游产业的核心业态，经过多年的深耕和实践，打造出了"印象""又见""只有"等脍炙人口的代表性沉浸式旅游演艺产品，印证了我国旅游演艺沉浸式体验的演化趋势，形成了当前我国文旅融合发展的重要趋势和表现形式。吉林省的旅游资源和文化底蕴都足够丰厚，有着很多优势资源甚至是强势资源。但是文旅的高质量融合发展需要把热情和热血转化为热门和热点，迫切需要一场从"养在深闺人未识"到"一举成名天下知"的强势破圈。虽然吉林省旅游资源丰富，但是旅游景区在沉浸式演出创新方面的发展却相对缓慢，在一定程度上影响了产业的进步速度、口碑效益和文化输出。因此，当下迫切需要找准发力点和动力源，切实解决吉林省旅游景区在沉浸式演出内容创新、模式创新方面的核心问题，从而实现文化和旅游的高质量发展。

一 沉浸式演出基础研究

（一）沉浸式演出与沉浸式产业

沉浸式演出是沉浸式产业的重要组成部分。沉浸式产业是进入21世纪后，全球经济形态从"产品经济""服务经济"向"体验经济"转变的过程中产生的一种全新经济业态，是体验经济的重要体现和发展方向，具有文化和科技高度融合、知识与技术密集、模式新、网红以及附加值高等特征，其核心是沉浸式交互体验，是通过虚拟现实、增强现实、全息投影、智能交互等新一代信息技术与内容创意的深度融合而创造出来的一种高价值体验经历。进入21世纪，全球文旅开始呈现体验化、个性化、自由化趋势，以文化消费为核心的体验式文化旅游成为主流。随着增强现

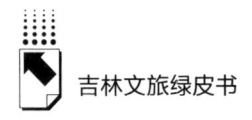

实、虚拟现实、智能交互技术的发展，各种文化内涵丰富、技术含量高、新颖独特的体验形式、文化旅游新模式和新业态不断涌现。美国的沉浸式主题乐园、沉浸式娱乐，英国的沉浸式戏剧、沉浸式新媒体等发展迅速，形成了完整的IP产业体系，占据了文化旅游消费产业价值链的高端，具有很强的产业竞争力。

沉浸式演出主要凸显的是沉浸式体验，以文化创意为主导、以信息技术集成为支撑，通过虚实结合的空间创意和智能互动的业态创新，构建沉浸式互动叙事的体验场景，多方位、全角度调动观众的视觉、听觉和触觉等感官进入沉浸的互动叙事环境中，建立和创造一种前所未有的代入感和共情感，形成极强的趣味性和感官震撼，超越了传统意义上的演艺、影视、音乐、展览等媒介，提供集各种视听效果和多种媒介于一体、从表层的感官体验到深度的哲理体验、造就全新的文化艺术叙事表达和先进文化价值的体验方式，引起情感共鸣和更深层次的精神感悟，最终形成以体验为核心的高附加商业价值。

（二）沉浸式演出的主要特点

1. 高度的沉浸感

沉浸式演出项目通过场景布置、角色强化、环绕式音效、灯光设计等手段，全方位制造剧情的代入感和体验感，对游客形成多角度的感官刺激，让观众仿佛置身于演出内容所营造的特定氛围之中。

2. 强大的代入感

在沉浸式演出项目中，观众的角色并不只是传统形式的观赏者，而是可以直接参与剧情，根据内容设定，与演员、角色进行不同程度的互动，甚至成为演出的一部分。这种演员与观众的交互根据剧本需求，可能有台词的融入，也可以是动作行为的配合，或者是共同完成某项任务，增加观众对内容的参与感，强化观赏体验。

3. 丰富的表现手段

沉浸式演出的表现手段十分多元，如通常会结合戏剧、音乐、舞蹈、曲艺以及多媒体技术等多种表达手段，在艺术语言上表现出不拘一格和标新立异的形态，以此打破传统舞台艺术的限制，在空间上进行拓展，演出场地也并不拘泥于室内，也可以在户外开放式场所进行演出，为剧目观赏者和旅游参与者带来新颖的视听觉感受，进而强化对内容、内涵的塑造。

此外，旅游演艺本身还具有附加值高、融合性强、带动就业多的特点，越来越多的旅游演艺项目在探索中找准适合自身发展的定位，结合自身特点和各阶段目标，以点带面，持续发力。

（三）沉浸式演出的核心优势

1. 增强体验

优质的沉浸式演出内容可以为观众提供与传统演艺形式截然不同的观赏体验，满足了人们对于个性化娱乐的需求，更加丰富的感官信息也在一定程度上增加了对游客情绪价值的输出，使旅游体验更加深刻。

2. 文化传播

可以通过对剧目不同维度的艺术展现，更好地呈现在地文化特色，塑造民俗形象，展现地域风土，对历史故事、知名人士、民间传说等元素更精巧地进行传播，扩大在地文化影响力，实现线上、线下的共同裂变。

3. 经济带动

一部具有良好业界口碑和较高网络评分的热点剧目，可以通过各类自媒体平台，吸引大量游客"打卡"，形成"一部剧带火一座城""跨城追剧"的流量效应，以此对当地旅游、餐饮、住宿、旅拍、文创等相关业态形成直接的经济影响，助推产业的发展。

（四）国内沉浸式演出项目的代表性品牌

1. "印象"系列

"印象"系列是由中国著名导演张艺谋、王潮歌、樊跃共同打造的大型山水实景演出系列。该系列以自然山水为背景，结合当地的历史文化和民俗

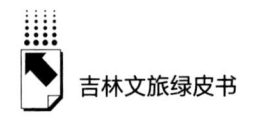

风情,通过灯光、音响、舞蹈、戏剧等多种艺术形式,展现出独特的艺术魅力。"印象"系列包括《印象·刘三姐》《印象·丽江》《印象·西湖》《印象·海南岛》《印象·大红袍》《印象·普陀》《印象·武隆》等多部作品,每一部作品都具有独特的主题和风格。其中,《印象·刘三姐》以桂林山水为背景,展现了壮族、瑶族、苗族等少数民族的文化风情;《印象·丽江》以玉龙雪山为背景,展现了纳西族的文化风情;《印象·西湖》以西湖山水为背景,展现了杭州的历史文化和民俗风情。"印象"系列不仅在国内取得了巨大的成功,也在国际上获得了广泛的认可。该系列作品曾多次在国内外获得重要奖项,如"中国文化产业示范基地""中国十大最具文化价值旅游演出"等。总体来说,"印象"系列是中国文化产业的重要品牌之一,它以独特的艺术形式和文化内涵,展现了中国的自然风光和历史文化,为推动中国文化产业的发展作出了重要贡献。

2. "只有"系列

王潮歌的"只有"系列,包括 2019 年首演的《只有峨眉山》,首创"戏剧幻城"概念,将实景演艺与周边原始村落相融合,通过戏剧形式展现峨眉山的文化与故事。2020 年公演的《只有爱·戏剧幻城》,位于江苏盐城荷兰花海度假区,突破创作边界,推出六大主题剧场,以多维度戏剧空间呈现爱情大戏,填补了江苏大型文旅项目空白,成为长三角地区文化新地标。2021 年开城迎客的《只有河南·戏剧幻城》位于河南,拥有 21 个剧场,是目前中国规模最大、演出时长最长的戏剧聚落群。

3. "又见"系列

"又见"系列也是王潮歌导演的作品,包括《又见平遥》《又见五台山》《又见敦煌》《又见马六甲》。《又见平遥》讲述了一个关于血脉传承、生生不息的故事,展示了平遥古城的历史和文化。《又见五台山》以佛教文化为主题,通过舞台表演和场景营造,让观众感受到佛教的博大精深。《又见敦煌》以敦煌莫高窟为背景,展现了敦煌的历史和文化,以及丝绸之路的繁荣。《又见马六甲》是"又见"系列的收官之作,以马六甲的人文与自然为主题,展现了中马友好文化交流的成果。

二 沉浸式演出的发展趋势

（一）与多元艺术形式的融合更紧密

1. 与音乐的融合

打造沉浸式的音乐盛宴。例如，在一些音乐会中，利用特殊的音响设备和灯光效果，营造出与音乐主题相符的氛围，让观众沉浸在音乐的世界中，获得更加丰富的听觉体验。

2. 与传统戏剧融合

传统戏剧如京剧、昆曲等与沉浸式演出形式相结合，保留传统戏剧的精髓，如唱腔、身段表演等，同时借助沉浸式的场景布置和互动体验，吸引更多年轻观众。如沉浸式昆曲《浮生六记》，以苏州园林为舞台，让观众在欣赏昆曲艺术的同时，仿佛置身于古代文人的生活场景之中。

3. 与舞蹈融合

创造出独特的视觉和情感体验。例如，在一些现代舞的沉浸式演出中，舞者在与观众近距离接触的空间中起舞，观众可以从不同角度欣赏舞蹈动作，感受舞者的情感传递，使舞蹈表演更具感染力。

（二）主题和内容日益丰富

1. 历史文化题材

深入挖掘各地的历史文化资源，以生动的方式展现历史故事和文化传统。例如，《只有河南·戏剧幻城》以黄河文明和中原文化为创作根基，讲述中原大地上的故事，引发观众的情感共鸣。

2. 现实生活题材

关注当下社会热点和人们的生活情感，引起观众的共鸣。例如，以职场生活、家庭关系等为主题的沉浸式演出，让观众在观看过程中反思自己的生

活，产生情感上的连接。

3. 科幻奇幻题材

满足观众对未来世界和奇幻想象的探索欲望。例如，以科幻小说为蓝本改编的沉浸式演出，通过打造未来感十足的场景和特效，带领观众进入一个充满想象力的科幻世界。

（三）演出空间的拓展

1. 演艺新业态的延展

除了传统的室内剧场，近些年演艺新业态的崛起也极大地丰富了沉浸式演出的表现形式，更多新的演出内容巧妙地利用室内外场地条件，甚至是在自然景观、城市广场等空间进行演出，打破空间和载体的限制，给观众带来更加独特的观演体验。

2. 演艺新空间的开发

改造和利用一些具有特色的建筑或场所，如废弃工厂、古建筑等，赋予其新的艺术活力。例如，将废弃工厂改造成沉浸式演出场地，利用其独特的空间结构和工业风格，营造出别具一格的演出氛围。

（四）科技手段的不断升级

1. 虚拟现实和增强现实

为观众创造更加逼真和奇幻的场景。例如，在历史剧中，通过增强现实技术让观众仿佛穿越回古代，亲身体验历史事件；在科幻主题的演出中，利用虚拟现实技术打造出宇宙空间等虚拟场景，让观众身临其境。

2. 多媒体特效

3D投影、3DMapping光影秀等被广泛应用，使舞台效果更加绚丽多彩。例如，一些音乐剧通过3D投影将舞台背景变换为各种奇幻场景，与音乐和表演完美配合，给观众带来强烈的视觉冲击。

3. 智能互动装置

增加观众与演出的互动性。例如，在一些沉浸式戏剧中，观众可以通过操作特定的智能装置来影响剧情发展，或者获取更多关于剧情的信息，增强参与感。

（五）观众体验更加个性化

1. 定制化剧情选择

观众可以根据自己的喜好选择不同的剧情发展路径或结局，使每场演出都具有独特性。例如，在一些沉浸式戏剧中，观众在演出过程中面临不同的选择，这些选择会导致剧情走向不同的方向，观众可以多次观看以体验不同的剧情。

2. 专属互动环节设计

为观众提供一对一或小团体的专属互动环节，满足观众的个性化需求。例如，在某些沉浸式演出中，为 VIP 观众安排与演员单独交流或参与特定场景表演的机会，增强观众的专属感和体验感。

（六）商业模式不断创新

1. 与旅游产业深度结合

成为旅游目的地的重要吸引点，带动当地旅游经济发展。许多旅游景区推出沉浸式演出项目，游客在欣赏演出的同时，也能深入地了解当地的文化和历史，延长停留时间，增加旅游消费。例如，"印象"系列演出与桂林、丽江等旅游胜地紧密结合，成为当地旅游的一大亮点。

2. 品牌合作与跨界融合

与各类品牌进行合作，开展跨界营销活动，扩大影响力和收益来源。例如，与时尚品牌合作举办沉浸式时尚秀，将时尚元素与演出相结合，吸引时尚爱好者和消费者的关注，同时为双方带来品牌推广和商业收益。

3. 会员制与粉丝经济运营

建立会员制度，为会员提供专属福利和优惠，培养忠实观众群体。同时，通过粉丝经济运营，如推出周边产品、举办粉丝见面会等，增加观众的黏性和消费意愿。

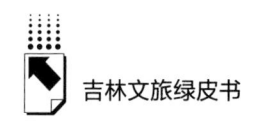

三　吉林省旅游景区主要演艺项目基本情况

（一）《粉雪传奇》

吉林省首个大型室内沉浸式旅游演艺《粉雪传奇》以"守山人"守护长白山及冰雪丝绸之路为故事题材，展现了长白山粉雪之魅力，分为"问道""入山""守护""天下"四个篇章，讲述了长白山守山人雪儿和山神玄龙相遇、相爱，以及携手战胜邪神，恢复长白山吉祥粉雪的故事。演出通过戏剧、唱段、影像、威亚技术、互动技术等，将"人、声、光、电、影、景"完美融合，创造出既神秘又震撼、唯美的置景氛围。观众进入剧场即步入冰雪丝路热闹的集市和白色的冰雪世界，顶风冒雪的身体感受，让人身临其境。东北三宝、特色服饰、饮食、商铺等，将人瞬间带入剧情。跟随主人公行进至"山内"，3D虚实共生的舞台技术，营造出了冰天雪地的氛围，充分调动观众视、听、触、嗅等多种感官，使其沉浸式参与剧情，达到了全身心的融入、沉浸和情感交流。

《粉雪传奇》以吉林省推进"冰雪丝路"创新先导区建设、全域打造"长白天下雪"品牌、"万亿级"旅游攻坚行动为重要背景，是吉林省在冰雪旅游文化驱动上破题，创新打造吉林冰雪文化IP的匠心之作、精品之作。该剧目的推出，填补了吉林省大型旅游演艺的空白。

（二）《山海奇情》

2024年在长影世纪城全新推出的"山海奇妙夜"主题夜游中，大型舞剧《山海奇情》是重头戏。该剧由真人演绎，将人们带入玄幻世界，通过声光电与舞蹈表演的完美融合，扣人心弦，观众仿佛进入《山海经》的世界。此外，"山海奇妙夜"还有梦幻烟花秀、高空威亚秀、主题灯展等丰富多彩的演艺内容。"山海奇妙夜"主题夜游产品是长影世纪城景区与中国经典著作的一次创新融合，以多个视角、多种形式、多种业态进行产业融合，打造文旅IP。

（三）《抗联抗联》

长春莲花岛影视休闲文化园的大型室外抗战实景剧《抗联抗联》，以东北抗日联军艰苦抗战经历为创作背景，融合马术、武术、舞蹈、烟幕弹等多种表演形式及特技、特效，炮火硝烟让人身临其境。剧目以"老兵"石头回忆为叙事主线，通过"军令""舍己""就义""传承"四幕场景，生动再现了抗联战士们英勇抗击侵略者的历史场景。

（四）《花开永不败》

《花开永不败》由延吉市朝鲜族非物质文化遗产保护中心打造，融合了朝鲜族歌舞、器乐演奏等艺术元素，承载了延边"歌舞之乡"的美誉。全剧以延边朝鲜族一家五代人的命运故事为主线，利用剧院高端创新的舞台设备，融合民族传统歌谣、舞蹈、杂技等表演元素，运用10个剧目精彩演绎朝鲜族人民从"迁移者"到成为我国五十六个民族大家庭中的一朵绚丽之花的光辉历程。舞美场景的丰富与科技应用的融入，使得整场演出更加震撼人心。

四 吉林省具备精品沉浸式演出生产能力的演艺机构

（一）国家文化产业示范基地

1. 吉林省东北风文化传播有限公司

吉林省东北风文化传播有限公司创建于2002年，旗下拥有吉林省东北风二人转艺术团、吉林省东北风歌舞团和吉林省东北风影视剧制作有限责任公司3个子公司，并自筹资金拍摄了电视剧、微电影等多部系列剧。其中23集电视连续剧《把日子过好》在央视一套、八套播出；2018年播出的45集电视连续剧《我们村里的人》获得好评。2011年，获评"吉林省政府第十届长白山文化奖"；2014年，获评"君子兰奖"等多个奖项。公司打造的

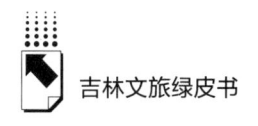

东北风大剧院以表演传统民间艺术二人转为主，融合其他多种艺术表现形式，扛起传承中华非物质文化遗产二人转的大旗，成就了驰名中外的中国吉林特色文化品牌和文化地标。

公司历时18年发展壮大，成为全国优秀民营文艺表演团体和国家文化产业示范基地，并多次代表中国出访澳大利亚、新西兰、新加坡等国家。在社会责任方面，东北风勇于担当，积极投身社会公益事业，长年坚持送戏下乡、送戏下基层，曾于2005年、2013年两度摘得全国"双服"文化建设先进集体殊荣。中央政治局原常委刘云山曾夸赞"东北风是农民工的快乐大本营"。东北风主动投资并领衔演出的大型惠农文化活动"打造欢乐庄稼院 先进文化百村行"享誉全国，中央电视台《焦点访谈》两次做专题报道东北风的先进事迹。

2. 吉林省中筝文化传播有限公司

中筝文化传播有限公司定位于以推动古筝传承和发展为核心，以科技为驱动力的全国头部·古筝全域教育平台，立足推广中华民族传统文化，历经创新发展和稳步经营，已经成为艺术领衔、业态多元、无形资产厚重、发展脉络清晰的新兴艺术文化发展集团。1999年成立至今，古筝领衔，一强多优，名师立校，以教学质量为生命线，累计培养艺术人才32万人次，[①] 2004年发展到北京，与长春双轮驱动，著名古筝教育家、演奏家、中央音乐学院博士生导师袁莎教授领衔近百位优秀古筝教师及演出团队，重点以线上、面授教学的方式向全球提供专业、系统的古筝教育，致力于让古筝走进每一个华人家庭，让朝阳区古筝文化区"长春筝城"这张名片更加靓丽，用艺术培训和文化宣传讲好中国故事，树立城市形象，为促进吉林省经济文化发展贡献力量。

承前启后，继往开来，公司先后入选国家文化产业示范基地、全国"双服"文化建设先进集体、国家金砖会议表演单位，中央民族器乐大赛千人古筝录制三届，长春马拉松千人古筝表演四届，连续十年入选长春文庙祭

---

① 资料来源：吉林省文化和旅游厅。

孔表演单位。公司志在向更广阔的文化空间发展，将传统文化的底蕴与时代的潮流结合起来，在继承与传承的精髓理念中，打造礼乐的吉林春城，使之成为天下学子向往的文化圣地。

3. 长春莲花岛影视文化有限公司

长春莲花岛影视文化有限公司打造的长春莲花岛影视休闲文化园为国家AAAA级景区、吉林省乡村旅游AAAAA级经营单位，坐落于长春市朝阳区永春镇，占地面积32万平方米，项目总投入8亿元，年客流量可达120万人次。① 景区依山傍水，林木葱郁，拥有得天独厚的自然景观和独具匠心的历史人文风情，景区以影视文化、东北抗联红色文化、东北民俗文化为主题，以"多产业联动、多形态发展"为经营思路，以"沉浸式文商旅"为发展理念，通过融入多样化、新奇化、品质化的文旅新业态，已经成为吉林旅游产业发展的新名片、新突破、新品牌、新标杆。景区主营业务包含旅游演艺、东北抗联红色教育、研学旅行、亲子娱乐、餐饮住宿、拓展培训、文创产品展销、婚庆服务、商务会议、影视拍摄、剧本体验等。

4. 显顺琵琶学校

显顺琵琶学校位于辽源市龙山区福镇大路2号，地处龙首山下的东辽河畔，是目前全国唯一一所琵琶专业学校，同时是文化和旅游部命名的全国唯一一家以琵琶艺术教学为主的"国家文化产业示范基地"和中国民族管弦乐学会指定的唯一一家"全国琵琶教学基地"。学校占地面积2万平方米，建筑面积1.1万平方米，在校生700余人，一线教师60余人，附属产业员工60余人。② 在继承传统琵琶演奏技法的基础之上，学校创造性地研发出具有独家特色的"显顺琵琶弹挑速度演奏法、教学法、训练法"，采取阶段性、探索性、团队式、分层次、分领域教学法，打破了以往一个教师从头至尾只教一个学生的单一式教学法。同时，学校还把琵琶教学引入小学地方课程教学机制，在龙山区8所小学培养学生超万人。显顺琵琶学校已形成涉及

---

① 资料来源：吉林省文化和旅游厅。
② 吉林省文旅厅《关于开放性文化建设的经验材料》，2024年。

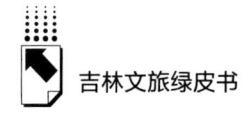

幼儿园、小学、初中、高中、大学、校本课培训、业余培训、考前培训等的综合办学体系。

显顺琵琶学校充分发挥专业优势，全面开发琵琶艺术价值。立足文化旅游，建成了"金琵琶文化产业园区"，成立了显顺琵琶艺坊、琵琶制作坊，隔周举办以琵琶演奏为主的星期音乐会。以周显顺校长之子周剑为领军的新一代教学团队、管理团队在市、区两级政府的大力支持下，正在稳步向前发展，政府投资建设的琵琶广场、琵琶小镇正在建设中，为举办第四届辽源国际琵琶文化艺术节创造更加优越的环境，将进一步提升"中国琵琶之乡"的品牌影响力。

（二）吉林省文化产业示范基地

1. 吉林省和平大戏院集团有限公司

和平大戏院创建于1997年，经过20余年的辛苦耕耘，现已发展成为中国知名演艺品牌，是吉林省靓丽的文化名片。公司多年来送演出下基层超过2000场，为数百万基层群众送去了优质的文化服务。公司演员于小飞连续6期登陆《曲苑杂坛》；演员魏三、孙小宝2005年登上央视春晚演出小品《明日之星》；演员刘亮、白鸽摘得东方卫视《笑傲江湖》全国总冠军并登上2017年央视春晚；公司歌舞团登陆2019年央视春晚。央视《东方时空》等众多新闻纪实类栏目相继走进和平大戏院制作专题栏目。

近年来，公司先后获得全国服务农民、服务基层文化建设先进集体，中国曲艺机构十强，吉林省优秀文化企业，吉林省文化产业示范基地，长春市文化消费试点十佳单位等荣誉称号；文艺作品斩获国家艺术基金、中国农民艺术节优秀节目一等奖，吉林省舞台艺术"桃李梅"奖；连续三年获得文化和旅游部年度戏曲剧本孵化计划项目；多次参加国家层面组织的大型演出交流活动。

公司当下持续打造"有筋骨、有道德、有温度"的文艺作品，为带动地方特色文旅经济发展、树立优秀地域文化品牌承担着行业责任和历史使命。

2.吉林省艳梅文化艺术产业发展有限公司

吉林省艳梅文化艺术产业发展有限公司成立于2007年，为《星光大道》《非常6+1》《音乐快递》《黄金100秒》《中国梦想秀》《中国好声音》《向上吧少年》《中国新声代》《音乐大师课》等全国各卫视娱乐栏目输送演员及助演嘉宾3万余人，慈善义演近500场次。[①]

3.吉林万圣文化传播有限公司

吉林市松花江大剧院隶属于吉林万圣文化传播有限公司。剧院初创于1986年，形成二人转民间演艺戏班与场所合体经营的现代文化产业。1995年建立的吉林地方戏院，是全国第一家改变了二人转民间艺人生活、演出境遇，改善了演出场所、设施的现代化文化企业，据此成为二人转民营文化产业的引领者。

剧院坚持弘扬地域文化特色，荟萃二人转民间艺人与国营剧团优秀演员同台献艺，培养出了享誉华夏的众多二人转转星、影视明星，如闫学晶、小沈阳、沈春阳、宋小宝、刘小光、王小利、唐鉴军、赵海燕、闫光明、王金龙、朱星澎等。剧院为本山传媒输送人才，赵本山老师盛情回报，于2007年9月无偿赠予"刘老根大舞台"品牌。

松花江大剧院环境高端幽雅、舞台设施现代，演出内容坚持以东北二人转为主，兼有魔术、杂技、歌舞、达人秀等丰富多彩的综艺节目。

4.集安市评剧团有限责任公司

2012年5月31日，原集安市评剧团事业单位转企改制组建成立集安市评剧团有限责任公司，注册资金10万元，截至2022年末总资产341.63万元，属国有独资企业，是集安市唯一一家国有文化艺术企业。[②] 公司设有党支部、董事会、监事会、总经理办公会，下设业务部、舞美工程部、艺术培训交流中心、网创传媒部、市场部、综合管理部、党政部。公司以"五大业态"为主要经营内容，即策划演出、艺术培训、网创传媒、文旅项目、

---

① 资料来源：吉林省文化和旅游厅。
② 资料来源：吉林省文化和旅游厅。

校企合作。公司每年演出160余场次；培养少儿艺术人才400余人；通过"文旅集安""集安评剧团"两个抖音号发布抖音作品共786个，总浏览量达到1513万，总点赞达到30.8万，总粉丝量达到23085个；经营的大吉他主题广场接待游客10万人次；每年为职业教育中心培养舞蹈学员150余人，年平均收入478.96万元，成为吉林省东南部地区较有实力的现代化文化企业。[1]

五 吉林省沉浸式演出业态发展中存在的问题

（一）产业规模不够壮大

2023年，我国国内游客出游人数已接近49亿人次，旅游总消费支出接近5万亿元。据中国演出行业协会票务信息采集平台数据监测，并结合行业调研综合测算，2023年旅游演艺场次15.07万场，与2019年相比增长72.61%；票房收入166.36亿元，与2019年相比增长125.45%；观演人数8055.13万人次，与2019年相比增长54.14%。[2] 从消费需求来看，随着人民群众生活水平的提升，文化和旅游已经成为人民群众对美好生活向往的重要内容，高品位的文化生活、沉浸式旅游演艺产品能促进形成高品质的消费需求，高品质的消费需求又能拉动和促进文旅产业高质量发展，文旅产业高质量发展又会为人民群众提供更高质量的文旅产品。打造特色鲜明的沉浸式演出产品，推进文化和旅游深度融合，对于拉动内需、促进就业、活跃市场、提振信心具有积极促进作用。

吉林省文化企业上市公司仅1家（吉视传媒），国家文化出口重点企业（商务部门评审）全国共367家，吉林省仅3家，与省文旅厅相关的文化产业规上企业仅44家。[3] 没有重点骨干企业，就没有产业的集聚，更没有优

---

[1] 资料来源：吉林省文化和旅游厅。
[2] 资料来源：《2023年全国演出市场发展简报》，中国演出行业协会，2024年3月20日。
[3] 资料来源：吉林省文化和旅游厅。

势突出的产业，直接导致吉林省文化产业发展动力不强。特别是在旅游演艺方面，当前吉林省的沉浸式演出项目与发达省份相比存在着明显差距，旅游景区沉浸式演出内容呈现投资少、规模小、周期短的特点，没有形成具有行业号召力和影响力的产业生态，对于激活本地文化基因、推动吉林经济社会发展动力不足。

（二）自主创新能力有待提升

随着数字经济的不断发展，文化产业发展也已经进入数字化产业的赛道，吉林省文化产业数字化发展短板明显，数字赋能产业能力偏弱，产业转型升级迟缓，创新型产品少，特别是缺少沉浸式、体验式、场景式文化消费产品，文化企业在市场拓展上能力不足。在省统计局公布的2023年文化产业主要指标中，文化新业态发展下降明显，文化新业态营业收入和利润总额分别下降了28%、18.1%。[①] 在旅游景区经营主体方面，除少数原创沉浸式演出剧目外，市场上普遍供给的沉浸式演出项目多以主题巡游、角色互动为主，各市（州）旅游季节的沉浸式演出舶来化严重，没有打造出现象级的本地文化IP。在文艺创作、文化交流方面缺乏创新意识，沉浸式演艺产品供给滞后，难以形成具有市场竞争力的核心品牌。另外，沉浸式演出项目储备不足，导致文旅产业项目缺少文化输出，对流量没有足够的吸引力。同时，沉浸式演出的人才队伍建设薄弱，没有针对演艺新业态的人才机制，导致了沉浸式演出缺乏创作、创新能力的行业短板。

（三）优势资源没有形成直接转化

吉林省文化底蕴浑厚，艺术形态多元，但吉剧、二人转、满族新城戏、农安黄龙戏等优势演艺资源在旅游景区的沉浸式演出中没有形成良好的转化，限制了吉林文化的对外展示和深度表达，制约了文化传播和沉浸式演出市场的繁荣发展，品牌影响力没能有效彰显吉林的文化底蕴。

---

① 资料来源：吉林省统计局。

（四）文化消费市场动力不足，刺激消费能力不强

统计显示，居民收入与文化消费水平之间存在着正相关关系，吉林省人均可支配收入为29797元①，用于文化消费的支出相对较低，制约了文化产业的发展。一是受经济大环境影响，居民的收入增长不足，教育、住房、医疗、养老等成本上升；二是创新产品缺乏，文化产品的供给滞后，文化消费水平和消费层次较低，新兴文化消费品和传统文化消费品发展不平衡；三是缺乏对文化消费的刺激与拉动，对文化消费的宣传力度不足，文化市场的消费券和补贴也极其有限。

六 吉林省旅游景区沉浸式演出发展对策

（一）大力拓展沉浸式演出市场

1. 市场调研

深入了解当前旅游景区沉浸式演出市场的实际需求、发展趋势和行业竞争情况，精准找到未被满足的市场细分领域，针对性地开发沉浸式演出产品。

2. 多元化内容输出

沉浸式演出的内容、形式和载体要根据不同的需求进行谋划和创排落位。同时，针对不同的景区受众，可以推出差异化较为明显的沉浸式演出产品，避免市场上演艺内容的同质化。相关单位建立省级沉浸式文化产业项目库，开展重点沉浸式文化产业项目认定工作，共同引导各地加强项目的规划、储备，积极协调各相关部门解决项目瓶颈和难题，持续做好重点项目服务保障、跟踪问效，切实推进项目实施、落地投产。在文旅产业投融资对接交流活动中，要加大旅游景区沉浸式演出相关的文化产业项目的比重和宣传

---

① 资料来源：吉林省文化和旅游厅。

推介力度,做好文化产业项目的包装、策划,争取更多的企业投资、项目落地。

3. 营销策略

针对个性化的沉浸式演出内容,要制定具有网络传播效应且具有青年化属性的市场营销策略,进而提高沉浸式演艺品牌和演艺内容的市场号召力和行业影响力,提升曝光度和认可度。充分利用官媒和自媒体的线上线下渠道进行推广,实现营销渠道的全面覆盖。

(二)积极谋划沉浸式演出形式创新

1. 内容建设

充分发挥吉林省沉浸式演出相关的现有优势资源和产业基础,支持鼓励企业积极创新,打造形成文化品牌IP,强化沉浸式演出产品的核心竞争力。大力发展沉浸式演出数字文化产业,利用科技赋能沉浸式演出的健康发展,加快产业转型升级,积极引入沉浸式新业态类型,实现文化与科技融合的新业态繁荣发展,进一步丰富文化市场产品供给。

增加对旅游景区沉浸式演出内容打造的投入,紧跟时代,不断推出具有创新性和竞争力的演艺内容。加深科研院所和高等院校的合作,建立"吉林省旅游景区沉浸式演出产业学院",拓展思路,推动产学研密切结合,不断涌现优质的沉浸式演出内容。

2. 尊重流量

坚持以人民为中心,以客户需求和流量走势为导向,通过流量的反馈,不断改进和优化沉浸式演出内容和服务。通过大数据收集客户反馈,及时了解客户评价并及时优化内容,提高大众满意度。

3. 内容差异化

鼓励并指导项目单位在市场中发现行业的内容空位,寻找差异化竞争优势,建立原创奖励机制,打造独特的沉浸式演出产品特点,标新立异,避免内容同质化产生的产业内耗。

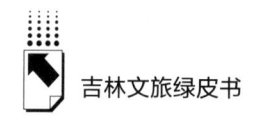

（三）人才与资金支持

1. 人才培养与引进

鼓励对口高等院校为适应演艺新业态的快速发展而开设沉浸式演出相关专业，加强对行业紧缺人才的培养。同时，帮助有关企事业单位引进规划、设计、编导演人才，提高旅游景区沉浸式演出的核心竞争力。

2. 拓宽融资渠道

帮助有巨大成长潜力的旅游景区在沉浸式演出项目的打造方面拓宽融资渠道，为产业发展争取资金支持。搭建疏通银行贷款、股权融资、债券融资等平台，积极争取政府的专项扶持资金和政策支持。

（四）政策环境优化

1. 政策争取

加强文化消费市场培育，拉动文化消费增长动力。进一步强化"文化+旅游"的产业消费模式，发挥夜间文化和旅游消费集聚区、国家文化和旅游消费示范城市、国家文化和旅游消费试点城市等的消费集聚与示范效应，实现沉浸式演出对产业集群的赋能效应。持续开展"精彩夜吉林""雪博会"等惠民文旅消费活动，落实《吉林省旅游万亿级产业攻坚行动方案（2023—2025年）》中对营业性演出的奖补政策，对接引入具有一定影响力的沉浸式演出，有条件的适当增加文化消费券的比例，拉动文化消费增长动力。

为制作精良、技艺精湛的沉浸式演出项目向省委宣传部、省文化和旅游厅等部门争取有利于沉浸式产业进一步发展的政策支持，如在省级文化发展引导资金等扶持类目中增设旅游景区沉浸式演出专项，在税收优惠、生产补贴、土地政策等方面给予支持。

2. 成立行业协会

在省级层面组织成立"吉林省旅游景区沉浸式演出行业协会"，参照国家层面和先进省份的工作经验和成熟做法，根据吉林省旅游景区沉浸式演出行业具体情况，制定行业标准并出台相关政策建议，进一步规范从业准入，为产业发展营造良好的政策环境。

参考文献

花建、陈清荷：《沉浸式体验：文化与科技融合的新业态》，《上海财经大学学报》2019年第5期。

赵晨琳：《沉浸式演出——探索现场演艺的新体验与新可能》，《艺术评论》2024年第7期。

邹驾云：《"沉浸式"体验助力文旅消费提质升级》，《人民论坛》2020年第5期。

G.11 吉林省A级景区数字传播能力提升策略研究[*]

周丽君[**]

摘　要： 数字化传播是现代旅游业发展的必然趋势，也是提升景区竞争力、优化游客体验、促进文化传承与保护的重要手段。首先，为了掌握吉林省景区数字传播能力现状，本文以吉林省275家A级景区为研究对象展开分析，评价其数字传播能力。结果表明：A级景区使用微博、微信公众号、抖音平台的均不超过一半，且以高等级景区为主；景区各平台粉丝数、发文总数和转评赞较少，内容侧重各不相同；具有数字化讲解和数字化项目供给的景区不足1/3，高等级景区比中低等级景区更重视数字化宣传渠道。其次，本文总结出吉林省A级景区数字传播现存的障碍，包括媒介利用不足、欠缺创新精神、缺乏专业运营团队、用户参与度低以及宣传内容吸引力不足。最后，本文分别从景区和政府两方面提出A级景区数字传播能力提升的建议。景区要合理开设媒体账号、提升社交媒体内容质量、利用大数据分析进行精准营销、制定科学的营销策略和加强数字化服务能力。政府需建设数字化基础设施、推广数字化营销、加强数字化安全监管、培养数字化营销人才、鼓励景区数字媒体创新与合作、提升公众数字化素养以及开展景区数字传播能力评选等。

关键词： 吉林省　A级景区　数字传播能力

---

[*] 基金项目：国家社会科学基金项目（18BMZ067）；吉林省教育厅科研项目（JJKH20231311KJ）。
[**] 周丽君，博士，东北师范大学地理科学学院副教授、硕士生导师，主要研究方向为区域旅游开发与规划。

一　旅游景区提升数字传播能力的意义

移动社交、短视频、网络直播等新媒体传播使旅游产业发生变革，人们获取信息的渠道更加多元，对旅游决策和景区宣传营销产生了深刻影响。文旅从业者纷纷利用大数据、元宇宙、AI等新技术，开展数字文博、云展览、云演播、网络直播等服务，推动线上线下融合发展，激活文旅新业态。数字化技术便捷高效，为景区提供了更多的宣传渠道，更直观、丰富的宣传方式，更多元化的推广手段以及更高效、精确的评估反馈机制。数字传播能力已成为评价景区质量的重要指标、文旅高质量发展的动力引擎。

2024年1月，工业和信息化部等十一部门联合印发的《关于开展"信号升格"专项行动的通知》明确提到将持续提升国家5A/4A级旅游景区、国家二级以上博物馆、国家级旅游度假区、国家级夜间文化和旅游消费集聚区、红色教育基地等移动网络信号覆盖，支持景区开展4K/8K视频、智慧导览、VR/AR沉浸式旅游等应用。为加快吉林省旅游强省建设，推动旅游业转型升级、提质增效、科学发展、全面发展，《吉林省旅游万亿级产业攻坚行动方案》和《吉林省文化和旅游发展"十四五"规划》都要求加快景区智慧化建设，至2025年省内国家4A级景区基本完成智慧化升级。因此，探查景区数字传播的形式及频率，是响应国家、省市政策，掌握景区数字传播现状，提升服务质量的重要举措。

二　吉林省A级景区概况

A级景区是文化和旅游部评定的最高级别旅游景点，通常具有品质较高的旅游资源、基础设施和管理水平。至2023年初，吉林省共有275家A级景区，其中5A级景区7家、4A级景区83家、3A级景区133家、2A级景区42家、1A级景区10家。

吉林省A级景区分布在全省9个市州及长白山、梅河口2个地区。其

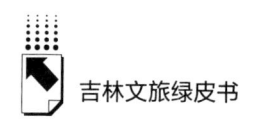

中，A级景区数量较多的是延边州和通化市，分别有50家和49家；长春市和吉林市分别有38家和36家；长白山和梅河口数量较少，分别有5家和7家（见表1）。

表1 吉林省高等级旅游景区分布情况

单位：家

等级	长春	吉林	四平	辽源	通化	白山	松原	白城	延边	长白山	梅河口	总计
5A	4	0	0	0	1	0	0	0	1	1	0	7
4A	18	12	5	4	10	5	2	4	17	3	3	83
3A	9	10	5	16	32	18	8	6	24	1	4	133
2A	6	13	3	0	5	4	0	3	8	0	0	42
1A	1	1	2	0	1	0	3	2	0	0	0	10
小计	38	36	15	20	49	27	13	15	50	5	7	275

资料来源：吉林省文化和旅游厅。

拥有4A、5A级景区数量最多的地区是长春市，其拥有4家5A级景区和18家4A级景区，占5A级景区的一半以上。这说明长春市的4A级及以上景区不仅数量多，且等级较高。其次是延边州，拥有1家5A级景区和17家4A级景区。

三 吉林省A级景区数字传播情况分析

景区数字传播能力是指景区通过数字化手段面向游客传递景区信息的能力。数字化手段包括景区网站、百度、微博、抖音、微信公众号等新媒体平台，景区内利用各种传播媒介开发的数字化项目，以及营销旅游产品的在线电商平台等。

本文对吉林省A级景区的微博、微信公众号和抖音传播情况，数字化讲解和数字化项目建设情况进行分析评价，以期了解吉林省A级景区数字传播能力的基本情况。

（一）吉林省 A 级景区微博传播情况分析

在"互联网+"时代下，微博营销作为一种营销手段，因成本低廉、用户范围广、传播速度快被旅游景区广泛应用。

截至 2023 年 9 月，吉林省 275 家 A 级旅游景区中有 41 家景区注册了官方微博账号。5A 级景区中有 7 家，分别为长春伪满皇宫博物院、长春净月潭景区、长影世纪城旅游区、长春世界雕塑园、高句丽文物古迹旅游景区、六鼎山文化旅游区、长白山景区；4A 级景区中有 28 家景区已注册微博，占 4A 级景区的 33.7%；3A 级及以下景区中仅有 6 家景区注册微博，分别为神鹿峰旅游度假区、剑鹏马城、磐石市博物馆（抗日斗争纪念馆）、溪谷风景区、裕龙湾旅游风景区、长白山宝石小镇旅游度假区。

1. 微博粉丝数分析

经统计，36 家景区官方微博（不包括未发表内容的 5 家）中，长春市的长影世纪城旅游区粉丝数位居榜首，高达 76.1 万人；长春市的吉林省博物院、天定山和长春农业博览园位居第 2、第 3、第 4，粉丝数分别为 21.1 万人、13.7 万人、11.2 万人；粉丝数最少的为长春市农安县的剑鹏马城，仅有 30 人。有 17 家景区官博粉丝数不到 1000 人，以 4A 级景区为主，占 70.6%。

吉林省 36 家景区官方微博中，5A 级景区在 2010~2015 年均开始了微博运营；4A 级景区主要在 2013~2018 年开始微博运营，每年有 8 家；3A 级及以下景区主要从 2016 年开始微博运营（见图 1）。微博运营开始时间与景区级别有一定的关联性，一般来说景区等级越高，微博运营开始时间越早。

2. 微博发文总数

吉林省 36 家景区官方微博的发文总数整体较少，有 25 家景区微博发文总数小于 1000 条，其中有 14 家景区大于 100 条，11 家景区小于 100 条；11 家景区的微博发文总数超过 1000 条，其中，长春市双阳区御龙温泉度假村微博总数发文高居榜首，多达 18000 条，这与其运营时间较早有一定的关系。

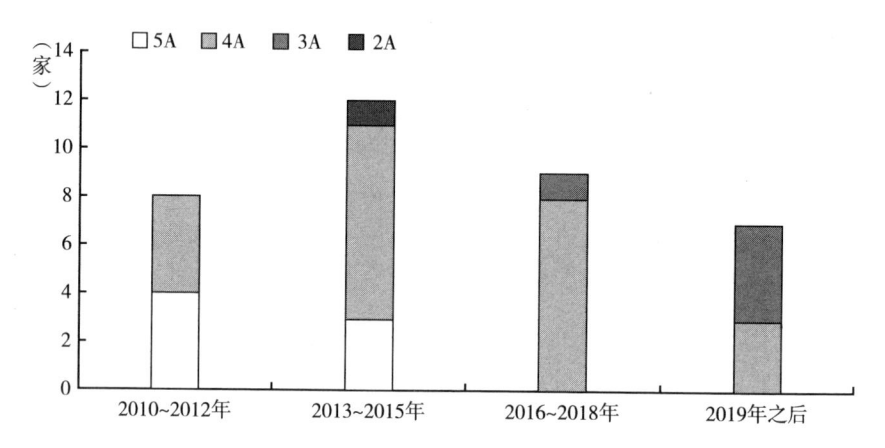

图1 吉林省A级旅游景区微博运营开始时间统计

从景区官方微博视频累积播放量来看，长春伪满皇宫博物院和神鹿峰旅游度假区视频累积播放量一鸣惊人，高达64.1万和116.8万。神鹿峰旅游度假区于2020年7月开始试营业，开发较晚，运营抓住融媒体时代特点，发布了大量视频宣传景区文化，获得了更多商机。

3.微博转评赞

转评赞即微博的转发量、评论量、点赞量的总和，是"流量"的一种表现形式，也是微博运营的核心数据指标。流量越大，粉丝互动性越强，景区的曝光率越高，越容易挖掘潜在游客。在官博转评赞方面，有21家景区都在1000条以下，6家在1000~5000条，说明官博与粉丝互动性不强（见图2）。例如，白山市临江市的溪谷风景区微博内容以宣传景区特色为主，发博量达272条，但内容互动性差，吸引力低，转评赞仅34条。长春市净月区的东方好莱坞长影世纪城转评赞高居榜首，达30.4万条，与第二名吉林市永吉县的北大湖滑雪场度假区差距25万条，说明该官博运营情况好，宣传效应强，流量较好。

从吉林省各级景区官方微博转评赞数据来看（见图3），5A级景区官博数据相对较好，4A级景区官博数据一般，3A级及以下景区官博数据较差，粉丝黏性不强。

吉林省A级景区数字传播能力提升策略研究

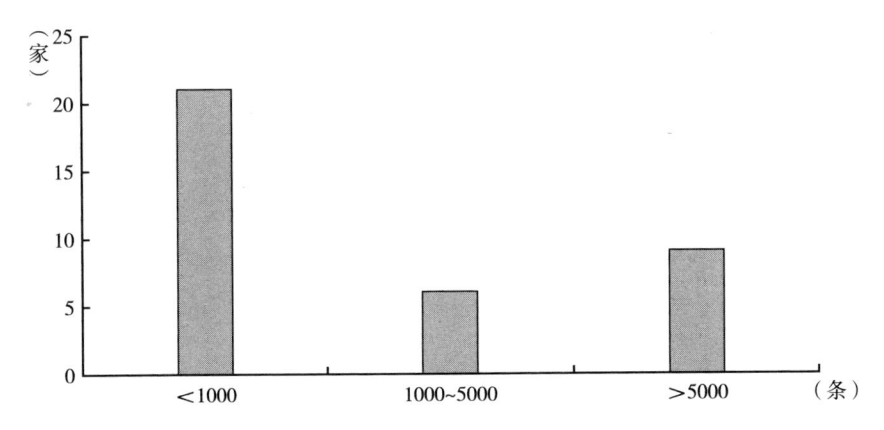

图2 吉林省A级旅游景区微博转评赞数据统计

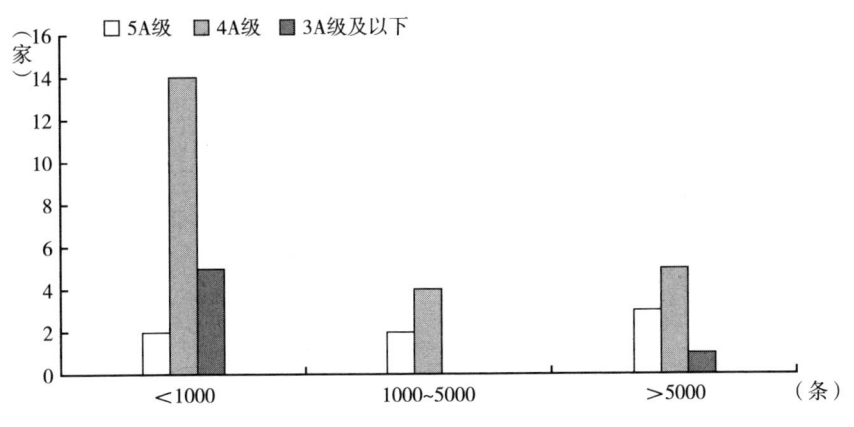

图3 吉林省各级旅游景区微博转评赞数据统计

4. 微博内容类型

微博内容类型包括宣传快讯、景区攻略、休闲资讯、活动推广。其中宣传快讯包括旅游政策、新闻事件、公益宣传等；景区攻略包括游玩攻略、景区文化、粉丝互动、注意事项等；休闲资讯包括生活百科、旅游资讯、哲理名言、娱乐休闲等；活动推广包括活动举办、促销安排等。

吉林省A级景区官博的内容类型以景区攻略为主，其次为活动推广，有利于挖掘潜在游客，同时做到宣传效果（见图4）。例如，伪满皇宫博物院微博内容以景区攻略为主，微博量仅1931条，但粉丝量高达22.6万人。

201

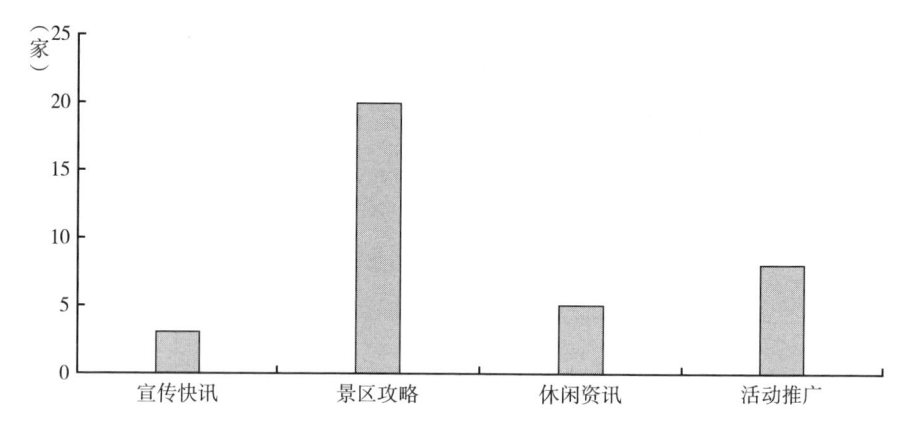

图 4　吉林省 A 级旅游景区微博内容类型统计

少数景区官博以休闲资讯、宣传快讯为主，用生活小事和新闻事件等进行软性营销，吸引粉丝关注。但以休闲资讯为主的景区官方微博的吸粉能力整体上远低于以宣传快讯为主的景区官方微博。例如，长春市双阳区的御龙温泉度假村微博内容主要转发生活百科哲理名言，微博量高达 18000 条，但粉丝数仅有 933 人；长春市净月区的农业博览园微博内容以新闻事件和公益宣传为主，发博量 6919 条，但粉丝达到 11.2 万人。

（二）吉林省 A 级景区微信公众号传播情况分析

275 家景区中有 123 家景区开通公众号，其中有 29 个公众号是未经官方认证的，有 3 个是政府认证的公众号——美丽二十家子、文旅长白、长白山温泉小镇，有 2 个公众号注册后未发表过文章——鑫达钢铁文化园、长白山第一村，还有 9 个公众号发表的文章不足 10 篇（仙景台风景名胜区仅发表 1 篇、龙堡森林度假村发表 2 篇），也有部分公众号注册时间晚，或注册时间早发文频率低而导致其发文总数较少，如寒葱岭红色旅游观光区 2023 年 4 月以来仅有 5 篇文章，城市客厅景区 2020 年 3 月以来仅有 10 篇文章。5A 级景区在发文量和发文频率方面普遍较高，而 5A 级以下景区发文则非常不稳定，有些景区只在营业旺季加大更新频率，而有一部分景区微信公众号出现了断更现象。其中有 21 个公众号都有长时间断更现象，如集安市高句丽文物景区（5A级）注册于2014年7月，共发表407篇文章，断更于2021年7月；临江溪谷景区（3A级）注册于2019年9月，共发表15篇文章，到2021年10月断更。

5A级景区均有公众号，4A级景区多数有公众号，3A级和2A级景区少数有公众号，1A级景区均无公众号（见图5）。

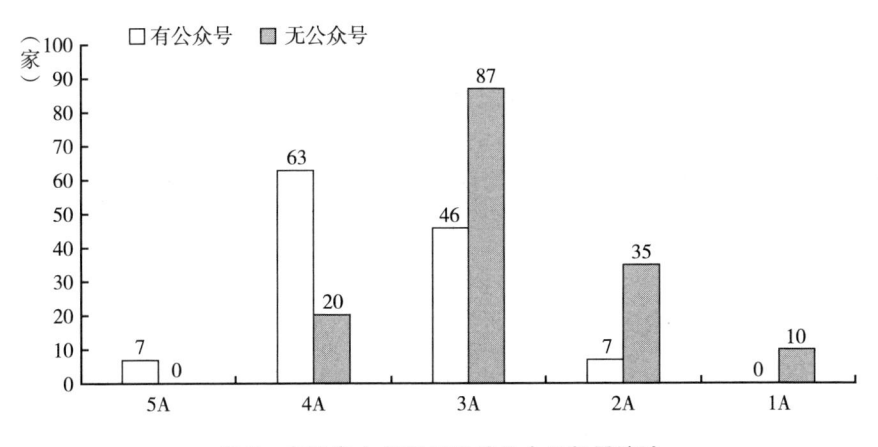

图5 吉林省A级景区微信公众号数量统计

1. 微信公众号发文频率

除去上述有长时间断更和总发文数量较少（总发文量不到20篇）的公众号，按公众号的发文频率（篇/月）将其余89个公众号分为四个层次，高频（21篇/月以上）有5家，中频（11~20篇/月）有8家，低频（6~10篇/月）有15家，极低频（1~5篇/月）有61家（见图6）。

从图6可以看出，4A、3A级景区发文频率较低，多集中在极低频区域。4A级景区发文频率极低的公众号为36家，占比70%；3A级景区发文频率极低的公众号为22家，占比78%。

2. 微信公众号发文总量

微信公众号总发文量受发文频率和注册时间的共同影响。按照总发文量将其分为四个部分：高发文量（>1000篇）有15家，中发文量（201~1000篇）有27家，低发文量（101~200篇）有23家，极低发文量（1~100篇）

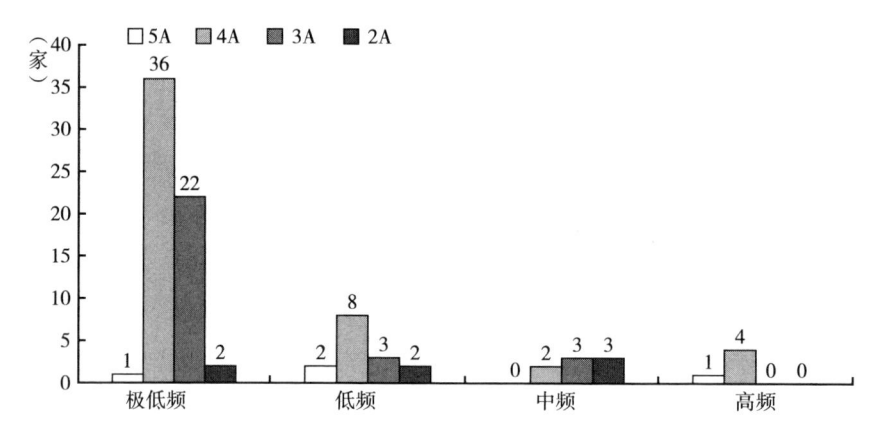

图6 吉林省A级景区微信公众号发文频率统计

有24家。

对吉林省A级景区微信公众号发文数量统计后发现，4A级景区公众号的发文总数不稳定，在四个等级中都有分布，5A级景区公众号发文量较多，都在200篇以上，3A级景区公众号的发文量均没有达到1000篇，2A级景区主要集中在低发文量级别（见图7）。

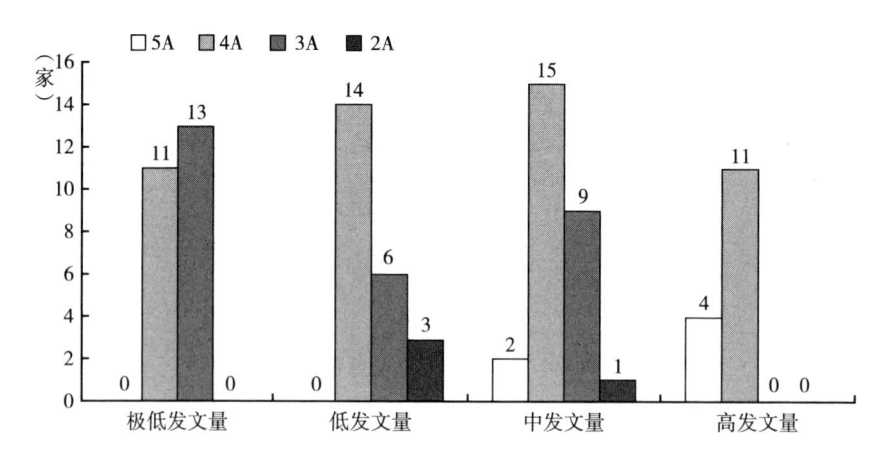

图7 吉林省A级景区微信公众号发文量统计

3. 公众号内容分析

从公众号内容来看，阅读量较高的文章内容普遍是关于招聘、节假日和门票优惠福利等；点赞量较高的文章内容也普遍是节假日或为庆祝各种活动而提出的门票优惠福利和参与活动有机会免费畅玩等。公众号的直播很少，但会有预告和宣传，直播间有门票特惠和抽奖福利等，还有各重大事件的同步直播，如农业博览会新闻发布会、冰雪节等，也有文化讲堂、马拉松、灯光秀和篝火晚会等的直播。

（三）吉林省A级景区抖音传播情况分析

1. 入驻抖音数量分析

吉林省275家A级景区中入驻抖音的有94家（占比34%），没有入驻抖音的有181家（占比66%）。

从5A级到至1A级景区入驻抖音的占比依次为85.7%、63.9%、21.1%、14.3%、10.0%（见图8）。5A级景区只有长影世纪城旅游区没有注册官方抖音号，长春伪满皇宫博物院、长春净月潭景区、长春世界雕塑园、高句丽文物古迹旅游景区、六鼎山文化旅游区、长白山景区均有抖音号。

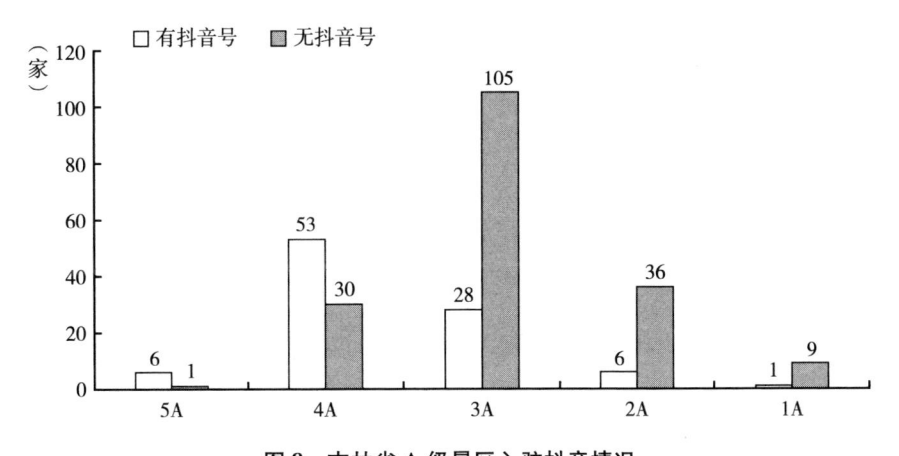

图8 吉林省A级景区入驻抖音情况

就开设抖音号占比而言，5A级景区到1A级景区逐级递减，说明5A级景区的资源投入更加丰富，它们在建设自身形象、品牌和市场推广时也更注重新媒体宣传和推广，对媒体平台的开户和维护也会更为精细。5A级景区资源和品质较高，景点和体验更突出，更易于在媒体平台上展示和宣传，吸引用户关注和浏览。

2. 抖音号粉丝数分析

从各景区抖音粉丝数来看，最多的是长白山景区，粉丝数达到了33.2万人。万科松花湖度假区、六鼎山文化旅游区、圣鑫葡萄酒庄园位居第2、第3、第4，粉丝数分别为17.5万人、14万人、10.4万人。

从平均粉丝数来看，5A级景区抖音平均粉丝数最多，1A级景区平均粉丝数最少（见图9）。5A级景区的知名度、美誉度和品牌形象相对更好，游客对这些景区的关注程度更高。同时，5A级景区一般都具有更成熟的营销推广手段和团队，近年来也积极扩大影响力，更好地推动景区的宣传和推广工作。相反，1A级景区由于知名度和品牌影响力不高，营销推广团队水平相对较低，对粉丝吸引力不够。

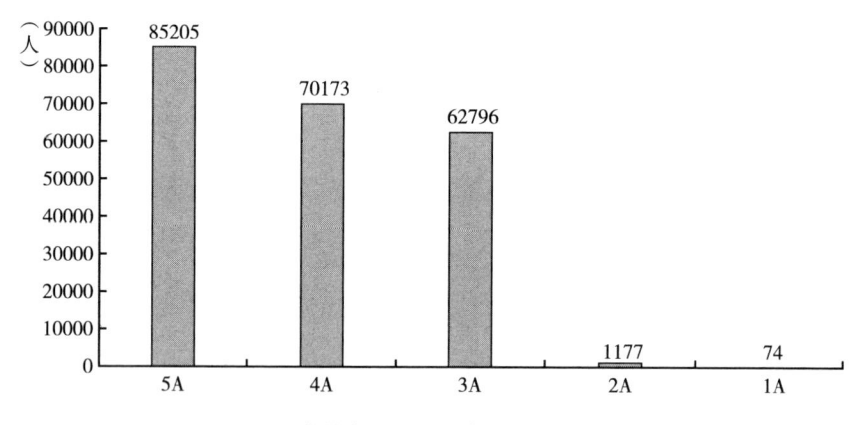

图9 吉林省A级景区抖音平均粉丝数

3. 抖音账号最高评论数分析

大多数景区账号的评论数较少，在0~50条，说明账号的流量和关注度较少（见图10）。账号之间的差距也较大，评论数最多的是星星哨风景区，其次是动植物公园，二者的评论数都达到了1000条以上，说明二者发布的视频迎合了抖音用户的体验，吸引了较大流量。相反，有17个账户的评论数在个位数范围内，说明这些景区在抖音运营方面较落后，应当适时转变运营策略。

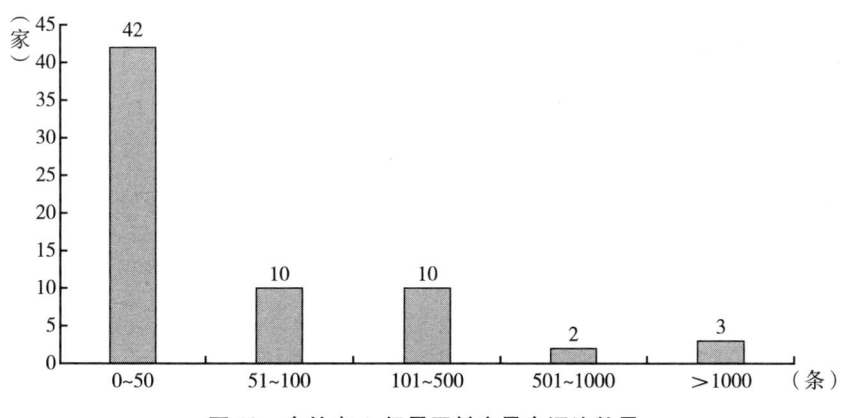

图10 吉林省A级景区抖音最高评论数量

4. 抖音账号视频总数分析

入驻抖音的景区官方账号中发布视频数量在 0~50 条的居多，其次是 101~500 条（见图11）。圣鑫葡萄酒庄园发布的视频最多，达到了 1313 条。其次是六鼎山文化旅游区和长春世界雕塑园，分别为 868 条和 726 条。其中有 8 个账号发布视频数量为个位数。大部分景区抖音视频数量较少，需要日常加大更新频率，以促宣传。

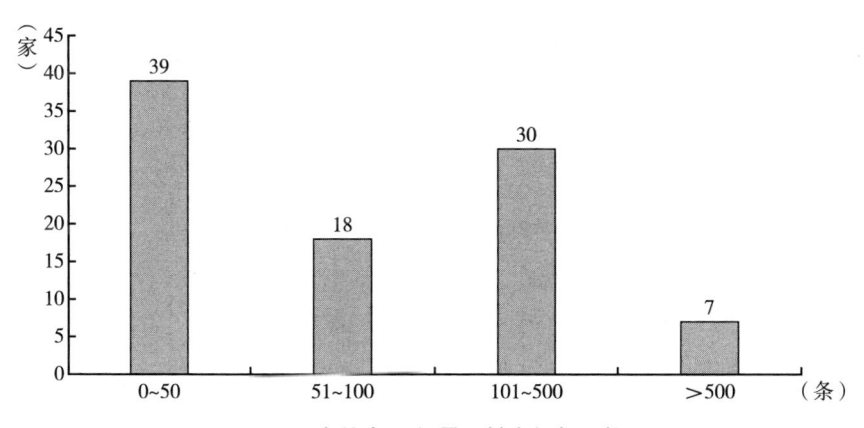

图11 吉林省A级景区抖音视频总数

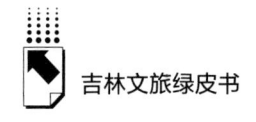

5.抖音直播分析

在吉林省A级景区中,开设直播的景区官方账号很少,仅有15家。4A级景区的直播账号最多,5A级直播账号最少。一年内直播数量最多的是莲花岛影视休闲文化园,达到了280场。可见中小型景区更愿意采用这种非正式但灵活的推广方式。

从直播数量看,大部分直播量在51~100(见图12)。各景区开通直播后都会积极利用直播与用户互动,产生良好的用户体验,抖音直播可以在景区宣传中产生黏性。

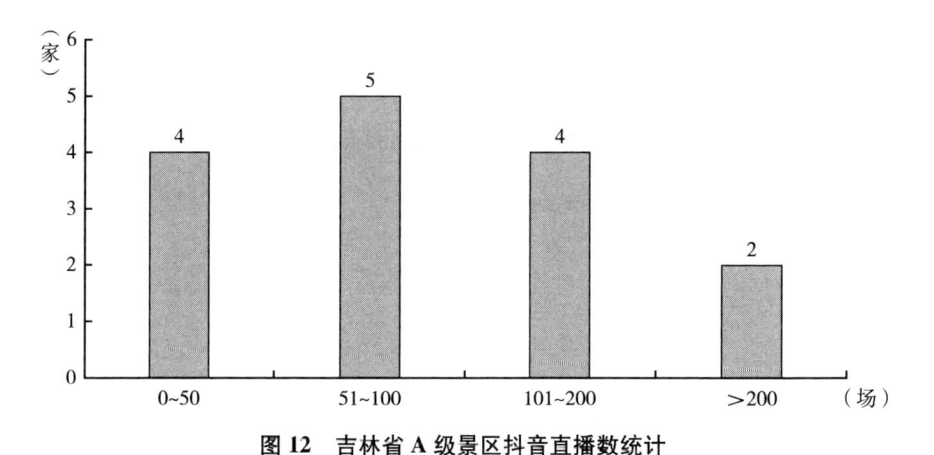

图12 吉林省A级景区抖音直播数统计

(四)吉林省A级景区数字化讲解及数字化项目建设情况

数字化赋能景区内容传播是景区智慧化的一种表现形式,一方面可以通过数字化的展示、项目设计,如播放宣传片、VR体验、高科技项目等,给游客留下深刻印象;另一方面可以通过数字化讲解,包括二维码讲解及电子讲解器智能讲解等多种方式,给游客提供更加直观、立体的感官刺激。

为了解各景区数字表达方式,本文通过网络调查、实地调研等方式调研了100家景区(见表2)。

表2　吉林省A级景区数字化讲解和数字化项目情况调查统计

单位：家，%

级别	全省景区	调研景区	调研景区比例	有数字化讲解设备	有数字化项目
5A	7	7	100	6	3
4A	83	53	63.9	23	10
3A	133	31	23.3	9	4
2A	42	8	19.0	1	0
1A	10	1	10	0	0
合计	275	100	36.4	39	17

调查发现，具有电子讲解器、智能解说等数字化讲解设备的景区有39家，占调查总数的39%，不足50%，多以二维码、电子讲解器为主；具有数字化项目的景区更少，仅占调研景区的17%，说明吉林省景区数字化讲解设备和数字化项目供给能力相对较弱。

从不同等级的景区来看，A级景区等级越高数字化讲解设备和数字化项目供给能力越强，调研的7家5A级景区中有6家具备数字化讲解设备，53家4A级景区中有23家具备数字化讲解设备，而2A级景区中仅有1家具备数字化讲解设备。

从景区类型来看，自然类景区的数字化讲解设备和数字化项目较少，人文类较多，尤其是博物馆类景区。如桦甸市博物馆虽然是2A级景区，也有电子讲解器等设备。

四　吉林省A级景区数字传播能力存在的问题

新媒体迅速发展，景区必须充分利用新媒体工具宣传和推广旅游资源。通过前述分析可知，吉林省A级景区数字传播能力总体上较弱，影响了景区宣传的效果和游客旅游体验。吉林省A级景区在数字传播能力方面存在如下问题。

（一）媒介利用不足，采用数字传播平台较少

吉林省A级景区数字传播能力和景区级别有一定的关系。高等级景区

更愿意投入资源树立互联网形象，而低等级景区在互联网宣传上明显重视不足，多数景区数字传播渠道狭窄，宣传方式单一。特别是在人文景区中，低等级景区没有结合自身特点为游客提供丰富、生动的体验。另外，景区更多采用文字、图片等形式传播信息，视频等综合媒体形式采用得较少，不利于景区的综合展现。

（二）传播内容较为简单，创新精神较缺乏

吉林省A级景区在数字传播中缺乏创意和原创性。许多景区在宣传中只注重介绍景点、路线和旅游产品，内容千篇一律，毫无新意；景区之间相互抄袭，缺乏原创性和独特性，无法吸引用户的眼球，造成游客审美疲劳，使得宣传营销效果不佳。另外，部分景区在平台中大量转发其他博主文章，虽然文章新颖，但其内容与景区游览并不相关，并不会很大程度地激起游客的游览欲望。

（三）缺乏专业运营团队

吉林省A级景区在数字传播中缺乏专业的营销团队，更多是依靠其他部门人员兼职或外包给一些缺乏专业性的营销公司，这样很难制定出科学合理的营销策略，也无法保证宣传的质量和效果。另外，多数景区没有配备专门的运营部门，各大平台断更严重，使得游客不能及时获取相关信息。

（四）缺乏用户意识，用户参与度低

吉林省A级景区在数字传播中缺乏与用户的互动和沟通。新媒体时代重视互动，但景区在宣传中只注重单向传播，忽略了与用户的互动沟通。多数景区虽开设了微博、微信公众号等社交媒体账号，但未充分利用平台与用户互动。用户反馈和意见得不到及时回应，导致用户流失和不满。吉林省A级景区也未充分利用数据分析和挖掘技术，不了解用户需求和偏好，存在信息推送滥发现象引起用户反感，无法吸引潜在游客和提升用户黏性。此外，

较少有高等级景区采用直播的形式来丰富宣传渠道，限制了高等级景区对潜在客户的挖掘。

（五）宣传缺乏统一管理，宣传内容吸引力不足

吉林省A级景区在新媒体传播中缺乏统一的管理和规划。景区在宣传中存在多头管理和重复宣传的弊端，出现内容重复、资源浪费、用户迷茫等问题，也增加了管理成本和运营风险，降低了宣传效果和用户满意度。一些景区甚至存在夸大不实等问题，这都损害了游客利益和景区声誉。

五　吉林省A级景区数字传播能力提升策略

（一）A级景区数字传播能力提升建议

1.合理开设社交媒体账号

社交媒体已成为现代人获取信息的重要途径之一。A级景区应充分利用社交媒体增加自身曝光度和关注度。A级景区应根据自身定位和目标受众，建立多元化的数字传播平台，如官方网站、微博、微信公众号、抖音等，以覆盖更广泛的受众群体。目前，比较受欢迎的新媒体平台有抖音、快手、小红书和B站等，这些平台可以作为A级景区发布信息、与游客互动的重要渠道。

2.提升社交媒体内容质量

A级景区应注重数字传播内容的创意和质量，通过有趣、生动、实用的内容来吸引游客的关注和兴趣。打造独特内容，在社交媒体上展示景区风光、特色文化和活动体验等，让用户对景区产生深刻印象，吸引更多游客前来旅游。参与热门话题，结合景区特色和活动，制作创意内容，吸引更多用户关注和参与，提升话题性和传播效果。搭配旅游攻略，在抖音等平台上分享景区旅游攻略，如购买门票、行程安排、推荐景点和景点详情等，让用户

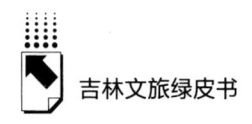

感受到景区的贴心服务。依托民俗文化、民族风情等打造多元化内容，吸引用户关注和参与。同时注重平台的视觉效果和用户体验，让游客愿意在此驻足。通过在媒体上发布短视频和游记攻略，展示景区的美景和特色，吸引更多的游客前来参观。设置游戏互动，在微博、微信等社交媒体上开展互动游戏、抽奖等活动，以吸引更多的游客参与其中。

3. 利用大数据分析进行精准营销

大数据的获取和分析，为景区数字传播提供更加精准的营销方式。A级景区应利用大数据深入了解游客的需求和兴趣，针对性地发布和推广信息，提高传播精准度和效果。同时，利用人工智能技术深入分析游客浏览记录和购买行为，了解游客需求和偏好，制定更加精准的营销策略。例如，通过数据挖掘技术找到游客的社交媒体账号、兴趣爱好等信息，制定针对性的推广方案。

4. 制定科学的营销策略

A级景区应根据自身特点和市场需求，制定科学的营销策略，如与机构合作开展网络推广等，提高景区知名度和影响力。景区需加强与游客的互动，例如在景区官方网站和社交平台上设置游客互动专区，让游客自由留言、发表意见和建议。景区需积极回应游客的留言和评论，让游客感受到被重视。同时开展线下互动活动，如DIY体验、景区定向赛等，以吸引更多的游客。与抖音网红合作，展示景区玩法和旅游体验，提高景区的知名度和推广效果。在2024年春季的文旅宣传中，网红白冰为吉林省内景区作的宣传就起到了很大的引流效应。在抖音开展立体化营销，邀请抖音用户参加各种线上、线下活动，加强景区的营销推广和用户互动。

5. 加强数字化服务能力

A级景区需加强数字化服务能力，为游客提供便捷和高效的数字化服务。例如，在景区内设置智能导游系统，为游客提供更加详细和准确的景点介绍；设置智能化的门票预订系统和安全监管系统，方便游客在线预订门票、查看游览须知，保障游客安全。

（二）政府相关政策措施建议

在数字化时代，景区数字传播能力对景区的发展至关重要。政府应采取一系列措施，提升景区数字传播能力。

1. 建设数字化基础设施

政府应强化数字化基础设施建设，如建设5G网络、光纤网络、物联网和云计算等技术设施，为景区提供更加便捷、高效的传播渠道，提升景区的数字传播能力。吉林省重视数字化基础设施建设，且已部署实施，在《吉林省旅游万亿级产业攻坚行动方案（2023—2025年）》中，明确全省旅游产业发展的总体要求和重点任务，要求完善旅游通信基础设施，为旅游景区智慧化打下坚实基础。如，要求加快景区智慧化建设，至2025年省内国家4A级景区基本完成智慧化升级；到2025年，实现5G网络在4A级以上旅游景区深度覆盖，3A级以上旅游景区核心区、重点涉旅场所连续覆盖，满足旅游业数字化转型需求。政府应根据数字化基础设施建设情况，有步骤地完善相关基础设施。

2. 推广数字化营销

政府应鼓励景区采用数字化营销手段，以提高其知名度和影响力。通过社交媒体、短视频平台、直播等渠道，直观展示景区特色与魅力。同时，利用数字化营销精准定位、个性化推荐等功能，提高游客的参与度和满意度。鼓励各景区加入"一部手机游吉林"，充实全省文旅宣传平台。

3. 加强数字化安全监管

政府应强化景区数字化安全监管，制定法规和标准，确保景区的数字化传播合法合规。同时，建立应急响应机制，应对网络安全事件，保障游客和景区的安全。

4. 培养数字化营销人才

政府应通过实施人才计划、组织数字化传播能力提升培训等方式，为景区培养大量的数字化专业人才。这些人才技术扎实，熟知景区特点和需求，能为景区提供更具创意和实用的数字化传播方案。鼓励院校培养交叉型人

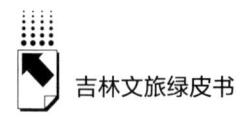

才。搭建政企校合作平台，为教师和学生入企挂职锻炼和实习提供机会。鼓励景区培养网红人才，提高景区吸引力。评选省级文旅推介官时，增设数字传播条件，筛选数字人才。

5. 鼓励景区数字媒体创新与合作

政府应鼓励景区在数字化传播方面进行创新与合作，搭建平台，促进景区与高校、研究机构以及相关企业进行合作，引入先进的数字化技术和理念，不断优化传播方式。同时设立数字媒体创新基金和奖励机制，鼓励景区在数字化传播方面进行探索和创新。

6. 提升公众数字化素养

政府可以通过开展公益活动、提供培训课程等方式，帮助公众提高数字化技能和信息素养，使其能更好地利用数字化工具了解景区信息、参与旅游活动等，让更多的游客享受到景区数字化服务。

7. 开展景区数字传播能力评选

每年评选A级景区数字化传播能力10佳，在吉林省文旅宣传平台——"悠游吉林"等媒体上宣传，提高景区数字化建设动力和数字传播水平。

参考文献

张凌云：《智慧旅游：个性化定制和智能化公共服务时代的来临》，《旅游学刊》2012年第2期。

汪侠、甄峰、吴小根：《基于游客视角的智慧景区评价体系及实证分析——以南京夫子庙秦淮风光带为例》，《地理科学进展》2015年第4期。

年二龙、徐徐：《数字化时代旅游景区新媒体营销策略探析——以秦始皇帝陵博物院为例》，《沈阳文旅》2024年第6期。

丁余良等：《多样化的智慧景区建设》，《物联网技术》2022年第6期。

李艳、严艳、负欣：《基于旅游数字足迹的西藏景区空间结构分析》，《干旱区资源与环境》2015年第6期。

张雪、王芹：《文旅融合背景下凤凰山景区营销创新策略研究》《经济研究导刊》2021年第27期。

晁佳、龚娟娟：《具有地方文化特色的数字景区形象设计——以峨眉山景区为例》，《旅游纵览》2022年第8期。

李勇等：《新媒体非遗跨文化传播效果分析——以YouTube平台为例》，《图书馆论坛》2024年第2期。

刘颖、梅燕、颜梦琴：《基于熵值法的中国西南地区国家5A级旅游景区微博营销评价》，《海南师范大学学报》（自然科学版）2020年第4期。

G.12 高校微专业设立对景区托管模式优化的促进作用研究

张鹏翔*

摘　要： 为有效对接旅游业对高水平、综合性和复合型人才的需求，高校应采取灵活的微专业课程模式。这种模式允许高校根据行业动态和实际需求，快速更新和调整课程内容，确保所教学科与时俱进。近五年来吉林省各高校纷纷依托学校优势专业，结合吉林省市场需求、新兴科技等建立微专业。创新建构基于微专业的旅游景区托管模式，要明确微专业的多重角色定位，以满足专业人才需求；积极推动管理创新，借助微专业教育更新管理理念，从而提高景区服务质量；加强组织文化建设提升员工职业素养，优化客户服务体系；注重提升景区服务质量，优化服务质量监控和反馈机制，推动景区服务创新。

关键词： 微专业　吉林省　旅游景区　托管

随着吉林省文旅的快速发展，景区数量和质量不断提升，吉林省各景区对高层次管理人才的需求日益增加。当前吉林省各景区存在以下问题。一是缺乏专业人才和团队。旅游景区的成功离不开具有专业知识和管理技能的人才和团队，缺乏这些专业人才和团队可能导致景区缺乏吸引力、管理不善、服务质量下降。二是缺乏创新和特色。随着旅游市场的变化和需求的多样化，旅游景区需要不断创新和打造特色，以吸引游客和提高竞争力。三是缺

---

* 张鹏翔，长春建筑学院文化创意产业学院院长、教授，研究方向为环境设计。

乏有效的营销策略和宣传手段。一些旅游景区可能缺乏有效的营销策略和宣传手段，导致景区知名度和影响力不足，难以吸引更多的游客前来参观。

文旅类微专业的设立，一方面能够为吉林省文旅景区快速提供管理人才；另一方面能够为学生提供实习实践基地，让学生快速融入景区，适应职业发展，为学生就业打下基础。

一　理论基础

（一）微专业教育的理论研究

1. 微专业教育的内容与特性

微专业是指在主专业学习之外，为特定学术领域、研究方向或核心素养而设立的一组核心课程。这些课程通过灵活且系统的培养，使学生能够在特定领域内获得专业的学术素养和行业从业能力。微专业旨在为有余力的学生提供集中于新兴领域的核心课程，从而在新工科、新文科背景下扩展跨学科的学习渠道。这种模式不仅能满足复合型和创新型人才培养的需求，也能支持学生的个性化发展。微专业的特点包括精微性、灵活性、开放性、适应性和创新性，体现了其在教育体系中的重要作用。

一是精微性。微专业课程内容不仅具有"小而精"的特点，还紧扣社会前沿。与传统的教育模式相比，微专业教育更加具有针对性和目的性。通过设计特定的课程内容，微专业教育能够让学生更加深入地了解和掌握相关的知识和技能。同时，微专业教育还紧跟社会的步伐。随着社会不断进步，微专业教育会根据社会市场的需求，及时对课程内容进行调整，为学生未来的发展奠定坚实的基础。

二是灵活性。微专业具有灵活的课程设置，学生可以根据自己的需求与兴趣爱好，选择自己喜欢的学习内容。这种灵活性既能提高学生学习的主动性和积极性，又能提高学习效率和效果。因此，微专业教育能够培养出更多具有独特优势的人才，他们能够在特定的领域充分发挥各自的优势，具有更

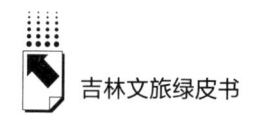

强的创造力和创新力。

三是开放性。微专业教育打破了学科之间的界限，实现了学科之间的相互交叉、渗透和融合。同时，微专业教育也打破了教学环境的限制，实现了多种教学环境（校内和校外、课内和课外、虚拟与现实等）的结合。

四是适应性。微专业教育改变了以往的传统教学方式，能够根据市场变化和行业需求，及时调整相应的课程内容，确保学生所学的知识和技能适应行业发展。微专业教育不仅能为学生未来的职业发展奠定坚实的基础，还能为行业培养更多的专业人才。

五是创新性。微专业教育是一种新型的教育模式，其创新性主要体现在教学内容、教学方法、教学资源三个方面。在教学内容上，微专业教育实现了不同学科之间的相互融合，为学生提供更多的学习机会，能够帮助他们更好地适应社会的发展。在教学方法上，微专业教育更加注重实践能力的培养。通过学生的主动参与与操作，微专业教育能够提高学生的动手能力和实践能力。在教学资源上，微专业整合校企共建的虚拟仿真平台与跨校共享的数字化资源库，依托动态更新的产业素材库和真实项目数据流，为学科交叉与实践教学提供实时化、场景化支撑。

2. 微专业教育成效与挑战

微专业教育在新时代背景下展现了显著的成效。首先，微专业教育能够有效适应新时代对人才知识和技能的要求，通过提供精准的技能培训，满足社会对多样化人才的需求。其次，微专业教育致力于快速提升学生在特定领域的专业技能，增强其实践能力，从而显著提高学生的就业竞争力。再次，通过精简课程设计，微专业教育在较短的时间内帮助学生掌握关键技能，进而提高其个人能力。最后，微专业的推广有助于推动高等教育教学方式的改革，促进创新型和复合型人才的培养。

然而，微专业教育在实施过程中也面临一些挑战。首先，师资力量不足是制约微专业成功实施的一个普遍问题，微专业教育需要高水平的教师队伍，现有师资的不足影响了其教学质量。其次，校企合作的深度和广度亟须拓展，校企合作的强化是提升微专业教育质量的关键。最后，微专业的知名度和影响力仍需进一步提高，现阶段的宣传推广力度不足，影响了微专业在教育市场中的认知度。

（二）旅游景区托管模式研究

旅游景区托管模式即对旅游景区进行委托管理，是旅游景区所有者将景区的经营权、管理权交给具有较强经营管理能力，并能够承担相应景区经营风险的法人或自然人去有偿经营，以明晰景区所有者、经营者责权利关系的一种经营管理方式。旅游景区托管模式主要包括三种。

一是团队管理。团队管理作为最直接的管理方式，由景区管理公司派遣管理团队入驻景区，为业主方提供规范化、专业化的管理服务，对景区的管理体系、工程建设、市场营销、组织架构、发展战略等提出专业的管理意见。管理团队一般包含6~8名人员，包括1名总负责人、1名运营管理负责人、1名营销负责人、3~5名管理助理。景区管理公司收取基本的管理服务费用和业绩奖励服务费，而景区经营利润全部归业主方。景区管理公司以外派团队的形式对景区进行管理，可以将管理公司行之有效的模式应用到各个景区。每个外派团队的任务就是按照公司既定的管理规范去贯彻执行，这样不仅能减少现场管理人员的压力，同时也便于公司总部对每个团队进行督导考核，必要时还可以对各个景区的管理进行分析，完善景区管理的模式。

二是租赁管理。景区租赁管理由景区管理公司向业主方租赁整个景区，并且对景区进行全面的管理运营，以此获取经营收益，而业主方按照租赁合同向管理公司收取租赁费用。这种管理模式的特点在于景区管理公司作为经营方来管理景区，景区的收益决定了管理公司所获得的利润。租赁管理的风险较大，管理公司需要承担经营不善带来的亏损风险。因此，有一定资金实力、能承担金融风险的管理公司适合选择租赁管理的模式。

三是投资管理。投资管理模式也是景区托管采取的方式之一，一般就是投资管理公司与地方政府或者开发商合作，共同按照一定的比例出资建设项目。简单来说，投资管理公司既投资又参与管理。投资管理公司不仅要具备

综合的景区开发管理团队（规划策划团队、营销团队、管理团队等），还要具备雄厚的资金实力。

（三）人才培养与旅游业对接分析

人才培养和产业发展是相互作用、相互影响的。人才培养是产业发展的重要基础。在科学技术发展日新月异的今天，加强人才培养，可以增强行业竞争力，有效提升劳动生产率，从而促进产业发展。此外，人才培养不仅可以推动科技创新，还可以培养创业精神和领导能力，为产业的经济发展不断地注入新的活力。随着社会的快速发展，产业发展对人才的需求日益增加，各种新兴行业和高科技领域对专业人才的需求越来越大。只有满足人才需求，旅游业才能实现长期发展。

1. 旅游业对专业人才的需求

旅游业对高水平、综合性和复合型人才的需求不断增加，对专业人才的需求正向着多元化、综合化和技术化方向发展。

旅游业在发展中普遍存在人才学历较低、服务意识不强、服务水平较低等现象。因此，高水平服务技能型人才的短缺成为旅游业发展的阻碍。旅游业的发展需要加强对具有理论知识、实践能力、专业能力的高水平服务技能型人才的培养。

目前旅游业态发生了巨大的转变，已由单一的"小旅游"转变为多产业结合的"旅游+"新业态，如"旅游+康养""旅游+乡村""旅游+医疗"等。旅游业涉及广泛的行业领域，未来旅游业的发展需要高素养复合型管理人才。例如，随着科技的发展，旅游业对数字化人才的需求持续增加，拥有数字化思维、能够熟练掌握主要的科技手段、能够对旅游场景进行数字化应用、具备旅游互联网运营能力的复合型管理人才，将促进旅游业高质高效发展。

随着科技水平的提高，旅游业对人才培养有了更高的要求。旅游业人才不仅需要具备基本的旅游专业知识，还应具备适应时代发展的新能力，如运用多种思维方式处理和解决问题的能力、团队协作沟通和解决现实问题的能力、善于学习并不断完善自我的能力、使用信息技术的能力等。具有综合能力的创新型人才，能够为旅游业发展提供新想法、新思路、新举措，实现旅游业蓬勃发展。

2. 高校微专业课程与旅游业需求对接

高校的人才培养目标是培养出符合我国旅游业发展以及能够促进旅游业进一步发展的专业人才。因此，各高校开展教育活动时，不仅要充分考虑该专业教育的实际情况，还要考虑旅游市场的变化情况。在旅游业发展新格局下，高校教育也应当注重学生培养内容以及培养方式的适当调整。因此，高校应当针对存在的问题采取有效措施，尽快适应旅游业发展新格局所带来的挑战，进一步提升专业人才培养质量，使学生毕业后可以满足旅游市场的人才需求。

随着旅游业的迅速发展和市场需求的多元化，高校在培养专业人才时面临新的挑战。为有效对接旅游业对于高水平、综合性和复合型人才的需求，高校应采取灵活的微专业课程模式。这种模式允许高校根据行业动态和实际需求，快速更新和调整课程内容，确保所教学科与时俱进。微专业课程能够专注于特定技能和知识领域，如数字营销、数据分析、可持续旅游等，从而为学生提供更具针对性的职业准备。此外，微专业课程的设计应强调跨学科整合，促进学生掌握多领域知识和技能，增强其在复杂行业环境中的适应能力。通过与旅游企业合作，高校可以将实际案例和项目学习融入微专业课程，提升学生的实践技能和解决实际问题的能力并为学生提供宝贵的实践机会。因此，微专业课程的实施能够有效地满足旅游业对复合型人才的需求，提升学生的就业竞争力，并推动旅游业的可持续发展。

二 吉林省旅游景区现状

（一）旅游资源特点与开发现状

旅游资源是指"对旅游者产生吸引力，具有旅游开发利用价值，能产生经济效益、社会效益、生态效益的自然资源、人文资源和其他社会资源

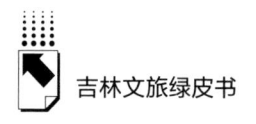

的总和"①。吉林省拥有得天独厚的旅游资源，并且旅游资源种类多样、特色鲜明。其中主要包括自然旅游资源、生态旅游资源、人文旅游资源、民俗风情旅游资源、冰雪旅游资源等。吉林省旅游资源空间分布与组合具有鲜明的地域性、原始的天然性、浓郁的风情性和独特的文化性等特征。

一是鲜明的地域性。吉林省旅游资源呈现独特的地域特色，这主要体现为吉林省拥有不同的地貌类型。吉林省的地貌类型主要包括山地、丘陵、平原、湖泊、湿地。由于吉林省各市的地貌类型是不一样的，各市都具有独特的旅游资源。比如，白山市有长白山鸭绿江大峡谷、长白山天池，松原市有查干湖自然保护区，长春市有长春莲花山生态旅游度假区、净月潭，白城市有向海国家湿地自然保护区、大安嫩江湾国家湿地自然保护区等。

二是原始的天然性。吉林省的自然旅游资源保存得极好，可以让游客感受到大自然最真实的一面。其丰富的森林资源、美丽的湖泊和河流以及独特的地质景观，为游客提供了与大自然亲密接触的机会。在这里，人们可以远离城市的喧嚣，回归大自然的怀抱，感受大自然的无限魅力。比如，在长白山自然保护区，人们可以看到长白山天池——中国境内保存最为完整的火山，感受到大自然的杰作。

三是浓郁的风情性。吉林省是一个多民族聚居的省份，拥有丰富的民俗风情。其中，朝鲜族、满族、蒙古族等民族的民俗文化尤为突出。这些民族的民风民俗体现了吉林省多姿多彩的民俗风情。比如，朝鲜族舞蹈优美典雅，其以扇子舞、长鼓舞为主；蒙古族在重要节日会举办那达慕（娱乐）大会，开展赛马、摔跤等民族体育活动和歌舞表演。

四是独特的文化性。吉林省的旅游资源并不是凭空出现的，而是起源于其独特的文化土壤，每一处旅游资源都蕴含着浓厚的文化底蕴。在这里，人们既能欣赏自然景观，又能感受其所带来的文化气息。比如，长白山作为满族的发源地，在这里，人们不仅可以感受长白山独特的自然风光，还可以深入了解满族的历史文化。

---

① 资料来源：国家旅游局《旅游资源分类、调查与评价》。

（二）旅游资源开发与市场分析

与旅游业发展较好的省份相比，吉林省在总体上发展相对落后，主要体现为以下三个方面。第一，旅游资源开发与挖掘力度不够。虽然吉林省拥有丰富的旅游资源，但是这些旅游资源并未被充分开发利用，没有体现出他们自身的价值。第二，旅游资源开发缓慢。吉林省注重传统的旅游资源（如生态旅游、观光旅游、休闲旅游、文化旅游等）开发，忽视了新型旅游资源的开发与利用。第三，旅游资源开发归属权与利益冲突。在旅游资源的开发过程中，由于资金短缺、管理水平较低等问题，政府会将旅游资源开发权和景区管理经营权转让给企业，让企业最大限度地发挥出这些旅游资源的价值。但是，企业更注重经济效益，会选择性地忽视社会效益，从而对自然环境造成一定的破坏。

（三）吉林省旅游景区现状及挑战

吉林省旅游资源丰富，具有很大的发展潜力。

吉林省 5A 级景区、4A 级景区共有 97 家，其中 5A 级景区共有 8 家（见表 1），4A 级景区 89 家，景区均处于快速发展阶段，但由于人才匮乏，仍然存在一些管理问题。

表 1　2024 年吉林省 5A 级景区名单

序号	景区名称	所在地市
1	长春市伪满皇宫博物院	长春市宽城区
2	长春净月潭景区	长春市净月区
3	长影世纪城旅游区	长春市净月区
4	长春世界雕塑公园	长春市南关区
5	高句丽文物古迹旅游景区	通化市集安市
6	查干湖景区	松原市前郭县
7	六鼎山文化旅游区	延边州敦化市
8	长白山景区	长白山管委会

资料来源：吉林省文化和旅游厅《2024 年吉林省 A 级旅游景区名录表》。

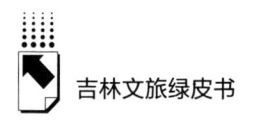

随着我国经济的快速发展，旅游业逐渐成为我国的支柱产业。尽管我国旅游业取得了较大的成就，但一些旅游景区也面临着相应的挑战。一是旅游景区制度和体制问题。旅游景区的制度和体制可能存在复杂性和不透明性，导致景区开发、管理和运营的混乱。不同部门和机构之间存在利益冲突、缺乏协调和沟通，可能阻碍景区的发展。二是旅游景区所有权和经营权问题。旅游景区的所有权和经营权归属于不同的部门或机构，导致景区发展的不协调和混乱。景区经营者的利益可能与景区的长期发展目标不一致，影响景区的可持续发展。三是旅游景区过度商业化问题。一些景区投资者可能过度追求商业化，忽视景区的文化、环境和生态价值，导致游客满意度下降，甚至威胁到景区的社会声誉。四是旅游景区设施和服务问题。一些旅游景区的设施可能不完善或缺乏，如卫生条件差、安全设施不足、旅游线路不清晰等，影响游客的体验和满意度；服务态度不佳、服务标准不规范等问题，降低游客的满意度和忠诚度。五是旅游景区营销和宣传问题。一些旅游景区可能缺乏有效的营销策略和宣传手段，导致景区知名度和影响力不足，难以吸引更多的游客前来参观。六是旅游景区环保问题。旅游景区的开发和运营可能对环境造成一定的影响，如生态破坏、环境污染等。若未采取有效环保措施，可能破坏环境，影响游客体验和景区形象。七是旅游景区安全问题。旅游景区的安全问题也是景区发展过程中需要重点关注的问题之一。安全事故可能对游客的人身安全和财产安全造成威胁，影响景区的声誉和形象。八是与周边地区的同质资源和产品竞争加剧。面临周边地区同类旅游资源产品的竞争威胁，缺乏高水平的策划或规划，可能导致景区资源优势淡化，降低产品竞争力。九是缺乏专业人才和团队。旅游景区的成功需要具有专业知识和管理技能的人才和团队，缺乏这些专业人才和团队可能导致景区缺乏吸引力、管理不善、服务质量下降。十是缺乏创新和特色。随着旅游市场的变化和需求的多样化，旅游景区需要不断创新和打造特色，以吸引游客和提高竞争力。缺乏创新和特色可能导致景区缺乏吸引力和竞争力。

三 吉林省高校文旅类微专业现状

（一）微专业人才培养与行业需求分析

1. 微专业人才培养的重要性

在如今快速发展的时代，传统的教育模式已经无法满足社会对人才的需求。微专业人才培养是一种符合时代发展需求的教育模式，注重实践能力的培养，更加灵活和实用。

首先，微专业人才培养能够更好地适应社会需求。在传统的教育模式下，学生往往需要花费大量的时间和精力学习一些理论知识，而微专业人才培养则更加注重实用性和针对性。它通过提供一系列短期、集中的课程，使学生能够在较短的时间内掌握一门专业技能，从而更好地适应社会的需求。其次，微专业人才培养有助于提高学生的学习效率。在微专业人才培养中，学生可以直接学习到与他们未来职业发展密切相关的课程，这无疑大大提高了他们的学习效率。再次，微专业人才培养有助于提升学生的就业竞争力。在当前的就业市场中，雇主更加看重求职者的实际技能和工作经验。因此，通过微专业人才培养，学生可以在较短的时间内掌握一门专业技能，从而在就业市场中脱颖而出。最后，微专业人才培养还有助于培养学生的创新思维和实践能力。在微专业人才培养中，学生不仅需要学习理论知识，还需要参与实践活动，这有助于培养他们的创新思维和实践能力。

2. 行业对人才的市场需求分析

各行各业在快速发展的同时，也隐含着一些发展问题。例如，作为科技型中小微企业发展根基的人才问题伴随着科技型中小微企业群体的爆发式增长凸显出来。当前，科技型中小微企业的人才需求总量加速增长，人才供给压力加倍剧增，人才开发竞争加剧，人才问题日益成为科技型中小微企业发展的"瓶颈"因素和薄弱环节。目前各个行业的人才需求呈现多元化和复杂化的特点。一方面，随着技术的不断进步和数字化转型的加速，企业对技术人才的需求日益增加，特别是在互联网、芯片、新能源等行业，企业对高端技术人才的需求尤为迫切。另一方面，中小企业在数字化技术转型过程中，虽然面临就业岗位的替代与创造并存的情况，但新技术的发展和应用也开拓了新的就业空间，如技术、研发、数据处理和分析等岗位的需求显著上升。此外，各行业对于人才的需求不仅局限于专业技能，对于普通员工、专业技能人员、经营管理人员等各类人才都有需求，且在选用求职者时最关注的是求职者的相关工作经验。同时，各行业也面临着招工难和招工贵的问题，这在一定程度上制约了企业的发展。企业需要采取更加灵活和创新的招聘策略，以吸引和留住人才。例如，通过与高校合作开展产学研项目，提高人才培养计划的质量和效率，以解决人才短缺的问题。

微专业凭借其独特的优势，成为连接人才市场需求和教育输出的重要桥梁，为社会培养出更多具有实践能力、能够迅速适应职场需求的复合型人才。

（二）吉林省文旅类微专业设立情况

微专业的设立和发展是高校人才培养模式的最新探索，其课程紧扣前沿，具有高阶性、交叉性和挑战性。微专业与主辅修专业的区别在于，微专业在主辅修专业的基础上交叉融合了多个学科专业的前沿知识和技术，个性更为鲜明，课程更加"迷你"（见表2）。

表2 主辅修专业教育与微专业教育的比较分析

	主修专业教育	辅修专业教育	微专业教育
教育目的	培养专业人才	培养专业人才	培养跨学科专业人才
教育内容	以单个学科专业知识为主	以单个学科专业知识为主	多学科专业知识交叉融合
教育课程	40~60门课程（140~180学分）	15~30门课程（30~80学分）	5~15门课程（10~40学分）
教育模式	单个学科专业标准化培养	单个学科专业标准化培养	多学科专业协同培养
教学方式	以线下教学为主	以线下教学为主	混合式教学

续表

	主修专业教育	辅修专业教育	微专业教育
专业教师	以单个学科专业教师为主	以单个学科专业、教师为主	多个学科专业教师
专业学生	本专业学习者	其他专业学习者	各种专业学习者
教育治理	单个学部或院系治理	单个学部或院系治理	多方参与协同治理
资格证书	学士学位证书	结业或学士学位证书	结业证书

资料来源：秦磊毅、陈鹏《高校微专业教育的概念特征、目的价值和发展策略》，《教育学术月刊》2023年第12期。

吉林省各高校纷纷依托学校优势专业，结合吉林省市场需求、新兴科技等建立微专业。如通化师范学院、长春建筑学院等高校建立文旅类微专业。长春建筑学院依托文化产业管理专业建立智慧文旅项目策划微专业，该微专业结合智慧旅游、电子商务等，培养景区管理策划及宣传人才，并与部分景区实现合作。

四 基于微专业的旅游景区托管模式创新建构

随着旅游业的蓬勃发展，传统景区管理模式已难以满足现代旅游业对高效、专业和个性化的需求。基于微专业的旅游景区托管模式能出色地适应现代旅游业需求，有力提升景区的竞争力和可持续发展能力。

（一）微专业在景区托管中的角色定位

1. 精准知识传递者

微专业在景区托管中，扮演着精准知识传递者的核心角色。微专业不仅能够输送系统化的专业理论知识，还能够融合丰富的实践经验，确保景区管理者与员工能够紧跟行业脉搏，洞悉最新管理方法与技术动态。微专业精心构建的课程体系，横跨旅游、管理、文化、艺术等多个维度，为托管团队构建起坚实而多元的知识框架。这种跨学科的知识融合，有效促进了团队对前

沿管理理念的深刻理解与实际应用，显著提升了景区的运营管理效率与服务质量。通过微专业的精准知识传递，景区托管团队得以在激烈的市场竞争中保持领先地位，实现可持续发展。

2. 专业技能培训者

微专业作为专业技能培训者，其核心价值在于紧密贴合景区管理的实际需求，定制化地设计并实施一系列高效的技能培训项目。这些项目不仅涵盖了旅游服务技能这一基础领域，如提升导游的讲解能力、优化游客接待流程等，还深入到应急处理技能与营销策划技能等关键领域。在应急处理技能方面，微专业通过模拟演练、案例分析等方式，强化景区员工对突发事件的快速响应与处理能力，确保游客安全及景区秩序。在营销策划技能方面，微专业则结合市场动态与游客偏好，教授先进的营销理念与实战技巧，助力景区创新营销策略，提升品牌影响力和市场竞争力。通过系统化的培训，微专业能够迅速将理论知识转化为实际操作能力，使景区托管团队在掌握核心技能的同时，也能灵活应对各种复杂情境，为游客提供更加个性化、高品质的服务体验。这种以需求为导向、以实践为重点的培训模式，不仅提升了景区员工的整体专业素养，更为景区的长远发展奠定了坚实的人才基础。

3. 科学决策支持者

微专业在景区托管经营中扮演着至关重要的科学决策支持者角色，其独特的专业优势为景区带来了前所未有的决策智慧。通过深入剖析景区发展趋势，微专业能够运用前沿的数据分析工具和方法，精准预测市场走向，为景区制定长远的发展规划提供坚实的数据支撑。同时，微专业还密切关注游客需求的变化，通过大数据和调研手段，精准捕捉游客的偏好和行为模式，为景区产品创新和服务优化提供宝贵的参考意见。在营销策略的制定上，微专业不仅能够分析竞争对手的策略，还能够结合景区自身特点，制定差异化的营销方案，有效提升景区的市场影响力和竞争力。通过微专业的决策支持，景区能够更加科学地配置资源，优化管理流程，降低运营成本，实现经济效益和社会效益的双赢。

（二）管理模式创新

1.信息化管理系统

信息化管理系统的引入是微专业旅游景区托管模式创新的关键。信息化管理系统通过集成各种信息技术，如云计算、大数据分析和人工智能等，为景区管理提供强大的数据支持和决策工具。通过实时收集和分析游客行为、消费模式和反馈信息，信息化管理系统能够帮助管理者更准确地预测游客需求，从而实现资源的优化配置。例如，信息化管理系统可以自动调整游览路线，以避开拥堵区域，或者根据游客偏好推荐个性化游览项目。此外，信息化管理系统还能够监控景区内的基础设施状态，确保服务质量和游客安全。通过信息化管理系统，景区不仅能够提升游客体验，还能够提高运营效率和降低成本。

2.流程优化技术

流程优化技术的应用是微专业旅游景区托管模式创新的一个重要方面。通过识别和分析现有的管理流程，管理者可以发现并消除不必要的步骤，简化工作流程，从而提高整体的工作效率。流程优化技术通常包括流程图绘制、关键路径分析和瓶颈识别等，可以帮助管理者清晰地了解各个流程环节，找出效率低下的原因，并制定相应的改进措施。例如，通过优化票务系统，减少游客排队等候的时间，或者通过改进内部沟通机制，加快决策过程。流程优化不仅能够提升游客的满意度，还能够释放员工的潜力，使他们能够更专注于提供高质量的服务。

3.持续改进与反馈机制

持续改进与反馈机制是微专业旅游景区托管模式创新的基石。这种机制鼓励管理者和员工不断地寻求改进的机会，通过收集游客和员工的反馈，持续优化服务和管理流程。建立一个有效的反馈系统，可以确保景区能够及时响应游客的需求和期望，同时也能够激励员工参与到改进过程中来。例如，通过设置意见箱、在线调查或者客户服务热线，收集游客的意见和建议，然后对这些信息进行分析，找出服务和管理中的不足之处。此外，定期开展员

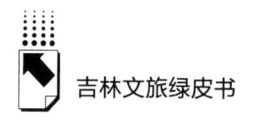

工培训和研讨会也是持续改进机制的一部分，可以帮助员工了解最新的管理理念和技术，提高他们的专业能力。通过持续改进与反馈机制，景区能够不断地提升服务质量，增强竞争力。

（三）服务模式创新

1. 个性化游览体验

个性化游览体验是服务模式创新的核心。在微专业旅游景区托管模式下，深度挖掘和分析游客数据，可以为游客提供定制化的服务和体验。景区可以利用大数据技术收集游客的偏好、行为习惯和反馈，并结合人工智能算法预测游客的需求和兴趣点。例如，分析游客在社交媒体上的讨论和分享，了解他们对特定景点或活动的兴趣，进而推荐相关的游览路线或活动。此外，景区还可以利用人工智能根据游客的历史行为和实时位置，动态调整推荐内容，确保每位游客都能获得独一无二的游览体验。

2. 服务设施完善

服务设施的完善是提升游客直观感受的关键。微专业旅游景区托管模式强调对现有服务设施的持续改进和创新。景区应优化游览路线，确保游客能够顺畅地访问所有景点，减少等待和拥堵时间。同时，景区应根据游客的实际需求对休息区、餐饮点、洗手间等服务设施进行合理布局和设计，以提供舒适便捷的服务。此外，景区还可以引入智能导览系统、多语言解说服务和无障碍设施，满足不同游客群体的需求。这些改进不仅能够提高游客的满意度，也能够展示景区对服务质量的持续追求。

（四）营销策略创新

1. 市场定位精准化

市场定位精准化是营销策略创新的首要步骤。通过深入分析游客的人口统计特征、消费习惯和行为模式，景区能够更准确地识别目标客户群体。利用大数据技术，景区可以收集和分析游客的在线行为、反馈和评价，从而洞察游客的需求和偏好，进而制定更有针对性的营销策略，如定制化的旅游产品、特色活动和优惠套餐，以满足不同游客群体的特定需求。此外，市场定位精准化还包括对竞争对手的分析，了解他们在市场中的位置和优势，以便景区能够在竞争中突出自己的特色和优势。通过这种方式，景区能够更有效地吸引和保留目标客户，提高市场竞争力。

2. 多渠道营销

多渠道营销是景区扩大影响力和吸引游客的重要手段。在微专业旅游景区托管模式下，景区可以利用多种在线和离线渠道进行营销推广。社交媒体平台如微博、微信等，为景区提供了与游客互动和分享信息的机会。通过发布吸引人的内容、举办在线活动和竞赛，景区可以增加在线曝光度和参与度。景区可以利用搜索引擎营销和社交媒体广告，针对特定人群进行精准投放，提高转化率。同时，景区还可以与合作伙伴和地方社区进行联合营销，扩大宣传范围。多渠道营销策略需要景区不断评估和优化各个渠道的效果，以确保营销资源的有效利用。

3. 互动营销

互动营销是增强游客参与度和品牌忠诚度的有效方式。景区可以鼓励游客分享他们的旅游体验，利用口碑效应来提升品牌影响力。互动营销可以通过多种方式实现。例如，景区可以设置互动体验区，让游客参与到景区的故事和文化中。此外，景区还可以通过用户生成内容（UGC）活动，鼓励游客在社交媒体上分享他们的旅游照片和故事，通过标签或话题进行集中展示。这种互动带来的参与感和归属感可以激发游客的正面情感，促使他们成为景区的自发宣传者。为了进一步增强互动性，景区还可以利用虚拟现实（VR）和增强现实（AR）技术，为游客提供沉浸式的体验，增加他们对景区的兴趣和好奇心。

（五）技术应用创新

1. 旅游信息技术

旅游信息技术的应用是微专业旅游景区托管模式技术应用创新的重要组成部分。这种技术不仅包括传统的票务系统和客户关系管理（CRM）系统，

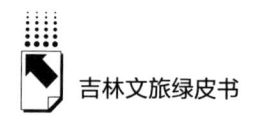

还涵盖了更为先进的技术，如移动应用、AR 和 VR 技术等。通过这些技术，景区能够提供更加丰富和互动性更强的游览体验，同时收集游客的实时反馈和行为数据。例如，移动应用可以集成导航、导览、在线预订和即时信息服务，使游客能够更加便捷地规划和享受他们的旅程。此外，AR 和 VR 技术可以为游客提供沉浸式的体验，增加他们对景区的兴趣和参与度。旅游信息技术的应用还涉及数据安全和隐私保护，确保游客信息的安全和景区数据的完整性。

2. 大数据分析

大数据分析在微专业旅游景区托管模式中的应用，为景区提供了深入洞察游客行为和偏好的能力。通过收集和分析游客的在线行为、交易记录、反馈和评价，景区能够识别出潜在的市场趋势和游客需求。这些分析结果可以帮助景区优化服务流程，提供更加个性化的服务和产品。例如，通过分析游客的游览路径和停留时间，景区可以调整游览路线和活动安排，以提高游客满意度。同时，景区可以利用大数据分析预测游客流量，进行资源分配和人流管理。此外，景区可以利用分析结果来制定更加精准的营销策略，提高营销活动的效果和投资回报率。

3. 智能管理系统

智能管理系统是微专业旅游景区托管模式技术应用创新的前沿领域。这种系统利用智能传感器、射频识别（RFID）和其他物联网（IoT）技术，实现对景区资源的实时监控和管理。智能管理系统可以自动收集和分析环境数据，如游客流量、天气条件和设施状态，从而实现资源的优化配置和调度。例如，智能传感器可以监测游客密度，自动调整游览路线和开放时间，以避免拥堵和过度拥挤。RFID 技术可以用于追踪和管理景区内的资产，如交通工具和救生设备，确保它们的可用性和安全性。此外，智能管理系统还可以与游客的移动设备进行交互，提供个性化的推荐和服务，如智能导览、紧急求助和实时信息更新。通过这些技术的应用，景区能够提高运营效率，降低成本，并为游客提供更加安全和舒适的游览体验。

微专业的引入为吉林省旅游景区的托管模式注入了新的活力。通过精准对接旅游市场需求，微专业培养了一批具有实战技能和创新思维的专业人才，有效提升了景区的管理和服务水平。同时，高校与景区的紧密合作，为学生提供了宝贵的实践机会，也为地方经济的发展注入了新动力。展望未来，微专业与旅游业的深度融合，将为吉林省乃至更广泛地区的旅游业发展带来更加广阔的前景。

参考文献

魏雪寒：《我国高等教育微专业建设的研究现状与建议》，《科技风》2023年第15期。

李志峰：《探索人才培养新模式高校开设"微专业"》，《重庆日报》2023年4月21日。

王熙、叶英杰：《"微专业"课程体系构建与媒介素养教育创新》，载《大学素质教育（2023年上）》，2023。

朱丽男、董志文：《旅游景区委托管理初探》，《中国集体经济》2010年第15期。

张江涛、段颖：《旅游院校托管景区管理模式初探——以榆次后沟为例》，《太原城市职业技术学院学报》2011年第5期。

秦磊毅、陈鹏：《高校微专业教育的概念特征、目的价值和发展策略》，《教育学术月刊》2023年第12期。

王树乔、李小聪：《江苏高校人才培养与区域经济发展协同发展研究》，《江苏商论》2024年第1期。

刘肖冰等：《海南自贸港建设背景下旅游业人才现状及需求分析》，《海南开放大学学报》2023年第1期。

崔英方、张晓玲、丁洁：《旅游业高质量发展背景下江苏省旅游人才需求特征研究》，《商展经济》2024年第1期。

张楠：《我国旅游人才市场需求与供给现状分析》，《旅游纵览》2017年第24期。

吴若飞：《高校旅游管理专业本科教育的现状及其对策》，《旅游纵览》2016年第24期。

刘杨：《文化产业与旅游业融合发展格局下高校旅游管理专业建设研究》，《经济师》2021年第12期。

张轩：《吉林省区域旅游一体化发展研究》，吉林大学硕士学位论文，2018。

宋银萍：《高校旅游专业校企合作人才培养模式》，《科学咨询（教育科研）》2019年第1期。

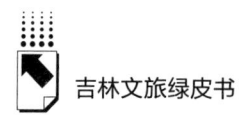

殷世东、桑安琪：《教育学专业+"微专业"课程模块化设置研究——教育学专业+微化学教育专业》，《化学教育（中英文）》2024年第12期。

张江涛、段颖：《旅游院校托管景区管理模式初探——以榆次后沟为例》，《太原城市职业技术学院学报》2011年第5期。

朱云霞：《城市周边旅游景区委托管理困境初探——以上海朱家角古镇旅游景点为例》，《现代商业》2018年第14期。

朱丽男、董志文：《旅游景区委托管理初探》，《中国集体经济》2010年第15期。

G.13
打牲乌拉文化助力长白山旅游品牌升级路径研究

胡 迪*

摘　要： 打牲乌拉历史文化资源源远流长，内涵丰富。本文梳理了打牲乌拉文化所蕴含的三大文化内涵，辩证地分析了打牲乌拉文化旅游品牌升级的理论基础；分析了长白山旅游品牌发展现状与新时期发展困境；利用供需理论，总结阐述了打牲乌拉文化助力长白山旅游品牌升级的路径；根据旅游动力学理论，提出了打牲乌拉文化助力长白山旅游品牌升级发展的对策建议，希望通过助力长白山旅游品牌升级，加速构建"长白山文化引领、打牲文化溯源、地域文化板块协同、全域旅游供给推进"的吉林省旅游产业发展新格局，从而加快完善吉林省现代旅游业体系，打造世界知名、国际一流的重要旅游目的地。

关键词： 打牲乌拉文化　长白山　旅游品牌升级

"欲知大道，必先为史"，习近平总书记指出："数千年来，中华民族走着一条不同于其他国家和民族的文明发展道路。我们开辟了中国特色社会主义道路不是偶然的，是我国历史传承和文化传统决定的。"[1] 在开放、多元、平等的历史观影响下，我们应该更加重视少数民族自身的历史维护。东北地区的打牲文化以其独特的民族基因，为我国东北边疆

---

* 胡迪，长春财经学院副教授，研究方向为旅游历史文化。
[1]《中国道路具有深厚历史文化内涵》，中国政府网，2016年5月17日，www.gov.cn/xinwen/2016-05/17/content_ 5073897.htm。

地区留下了许多深刻的历史烙印。吉林省旅游和文化资源十分丰富，但分布不均、区域发展不平衡问题较为突出。长白山作为吉林省旅游发展的源起和文旅融合发展的高地，如何在旅游品牌升级的过程中践行习近平文化思想，不断强化旅游系统谋划、科学布局，是吉林文旅需要解决的重要问题。

一 打牲乌拉文化助力旅游品牌升级的理论基础

（一）打牲乌拉文化的概念与内涵

1. 打牲乌拉的概念

打牲乌拉，在历史古籍文献中写作"打牲乌喇"，其满语为"布特哈乌拉"，布特哈为"畜禽"之意，乌拉是"江河"之意，翻译后意为"江河渔猎之地"。

> 粤（穄）（穄）乌拉总管衙门，原系我朝发祥根本重地。自太宗文皇帝御极之初，专为采捕本朝各坛庙、陵寝四时祭品而设。向由都京总管内务府分区之地。当蒙太宗文皇帝专赏采贡田土，从无杂税。所有教民、行政之道，均系专奉特旨指示遵行，至今已阅二百余载。

从《打牲乌拉志典全书》原序可见，打牲乌拉历史悠远，可追溯至清皇太极之时。当时的打牲乌拉衙门隶属于清朝内务府，专门负责采捕东珠、松子、鳇鱼等皇室所需的东北特产，供皇室坛庙陵寝祭祀、享用。据史籍记载，明朝时海西女真乌拉部建有乌拉城，位于今吉林省吉林市西北的乌拉街。明万历四十一年（1613年），努尔哈赤灭掉海西女真乌拉部，在此地设置打牲乌拉府。后金天命十一年（1626年）皇太极继位后，派遣哈勒苏在此筹建打牲乌拉总管衙门，为后金储备战略物资，并为清朝后世在此设立吉林船厂将军衙门、吉林将军衙门奠定了坚实的物质基础。[1] 今天，无论我们研究打牲乌拉总管衙门，或是仅仅挖掘打牲乌拉文化，都会涉及打牲乌拉的历史沿革、典章制度、牲丁种类、数目、每岁呈进贡产类，以及贡物所属官庄和贡山贡河的基本情况，这对深入研究吉林省打牲乌拉文化以及挖掘长白山特色文化都有着重要的作用。[2]

2. 打牲乌拉文化的概念

从《清实录》等官修史书及地方志典来看，打牲乌拉文化可以追溯到清入关以前，东北少数民族保有"狩猎、渔猎"的生活方式，这些先民们运用"狩猎、捕捞、采摘、刨挖等手段，获取所需之山野菜果、中药补品、江河水产、天地禽兽"的生活方式，不仅是他们在自然环境中生存的必要手段，更是东北少数民族特有的"战斗力"的来源。不仅如此，打牲也是人们追求和崇尚"天人合一"自然精神的体现。

在清代，内蒙古、黑龙江、吉林等广大地区普遍存在着打牲活动，也有着诸多打牲部族、打牲地、打牲衙门。打牲活动涉及清代社会的地理、历史、军事、治安、火器、生态、民生等诸多方面，清代东北地区的打牲部族、打牲部落、打牲地以及打牲衙门的兴衰与演变，也关系着清代东北地区的军政结构、社会安定与民族政策等诸多方面。打牲活动中牲丁的劳作习惯、生活习俗、生产工具的选择，以及牲丁的流动与组织管理等内容，构成了东北独特的打牲乌拉文化，而打牲衙门的兴衰更与整个清王朝的命运相依存。目前学界尚未有针对清代东北地区所有打牲活动、打牲部族、打牲衙门、打牲文化作总体考察的研究。挖掘打牲文化，为吉林文旅产业注入更深厚的文化内涵，助力长白山旅游品牌升级也必将成为学界关注的焦点。

---

[1] 清代文书中有吉林乌拉与打牲乌拉两处地名。一处名曰船厂，后置省会，移驻将军，被称为"吉林乌拉"，在今吉林市，有时也称"乌拉"，或"小乌拉"。另一处与宁古塔、伯都讷、三姓、阿勒楚喀等同隶属于吉林乌拉的打牲乌拉，在今吉林市永吉县乌拉街，也被称为"大乌拉"。即"大乌拉"隶属于"小乌拉"，为行文方便，本文不做区别和具体介绍。

[2] 任柏林：《〈打牲乌拉志典全书〉与〈打牲乌拉地方乡土志〉研究》，东北师范大学硕士学位论文，2020。

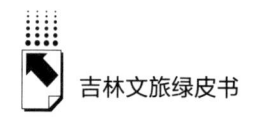

3.打牲乌拉文化的内涵

打牲乌拉总管衙门在它二百多年的存续过程中,从最初仅有数百人的采捕组织,发展成为辖有数万旗民的朝贡衙署,其牲丁人口数量、生产劳作情况,无疑都对当时的社会经济文化有着深远的影响。[①] 可以说"打牲乌拉文化是世居打牲乌拉的人们,长期以来在乌拉地方从事采捕、驯养、狩猎、渔猎、农耕等生产活动中,用他们勤劳的双手和艰辛的劳作创造的灿烂而辉煌的古代文明"。[②] 它所承载的历史与文明也烙印在孕育这种文化的大地上,成为我们今天所看到的文化遗产。

（1）贡品——打牲乌拉文化的物质核心

在清代,皇室的祭品、用品多取之于缘起之处长白山,清初专门设立的打牲乌拉总管衙门负责相关事宜的统筹与督办管。清代打牲乌拉地区的贡品种类繁多,不同时节所献贡品有所区别,其中较为名贵的贡品主要有人参、东珠、貂皮、绿松石、蜂蜜、松籽、鲟鳇鱼、细鳞鱼各种珍馐鱼肉、名贵山珍、上乘裘皮、上等猎鹰等；食品类贡品包括谷物、麦类、果蔬、兽肉及鱼鲜；动物类贡品包括飞禽和走兽。贡品还包括为宫廷筹集的装饰品、军备药品,以及箭杆、桦皮、骨角、鹿尾和雕翎等稀有物品。

（2）打牲地——打牲乌拉文化的生态空间

清朝入关后,打牲乌拉地区作为"龙兴之地"备受重视,同时为了保障清廷贡品质量与数量以及皇室专享的权利,该区域的封禁制度格外严明,特别是打牲乌拉地区的森林、山脉、河流皆被列为禁山、禁河和围场,严禁百姓开荒、渔猎和居住,并派兵丁按时巡逻把守。顺治元年（1644 年）到顺治十八年（1661 年）,清朝修建了一条南起凤凰城（今辽宁凤城）西南,北到开原附近的威远堡,再折而转向西南,直到山海关与长城相接,长1950 余华里的"柳条边",史称"盛京边墙",又称"老边"。康熙九年（1670 年）到康熙二十年（1681 年）,从开源向北,经梨树、伊通、长春、

[①] 李新宇:《"打牲"与打牲乌拉总管衙门研究》,吉林师范大学硕士学位论文,2015。
[②] 鲍成学:《打牲乌拉多媒体资源库建设探析》,《图书馆学研究》2016 年第 13 期。

九台到舒兰修筑了一条"新边"。边设"门",派官员把守,使这里的大片土地被"保护"下来。据文献记载,打牲乌拉衙门拥有男妇五万余人,村屯二百多处,打牲采贡的山场共有二十二处,采贡珠河共有六十四条。① 相对封闭的打牲圈禁措施也使吉林的长白山地区,松花江、鸭绿江、图们江等水域,西部草原、湿地等生态系统,都得到了很好的保护。

而与打牲乌拉相关的城镇则受地势影响,经常受水灾,目前遗存下来的清代打牲衙门相关建筑并不多。在康熙年间,吉林市乌拉街满族镇曾建有五官屯官庄,负责生产供应乌拉街和吉林部分官兵的粮食,并建有义仓,用于接济丁户和赈灾,城内有学府、商铺,城外有窑厂等。曾有"一街三府四祠八庙"等典型特色建筑(群),② 然而由于保护不当,这些建筑在历史的长河中逐渐消残,如今只可见魁府、后府、萨府和清真寺,被称为"三府一寺",2015年被评定为全国重点文物保护单位。目前,在吉林市乌拉街满族镇的200多处文物中,有2项成功申报为世界档案文化遗产,被列为国家级非物质文化遗产代表性项目名录的文物有3项,被列为省级非物质文化遗产代表性项目名录的文物有15项,被列为市级非物质文化遗产代表性项目名录的有24项。③ 这也提醒我们,还需加快对文物古迹进行保护修缮,让文物古迹"活在当下,走得更远"。

(3) 牲丁——打牲乌拉文化的灵魂

牲丁世代服务于清廷,用生命从事采捕工作的5万多名牲丁,扎根在这片白山黑土之上繁衍生息,才使得打牲乌拉文化得以保存至今。而为了采集山珍、水产、粮豆、特产等贡品,牲丁进深山、潜深水、斗天地的拼搏精神也成为打牲文化的重要组成部分。不仅打牲乌拉牲丁曾为保卫边疆做出过贡献,打牲乌拉总管衙门中也不乏英雄豪杰,如迈图、纳齐布禄、穆克登、哈

---

① 王玉梅:《打牲乌拉的贡品文化》,《兰台内外》2017年第6期。
② "八庙"包括老爷庙、药王庙、娘娘庙、龙王庙、财神庙、三青殿、圆通楼七处建筑,第八处不详,有待考证。
③ 冯卓、关众:《挖掘打牲乌拉文化资源大力发展吉林贡品经济》,《税务与经济》2020年第3期。

勒苏、金顺、魁福等。其中穆克登总管曾两次踏查长白山，对清代后世中朝两国边界争议的走向有着重要作用。而打牲乌拉文化中的满族服饰、满族饮食、满族居住、满族生产、满族的交通运输、满族交易、满族社会生活、萨满教信仰、满族人生礼仪、满族传统艺术，无一不是民族民俗文化的瑰宝。

（二）打牲乌拉文化与旅游品牌升级的关系

打牲乌拉文化具有久远的历史性、活态的存在性、清晰的传承性和鲜明的地域性四大特点，而这正是世界文化遗产应具有的条件。打牲乌拉总管衙门有着两百多年的历史，在经济、社会方面取得了长足的进步，为清代吉林地区的开发奠定了基础。而今吉林省旅游品牌打造与其他省份相比起步较晚，标志性旅游品牌较少的劣势不容忽视。随着全国旅游市场竞争日益激烈，长白山可以通过挖掘打牲乌拉文化为旅游品牌赋能，实现旅游品牌升级，赢得市场认可。

1. 打牲乌拉文化可为旅游品牌注入丰富内涵

从旅游品牌的市场需求来看，旅游品牌的成熟需要文化内涵的滋养。吉林省的旅游品牌若要为发展区域经济贡献力量，就必须要结合吉林地域特色，充分挖掘吉林的各类资源，从而实现资源效益的最大化[1]。吉林打牲乌拉文化是值得大力开发并充分利用的本土特色文化，无论是其富含的贡品文化、生态文化、景观文化、科技文化，还是民族民俗文化、人文文化与历史文化，都可以从不同层面丰富长白山旅游品牌的内涵。

2. 打牲乌拉文化可为旅游品牌升级提供定位创意

从文旅融合的角度以及供给侧协调的角度来看，打牲乌拉文化深厚的文化内涵可为旅游品牌升级提供定位创意。长白山物华天宝的资源优势，加之"皇封之地"的历史地位，无疑将为旅游品牌增加旅游经济价值和市场开发潜力。深度挖掘打牲乌拉的历史人文资源、丰富的物产资

---

[1] 冯卓、关众：《挖掘打牲乌拉文化资源大力发展吉林贡品经济》，《税务与经济》2020年第3期。

源、稀缺的景观资源，可以有效助力旅游品牌升级、消费提质扩容，便于形成营销宣传矩阵，从而提升旅游品牌效能。

3.打牲乌拉文化的衍生品可提升旅游品牌的附加值

从品牌发展的角度来看，文化与旅游产业的融合发展势必带动和促进旅游品牌的发展。开发打牲乌拉文化的衍生品，如开发打牲乌拉文化相关的纪念品、工艺品、服饰、食品等旅游产品，不仅可以提升游客的旅游体验，还可以加深游客对旅游目的地的印象。将打牲乌拉文化元素与旅游产品的设计相融合，可以提升旅游产品的知名度与美誉度。此外，旅游企业可以利用打牲乌拉文化进行细分行业的产品创新，如覆盖旅游影视传播、旅游文化演艺、旅游节庆会展、动漫、网络游戏等方向，从而进行旅游品牌的营销和传播，提升打牲乌拉文化旅游品牌的市场热度，进而增强旅游企业的品牌竞争力和影响力。[1]

4.旅游品牌的升级也将促进对打牲乌拉文化的保护与开发

清末著名的东北史家曹廷杰先生认为："钦维我大清龙兴东土，东北实为根本之区……论者第以吉林北接龙江，南辅辽沈，为东方四达之衢，不知其地域广远，东至库页岛，跨海外数千里，东北至赫哲、费牙喀部落，延袤三千余里，重关巨，捍卫天府，实为东北第一雄镇，不仅远迎长白，近绕松花，称形胜之美也。"[2] 打牲乌拉文化是东北特有的文化宝藏，其文化内涵深度及其与现代旅游者需求的紧密程度都有着不可忽视的价值。因此，在助力吉林省旅游品牌建设方面，挖掘打牲乌拉的历史文化、生态文化等文化内涵必将发挥巨大作用。[3] 而从另一角度来看，旅游品牌的发展也势必推动文化产业、旅游产业的升级和转型，对文化寻根、文化溯源、文化保护大有裨益。而通过"品牌杠杆力"的作用，强化旅游品牌蕴含的文化可以推动文

---

[1] 刘妍：《基于信息设计主导的东北打牲乌拉历史图示化研究》，吉林艺术学院硕士学位论文，2021。

[2] （清）曹廷杰：《东北边防辑要》，载自姜维公、刘立强主编《中国边疆研究文库·初编·东北边疆卷二：东北边防辑要·西伯利东偏纪要·东三省舆地图说（外五种）》，黑龙江教育出版社，2014。

[3] 施立学：《彰显地域丰饶的打牲乌拉贡物文化》，《溥仪研究》2015年第3期。

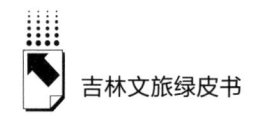

化的保护与发展。也就是说,长白山旅游品牌发展借力于打牲乌拉文化内涵,也会促进打牲乌拉文化的保护和发展,从而形成良性互动,为旅游市场差异化、旅游品牌定位差异化提供优秀案例和成功典范。

二 长白山旅游品牌发展现状与新时期发展困境剖析

(一)长白山旅游品牌发展现状

1. 长白山旅游市场发展现状

近年来,东北地区冰雪旅游深受游客青睐,2023年长白山景区接待游客274.8万人,同比增长260.45%,较2019年同期增长9.44%。[①] 2024年1月1~9日,长白山旅游景区共接待游客5.74万人次,比上年同期增加157.4%,创景区接待人数历史新高。截至2024年9月28日,长白山景区累计接待游客274.84万人次,与2023年长白山景区接待游客274.8万人次的时间节点相比,提前了94天,可见长白山的旅游吸引力持续增强,游客数量呈现逐年上升的趋势。[②]

随着旅游市场的发展,传统的观光旅游已经不能满足游客的深层次需求。为了满足游客的多元化需求,长白山推出了多种旅游产品,如赏秋体验、温泉康养、红叶漂流、赏枫品茗、山野露营、历史民俗、浪漫旅拍、亲子研学和旅居度假等。这些旅游产品的设计与推出无疑将成为提升游客旅游体验、推动长白山旅游产品内涵提质的亮点。长白山拥有"玩雪到吉林"的市场规模与"避暑到吉林"的市场认可度,使其成为吉林省旅游引流的重要地标。

[①] 《长白山新雪季旅游市场持续火热 景区接待人数历史新高》,吉林省长白山保护开发区管理委员会网站,2024年1月10日,http://changbaishan.gov.cn/zwgk/zwdt/zbsyw/202401/t20240110_261511.html。

[②] 《长白山景区接待游客突破274.84万人次,长白山秋季旅游持续火爆》,中国吉林网,2024年9月28日,https://baijiahao.baidu.com/s?id=1811440525075071824&wfr=spider&for=pc。

2.长白山旅游品牌开发现状

第一,长白山挖掘历史文化资源,彰显文化的厚度。长白山人文历史悠久,多类型文化相依相存。2024年,"长相守 到白头 山为证'爱的告白'"活动在"520"、七夕等节日中获得旅游者的青睐,提高了长白山在年轻人心中的影响力。被誉为"长白山下第一镇"的二道白河镇推出以"长相守到白头"为主题的雪绒花娱雪乐园、云顶市集、雪松森林孤独邮局等旅游吸引物,不断翻转花样招徕吸引游客。同时,长白山正在深度挖掘提炼整合长白山神庙遗址文化内核和旅游资源,打造集人文、历史、旅游于一体的文化旅游新IP;推进长白山老黑河遗址纪念馆建设,推动"粉雪奇缘"项目落地,促进红色游与研学游融合发展,塑造长白山文化新地标;推动文化保护与传承,践行生态文明理念,融入时代发展元素,不断增强长白山文化的影响力和感召力。

第二,长白山挖掘生态文化资源,进一步凸显自然的纯度。长白山是世界少有的"生态博物馆"和"物种基因库",森林覆盖率达87.7%,每立方厘米负氧离子达到12万个,比国际标准高100多倍。[①] 长白山正在对标国际气候资源评估评价标准,整合长白山区域良好的气候和生态资源,打响国际知名度,把"22度的夏天"品牌推向世界,将"凉"资源变成"热"产业,推动生态价值的转化,持续释放生态红利;将"绿水青山"变成"金山银山",推进环长白山慢行绿道建设,开发山地运动、户外健身等休闲产品,努力打造"东北亚第一山地运动目的地"。

第三,长白山挖掘品牌文化资源,不断拓展业态发展的宽度。长白山可以积极打造以"天池开冰季"为首,以"长白秋色""长白春雪"为两翼的网络传播IP品牌,通过深入挖掘长白山人文地理、历史典故、生态故事、红色资源等,从不同侧面推介长白山。可以利用长白山区域世界一流的温泉地热资源,建设一批品牌化、连锁化的温泉康养项目,构建新型高品质康养

---

① 《2024年全区工作会议报告》,吉林省长白山保护开发区管理委员会网站,2024年2月4日,http://changbaishan.gov.cn/zwgk/ldjh/202402/t20240204_261929.html。

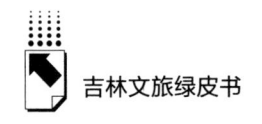

产业模式；打造以"康"为主题、以"游"为载体、以"养"为特色的"飘雪温泉"品牌，建设全民健康、生态宜居、全国一流的健康休闲养生目的地；深度研发文创产品，持续擦亮"长白山礼物"品牌，与"长春礼物"等文创企业共同开发打造属于长白山的特色礼物，让远方来的游客带走长白山的风采与热情。

第四，长白山挖掘文旅服务资源，着力展现旅游服务的温度。长白山是国家首批全域旅游示范区、国家5A级旅游景区，始终把生态保护放在第一位，全面打造名副其实的全域旅游目的地。长白山建设高水平游客集散中心，"集"合服务、方便"散"客。在具体服务工作中，景区未来将着力精准定位产品推介、出行攻略，发展数字文旅，带游客"一机游长白山"，整合旅游要素，力促全面发展，更好地满足游客个性化需求，为其提供官方购票、精选线路、美食住宿、旅游地图、咨询投诉等全方位旅游服务，推动长白山旅游文化产业升级，持续为游客创造安全舒适、放心满意的旅游环境，树立"好客诚信长白"的形象。

（二）新时期长白山旅游品牌升级发展的困境分析

1. 长白山旅游品牌主题定位不清，应继续深化凝练主题

长白山不仅是吉林省旅游发展的缘起和文旅发展的标高，更是我国东北地区的历史文化名山。2024年3月28日，中国吉林长白山世界地质公园正式被列入世界地质公园网络名录，其中五大景点被列为世界遗产景点。长白山采参、长白山满族剪纸等多项世界非物质文化遗产代表性项目，将古老文明的智慧与情感默默注入"长白天下雪"等长白山旅游品牌，为全省文旅市场快速复苏、火爆出圈提供了支撑和保障。然而，目前长白山旅游资源的开发利用仍存在文化融合表面化、产品融合表象化等问题，文化和旅游的深融合和广融合仍面临挑战。在长白山旅游资源开发和建设过程中，文化和旅游资源的契合点尚未找到，文化内涵挖掘和阐释不到位，导致产品形式同质化严重，开发模式单一，特色和创新性不足。重视满族、朝鲜族等少数民族以及打牲乌拉文化与长白山历史文化的紧密联系，将有助于长白山找准旅游

品牌的定位，这些元素不仅为长白山成为世界旅游目的地增加品牌优势，也将为吉林省旅游品牌形成全域联动奠定良好基础。

2.长白山旅游品牌文化内涵不足，应加强特色文化内涵建设

长白山旅游品牌应结合打牲乌拉文化内涵建设，不断丰富旅游形象，升级其旅游产品，并开发历史文化旅游线路，利用其现有丰富的自然资源，辅以开发利用历史文化资源，将历史古籍中的文化脉络、民族文化梳理、活化并呈现出来。一是长白山对满族文化遗址以及满族民风、民俗开发挖掘利用的力度不够。长白山区域内的满族文化遗址较多，满族民风民俗丰富多彩，多数文化遗址类旅游资源正处于保护维修状态，完成挖掘整理的遗址资源较少。二是满族文化融入长白山旅游发展的深度不够。具体来讲，长白山辖域内旅游景区缺乏具有满族文化特点的标志性建筑，景区内可见的满族文化元素不够突出，没有把满族文化作为宣传长白山的桥梁，达到科学的对接与巧妙的融合，也没有做到将满族文化和长白山经济、环境、地方特色融为一体。三是长白山满族文化特色与现有旅游业关联度还不够高，很难实现文旅产业的进一步优化升级，这也是长白山旅游品牌升级亟待解决的问题之一。[1]

3.长白山旅游品牌升级缺乏科技供给，应加强数字信息力量

新时期，长白山地区旅游业面临着市场竞争激烈、环境资源压力大等困境。为了应对这些挑战，长白山旅游企业仍需要积极探索创新发展的思路，如提升产品差异化、促进合作与共赢、培养专业人才等，以推动行业实现更可持续、高质量的发展。技术的创新应用也是推动行业变革的关键。信息技术在旅游领域的应用不断深化，互联网为人们提供了更便捷、高效的预订方式，电子商务平台拓宽了销售渠道，提高了旅游产品的可比性和透明度。长白山品牌面对国内旅游市场的激烈竞争，一方面，应加强数字信息系统的完善，保证旅游产品营销、分销，旅游形象宣传。另一方面，应加强以数字历史文化为核心的旅游品牌升级。在文旅融合的时代背景下，长白山旅游品牌

---

[1] 陈新月：《吉林市的满族文化与城市发展研究》，《城市建设理论研究》2019年第12期。

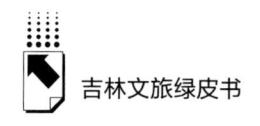

升级，还应注意长白山历史文化资源的数字化研究与应用。数字历史文化资源建设不仅可以有效地解决长白山旅游品牌内涵建设及升级等实际问题，还可以推进数字文化强省、数字旅游强省工作，为提振吉林省全域全季旅游整体规划提供内涵支撑。

三　打牲乌拉文化助力长白山旅游品牌升级的路径

（一）以打牲乌拉历史文化为内涵塑造旅游品牌形象

首先，将长白山景区附近的讷殷古城纳入开发建设规划中，增加满族文化内涵建设，让旅游者切实地感受到讷殷古城中女真人较为原始的文化状态和生活环境，便于深入挖掘长白山旅游文化内涵，助力其品牌升级。讷殷古城原占地30万平方米，现修复面积23万平方米。2017年5月，被国家旅游局评为"全国优选旅游项目"，2018年11月，被评为国家4A级景区。目前古城深度结合长白山人文历史和旅游功能等五大体系，已具备进一步深入开发富有满族历史人文内涵的沉浸式特色旅游服务产品的基本条件。

其次，以打牲乌拉采捕贡山为历史文化形象，定位长白山为中国重要的满族历史文化旅游区，强调其作为满族发祥地之一的历史地位和文化价值。通过对长白山历史文化的挖掘与展示，深入挖掘和展示打牲乌拉的历史文化资源，包括乌拉部故城、打牲乌拉总管衙门等历史遗迹，以及满族特色文化，如建筑风格、传统手工艺、民俗活动等。通过举办文化活动、展览等方式，让游客深入地了解满族的历史和文化。在旅游项目的开发方面，结合水网疏通，形成岛链格局的旅游线路，重点打造农业生态、雾凇景观、温泉度假以及冰雪活动等项目。通过这些活动，让游客亲身体验满族文化的魅力，增强旅游体验的互动性和参与感。还可以利用现代传媒手段进行品牌宣传，如社交媒体、旅游网站等。同时，可以与旅行社合作，推出打牲乌拉历史文化旅游线路，吸引更多游客前来体验。通过上述措施，长白山可以有效地塑造打牲乌拉历史文化的旅游品牌形象，成为集历史文化、自然景观、民俗体验于一体的旅游目的地，吸引国内外游客前来观光旅游，促进当地旅游业的发展。

（二）以打牲乌拉贡品文化为核心开发旅游消费产品

贡品文化是集物质和非物质文化于一体的中国特有的文化遗产。开发贡品文化有利于开发长白山旅游消费产品。首先，可以利用打牲乌拉贡品种类繁多、物品优质的特点，开发满族旅游特色纪念品。根据长白山旅游市场的需求，通过文化溯源与寻根将打牲乌拉特色贡品设计制作成有鲜明地域特色、满族民俗特色的旅游纪念品。特别是可以通过数字技术或场景搭建，尽量还原各种打牲乌拉贡品的自然生长环境、采捕条件，突出采捕过程、加工工艺等文化内涵。

其次，可以将打牲乌拉贡品融入满族特色餐饮、特色菜品等旅游产品中。秦汉时期，满族的先世肃慎人已经开始使用烧、蒸、煮等方法，"多畜猪，食其肉"，兼食杂谷。南北朝时，勿吉人已懂得用盐来调节口味，并掌握了用"糜"造酒的方法，"嚼米为酒，饮之亦醉"（《北史·勿吉传》《隋书·靺鞨传》）。辽金时期，饮食多粟肉兼食，基本沿袭先世旧俗。此时的女真人在饮食上没有明显的主副食界线。《三朝北盟会编》载："以豆为酱，以半生米为饭，渍以生狗血及葱韭之食，和而食之，芼以芜荑（杂以野菜）。"清代，满族饮食的种类、制作方法、食用方式都不断得到丰富，尤其是入主中原后，吸收汉族及其他民族的饮食文化，满族饮食文化得到飞跃发展。如果将打牲乌拉贡品物产开发融入满族特色餐饮中，如将个别菜品的生产制作过程以视频形式或现场明厨料理等形式进行展示，或将餐饮产品品尝与民族特色歌舞演艺等形式相结合来进行展示，提升旅游品牌影响力。可以借鉴目前文旅市场较火爆的汉服沉浸式体验餐厅"宫宴"的案例，以民族服饰、民俗特色美食和名人典故场景相结合的方式向大众展现美食之美，让体验者充分感受到文化之美。

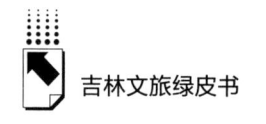

（三）以打牲乌拉景观文化为依托开发文博文创产品

打牲乌拉文化资源是吉林省发展旅游业不可多得的优势资源，因此，我们要以打牲乌拉景观文化为依托大力开发文博文创产品。一是重视打牲乌拉非物质文化遗产的保护与传承，通过建立各类数字非遗展示馆与传习馆，为旅游者提供旅游体验感、互动性强的休闲旅游文化环境，为研学者提供知识浓度高、文化要素丰富的文博旅游产品。二是加强公共文化设施的建设，特别是建设专业的打牲乌拉博物馆和展览馆，虽然短期内投资大收益小，但从长期来看，将促进吉林省文旅产业发展，对提升旅游者文旅体验价值感大有裨益。三是利用民族传统节日和民间活动推广和宣传满族文化、打牲乌拉文化。这种活动在提高长白山知名度的同时带动相关文化旅游的兴起。四是长白山区域内的旅游小镇应注重在城市规划和建设中融入民族文化因素，加大满族特色文化街区、特色建筑的建设力度，让打牲乌拉地域文化与特色景观相融合，成为一种稀缺资源，成为能够吸引更多游客旅游打卡的"必去地标"。五是创意开发打牲乌拉文化相关的文创产品，利用吉林省丰富的物产和民族特色设计元素，加强与满族剪纸、铁艺、绳编，民俗故事、地方曲艺等非遗传承项目的纵深合作，多设计推出具有打牲乌拉文化特色的旅游文化纪念品。

（四）以打牲乌拉历史人物为线索设计旅游游览路线

打牲乌拉地域内不仅留下了乌拉街等古建筑、打渔楼等大量古迹，在漫长的历史积淀过程中也涌现出多位知名文人、雅士和历史人物，如打牲乌拉总管、协领、吉林将军等。清代帝王东巡长白山必由吉林将军接待或负责地方供应，可以挖掘东巡路线及相关历史人物典故，开发名人旅游线路。清朝建立后，以长白山为祖源之地，派有八旗驻防，并设立封禁。如康熙十六年（1677年）康熙派遣大臣武默纳、侍卫费耀色等考察长白山。康熙十七年（1678年）正月，康熙帝命"赍封长白山之神，祀典如五岳"，派官员赴长白山祭拜。乾隆、嘉庆、道光三朝皇帝亦于出关东巡时，多次隆重祭祀长白山,并给予长白山更为崇高的地位。皇帝除了亲自东巡长白山,还多次派遣大臣踏查长白山,了解长白山的山水形势。长白山可以根据文献资料复原这些皇帝与大臣出行长白山的路线,开发出旅游观光线路,从而增加游客的旅游体验,增强长白山旅游的神秘感、价值感和认同感。

四 打牲乌拉文化助力长白山旅游品牌升级发展的对策建议

(一)强化品牌营销与宣传

由于打牲乌拉文化资源涉及地域广阔,强化旅游品牌营销与宣传时,要特别加强"顶层设计",而当前依靠个别景区,旅游经营单位企业单打独斗的开发方式,显然难成品牌气候。因此,呼吁相关部门在推出长白山旅游品牌顶层设计的同时,认真整合资源,大力进行综合开发,联通全省各区域旅游产品,统一布局。从振兴吉林经济的战略高度,把推介长白山旅游品牌当作一个新的经济增长点,进行统筹规划。推广长白山旅游品牌,就是要讲好长白山故事,力争做好对外宣传。自古以来打牲乌拉文化从不缺少故事,缺少的是对这些故事进行收集整理和宣传推广。建议相关部门在加强打牲乌拉文化摸底研究工作的同时,与吉林省媒体及宣传部门进行联动,加大对打牲乌拉文化的宣传和推介力度,使游客更加深入地了解打牲乌拉文化,从而激发游客对吉林、长白山的兴趣和喜爱。

(二)挖掘和利用文化资源

应深刻挖掘打牲乌拉文化内涵中的贡品文化,形成贡品经济,并将其纳入长吉图发展战略。充分调动打牲乌拉文化覆盖地域的积极性,结合当地物产资源状况和旅游市场发展水平,促进其形成以打牲乌拉贡品文化为核心的旅游经济带。把挖掘打牲乌拉文化、发展打牲乌拉贡品经济与长白山旅游品牌升级相结合,将打牲乌拉贡品经济作为长白山旅游产业的核心板块,着力发展和拓展长白山周边旅游产品,并利用现代传媒手段,如社交媒体、网络

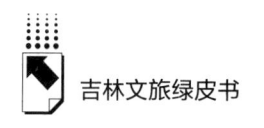

广告等，提高长白山旅游品牌的知名度和影响力。同时，结合传统文化元素和现代创意，设计具有长白山特色的旅游宣传口号和形象标识，增强品牌记忆点，突出满族文化元素以及打牲乌拉文化特色。

（三）举办特色文化活动

吉林的打牲乌拉文化具有满族特色浓郁、地域特色鲜明、注重生态平衡、崇尚自然、追求发展传承等一系列特点。因此，可以定期举办具有长白山特色的文化节庆活动，如长白山冰雪节、开山美食节等，并将打牲乌拉文化中满族特色浓郁的饮食习俗、祭祀习俗、竞技娱乐习俗融入其中，从而吸引国内外游客参与，展示长白山的文化魅力和旅游资源，提升旅游目的地的吸引力。

（四）创新文旅融合发展模式

推动文化和旅游深度融合，通过文化创意和科技创新，利用虚拟现实（VR）等数字化技术，打造沉浸式旅游体验。例如，可以通过建设数字民族民俗图书馆、博物馆，提升长白山地区公共文化内涵水平；通过举办各类民族民俗文化体验互动活动和艺术展览，丰富游客的民族民俗文化体验，从而增强旅游目的地的历史文化互动性。上述对策的实施，在有效提升吉林省旅游品牌知名度和美誉度的同时，还可以吸引更多游客前来体验文化旅游的魅力，从而推动吉林省旅游业的持续健康发展。

参考文献

萨英阿：《长白丛书·初集》，吉林文史出版社，1986。
云生：《长白全集·二集》，吉林文史出版社，1988。
金恩晖主编《〈打牲乌拉志典全书〉注释及其研究》，吉林文史出版社，2014。
赵勤、吴广孝主编《乌拉古镇》，吉林出版集团有限责任公司，2011。
任柏林：《〈打牲乌拉志典全书〉与〈打牲乌拉地方乡土志〉研究》，东北师范大学硕士学位论文，2020。

李新宇：《"打牲"与打牲乌拉总管衙门研究》，吉林师范大学硕士学位论文，2015。

冯卓、关众：《挖掘打牲乌拉文化资源大力发展吉林贡品经济》，《税务与经济》2020年第3期。

刘妍：《基于信息设计主导的东北打牲乌拉历史图示化研究》，吉林艺术学院硕士学位论文，2021。

施立学：《彰显地域丰饶的打牲乌拉贡物文化》，《溥仪研究》2015年第3期。

陈新月：《吉林市的满族文化与城市发展研究》，《城市建设理论研究》2019年第12期。

地区篇

G.14 长春市旅游形象可视分析及提升策略研究

曹馨元[*]

摘　要： 城市旅游形象的准确定位和有效传播是城市旅游经济高质量发展的重要条件之一，城市旅游形象的高效营销也成为潜在旅游者旅游动机的重要来源。本文以长春市为例，对城市旅游官方投射形象与游客感知形象的差异进行分析。长春市旅游官方投射形象与游客感知形象在旅游吸引物、旅游环境和旅游评价三个方面呈现高度一致性，在旅游设施、旅游宣传和旅游体验三个方面存在一定的偏差，主要受时间滞后性的影响。

关键词： 城市旅游形象　投射形象　感知形象　长春市

随着我国旅游业快速发展，我国的城市旅游已经从线路游、景点游逐渐

---

[*] 曹馨元，长春财经学院副研究员，研究方向为旅游管理、目的地形象与营销。

过渡到以城市旅游形象为核心的内涵游、文化游。在全民旅游的今天，城市旅游形象的有效塑造和传播已经成为各城市宣传其旅游资源的捷径，以及旅游经济高质量发展的重要条件之一。然而，我国城市旅游形象的建立还存在一定的同质性。例如，长春市在旅游形象塑造时选择的"永远是春天"就与昆明市的"天天是春天"的口号相似，这就使得旅游者对二者的旅游形象极易混淆。本文对长春市旅游官方投射形象与游客感知形象进行可视对比分析，总结城市旅游形象偏移的主要原因，研究城市旅游形象的提升策略，为长春市旅游形象的塑造和宣传提供新思路。

一 城市旅游形象传播演进

（一）传播主体：从官方主导到大众共创

过去的城市旅游形象传播主要由政府部门主导（OGC 模式），官方宣传的内容会致力于追求呈现一个完美的城市形象，也会更注重展现主流意识形态，从较为宏观的视角阐释城市旅游形象。这些来自官方渠道的城市宣传框定了旅游爱好者都会接受的城市旅游形象。各大城市的官方宣传片和宣传海报聚焦城市的名胜古迹、标志性建筑、知名旅游景点等，运用广角或航拍技术拍摄繁华的城市画面，塑造出一幅雄伟壮丽的城市面貌。

互联网的出现改变了自上而下的传播模式，传播权的下放与技术门槛的降低，让越来越多的旅游爱好者在社交媒体上发布信息，打破了传统城市旅游形象的 OGC 传播模式。当前在网络上受到大量关注的网红城市离不开普罗大众的努力，城市居民们基于对居住环境的了解挖掘出城市的独特性，通过用户生成的内容重新定义城市的旅游形象，打造出城市旅游的新玩法，城市也会借此获得网络受众的青睐和认同，这种新型传播模式也被称为用户生成内容（User Generated Content，UGC）模式。UGC 模式的出现让居民和城市空间产生更多的互动。城市居民被包围在城市文化中，在与城市的接触、交流中建立出其所感知的城市实际形象，并借助 UGC

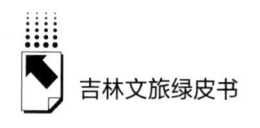

模式进行表达与呈现，对官方的城市旅游形象进行了一些细节化、生活化和亲民化的补充。

随着时代的不断转变，城市也在不断地发生转变，"OGC+UGC"模式的兴起为吉林省旅游城市的发展带来了新的传播机遇。越来越多的居民及旅游爱好者开始主动在各类社交平台上分享生活及旅游感悟，以个体为单位的自发性城市旅游形象传播行为让吉林省各旅游城市得到更广泛的关注。

（二）传播视角：从宏观到微观

OGC模式下城市旅游形象传播主要来自官方策划，各城市的特有风景会被反复提及，使得受众对城市产生固定的印象，比如北京对应的印象有"故宫"和"长城"。由官方进行宣发的城市旅游形象建立在整个国家的大局观下，并与主流意识形态紧密结合，受众所接触到的城市媒介形象是整体的、宏观的，然而用户所体验和观察的城市形象是具体的、微观的，受到民众观察视野和个人兴趣爱好的影响。同时，这些被发布出来的城市旅游形象在编码和解码的过程中充斥着个性化，有着很大的二次创作空间，促进受众之间的交流与互动。

UGC模式融入了生活气息、人文情怀和民俗特色等不同的个人视角，通过饮食、景观、城市设施等具体形象为城市塑造出一个个具象化符号，这些符号会在社交平台中组合成一个更加立体化的城市印象。

在当前媒体环境下，用户个体创作的内容逐渐走向细致化，并有着各式各样的内容分类项目，生活在城市中的受众会将关注点聚焦在各类城市细节上，再借助社交媒体平台来表达自身对于城市生活的感知和体会，使得城市旅游形象从宏观表达转变为具象表达。UGC包含图片或视频所呈现的城市百态，也扩充了原本笼统的城市形象，为官方补足了被其忽视的符号元素，让受众对于城市的印象在不知不觉中变得清晰，让城市旅游形象成为一个有温度、有细节、有情感的具体形象，进而在潜移默化中提升城市的吸引力。

（三）传播内容：从单一到丰富

与城市形象相关的 UGC 日益多样化，探店打卡、景点推荐、公共设施、生活随笔等，都在从不同维度展现一座城市的面貌。部分用户会分享他们前往某些城市进行影视剧取景地的打卡行程，如著名电视剧《人世间》的取景地"净月潭国家森林公园—伪满皇宫博物院—南湖公园—水文化生态园—54 路有轨电车—松苑宾馆—南湖宾馆"旅游线路等，受众能够通过阅览这些打卡笔记找到有相同兴趣话题的群体组织，在交流讨论中扩大城市旅游形象的传播范围，甚至促成线下传播组织活动的形成，这类题材的 UGC 填补了 OGC 模式下城市活动的空白，在潜移默化中建构了受众对于城市的认知。

美食信息是民众在了解一座城市时不可缺少的一部分，因此这类分享内容受到许多用户的追捧。城市特色美食在 UGC 呈现中会更贴近居民生活，小吃摊、市集、街口摊贩也会频繁地出现在用户拍摄的画面中，将城市里普通百姓的生活气息真实地呈现在大众的眼前。

除此之外，城市的人文情怀往往也会使受众在阅读时产生情绪共鸣，唤醒他们对城市的共同记忆。这类图文 UGC 从发布者的个人情感视角出发，透过对城市真情实感的刻画描述，抒发个人的城市生活体会，而具有相似感悟的受众也能通过评论留言与发布者进行互动，进而增加城市形象的传播效力。

UGC 模式下，用户可以在社交媒体平台随时随地记录、分享对于城市的认知感悟，在一定程度上打破了现有的城市形象，让受众从不同的视角"体验"城市生活，借此丰富城市意涵，让城市形象变得更加饱满。

二 吉林省各城市旅游业发展基本情况

（一）景区建设情况

2023 年吉林省各城市 A 级旅游景区分布情况如表 1 所示。从表 1 可以

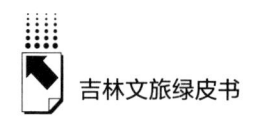

看出，吉林省各城市旅游资源存在较大差异，各城市旅游业发展不均衡。其中，长春市拥有的5A级旅游景区数量最多、为4家，3A级及以上景区共有34家。

表1 2023年吉林省各城市A级旅游景区分布情况

单位：家

等级	长春市	吉林市	四平市	辽源市	通化市	白山市	松原市	白城市	梅河口市	延边州	长白山管委会	总计
5A级	4	0	0	0	1	0	1	0	0	1	1	8
4A级	19	13	5	4	10	6	1	4	4	20	3	89
3A级	11	11	7	18	33	18	12	6	4	21	1	142
2A级	5	12	2	0	9	5	0	2	0	8	0	43
1A级	1	1	4	3	1	0	3	7	0	0	1	21
小计	40	37	18	25	54	29	17	19	8	50	6	303

资料来源：吉林省文化和旅游厅。

（二）旅游人数情况

从图1可以看出，2023年长春市旅游人数约为1.47亿人次，吉林市旅游人数约为0.5亿人次，而其他城市旅游人数在0.05亿~0.18亿人次，呈现跳崖式降低，由此可见吉林省内各市旅游人数差距较大，旅游业发展现状极不平衡。与2019年相比，2023年除长春市旅游人数呈明显增长态势外，其他城市的旅游人数并没有明显增长，有的城市也没有恢复到2019年的水平。

由此可见，吉林省城市旅游业发展还处于初级不稳定阶段。基于此，各市需要集中开发城市旅游资源，塑造属于自己的城市旅游形象，进而促进旅游业稳步健康发展。

（三）旅游收入情况

从吉林省各城市旅游收入来看，长春市、吉林市处于领先地位，2023

长春市旅游形象可视分析及提升策略研究

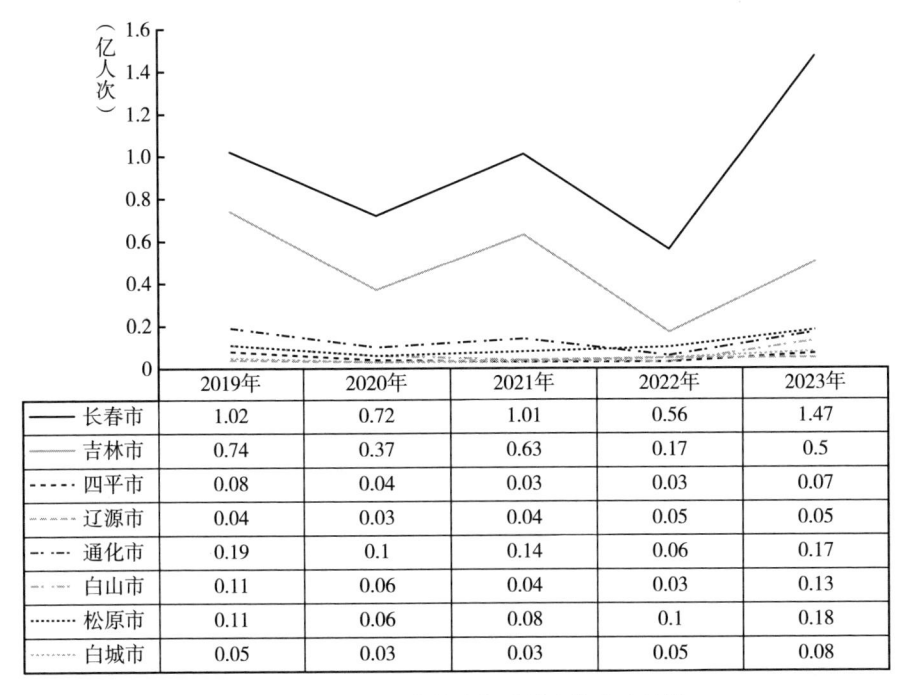

	2019年	2020年	2021年	2022年	2023年
长春市	1.02	0.72	1.01	0.56	1.47
吉林市	0.74	0.37	0.63	0.17	0.5
四平市	0.08	0.04	0.03	0.03	0.07
辽源市	0.04	0.03	0.04	0.05	0.05
通化市	0.19	0.1	0.14	0.06	0.17
白山市	0.11	0.06	0.04	0.03	0.13
松原市	0.11	0.06	0.08	0.1	0.18
白城市	0.05	0.03	0.03	0.05	0.08

图 1　2019~2023 年吉林省部分城市旅游人数情况

资料来源：各市《国民经济和社会发展统计公报》。

年旅游收入分别为 2411.09 亿元、1184.4 亿元，较 2019 年分别增长了 10.02%、141.71%，而其他城市旅游收入均相对较少，且一些城市未达到 2019 年的水平（见图 2）。

（四）城市旅游官方投射形象和游客感知形象对比

本文利用 Python 软件，以吉林省 8 个主要城市为研究对象，对各城市官方网站推荐前十的旅游景点（投射形象）与马蜂窝旅行网排名前十的热门景点（感知形象）相关数据进行对比分析，通过比较 8 个城市的重合景点数量，粗略分析各城市的官方投射形象和游客感知形象的差异程度。结果显示（见表 2），吉林省绝大多数城市的官方投射形象和游客感知形象吻合，重合城市 1 个（吉林市），基本重合城市 1 个（长春市），一般重合城市 5 个（通化市、松原市、白山市、四平市、白城市），不重合城市 1 个（辽源

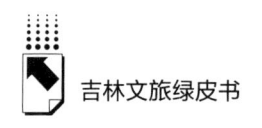

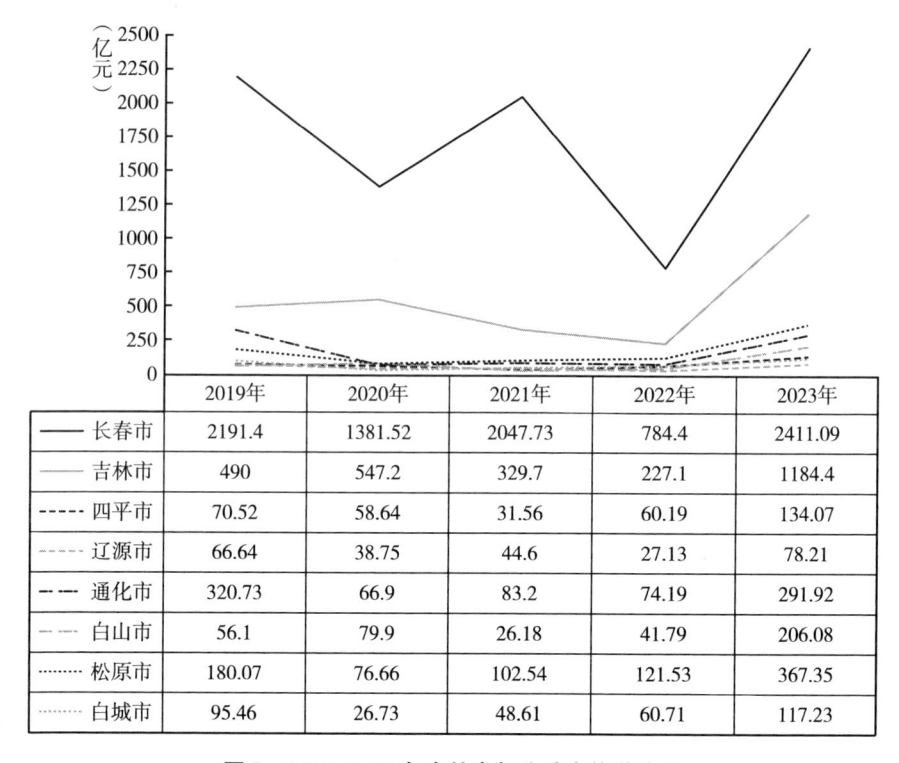

图例	2019年	2020年	2021年	2022年	2023年
长春市	2191.4	1381.52	2047.73	784.4	2411.09
吉林市	490	547.2	329.7	227.1	1184.4
四平市	70.52	58.64	31.56	60.19	134.07
辽源市	66.64	38.75	44.6	27.13	78.21
通化市	320.73	66.9	83.2	74.19	291.92
白山市	56.1	79.9	26.18	41.79	206.08
松原市	180.07	76.66	102.54	121.53	367.35
白城市	95.46	26.73	48.61	60.71	117.23

图2　2019~2023年吉林省部分城市旅游收入

资料来源：各市《国民经济和社会发展统计公报》。

市），表明少数城市未能进行有效整合，没有对城市鲜明的旅游资源进行有效宣传推广，致使游客感知形象与官方投射形象出现较大的偏差。

表2　吉林省部分城市官方网站与马蜂窝旅行网重合景点数量比较

单位：家

分类	城市名称	重合景点数
重合(≥90%)	吉林市	9
基本重合(70%~80%)	长春市	7
一般重合(40%~60%)	通化市、松原市、白山市	6
	四平市、白城市	5
不重合(≤30%)	辽源市	2

资料来源：根据各市官方网站与马蜂窝旅行网排名前十的热门景点整理所得。

三　长春市旅游形象的可视分析

（一）资料来源与可视分析模型介绍

长春市旅游的投射形象网络文本资料主要来源于吉林省文化和旅游厅、长春市人民政府及官方微信公众号中长春市的相关资料，长春市文化广播电视和旅游局官方微信公众号和微博，以及2023年8月长春市形象宣传片《中国长春·风景这边独好》和旅游形象宣传片《这里是长春》等。本文最终选取了2023年7月1日至2024年6月30日长春市相关投射形象网络文本281篇、游客感知形象文本185篇，长春市游客感知形象资料来源如表3所示。

表3　长春市游客感知形象资料来源

单位：篇

网站	马蜂窝	携程网	去哪儿网	途牛网	合计
数量	79	67	24	15	185

本文主要通过原始数据的提炼、整理、分类、分析等步骤进行数据处理，进而对文本数据进行定性可视分析。本文构建的长春市旅游形象可视分析模型如图3所示。

（二）长春市旅游形象对比分析

1. 认知形象对比分析

从表4、表5中高频词分析可见，高频词涉及长春市旅游中的食、住、行、游、购、娱各方面，内容十分庞杂。同时，所涉时间段也涵盖了旅游前、旅游中、旅游后的全过程。排在前列的高频词主要集中在旅游吸引物上。官方投射形象高频词集中在旅游发展理念方面，其中6个动词、2个形

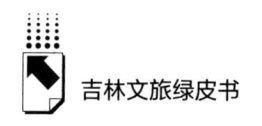

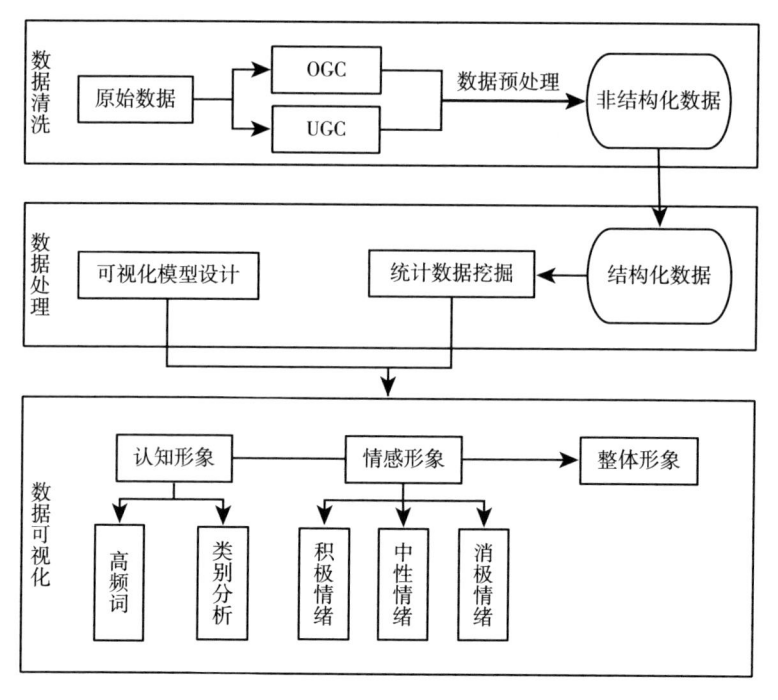

图3 长春市旅游形象可视分析模型

容词都反映出长春市整体的旅游发展举措及创新方向。游客感知形象高频词则集中在体验方面，也出现了如"温泉""打卡"等新颖词语，这也体现出未来长春市在投射形象宣传过程中需要关注的新焦点。

表4 长春市官方投射形象前60位高频词

高频词	频次	词性	高频词	频次	词性
长春	281	名词	景区	209	名词
旅游	281	名词	滑雪	208	名词
文旅	224	名词	伪满皇宫	201	名词
冰雪	222	名词	时间	187	名词
城市	217	名词	游客	184	名词
净月潭	217	名词	长影世纪城	175	名词
滑雪场	217	名词	主题	172	名词
长白山	214	名词	文化	165	名词

续表

高频词	频次	词性	高频词	频次	词性
生态	165	名词	特色	114	名词
松花江	164	名词	互动	112	名词
打造	164	动词	运动	109	名词
感受	164	动词	历史	108	名词
乡村	157	名词	休闲	107	动词
公园	155	名词	门票	106	名词
博物馆	154	名词	天气	106	名词
森林公园	154	名词	人民广场	102	名词
吉林省	154	名词	交通	101	名词
建筑	143	名词	长春一汽	96	名词
冬捕	143	名词	文化产业	95	名词
体验	142	动词	酱骨头	94	名词
融合	142	动词	公交	94	名词
世界雕塑公园	141	名词	地铁	88	名词
长春电影制片厂	134	名词	东北虎	87	名词
绿色	132	名词	白肉血肠	87	名词
发展	128	名词	建设	85	动词
美食	124	名词	独特	85	形容词
传统	124	名词	丰富	84	形容词
吉林大学	117	名词	大锅炖	79	名词
项目	115	名词	视频	79	名词
生活	114	名词	温泉度假	74	名词

资料来源：运用 ROST Content Mining 软件对官方投射形象文本进行分词处理整理所得。

表 5　长春市游客感知形象前 60 位高频词

高频词	频次	词性	高频词	频次	词性
长春	1184	名词	冰雪	414	名词
旅游	675	名词	滑雪场	407	名词
景区	632	名词	长影世纪城	376	名词
净月潭	461	名词	吉林大学	355	名词
伪满皇宫	430	名词	时间	342	名词

续表

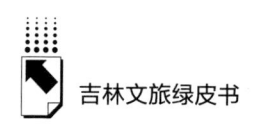

高频词	频次	词性	高频词	频次	词性
住宿	327	名词	打卡	211	动词
博物馆	316	名词	南湖公园	208	名词
交通	293	名词	春城	204	名词
汽车文化	285	名词	选择	201	动词
历史	274	名词	有轨电车	191	名词
飞机	271	名词	餐厅	190	名词
美食	267	名词	雪衣豆沙	182	名词
地铁	263	名词	排队	176	动词
文化	260	名词	简单	172	形容词
松花江	259	名词	早市	164	名词
门票	252	名词	拍照	155	动词
长春电影制片厂	247	名词	步行	145	动词
特色	246	名词	大锅炖	142	名词
滑雪	244	名词	好吃	140	形容词
公交	241	名词	观光	140	动词
公园	235	名词	锅包肉	133	名词
推荐	233	动词	费用	133	名词
距离	233	名词	舒服	129	形容词
世界雕塑公园	232	名词	参观	125	动词
周边	230	名词	喜欢	118	形容词
吃饭	229	名词	表演	116	名词
酒店	221	名词	吸引	109	动词
天气	221	名词	值得	105	动词
很多	218	形容词	温泉	102	名词
环境	213	名词	夜景	100	名词

资料来源：运用 ROST Content Mining 软件对游客感知形象文本进行分词处理整理所得。

对长春市官方投射形象与游客感知形象高频词进行分类统计，高频词可分为旅游吸引物、旅游环境、旅游设施、旅游宣传、旅游体验、旅游评价6个类型。游客感知形象在旅游设施类型上涉及的高频词有8个，占比

13.33%，而官方投射形象中没有与旅游设施类型相关的高频词（见表6）。从图4的占比分析中可以发现，官方投射形象和游客感知形象主要关注点相对一致，都集中在旅游吸引物及旅游宣传方面。

表6　长春市官方投射形象与游客感知形象分类统计

主类内容	投射形象	感知形象
旅游吸引物	净月潭、长白山、松花江、森林公园、东北虎、景区、公园、博物馆、滑雪场、伪满皇宫、长春电影制片厂、吉林大学、长影世纪城、文化广场、长春一汽、世界雕塑公园、旅游、体验、生活、运动、滑雪、互动	净月潭、松花江、南湖公园、夜景、景区、公园、博物馆、滑雪场、伪满皇宫、长春电影制片厂、吉林大学、长影世纪城、世界雕塑公园、汽车文化、旅游、滑雪、拍照、吃饭、步行、观光、参观、打卡、表演
旅游环境	长春、文旅、城市、游客、冰雪、吉林省	长春、冰雪、周边、春城、简单、舒服
旅游设施		交通、飞机、地铁、公交、酒店、住宿、距离、有轨电车
旅游宣传	发展、打造、主题、项目、建筑、视频、融合、文化产业、时间、美食、门票、乡村、天气、交通、酱骨头、公交、地铁、白肉血肠、建设、大锅炖	时间、美食、雪衣豆沙、锅包肉、大锅炖、餐厅、温泉、早市、好吃
旅游体验	冬捕、温泉度假	门票、排队、费用、环境、选择
旅游评价	文化、传统、历史、特色、休闲、生态、感受、独特、丰富、绿色	文化、特色、推荐、历史、天气、喜欢、吸引、值得、很多

旅游吸引物方面，长春市官方推荐的自然景区、人文景区和游客感知的旅游吸引物高度一致，但也有一些小景区存在官方推广不足的现象。这表明，官方推广往往侧重于历史和文化景区，而游客则更喜欢网红打卡地等沉浸式旅游目的地。官方在推荐过程中往往更重视城市形象的宏观性和系统性，所以高频词"互动"更凸显出官方宣传重视长春市旅游业的长远发展。总体分析，官方投射形象与游客感知形象都以自然、人文、历史遗迹和当地特色为重点，相互重叠，具有高度的耦合性。

旅游环境方面，长春市作为国家历史文化名城，拟以文化和旅游融合为产业导向，打造生态宜居、绿色休闲的花园城市。游客的感知大多基于受欢

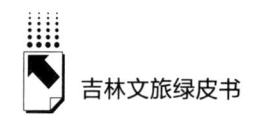

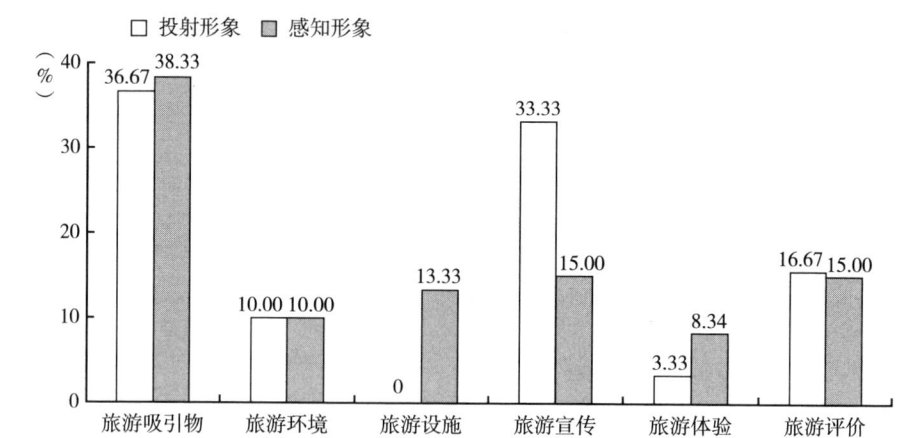

图4 投射形象与感知形象的高频词类型对比

迎的景区，高频词中"简单"和"舒服"等词语表明游客所体验到的社会环境更贴近城市生活。长春市官方投射形象与游客感知形象在旅游环境方面基本一致。

旅游设施方面，游客游记中"公交""地铁""有轨电车"等基础设施词语多次被提及。尤其是"有轨电车"，由于《人世间》的火爆热映，现已经成为游客游览长春市的首选打卡交通工具，但官方宣传明显没有重视这一内容。此外从"酒店""住宿""距离"等高频词可以看出，大多数游客都非常关注酒店的交通位置和住宿质量，而这些词在官方投射形象文本中很少被提到。

旅游宣传方面，官方投射形象高频词占比33.33%，"打造""主题""融合"等高频词反映出相关部门对于城市旅游形象宣传的高度重视，以及对旅游开发及发展的重视。然而，游客感知形象的高频词更多集中在美味的食物上，如"大锅炖""锅包肉""雪衣豆沙"等，由此可见两者存在差异。

旅游体验方面，官方宣传提到"温泉度假""冬捕"等旅游体验类型，这也体现了长春市旅游业态发展的多样化。"费用""环境""选择""排队""门票"等游客感知高频词体现出游客在旅游过程中体验的重点内容及方面，而这些词语却极少出现在官方宣传的文本中。

旅游评价方面，官方投射形象中"文化""历史""特色""绿色""生态""传统"等高频词，与长春市打造的城市旅游形象呈现高度的一致性。"特色""推荐""喜欢""吸引"等游客感知高频词则展示出游客对于长春市旅游的整体感受。从两者的比较中不难分析出，游客对长春文化感知相对较弱，游客感知形象更多地集中在长春市的风土人情和特色美食方面，与官方投射形象之间存在一定差异。

2. 情感形象对比分析

从长春市旅游情感表现来看，官方投射形象和游客感知形象都表现为积极情绪占比更大。但是，游客感知形象的积极情绪占比（71.21%）低于官方投射形象的积极情绪占比（94.81%），这说明游客感知到的积极情绪并未达到官方投射的预期；游客感知形象的消极情绪占比（28.79%）远高于官方投射形象的消极情绪占比（5.19%）（见图5）。从这一点来看，长春市官方宣传的城市旅游形象预期效果与旅游者感受到的旅游体验存在一定差异，这值得引起相关部门的重视。

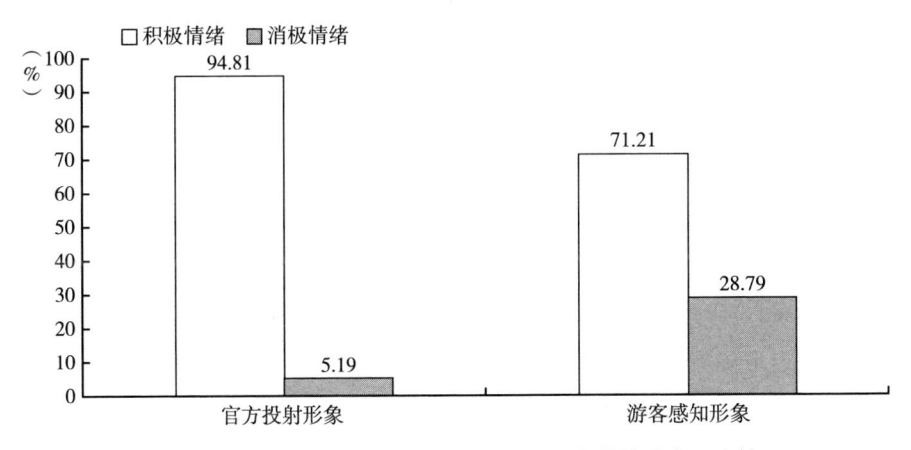

图5 长春市官方投射形象和游客感知形象的情感表现比较

资料来源：运用中文自然语言处理库（SnowNLP）对长春市网络文本情感分析整理所得。

3. 整体形象对比分析

综上所述，长春市官方投射形象与游客感知形象在旅游吸引物、旅游环

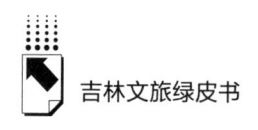

境和旅游评价方面呈现高度的一致性，在旅游设施、旅游宣传和旅游体验方面则存在一定的偏差。相关部门应该加大城市形象宣传力度，增加与游客的互动频率。在呈现旅游形象时，官方网站主要关注景区宣传形象和文化旅游的融合，这与政府将长春旅游形象定位为休闲健康、生态旅游和创新发展的整体方向相一致。

四 城市旅游形象偏移原因分析

（一）城市旅游发展过程中的现实问题

在前文分析中，可以发现官方投射形象和游客感知形象的差异是吉林省城市旅游发展中存在的主要问题之一。例如，游客普遍认为城市公共交通拥堵，旅游服务人员水平有待提高，特色旅游产品、表演和节庆活动不够丰富，郊区和城市景点没有实现协调发展，这些实际问题直接影响到游客的旅游体验，并导致其对吉林省城市产生负面看法。然而，如果在官方投射形象中没有提及或解决这些实际问题，则两种形象之间不可避免地会存在差异。

（二）官方投射形象具有前瞻性和趋好性

从长春市官方投射形象的高频词中可以发现，城市形象的宣传整体上是具有前瞻性和趋好性的，这在一定程度上会影响潜在游客的旅游活动决策，进而影响提升城市形象的实现。官方对城市旅游最好的、特色的、创新的方面通过投射形象方式传播出去，是一种优化的表达。但是，游客感知建立在城市旅游业的不断发展和成熟的基础之上，因此其感知形象普遍存在滞后性，与官方投射形象存在差异。

（三）游客感知形象具有一定的滞后性

目前，省内各城市正在积极开发新兴旅游产品，不断完善旅游基础设施建设，升级传统景区。然而，游客只有在城市旅游常态发展的态势下，通过不断更新及摒弃的动态过程感知城市旅游形象的特征以及其发展的新趋势。因此，与城市旅游业发展的速度相比，游客并不能及时地感受到这种发展并给予及时的信息反馈。

（四）研究数据的特殊性、局限性

研究数据的特殊性、局限性在一定程度上会导致两者之间的差异。本文研究数据的特殊性和局限性主要体现在两个方面。一方面，投射形象的文本主要从官方宣传的主要渠道（官网、官微、官博）获取，游客感知形象主要通过大型网站（马蜂窝、去哪儿、途牛等）获取，没有真正地做到网络文本采集渠道全覆盖。另一方面，虽然采集的游客感知形象和官方投射形象的文本资料时间段一致，但是由于游客感知形象和官方投射形象的传播存在时间滞后性，从文本资料反馈的内容来看两者存在一定差异。

五 城市旅游形象提升策略

（一）增强官方投射形象的精准度和适应性

官方投射形象不仅仅限于城市旅游的宣传标语，它还是对该城市旅游资源的综合体现。这种预设的形象构建深刻地影响着游客对城市的初步印象，继而影响游客旅游目的地选择、旅行体验乃至后期的评价全过程。因此，在构建城市旅游官方投射形象时，应当紧密贴合城市的特色旅游资源与旅游业的实际发展状况。然而，分析显示，吉林省多数城市的官方投射形象与游客感知形象之间存在较大落差。鉴于此，吉林省亟须在构建官方投射形象时，重视并加强游客感知中的积极因素，同时合理解释并改善游客感知形象中的不利因素。举例来说，尽管游客普遍赞赏吉林省城市合理的消费水平，但这一点却未在官方城市形象的宣传中得到充分展示，这提示相关部门要及时有效地调整官方投射形象的宣传策略。总之，提升官方投射形象的精准度与适应性，对于确保城市旅游吸引力的持久性是至关重要的。

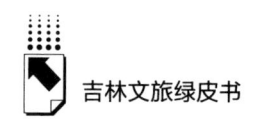

（二）保持官方投射形象的独特性和前瞻性

城市的官方投射形象需具有独特性与前瞻性。吉林省城市的文化地域性与旅游景观的融合发展是塑造城市官方投射形象独特性的基石。唯有彰显地域特色，方能深度影响游客的抉择过程。相较于游客感知到的既有形象，官方投射形象应该具有前瞻性。吉林省各城市有必要向游客展示其旅游新趋势，以提升城市对游客的吸引力。

（三）加大市场营销的力度

城市旅游形象的营销是否科学有效，其主要是通过官方投射形象和游客感知形象的差异程度来体现的。吉林省应结合各城市旅游形象的耦合度及我国典型城市的成功经验，整合传统营销方式（电视、广播等）与新型营销方式（微信、微博、抖音、快手等），合理布局线上线下营销渠道，针对目标客户群体要进行重点营销。

（四）注重官方投射形象的差异化宣传

在构建官方投射形象时，应针对不同受众采取差异化方法。针对其他省份及城市的游客，建议从整体层面上构建并推广旅游地域特色及旅游项目亮点，着重展示具备地域标识的独特文化旅游资源。针对本土居民，则需侧重于细节层面的引导与启发。诸如吉林省博物馆、吉林省科学技术馆等人工景区，因其功能性对于本地居民而言具备较高的吸引力，故在定向宣传时，应将本市居民设定为主要推广信息的接收端。

（五）加强自然旅游景区建设，丰富人文旅游景区内涵

对于人文旅游景区，应当着重强化其地域性和文化独特性，从而在中国众多人文旅游景区中脱颖而出；对于自然旅游景区，则需策划既贴合其特色又具有高度参与性和吸引力的活动，多维度地深化自然景区的文化内涵与体验价值，进而提升游客对自然景观的整体评价。

（六）着力加强旅游设施建设

从感知形象的特点可以看出，游客普遍会对城市的旅游基础设施和公共服务设施体系进行重点评价。因此，吉林省进行城市旅游形象提升要着重注意以下几个方面：改善城市交通系统，实现城市交通的多样化、便捷化及个性化，加快市政工程的建设，科学有效地实现交通网络的畅通；关注旅游旺季的交通需求，在特殊季节、特殊时间合理增加公共交通的供应，适当延长公共交通运营时间，对于重要景区实现多班次供应；合理布局景区周边的配套服务设施，形成具有城市特色的旅游服务品牌；推进景区基础设施建设及布局合理化，例如，提升景区厕所的数量、卫生质量、功能，大型景区的休息场地设置合理、功能齐全；提升城市旅游形象的特性及差异性，设计和开发具有本市自然和人文旅游资源特色的旅游产品，在激发游客购买欲望的同时，增强城市形象的渗透。

参考文献

陈传康、王信军：《神仙世界与泰山文化旅游城市形象规划》，《旅游杂志》1996年第1期。

李雷雷：《旅游景区形象定位初探——兼论深圳风景名胜区的旅游形象》，《旅游杂志》1995年第3期。

吴碧虎、宋志清：《区域旅游形象分析技术程序》，《经济地理学》2001年第4期。

程金龙：《城市旅游形象的内在机制研究》，《华东经济管理》2009年第2期。

吴锦峰：《旅游目的地形象的"困惑"与评价方法》，《陕西师范大学学报》（自然科学版）2014年第6期。

李家军：《基于景区在线评论的在线文本分析——以广州增城白水寨景区为例》，《山西经济管理干部学院学报》2019年第1期。

董尹、屈英：《沿海目的地"投影图像网络机制"比较研究：差异化竞争定位的机会——以三亚和厦门为例》，《旅游科学》2021年第5期。

赵德森、窦瑶：《政府行为对旅游目的地形象的影响机制：基于扎根理论的探索性研究》，《云南大学学报》（社会科学版）2021年第5期。

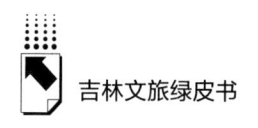

王丽娜、李华：《入境游客对中国旅游目的地形象的负面感知研究》，《世界地理研究》2019年第6期。

周文婷、刘云刚、邓世岳：《跨境旅游对国家旅游形象认知的影响——以中国大陆赴日游客为例》，《热带地理》2022年第11期。

白嫣、安星宇：《古镇景区投影与感知图像偏差的分析与优化路径——以平遥古城为例》，《西南大学学报》（自然科学版）2022年第12期。

李敬龙、朱敏：《武夷山国家公园投影影像与感知影像的比较研究》，《资源开发与市场》2023年第1期。

屈英、董银银：《"官方投影形象——旅游目的地依恋"网络机制比较分析：海南重游驱动背景下》，《南开管理评论》2021年第5期。

Hunt J. D., *Image-A Factor in Tourism*（Colorado：Colorado State University，1975）.

Crompton J. L., "Image Evaluation of Mexico as a Vacation Destination and the Impact of Geographic Location on That Image," *Journal of Tourism Research* 17（1979）.

Assael H., *Consumer Behavior and Marketing Behavior*（Cincinnati，Ohio：Southwestern College Publishing，1984）.

Reynolds W. H., "The Role of the Consumer in Image Building," *California Management Review* 7（1965）.

Fakeye P. C., Cronpton J. L., "Differences in the Image of Future Tourists, First Time Tourists, and Returning Tourists in the Lower Grand River Basin," *Journal of Tourism Research* 30（1991）.

Beerli A., Martín J. D., "Factors Affecting Destination Image," *Yearbook of Tourism Research* 31（2004）.

Stepchenkova S., Mills J. E., "Destination Image：A Meta Analysis of Research from 2000 to 2007," *Journal of Hospitality Marketing & Management* 19（2010）.

Kang B., et al., "Assessment Destination Image via Social Network Analysis：The Case of the 'Coastal Uncooked Wine and Food Festival'," *Journal of Global Marketing Science Scholars* 28（2018）.

Kladou S., "Assessing Destination Image：An Online Marketing Approach and the Case of Trip Advisor," *Journal of Destination Marketing Management* 4（2015）.

Marine-Roig E., "Perceived Image Specialisation in Multiscalar Tourism Destinations," *Journal of Destination Marketing & Management* 5（2016）.

Thomas J., "Illuminating the Path：The Research and Development Agenda for Visual Analytics," *IEEE Computer Society*（2005）.

Hsu M. K., "The Relationships of Destination Image, Satisfaction, and Behavioral Intentions：An Integrated Model," *Journal of Travel & Tourism Marketing* 27（2010）.

G.15
吉林市冰雪旅游游客感知价值与提升策略研究

姜春源*

摘　要： 本文以吉林市冰雪旅游为例，探讨游客对冰雪旅游的感知价值。通过实地调研发现，吉林市冰雪资源得天独厚，冰雪经济是推动区域发展的新引擎，全市开展多种多样的"冰雪+"活动，"赏雾凇、戏冰雪、泡温泉"已经成为吉林市冰雪旅游发展的金字招牌。本文使用问卷调查法，从环境价值、娱乐价值、产品价值、服务价值、价格价值五个维度测量了吉林市冰雪旅游的游客感知价值，并根据测量结果，从丰富冰雪旅游产品、提高服务质量、优化旅游设施、加强环境保护、优化价格策略五个方面提出吉林市冰雪旅游游客感知价值的提升策略。

关键词： 吉林市　冰雪旅游　游客感知价值

随着人们生活水平的提高和旅游消费的升级，冰雪旅游作为一种新兴的旅游形式，在全球范围内得到了快速发展。2018年9月，习近平总书记主持召开深入推进东北振兴座谈会时强调，"要贯彻绿水青山就是金山银山、冰天雪地也是金山银山的理念""要充分利用东北地区的独特资源和优势，推进寒地冰雪经济加快发展"。[1] 2023年9月，习近平总书记主持召开新时

---

* 姜春源，江西师范大学商学院讲师，研究方向为企业管理、旅游经济。
[1] 《习近平在东北三省考察并主持召开深入推进东北振兴座谈会》，中国政府网，2018年9月28日，https://www.gov.cn/xinwen/2018-09/28/content_5326563.htm。

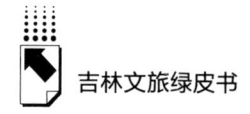

代推动东北全面振兴座谈会时强调："发展冰雪经济和海洋经济。"① 为深入贯彻落实习近平总书记关于冰雪经济发展的系列重要讲话精神，落实省委、省政府关于打造旅游万亿级产业的决策部署，立足吉林市冰雪优势拉动经济增长的总体要求，加速冰雪经济迈向高质量发展新阶段，持续打造吉林市"雾凇之都·滑雪天堂"的城市品牌形象，吉林市正全力深化冰雪旅游产业的创新，促进冰雪产业链的延伸与升级，不断提升冰雪旅游体验与服务质量，凭借其丰富的冰雪旅游资源和独特的地理环境，逐渐成为国内重要的冰雪旅游目的地之一。然而，在快速发展的同时，吉林市冰雪旅游也暴露出一些问题，如旅游产品单一、服务水平不高、宣传力度不够等。面对激烈的市场竞争和游客日益多样化的需求，如何提升游客对吉林市冰雪旅游的感知价值，提高游客的满意度和忠诚度，成为吉林市冰雪旅游产业亟待解决的问题。本文旨在通过对吉林市冰雪旅游游客感知价值的深入分析，揭示影响游客感知价值的关键因素，并提出相应的提升策略。

一 冰雪旅游游客感知价值理论

（一）冰雪旅游的概念及其特点

冰雪旅游，指的是以冰雪资源为主要吸引物，围绕冰雪体验、冰雪文化、冰雪运动等内容，开展的一系列旅游活动。它涵盖了观赏雪景、参与冰雪运动、体验冰雪文化等多个方面，是冬季旅游的重要组成部分。冰雪旅游具有以下特点。

一是季节性明显。冰雪旅游主要集中在冬季进行，具有显著的季节性特点。

二是体验性强。冰雪旅游强调游客的参与和体验，如滑雪、雪地摩托、冰钓等活动都具有很高的体验性。

---

① 《习近平主持召开新时代推动东北全面振兴座谈会》，新京报，2023 年 9 月 9 日，https://m.bjnews.com.cn/detail/1694243575129760.html。

三是文化性突出。冰雪旅游融合了丰富的冰雪文化元素，如冰雕、雪灯等艺术形式，以及冰雪节庆活动等。

四是环保要求高。冰雪旅游资源对自然环境依赖性强，因此冰雪旅游的可持续发展对环保要求极高。

（二）冰雪旅游的类型

冰雪旅游不仅是一种简单的观光游览，更是一种综合性的体验。它融合了体育、休闲、度假、文化等多种元素，让游客感受到独特的乐趣和魅力。

冰雪观光旅游：以观赏雪景为主要目的的旅游活动，如雪山、冰瀑等自然景观的游览。

冰雪体验旅游：以参与冰雪运动、体验冰雪文化为主要目的的旅游活动，如滑雪、溜冰、冰钓等。

冰雪节庆旅游：以冰雪节庆活动为主要内容的旅游活动，如冰雪节、雪灯节等。

冰雪研学旅游：以冰雪科学考察、冰雪文化研究为主要目的的旅游活动，适合学生和科研人员参与。

总之，冰雪旅游是一种将冰雪景观、冰雪活动与多种旅游元素相结合，为游客提供独特体验和价值的旅游形式，它满足了人们对于冬季旅游的多样化需求，同时也促进了当地经济的发展和文化的传承。

（三）游客感知价值相关理论

价值在人类社会中扮演着核心角色，是推动个体在社会持续行动的基本动力。价值的内涵涉及两个主要方面：一方面，个体通过使用产品或服务来满足特定的需求，从而实现其使用价值；另一方面，个体通过特定的行为或方式追求个人的成就感、认同感和满足感，实现自我价值。在经济学领域，价值的概念经常与交易相联系。在这种情境下，价值被看作是顾客愿意为了获得产品或服务所付出的金钱、时间或精力等成本，与产品为顾客提供的效益之间的权衡关系。简而言之，价值体现在顾客的成本与收益上。而在营销管理学中，对价值的考察则更多地聚焦于顾客在选择不同企业或产品时的感知价值。与经济学中直接比较成本与收益的方法不同，营销管理学更注重分析顾客在面对多个选择时的心理过程，即他们如何评估不同产品或服务的价值。这种评估通常涉及对产品的质量、价格、服务、品牌形象等多个维度的综合考虑。

顾客感知价值的思想最早可追溯到 Drucker（1954）提出的"顾客购买和消费的不是产品而是价值"的观点。Zeithaml（1988）首次从市场营销学的角度提出顾客感知价值理论，并将其定义为顾客将感知到的利得与在获取产品或服务时付出的成本进行权衡后，对产品或服务效用的整体评价。

顾客感知价值在营销及服务角度通常是综合性的，从价值比较的角度进行定义，认为顾客感知价值是由顾客对自己所获取的利益与自己所付出的成本进行一定的比较和权衡得到的总体认知。顾客感知价值是一个主观性较强的概念，不同顾客对同一产品或服务感受到的价值也不尽相同，同时顾客会对其所获得的价值、成本与其他同类型产品进行综合性比较。这种感知价值不仅影响顾客的购买决策，还对企业的市场定位、产品开发、价格策略等具有重要指导意义。

游客感知价值是基于顾客感知价值而进行界定的，随着顾客感知价值理论研究的深入与拓展，游客感知价值这一概念被赋予了多层次的意义。Morrison（1989）率先构建了游客感知价值框架，将游客感知价值诠释为游客对旅游支出与所获体验之间的权衡与评估过程。随后，Duman 与 Manila（2005）进一步细化了这一概念，指出游客感知价值是游客将旅途中的各项投入成本（如时间、金钱、精力等）与亲身体验到的收获进行直观对比的心理过程。而 Bajs（2015）认为游客感知价值是对整个旅游目的地综合价值的个人评价。国内学者白长虹等（2002）认为游客进行旅游活动后，游客感知价值是对其所感受到的成本和收益进行比较之后得到的一种评价。黄福才、黄颖华（2007）认为游客感知价值是游客对旅游目的地形成的一种综合性评价，朱鹏亮等（2021）基于代际差异这一理论框架，深入剖析了影响游客在传统村落中所体验到的感知价值的多种因素，揭示了代际差异如何塑造游客对村落旅游价值的独特认知与评价。

国内外学术界对于游客感知价值这一核心概念的基础性研究已相对完善，从多维度、多层面的综合视角出发，界定了游客感知价值的研究内容，不仅丰富了游客感知价值的理论内涵，也为后续的实践应用提供了坚实的理论支撑。游客感知价值，是游客在旅游体验中，基于个人期望对旅游目的地的全面评估，这一评估涵盖了基础设施的完善度、旅游服务的质量、旅游产品的吸引力等多个方面，也是游客对此次旅行所付出的成本（包括金钱、时间、精力等）进行综合考量后形成的个性化总体认知。这一感知不仅反映了游客对当前旅游体验的满意度，更是决定其是否会再次光顾或向他人推荐该目的地的关键因素。因此，基于游客视角的感知价值理论强调深入洞察游客的多元化需求，不仅要识别并满足其当前的核心需求，更要前瞻性地探索游客潜在与未来的期望，以此为依据评估旅游目的地在满足游客需求方面的现状与不足。旅游开发者可基于游客感知价值找到提升服务品质、优化产品供给、增强目的地吸引力的有效途径，从而在激烈的市场竞争中脱颖而出，实现旅游业的可持续发展与竞争力提升。

基于上述对游客感知价值概念的深入探讨，本文认为游客感知价值是游客在旅游中，根据个人投入与所得之间的心理比较，所形成的一种个性化且全面的满意度评价。将游客感知价值理论运用在冰雪旅游开发中，可以更好地了解游客对冰雪旅游的需求，分析游客对冰雪旅游的感知要素，通过对各感知要素的重要性和满意度进行测算，更好地从游客需求角度审视与引导冰雪旅游合理开发。

二 吉林市冰雪旅游发展现状

（一）吉林市冰雪旅游资源状况

吉林市位于吉林省中部，地处长白山脉向松嫩平原过渡地带，冬季漫长而寒冷，是一座冰雪旅游资源非常丰富的历史文化名城，坐拥"一江秀水、

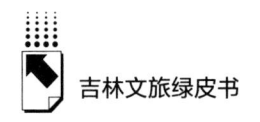

两大奇观、三湖叠翠、四脉神山"之称。"一江秀水"是指松花江穿城而过形成的天然美景;"两大奇观"有吉林雾凇、吉林陨石;"三湖叠翠"有白山湖、红石湖、松花湖,仅一个松花湖水面就有550平方公里,而且距市区仅10分钟车程;"四脉神山"为朱雀山、玄天岭、龙潭山和小白山。

吉林市在发展冰雪旅游方面拥有极为优越的自然禀赋,其位于北纬42~44度,这一区域被公认为全球滑雪运动的黄金纬度带。吉林市雪季长、雪质好、降雪量充沛,拥有得天独厚的冰雪资源;吉林市上千年的山有上百座,山体海拔高度、山体坡度、雪季跨度都是最优的,海拔高度超1200米的山峰有9座,有870米垂直落差的滑雪场,在亚洲堪称一流,号称"雾凇之都·滑雪天堂"。全市有万科松花湖度假区、北大湖滑雪度假区、鸣山绿洲滑雪场、五家山滑雪场、吉雪滑雪场、莲花山滑雪场和二合雪乡等多家滑雪场对外开放,为冰雪旅游的发展提供了良好的基础。吉林市丰满松花湖滑雪旅游度假地和永吉北大湖滑雪旅游度假地被评为国家级滑雪旅游度假地,两大滑雪度假区接待游客数量连续3年居全国前2位,是吉林省冰雪旅游的一张名片。吉林北大湖滑雪度假区2023~2024冰雪季投入运营雪道64条,总长度72公里,总面积240公顷,开放夜场雪道4条,运营缆车11条、魔毯7条;百万石温泉度假酒店、英迪格酒店正式入驻,度假区拥有的酒店数量达到7座;引入国际国内一线滑雪装备、连锁餐饮等商业配套45家,初级滑雪区域的规模达到50万平方米,大幅提升北大湖的运力和接待能力,能够满足滑雪爱好者各种级别的滑雪需求。吉林万科松花湖度假区新增V-PARK公园地形雪道20万平方米,床位总数6000余张,进行了全新的升级改造。V-PARK公园在M3公园增加10000平方米迷你教学区域,为初学者提供足够的练习地形。作为亚洲地区首座全天候标准化的越野滑雪专业训练基地,北山四季越野滑雪场拥有高度专业性与先进性的设施配置,雪场有长达1308米的室内专业雪道,3000平方米的运动员服务中心,还精心打造了总长1616米的室外雪道,并配套建设了四季冰雪体验馆,丰富了训练场景的多样性。雪场将内部设施进行全新升级,新增了奥运风采形象展示区、雪圈娱乐区、特色打卡区等。雪场主要客源为亲子戏雪家庭和青少年滑雪培训团，开放首月客流量超过5000人次，其中青少年是核心客群。

吉林市内非物质文化遗产有其独特的文化底蕴，其中"乌拉"文化与满族民族特色尤为鲜明，"船厂文化"及"摇橹人精神"蕴含了"同舟共济、激流勇进"等理念，这些文化元素不仅丰富了冰雪旅游的内涵，提升了冰雪旅游的文化品位，还赋予了其深厚的历史与文化底蕴，塑造了其冰雪旅游的独特品牌形象，为吉林市冰雪经济的可持续发展奠定了坚实的文化基础。

吉林市积极推动冰雪旅游产业的发展，加大了对冰雪旅游基础设施的投入，举办了一系列冰雪旅游活动，如吉林国际雾凇冰雪节等，吸引了大量游客前来观光旅游，冰雪旅游、冰雪运动、冰雪文化同步推进。《中国冰雪旅游发展报告（2024）》发布了"2024年冰雪旅游十佳城市"，吉林市再获冰雪旅游十佳城市荣誉称号；吉林国际雾凇冰雪节荣获"2024年冰雪旅游十佳节庆"。近年来，"赏雾凇、戏冰雪、泡温泉"已经成为吉林市冰雪旅游发展的金字招牌，走出了一条具有吉林市特色的冰雪经济高质量发展之路。

（二）吉林市冰雪旅游产品及冰雪旅游活动

2023~2024雪季，吉林市精心策划了一系列多元化的冰雪主题活动，紧密围绕"冰雪+"战略核心，涵盖冰雪旅游、冰雪体育、冰雪文化及冰雪商贸四大核心领域。这一战略由五项主体活动领衔，同时辅以170余项丰富多彩的系列活动，旨在全方位、多层次地展现吉林市冰雪资源的独特魅力，促进冰雪产业的繁荣与发展，打造一个集观光游览、体育竞技、文化交流与商贸合作于一体的冰雪盛宴，进一步提升其在国内外冰雪旅游市场的影响力和竞争力。

1. 主体活动

举办第29届吉林国际雾凇冰雪节，将开幕式活动升级为开幕周活动，在开幕周内每天举办1个主题活动，全力营造"日日有活动""日日享精

彩"的浓厚冰雪氛围，以高标准举办节事活动实现新雪季"开门红"。

2. "冰雪+旅游"系列活动

为了深度挖掘冰雪旅游的潜力，吉林市精心策划了赏凇观雪、冰雪娱乐、温泉休闲、节庆体验及冰雪艺术展示等一系列冬季活动。此外，还特别设计了来吉林过大年、冬捕冬钓等充满传统韵味与地方特色的节庆活动，让游客在体验冰雪乐趣的同时，也能感受到浓厚的节日氛围与文化底蕴。例如，雪雕冰灯系列活动以精湛的冰雪雕刻技艺，打造出一座座璀璨夺目的冰雪艺术殿堂，为游客呈现一场视觉与艺术的双重盛宴。这一系列精心策划的活动，全面展现了吉林市冬季旅游新产品，拉动冰雪旅游消费新升级。

3. "冰雪+体育"系列活动

围绕冰雪体育，承办了2023～2024滑雪登山洲际赛事、2023～2024全国高山滑雪青少年锦标赛、2023～2024全国U系列短道速滑联赛等一系列国内国外大型赛事，同时还举办了吉林省第二届职工冰雪运动会、2024年吉林市机关干部畅享冰雪比赛和吉林市大中小学运动会等一系列冰雪活动。

4. "冰雪+文化"系列活动

围绕冰雪文化，举办了戏剧音乐演出系列活动、博物馆之城系列活动、书画摄影展出系列活动、中华民族音乐普及推广中心授牌仪式专场演出、群众文化活动、"凇情雪韵·吉林有礼"2023～2024雪季文创产品旅游商品征集大赛、第十一届吉林省二人转·戏剧小品艺术节，通过这一系列活动全方位地彰显了吉林市冰雪资源背后的文化底蕴。

5. "冰雪+商贸"系列活动

为了深化冰雪商贸领域的融合发展，吉林市精心策划了一系列商旅联动的创新举措。通过"乐购江城·特价钜惠日"冰雪专场促销活动，促进冰雪旅游与零售业的深度融合。隆重举行"冰雪+乐享吉购之2023～2024吉林市雾凇冰雪消费节"启动仪式，全面拉开冰雪季节的消费盛宴。策划"冰雪+饕餮吉宴之吉林市雾凇冰雪美食节暨江城老字号嘉年华"活动，通过冰雪与美食的完美结合，进一步推动餐饮业的繁荣。举办"冰雪+尊享吉品之第四届吉林市雾凇冰雪名特优地产品展洽会"活动，为游客提供一站式购物体验。通过"冰雪+畅游吉美"之企业结盟仪式，鼓励并促成不同行业间的跨界合作，形成合力，实现产业间的互利共赢与可持续发展。

（三）吉林市冰雪旅游产业发展

吉林市凭借其得天独厚的冰雪资源，将冰雪经济视为推动区域发展的新引擎。2021年8月，吉林市委、市政府整合了北大湖体育旅游经济开发区与松花湖风景名胜区，创立了吉林市冰雪经济高质量发展试验区。同年11月，该试验区正式挂牌。试验区的设立，旨在深度挖掘吉林市冰雪资源的潜力，推动冰雪产业向规模化、高端化、品牌化方向发展，促进冰雪产业与关联产业的深度融合，构建一个具有国际知名度的冰雪旅游示范区，形成区域发展新的经济增长极，为区域全面振兴提供强大支撑。在试验区的发展蓝图中，明确了"五级"任务目标，即打造世界级滑雪度假区、国家级冰雪试验区、区域级产业集群区、千亿级产值引领区以及未来级产业示范区。

试验区自成立以来，成效显著。2023~2024雪季，滑雪旅游人数与旅游收入均实现了大幅增长，充分证明了试验区发展模式的成功与潜力。试验区2023~2024雪季滑雪旅游人数161.2万人次，同比增长33%（北大湖85万人次，万科76.2万人次），实现旅游收入8.65亿元，同比增长37%（北大湖4.4亿元，万科4.25亿元），旅游收入和旅游人数均实现了显著提升。[①] 未来五年，试验区将围绕冰雪经济高质量发展工程等五大工程，投资超480亿元，实施55个重点项目，涵盖滑雪场建设、酒店配套、非雪季旅游项目以及基础设施等多个领域。这些项目的实施，将进一步巩固和提升试验区的综合竞争力，也将成为推动区域经济社会全面发展的重要力量。

---

① 毛迪楠：《全面振兴看江城｜无边好景　今朝更新》，《江城日报》2024年9月6日，第6版。

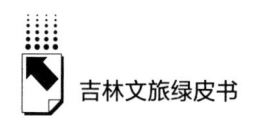

三 吉林市冰雪旅游游客感知价值的维度和测量指标

感知价值是一个多维度的概念,不同学者在选择研究对象以及研究方法上各不相同,因此对感知价值维度的划分、测量指标的选取以及相关量表的使用均没有统一标准。游客感知价值常被划分为多个维度进行测量,不同研究对象的游客感知价值测量维度如表1所示。

表1 不同研究对象的游客感知价值测量维度

研究学者	年份	研究对象	测量维度
隋丽娜等	2010	文化遗产地	质量价值、效率价值、服务价值、成本价值、社会价值、享乐价值
李文兵	2011	古村落旅游	社会价值、认知价值、服务价值、情感价值、环境价值、成本感知
王朝辉等	2011	上海世博会	服务价值、美感价值、便利价值
方世敏等	2012	旅游演艺	产品价值、服务价值、成本价值
王莉等	2014	湿地公园	环境价值、特色价值、管理价值、服务价值、成本价值、知识教育价值
Bajs	2015	克罗地亚旅游地	感知质量价值、感知货币价值
韩春鲜	2015	灵山景区	功能性价值、情感价值
周妮笛等	2018	生态旅游	环境价值、游玩价值、产品价值、服务价值、感知价格

资料来源:笔者根据参考文献资料整理。

目前关于冰雪旅游游客感知价值的研究偏少,本文期望能够拓宽游客感知价值的涵盖范围,并且为冰雪旅游多元发展提供启发与借鉴意义。根据相关文献和研究经验,同时结合冰雪旅游消费的特点,本文主要借鉴周妮笛等(2018)测量维度的划分并结合其他研究者量表进行了修改,整合并完善游客感知价值维度,主要用李克特的5级量表进行了问卷设计,分别从环境价值、产品价值、娱乐价值、服务价值、价格价值5个维度20个影响因素对吉林市冰雪旅游游客感知价值进行研究(见表2)。

表 2　冰雪旅游游客感知价值影响因素

维度	影响因素	维度	影响因素
环境价值	地理区位	产品价值	冰雪旅游资源
	交通可达性		冰雪主题特色
	环境卫生状况		冰雪旅游文化
	旅游设施完善度		冰雪景区管理
	金融通信服务		冰雪目的地声誉
娱乐价值	冰雪娱乐项目	价格价值	餐饮价格
	冰雪赛事活动		住宿价格
	冰雪民俗风情		娱乐价格
服务价值	服务能力		购物价格
	服务态度		交通价格

资料来源：笔者根据参考文献资料整理。

（一）环境价值

环境对大部分游客来说是出游第一关心的要素，环境是旅游吸引力要素之一，会直接影响游客的旅游体验。环境价值在冰雪旅游游客感知价值中尤为重要，因为冰雪旅游的核心吸引力之一就是独特的自然环境和景观。一个优美的、安全的、保护得当的自然环境能够显著提升游客的满意度。

（二）产品价值

旅游目的地的产品是其特色代表，对于冰雪旅游来说，部分游客会因为某种特色产品而选择冰雪旅游目的地。产品价值主要体现在冰雪旅游产品的品质、特色和丰富度上，这些产品的品质和特色直接影响游客的满意度和感知价值。此外，产品的丰富度也是吸引游客的重要因素，能够满足不同游客的个性化需求。

（三）娱乐价值

娱乐价值是吸引游客的关键因素，是游客参与冰雪旅游活动的重要驱动

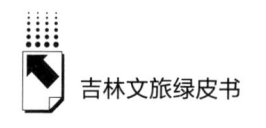

力，多样化的娱乐活动不仅能够满足游客对冰雪运动的需求，还能够为游客提供丰富的文化娱乐体验，增强游客的参与感和趣味性，影响游客游玩时长。一个旅游目的地拥有新颖的旅游项目或比较有特色的体验感受，会提升游客游玩体验，提升旅游目的地的口碑。

（四）服务价值

服务是影响游客感知价值的重要因素，服务体系越完善，游客评价越高，旅游地知名度越高。优质的服务能够保障游客的安全与舒适性，提升游客体验，进而提升游客的满意度，增强游客的口碑传播效应。

（五）价格价值

价格是游客最关注的因素之一，合理的价格会直接影响游客出行率，价格合理可以带来更多客流量，扩大客源地受众群体，制定合理的价格会带来更高的经济效益和知名度。

综上所述，吉林市冰雪旅游游客感知价值是多方面的，环境价值、娱乐价值、产品价值、服务价值和价格价值都起着重要作用。为了提升游客的感知价值和满意度，吉林市应继续优化自然环境、丰富娱乐活动、提升产品品质、加强服务保障并合理定价。

四 吉林市冰雪旅游游客感知价值调查与分析

（一）调查方法和样本情况

本文采用问卷调查和访谈相结合的方法，收集吉林市冰雪旅游游客的第一手数据，对吉林市冰雪旅游游客进行了随机抽样调查。共发放问卷400份，回收有效问卷372份，有效回收率为93%。样本涵盖了不同年龄、性别、职业、地域的游客。

（二）描述性统计

吉林市冰雪旅游的游客构成日益多元化，既有来自省内的游客，也有大量省外和国际游客。游客在这里不仅可以享受滑雪、滑冰等冰雪运动的乐趣，还可以体验丰富的冰雪娱乐项目和文化活动。根据游客描述性统计分析（见表3）可以看出，吉林市冰雪旅游市场的主体特征呈现一定的偏向性，主要体现在性别、年龄、受教育程度及收入等方面。具体而言，吉林市冰雪旅游市场中男性游客占据了主导地位，占比高达66.13%；年龄在18~40岁的游客占48.39%，这一年龄段的游客通常具有较高的消费能力、探险精神和对新奇体验的追求；从受教育程度来看，大专及本科学历的游客是冰雪旅游市场的主体，占比41.13%；此外，收入也是影响冰雪旅游消费的重要因素，选择冰雪旅游作为休闲度假方式的游客，月收入在8000元以上的占76.35%，这部分游客拥有更充裕的经济实力和更自由的旅行时间，能够更充分地享受冰雪旅游带来的乐趣和体验。在冰雪旅游次数方面，一年会进行2~4次冰雪旅游活动的游客占33.60%。

表3　游客基本情况描述性统计

个人特征	分类项目	频数	占比(%)
性别	男	246	66.13
	女	126	33.87
年龄	17岁及以下	82	22.04
	18~40岁	180	48.39
	41~65岁	78	20.97
	66岁及以上	32	8.60
受教育程度	初中及以下	30	8.06
	高中、中专及职高	72	19.35
	大专及本科	153	41.13
	研究生	117	31.46
收入	4000元及以下	19	5.10
	4001~8000元	69	18.55
	8001~10000元	138	37.10
	10000元以上	146	39.25

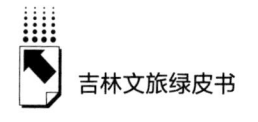

续表

个人特征	分类项目	频数	占比(%)
冰雪旅游次数	1次	78	20.97
	2~4次	125	33.60
	5~7次	101	27.15
	8次及以上	68	18.28

(三)调查结果分析

问卷调查和实地调查研究结果表明,环境价值、娱乐价值、产品价值、服务价值和价格价值是吉林市冰雪旅游游客感知价值的重要维度,其中,游客对产品价值、服务价值和环境价值特别重视,且吉林市在这三个方面表现较好。

产品价值是游客选择冰雪旅游目的地的主要因素。吉林市冰雪旅游产品涵盖了从基础的滑雪设施、雪道设计,到高端的冰雪度假村、温泉酒店等,这些产品的品质和特色是游客在选择旅游目的地时的重要考虑因素。大部分游客对吉林市冰雪旅游的冰雪产品表示基本满意,但仍有部分游客认为设施不够完善,如滑雪场的缆车数量不足、雪道维护不及时等。住宿和餐饮设施的质量和种类也有待提高,部分游客反映餐饮缺乏特色。

服务价值虽然不是游客在选择过程中首要考虑的因素,但一旦进入旅游体验阶段,服务价值的影响力就会显著提升。吉林市冰雪旅游在服务方面作出了很大努力,如提供专业的滑雪教练、完善的安全措施、热情周到的服务人员等,这些服务都是提升游客服务价值的关键因素。游客对吉林市冰雪旅游的导游和工作人员的服务态度评价较高,但认为服务的专业性和主动性有待加强。

环境价值也是游客在选择冰雪旅游目的地时需要考虑的重要因素,游客往往会首先考虑自然环境是否优美、气候条件是否适宜以及整体环境是否安全舒适。吉林市得天独厚的冰雪资源和壮丽的自然风光是吸引游客的首要因素，如北大湖滑雪场、松花湖滑雪场、吉林雾凇等冰雪景观都是游客关注的焦点。游客对吉林市的冰雪景观和生态环境给予了高度评价，但认为景区环境保护工作需要进一步加强。

游客参与冰雪旅游的主要目的之一是寻求娱乐和放松，娱乐价值在游客选择冰雪旅游产品时也占据一定地位。吉林市提供的多样化冰雪娱乐活动，如滑雪、滑冰、雪圈、冰雪节庆等，能够满足游客的娱乐需求，提升他们的旅游体验，游客对吉林市冰雪旅游的活动多样性和趣味性较为认可，但部分游客希望能够增加一些具有创新性和挑战性的冰雪活动项目。

价格价值在游客整体选择过程中可能处于相对靠后的位置，但仍然是不可忽视的因素，游客也会根据预算和性价比来选择适合的冰雪旅游产品。吉林市通过推出优惠政策、降低旅游成本等方式，提升了游客对冰雪旅游价格价值的感知，但部分游客认为部分项目价格偏高，性价比不高。

吉林市冰雪旅游游客感知价值的五个维度中，产品价值、服务价值、娱乐价值通常排在较前的位置，环境价值和价格价值对游客选择和满意度的影响较弱。

五 吉林市冰雪旅游游客感知价值提升策略

（一）丰富冰雪旅游产品

一是加大对冰雪旅游产品的创新和开发力度，增加活动的多样性和趣味性，推出更多元化、个性化的冰雪旅游产品，满足游客的多样化需求。例如，举办冰雪音乐节、冰雪灯光秀等特色活动，吸引更多年轻游客参与。开发适合家庭亲子游的冰雪活动项目，如冰雪亲子运动会、冰雪童话世界等。激发冰雪企业创新能力，鼓励其结合城市特色创新冰雪产品的形式形态，提高产品的文化底蕴与经济附加值。

二是创建冰雪品牌文化。深度挖掘吉林市的"乌拉文化""船厂文化"

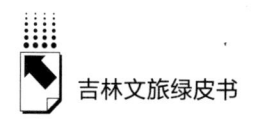

"满族风情"等文化内涵，将文化因素融入冰雪经济发展的各个环节，推动文化产业与冰雪产业融合发展。将吉林特色文化体验融入营销策略，向游客展示特色民族舞蹈和手工艺品的制作，在发展旅游的同时增加游客的文化体验，带动冰雪经济的发展。鼓励建设具有关东特色的冰雪旅游品牌，扩大吉林市冰雪经济的知名度与影响力。

三是做好线上宣传。吉林市冰雪旅游企业可以积极利用互联网平台，利用线上营销、电子商务等方式增强冰雪产业的信息化程度，实现冰雪旅游与互联网的有效结合。例如，制作冰雪旅游宣传图片及视频，在线上进行冰雪旅游项目和产品的宣传推广。

四是合理组织和安排冰雪活动，优化活动流程，提高活动的参与度和体验感。提前公布活动日程和报名方式，方便游客参与。加强活动现场的组织和管理，确保活动的安全和秩序。

（二）提高服务质量

一是提高冰雪旅游景区的管理和服务水平。开展定期的业务培训和技能竞赛，加强对导游和工作人员的培训，提升员工的专业素质和服务意识，增强服务的专业性和主动性，为游客提供更加贴心、周到的服务。建立游客反馈机制，及时了解游客的需求和意见，不断改进服务质量。

二是完善信息咨询和投诉处理机制。在景区设置多个信息咨询点，配备专业的咨询人员，为游客提供准确、及时、全方位的信息服务。建立高效的投诉处理流程，明确处理时限和责任部门，确保游客的投诉得到及时、有效的解决，提高游客满意度。

（三）优化旅游设施

一是引进冰雪旅游投资。对于旅游产业而言，发展前期的资金保障至关重要。因此，吉林市政府应对冰雪旅游投资企业给予一定的鼓励优待及税收减免优惠。同时，政府需要合理利用资金，完善大型基础设施建设，加大冰雪旅游宣传力度，保障投资资源利用效率，为引进冰雪旅游投资提供实际经验和帮助，增强冰雪旅游相关产业的产能与发展效果，为发展冰雪经济提供资金保障。

二是加大对滑雪场、冰雪主题公园等旅游设施的投入，提高设施的安全性和舒适性。例如，增加缆车数量和雪道种类，改善雪道的平整度和坡度，为游客提供更好的滑雪体验。建设更多高品质的冰雪主题酒店和民宿，为游客提供多样化的住宿选择，提升住宿设施的服务水平和硬件条件。

三是加强对冰雪旅游设施的维护和管理。定期对冰雪旅游设施进行检查和维修，确保设施的正常运行。建立健全冰雪旅游设施维护管理制度，明确责任分工，加强监督考核，保障设施的长期稳定运行。

（四）加强环境保护

一是加大对景区环境的保护力度。加强环境卫生管理，减少垃圾污染，保护生态环境。增加垃圾桶数量和垃圾清理频次，保持景区环境整洁。加强对游客的环保宣传教育，提升游客的环保意识，引导游客文明旅游。

二是推动可持续发展。合理开发和利用冰雪资源，实现经济效益、社会效益和环境效益的统一。制定科学的冰雪资源开发规划，避免过度开发和破坏。加强对冰雪旅游产业的监管和评估，促进其可持续发展。

（五）优化价格策略

一是制定合理的价格体系。根据不同的旅游产品和服务，制定差异化的价格策略，提高产品的性价比。例如，推出套餐产品和优惠活动，吸引更多游客消费。加强对价格的监管和调控，防止价格虚高和不正当竞争。

二是加强对游客的价格宣传和解释工作，让游客了解价格的构成和合理性，提高游客的价格满意度。在景区显著位置公示价格信息，做到公开透明。为游客提供详细的价格说明和解释，消除游客的疑虑。

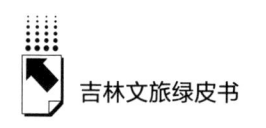

参考文献

徐静、王安茹、田淑慧：《冰雪旅游目的地的游客选择意愿及影响因素研究——基于扎根理论的质性分析》，《价格理论与实践》2021年第3期。

刘润萍：《黑龙江省冰雪旅游目的地品牌形象影响机制研究》，哈尔滨商业大学硕士学位论文，2022。

周星磊：《冬奥背景下张家口崇礼区建设国际冰雪旅游目的地的对策研究》，首都体育学院硕士学位论文，2022。

周妮笛等：《基于IPA方法的乡村生态旅游游客价值感知影响因素分析——以广西钟山县龙岩生态村为例》，《中南林业科技大学学报》2018年第12期。

李文兵：《古村落游客忠诚模型研究——基于游客感知价值及其维度视角》，《地理研究》2011年第1期。

隋丽娜、李颖科：《文化遗产旅游者期望价值与感知价值差异研究——以旅西游客为例》，《科学·经济·社会》2010年第3期。

潘桂华、李文兵：《国外游客感知研究综述》，《旅游纵览（行业版）》2011年第12期。

王朝辉等：《上海世博会国内游客感知价值的差异性与相关性》，《经济问题探索》2011年第4期。

方世敏、邓丽娟：《基于主成分分析法的游客满意度评价研究》，《宁波职业技术学院学报》2012年第5期。

Jin S., et al., "The Influence of High-speed Rail on Ice-snow Tourism in Northeastern China," *Tourism Management* (2020).

韩春鲜：《旅游感知价值和满意度与行为意向的关系》，《人文地理》，2015年第3期。

韩静：《游客感知价值对农业景观地TCM评估影响的比较研究》，北京林业大学硕士学位论文，2015。

王莉等：《湿地公园游客感知价值研究——以西溪/溱湖为例》，《旅游学刊》2014年第6期。

冶建明、李静雅、厉亮：《草原旅游地游客感知价值、地方认同与行为意向关系研究》，《干旱区资源与环境》2020年第9期。

Drucker P. F., The Practice of Management (Harper & Row, 1954).

Zeithaml V. A., "Consumer Perceptions of Price, Quality, and Value a Means End Model and Synthesis of Evidence," *Journal of Marketing* 52 (1988).

Morrison A. M., Hospitality and Tourism Marketing (Albany NY: Delmar, 1989).

Duman T., Manila A. S., "The Role of Affective Factors on Perceived Cruise Vacation value," *Tourism Management* 26 (2005).

Bajs P. I., "Tourist Perceived Value, Relationship to Satisfaction, and Behavioral Intentions," *Journal of Travel Research* 54 (2015).

白长虹、刘炽:《服务企业的顾客忠诚及其决定因素研究》,《南开管理论》2002年第6期。

黄福才、黄颖华:《旅游者感知价值模型、测度与实证研究》,《旅游学刊》2007年第8期。

朱鹏亮、李昭阳、邵秀英:《传统村落游客感知价值代际差异研究——以碛口为例》,《干旱区资源与环境》2021年第1期。

专题篇

G.16
彭氏微刻技艺传承保护与产业化发展研究

朱立春　高宇　冯梓铭*

摘　要： 彭氏微刻是一项集书法、篆刻、雕刻及绘画等多种艺术形式于一体的综合性技艺，收录于吉林省第四批省级非物质文化遗产名录，以"中国工艺美术大师"彭祖述为代表性传承人。彭氏微刻以吉林特色矿产资源松花石为主要原料，具有独特艺术性和文化精神。其主要代表性作品陈列于长春市南关区的彭祖述艺术馆中，免费开放供游客参观。当前，彭氏微刻与彭祖述艺术馆面临着运营困难、缺乏知名度和影响力、产业化程度较低的困境。为应对这些挑战，本文提出了优化线下观展体验、利用互联网流量打造文化IP和推进彭氏微刻产业化发展的对策建议。

关键词： 彭氏微刻　松花石　非物质文化遗产　传统工艺美术

---

* 朱立春，长春光华学院东北民俗研究院，吉林艺术学院东北民间艺术研究中心，教授、硕士生导师，研究方向为东北民族口传文化与非遗研究；高宇，吉林艺术学院研究生，研究方向为东北民族口传文化与非遗研究；冯梓铭，吉林艺术学院研究生，研究方向为东北民族口传文化与非遗研究。

彭氏微刻作为吉林省省级非物质文化遗产，具有深厚的历史文化底蕴和美学价值，是中国传统工艺美术与造型艺术的集大成者，也是中国传统文化与传统美学的重要载体。保护彭氏微刻不仅是保护传统技艺，在促进地方经济发展、打造差异化旅游以及弘扬地域文化精神等方面都具有积极意义。彭氏微刻的保护与传承是一项系统工程，需要政府、艺术家、教育者以及社会各界的共同努力。在新时代的背景下，彭氏微刻的保护与发展不仅是对传统文化的尊重和传承，更是对创新精神的实践和探索。通过不断的努力和创新，彭氏微刻定能在新时代的舞台上绽放出更加璀璨的光芒，为世界文化遗产的宝库增添独特的中国色彩。

一 彭氏微刻发展现状

（一）概述

1. 彭氏微刻

彭氏微刻于2019年被列入吉林省第四批省级非物质文化遗产代表性项目名录，以彭祖述为主要代表性传承人，其主要作品收藏于长春市南关区生态广场彭祖述艺术馆中。彭祖述生于1933年，是吉林省长春市的一位杰出艺术家，现任长春市微刻艺术家协会主席、中国书法家协会会员，并荣获多项国家级和省级荣誉。他师从金意庵先生学习书法和篆刻，后与高晓虎先生互磋技艺，逐渐形成了自己独特的艺术风格。

彭氏微刻技艺在选材、构图、雕刻等各个环节都极为讲究，传承人在细腻中融入了北方地域性文化特色，工艺复杂，需要打劈去瑕、构图、雕刻等多个步骤，每个步骤都耗时良久，且需要日积月累的经验。在实际操作中，一个步骤往往就要耗时数天到半个月不等。在构图上，传承人往往耗时数月，反复推敲，力求达到最佳的艺术效果。雕刻时，传承人则运用高浮雕、巧色雕、阴雕等多种手法，且刀具涉及大刀、平刀、弯刀等数十种，作品层次分明、立体感强。彭氏微刻作品虽然字体微小，但整体气势磅礴，微中见

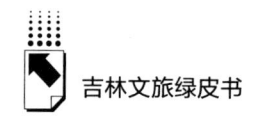

宏。近观如丝丝细雨，远望似茫茫雾雪，给人以强烈的视觉冲击和审美享受。彭氏微刻的技艺特点并非单独体现在"微"上，而是集书法、篆刻、雕刻及绘画等多种技艺于一体，具有选题优良、内涵丰富、寓情深邃、独辟蹊径的艺术特征，工艺上既注重传统手工艺精雕细刻的写实性，也强调虚与实在作品中的结合，以表达作品主题。

微刻《石头记》是彭祖述先生的代表作之一，以戚蓼生序80回本《石头记》为底本，耗时十年创作而成。该作品集书法、篆刻、微刻、雕刻及诗文等多门艺术于一石，图文并茂，堪称艺术瑰宝。国家博物院曾多次提出收藏这部作品，但彭祖述先生出于对家乡的热爱，最终将其捐献给长春市政府，并在长春世界雕塑园辟建彭祖述艺术馆陈列展示。

彭氏微刻技艺的精湛和创新不仅推动了微刻艺术的发展，也为中国工艺美术领域注入了新的活力和元素。彭祖述先生凭借他精湛的技艺将中国传统文化和吉林地域文化融入微刻作品，传承和弘扬中华优秀传统文化。

2. 松花石产业

吉林的松花石产业是一项具有深厚文化底蕴和广阔市场前景的特色产业。松花石也称松花玉，是吉林省独有的玉石矿产。主要矿产资源分布在东北的长白山区，通化、白山、延边的松花石品色优良、蕴藏量大，可持续开采。

松花石是数亿年前海相运动过程中海底的淤积细泥经过沉积、覆盖、压制等物理过程形成的坚硬的沉积型微晶石灰岩。其质地细腻，色泽饱满，主要有纯色色系、共生色系、伴生色系三种色系形式，色彩丰富多变，具有较高的观赏价值。松花石具有色彩丰富、纹路美观、质地细腻、硬度适中、易于雕刻等特点，这也是松花石能够与微刻技艺相结合，在东北地区形成彭氏微刻这样一门独具地域特色的非遗技艺的重要原因。

目前吉林省在松花石产业开发方面具有较大规模，拥有通化工艺美术厂和白山市江源区的中国松花石博物馆等大型企业或机构。松花石产业在开采、加工、包装、销售等方面已经形成了一定的规模，年产值可观。从资源开发、生产销售到收藏鉴赏，吉林省松花石产业已形成全产业链的市场化发展态势，包括松花石开采、加工制作、文化创意产品开发、旅游纪念品开发等多个环节。吉林省也在积极推动松花石的品牌化建设，通过参加国内外各种展览、举办研讨会等方式，提升松花石的知名度和影响力。同时，加强市场营销，拓宽销售渠道，推动松花石产品的市场化进程。[1]

松花石作为吉林省的瑰宝，具有深厚的历史文化底蕴。其独特的纹理和色彩，以及在中国传统文化中的地位，都赋予了松花石丰富的文化内涵。例如，松花石砚以其温润如玉、纡绿无瑕、质坚而细、色嫩而纯、滑不拒墨、涩不滞笔的特点，深受文人墨客的喜爱。随着人们生活水平的提高和对艺术品、收藏品需求的不断增长，松花石的市场需求日益旺盛。同时，吉林省作为松花石的主要产地，拥有丰富的资源和优越的地理环境，为松花石产业的发展提供了有利条件。未来，随着文化产业的不断发展和政策扶持力度的加大，松花石产业的市场潜力将进一步释放。

松花石矿藏资源储量较大、文化历史悠久，不仅具有广泛的使用价值，也具有较高的文化价值。如今松花石广泛应用于制作松花砚、观赏石及各种工艺品。彭氏微刻在选材上大量使用松花石，其中最具代表性的作品便是松花石砚。在彭祖述艺术馆展出的作品中，彭祖述先生根据原料不同的形态、色彩和纹理等客观条件，凭借多年深耕松花石雕刻积累的经验，发挥他独具风格的艺术想象力与创造力，采用相宜的选题与工艺，创作出一众富有独特艺术性与文化精神的松花石雕刻作品，这些作品既是宝贵的物质财富，更是给人们带来美的享受的艺术瑰宝。

（二）传承与发展状况

彭氏微刻传承状况良好，传承有序，目前拥有30余位传承人，其中省级工艺大师20余位，[2] 不定期举办无偿与有偿培训项目，积极培养更多传承人，扩大传承群体，具有良好的传承前景。

---

[1] 赵德钧：《吉林省松花石的主要特征及开发策略》，《吉林地质》2020年第2期。
[2] "彭祖述艺术馆"副馆长张家宁口述。

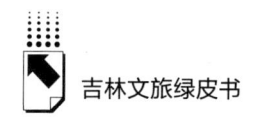

为了更好地传承发展以及扩大彭氏微刻的知名度与影响力，彭氏微刻积极地推进文创产品开发与创新，并且与其他非遗技艺相结合。近些年随着文旅融合发展思想的推进，各个博物馆掀起了一场"盖章热"，在这种趋势下，彭祖述艺术馆将彭氏微雕与拓印、篆刻等传统技艺融合，推出一系列文旅项目与文创产品。如将馆内优秀展品制作成拓版，为游客提供拓印研学体验项目，以及将馆藏篆刻作品制作成印章，供游客集章留念。在文创产品方面，彭氏微刻实行双线并行策略，既有供各个展馆、企业等单位展览的大型作品，也有带有地域特色文化元素的伴手礼、饰品等文创产品，以满足不同的市场需求。这些既是与时俱进、顺应市场潮流的举措，也是充分发挥自身特色、富有创造力的尝试。

松花石作为东北地区的特色矿产资源，历史上曾一度为清代皇家专用，皇家对开采工作进行严格限制，甚至一度禁止开采，制作工艺也严格保密，因而松花石产业在民间的传承几乎断绝。直至改革开放之后，历史与艺术等各界学者的挖掘，使得松花石重放异彩。松花石产业作为具有地域特色与文化特色的产业，受到吉林省各界的高度重视，政府部门出台了一系列发展规划，民间成立了一众松花石产业协会，同时各大高校相继开设相关专业、课程以及人才培养项目，如通化市职业教育中心开设了松花石雕刻与设计专业、吉林艺术学院于2019年开展面向硕士研究生的"松花石砚"人才培养项目等。①

二 彭氏微刻发展面临的困境

在当前的商业环境中，彭氏微刻面临着诸多严峻的挑战，其中尤以资金、运营和宣传方面的问题最为突出。"彭祖述艺术馆"作为彭氏微刻这项技艺的文化空间和展示场馆，长期以来由于缺乏充足的资金支持，在各个环节都捉襟见肘。同时，缺乏专业的运营团队来精心规划展馆的发展方向、优

---

① 赵德钧：《吉林省松花石的主要特征及开发策略》，《吉林地质》2020年第2期。

化参观流程以及策划有吸引力的展览活动，严重制约了展馆的发展潜力和竞争力。

（一）运营困难

彭氏微刻传承团队开设的彭祖述艺术馆属于私人展馆，在运营过程中自负盈亏，多年来一直由传承团队补贴维持展馆运营。彭祖述艺术馆运营困难主要有以下四点原因。

一是资金投入较大。彭祖述艺术馆共两层，拥有6个展厅，面积近2000平方米，① 初始建设阶段便投入了大量资金。此外，多年以来运营过程中众多展品的日常维护以及员工薪酬等方面的支出也较大，艺术馆资金投入不断增加。

二是资金来源相对单一。彭祖述艺术馆免费开放，因而缺乏门票收入作为场馆日常运营开销的资金来源。目前场馆收入来源以销售文创产品为主，缺乏商业合作等创收途径。

三是地理位置不佳。彭祖述艺术馆位于长春市南关区生态广场南侧，紧邻交通环岛，城市主干道与立交桥交错纵横，行人较少，距城市人口密集区和高校较远，缺少停车位，且展馆所在地的用地类型为公共用地，可进行的商业活动有限。

四是展览缺乏规划。馆内的展品相对固定，展品更换频率较低，更新缓慢，且观展路线存在问题，展厅利用率较低，缺乏对展览的整体性、长远性规划，导致缺乏对游客的持续吸引力。

（二）缺乏知名度和影响力

作为吉林省省级非物质文化遗产代表性项目，彭氏微刻有着浓厚的历史文化底蕴，尤其是代表性传承人彭祖述先生凭借着深厚的艺术造诣、精湛的雕刻工艺所创作的一系列松花石雕刻作品，具有极高的艺术价值、审

---

① 孙娇杨：《彭祖述艺术馆入选非遗旅游景区》，《长春日报》2022年11月9日。

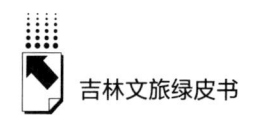

美价值。近年来，文化事业受到重视，文化产业蓬勃发展，文化市场繁荣向好，广大消费者也更加愿意在文化消费上增加支出，同时一系列国潮古风产品问世，深受市场欢迎，带有传统文化元素的消费品逐渐成为人们生活中的新元素。在这样的背景之下，彭氏微刻具有极高的品牌开发价值和开发潜力。

然而，由于缺乏充足的资金支持，彭祖述艺术馆无法组建专业的运营团队，日常宣传工作往往由内部员工兼任。由于缺乏专业的宣传知识和技能，不了解市场推广的策略与技巧，宣传效果较差。虽然展馆经常在小红书、抖音等自媒体平台发布推广内容，但由于缺乏新媒体领域的嗅觉、网感较差，往往无法准确把握目标受众的需求和心理，无法制定出针对性强、富有吸引力的宣传方案，难以创作出有吸引力的内容。在信息传播迅速且竞争激烈的当下，这种低效率的宣传方式使得展馆难以在众多文化场所中脱颖而出，无法有效地吸引潜在观众的关注，从而进一步加剧了展馆运营的困难局面，形成恶性循环。

（三）产业化程度较低

彭氏微刻的产业化程度较低，是该项目目前面临的一个重要难题。彭氏微刻目前主要以艺术馆的形式展示和传承，其产品主要是展馆中的雕刻作品，以及与松花石雕刻相关的饰品摆件等文创产品。然而松花石制作的彭氏微刻作品制作难度大、制作周期长，作品均为孤品，且具有高附加值、价格昂贵的特性，很难让初次接触彭氏微刻的游客进行购买。即便有游客购买了微刻作品，因其体量较大、作品珍贵、不便携带，难以在线下进行展示和传播。

彭氏微刻产业化程度低主要有两方面原因。一方面，彭氏微刻技艺传承难度高，要求传承人具备深厚的书法、绘画、雕刻等造型能力，且需要经年累月的练习和积累，形成较高的审美水平及艺术想象力，因此产品的价格往往较高，同时也造成了相关技艺难以培养出大批量熟练工人进行文创产品的开发与生产，让该项技艺的产业化、规模化遭遇瓶颈。另一方面，彭氏微刻缺乏有效的推广，品牌知名度、市场认知度均较低，且彭氏微刻产品作为工艺美术作品，对观众的审美能力和鉴赏能力有一定的要求，传统的微刻作品难以打入大众市场。

三 彭氏微刻发展的对策建议

（一）优化线下观展体验

良好的参观体验不但可以帮助游客更好地了解展览内容，更可以提升展馆在游客心中的整体印象，增强观众黏性。优化线下观展体验，是彭氏微刻未来发展策略中的基础性环节，有利于改善游客对彭氏微刻以及彭祖述艺术馆的整体形象，为线上的品牌塑造做好准备。

1.优化展馆布局与展出策略

目前彭祖述艺术馆展厅存在观展路线不合理、展品内容单薄等问题，作为展示彭氏微刻技艺的重要窗口，此类问题亟待解决。

首先，合理规划参观路线，在不改变整个展馆建筑结构的前提下，重新设置出入口位置，调整展厅顺序，明确各展厅主题，合理安置文创售卖区域。在各展厅内，根据不同主题，添置介绍展板、宣传单页等物料，同时重新安排展馆讲解的解说词，方便展馆观众理解展品内容，了解彭氏微刻技艺。

其次，增加文化介绍的元素，丰富展示内容，加深文化深度，将艺术品的单纯展示转变为彭氏微刻技艺的历史文化展现。利用音视频讲解、投影、虚拟现实等技术，为观众提供更加生动、多样的展示方式，设置互动体验区，增强观众的观展趣味性。

最后，及时采集参观者的意见建议，根据受众偏好调整展览内容，提升游客的参观体验。目前展馆展览内容相对固定，需要调整展出策略，定期更换展品，或与其他非遗项目进行合作，举办临时展览和专题展览等，以提高对观众的吸引力。

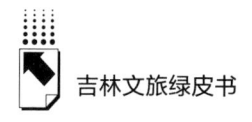

2. 策划文旅体验活动

随着文旅产业的发展，沉浸式、体验感、参与感等概念越来越受到文旅行业从业者与消费者的关注和重视。文旅体验活动可以增加观众的参与感与体验感，加深观众对展览主题的理解。例如，可以开展雕刻体验项目，选用成本较低、难度较低、易于上手的材料和选题，提供样品以供临摹，由工作人员进行指导，让文化不再是展柜中可望而不可即的艺术品，而是能够触摸与感受的物品，这既可以增加收入来源，又可以使观众切身体会彭氏微刻的制作过程与文化内涵。

同时，还可以尝试在展馆内增设茶室、咖啡店、书店等元素，让艺术展馆升级成为能够为更广大群体提供服务的文化生活空间，拓展展馆功能，扩大目标群体，让彭氏微刻这项非遗技艺宣传以潜移默化的方式融入更多人的生活，得到更多人的关注，在增强传统文化与非遗技艺活力的同时，为艺术馆带来经济效益。

（二）利用互联网流量打造文化 IP

在大数据时代的背景下，新媒体平台在非遗产业及非遗展馆的发展中起到至关重要的作用。据 2024 年 3 月发布的《中国互联网络发展状况统计报告》，截至 2023 年 12 月，中国的网民规模已经达到 10.92 亿人，较 2022 年 12 月增长了 2480 万人，互联网普及率达到 77.5%，手机网民规模为 10.91 亿人，网民使用手机上网的比例高达 99.9%。[1] 中国的互联网普及正在持续增长，互联网基础设施建设不断完善，新媒体与人们日常生活的结合也越发紧密，妥善利用新媒体平台吸引流量打造彭氏微刻文化 IP，可以有力推进彭氏微刻发展。

1. 利用新媒体平台实现 IP 化

随着通信技术的不断更新迭代，智能手机已成为人们接收信息、日常沟通以及休闲娱乐最主要的方式，同时移动互联网技术的发展突飞猛进，各类

---

[1] 资料来源：《中国互联网络发展状况统计报告》，2024 年 3 月。

新媒体平台兴起，也为人们提供了丰富多彩的资讯内容、娱乐内容。各主要新媒体平台日活跃用户约2亿~3亿人，想要提升彭氏微刻的知名度，实现彭氏微刻IP化，有效利用新媒体平台无疑是可行之路。

（1）社交媒体宣传

微博、微信公众号等社交媒体平台具有强大的社交属性，能够为彭氏微刻内容的传播、影响力的扩大、品牌形象的打造提供坚实的基础。

由于这类平台内容以文字为主要形式，彭氏微刻以及彭祖述艺术馆可以在此类平台上开设官方账号进行运营。以微信公众号为例，彭祖述艺术馆应对现有的微信公众号进行重新梳理，做好自定义菜单中项目介绍、联系方式、历史内容等基础功能的设置，以便让公众号成为展示彭氏微刻技艺以及彭祖述艺术馆的窗口。在内容上，需要对未来内容发布进行整体长期的规划，详细划分多个内容板块，如介绍彭氏微刻的制作技艺、传承脉络、文化背景等；对馆藏彭祖述先生作品进行讲解，带领受众了解不同作品的创作背景、创作历程、作品赏析，全面而精细地展现作品；介绍长白山地区出产的独特而精美的矿藏松花石，介绍松花石雕刻的历史与文化。在做好文字内容的同时，为了避免单调乏味，还需要优化文章配图，图文配合，详细而全面地展现彭氏微刻技艺、彭氏微刻作品，让受众看到在展馆里看不到的丰富细节。微信公众号的搭建与优化，不仅能配合展馆形成线上线下联动，同时也能够突破时空局限，扩大彭氏微刻技艺的传播范围，为后续的运营活动打好基础。

与微信公众号和微博相比，小红书这一平台则更加"视觉系"，语态也更加年轻化。小红书的"笔记"以图片为主要内容，更有活力。彭祖述艺术馆打造小红书账号时更需在图片上下功夫，用年轻化语态展现彭氏微刻作品以及艺术馆极具书卷气息的环境，吸引受众到线下打卡。

（2）视频平台展示

视频内容相较于文字内容，有着单位时间内信息量更大、更易被受众接受的特性，因此在5G时代，视频平台获取了以文字为载体的媒体平台所难以比拟的流量。

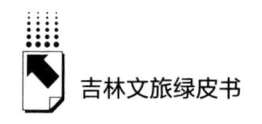

短视频平台以抖音、快手为主要代表，这类平台以短平快的短视频，引得大量用户爱不释手、欲罢不能，在客观上为非遗文化的传播创造了条件。随着"中视频计划"等平台扶植政策的推出，中长视频也开始成为一股不可忽视的潮流，它能够承载比短视频更多的内容，同时用户对于视频内容与质量的要求又在不断提升，科普类、文化类中长视频越来越受到青睐，这也更有利于彭氏微刻技艺以及彭祖述艺术馆的宣传推广。

目前艺术馆虽已注册有"彭氏石艺"抖音账号，但日常发布内容较为杂乱，视频质量参差不齐，且缺乏整体规划，视频数据较差，难以吸引粉丝关注。可将该账号更名为"彭祖述艺术馆"，并另外注册"彭氏微刻"抖音账号，两个账号形成矩阵，进行联动。在"彭氏微刻"账号中发布以彭祖述先生为代表的传承人创作松花石雕刻的中长视频，利用不同的镜头语言，清晰呈现微小细节处的精妙雕刻，让观众直观感受微刻的艺术特征；分享彭氏微刻的创作过程，包括从选材、设计到雕刻的每一个环节；讲述彭氏微刻故事，利用故事营销的方式，挖掘彭氏微刻背后的文化故事和艺术家的创作历程，通过情感化的故事营销，增强受众对这项技艺的情感认同，带领受众沉浸式体验彭氏微刻技艺，感受非物质文化遗产之美。在"彭祖述艺术馆"账号中，发布短视频，展现场馆环境、馆内藏品、文化活动、展览信息，用短平快的节奏对艺术馆进行推广，打造品牌。两个账号围绕同一核心而又各有特色，互为补充，互相辅助，在联动之中形成良性发展。

微信视频号同样是重要的短视频平台，可将短视频投放在微信视频号上，作为微信公众号的内容补充，丰富公众号内容形式，同时依托微信庞大的用户群体，更广泛地进行视频内容传播，扩大彭氏微刻的影响力。

长视频平台同样是不可忽视的新媒体运营阵地，尤其是拥有大量年轻用户的哔哩哔哩，该平台有大量传统文化、传统艺术、民间手艺等相关内容，吸引着如文艺工作者、高校学生和艺术爱好者等，有着良好的受众基础，符合彭氏微刻宣传推广用户画像，能够帮助彭氏微刻吸引更多年轻人关注这项非遗技艺。在进行视频平台内容投放及推广的过程中，应考虑引入专业视频制作及运营团队，对视频内容进行长远规划，筹备彭氏微刻的制作过程、成品展示以及艺术家访谈等不同内容板块。在视频投放时要更有针对性，避免盲目投放，提升视频平台运营的效率，提升投入产出比，以实现宣传推广效果最大化。

（3）网络直播互动

随着视频平台的不断发展，网络直播也逐渐兴起。网络直播因其具有良好的互动性和即时性，极大增强受众的体验感和参与感，而吸引了大量的流量，深受广大受众喜爱。因此，可以充分利用网络直播推广宣传彭氏微刻，打造彭氏微刻文化IP。要做好直播内容、直播风格的规划，找好彭氏微刻传统文化传承者的人设，避免盲目跟风其他主播的直播形式和直播内容，避免泛娱乐化的问题。

可以通过直播平台展示彭氏微刻的具体制作过程与细节，使观众沉浸式感受彭氏微刻技艺，与观众进行实时互动，讲解制作过程，讲述每件作品创作的经历以及不同作品背后蕴藏的创意与理念，使观众感受彭氏微刻的艺术内涵和文化价值。

2."互联网+"实现IP变现

（1）利用电商平台

随着互联网的蓬勃发展，电商已经成为广大人民群众日常生活中不可或缺的一部分，成为丰富人们生活、提升生活品质的重要方式。彭氏微刻可以在各大电商平台如淘宝、京东、天猫等开设官方店铺，通过线上商店销售彭氏微刻周边产品，拓展销路，并根据用户反馈，及时调整营销模式和商品内容，开发更多品类的文创产品，进而反哺线下文创产品的销售。

随着"直播带货"这一新兴电商模式的快速发展，各大直播平台纷纷搭建起自己的电商体系，使得流量变现更加便捷，这也为彭氏微刻的市场化发展带来了新的机遇。除了通过在社交媒体、视频平台和直播平台植入购买链接的方式进行销售，还可以与其他主播开展合作，进行松花石雕刻作品的推广与销售，借助其他带货主播的影响力和粉丝群体拓宽销售渠道。

（2）线上合作推广

在互联网产业蓬勃发展的今天，互联网的传播内容与未来发展越来越受到各方的重视，政府与平台也不断出台政策引导互联网产业发展，泛娱乐化、同质化内容受到规范，优秀的文化内容得到推崇，这也使得各大平台涌现出一批文化艺术类博主，并得到了广大网民的喜爱。彭氏微刻可以积极尝试与文化艺术类博主进行合作，邀请艺术专家等知名人士参与内容创作和直播，从专业角度进行解读、评价和推广，可有效增强彭氏微刻文创产品的可信度和吸引力。与知名品牌进行联名，推出符合市场潮流、易于被大众接受的产品，也是非物质文化遗产代表性项目的破局之路。

3. 利用IP开展线下合作

彭氏微刻与彭祖述艺术馆当下面临的问题，同样也是长春本地乃至吉林省内其他许多非遗项目所难以回避的，这就需要各项目以及众多传承人积极开展合作，组成联盟，共同寻求发展。彭祖述艺术馆可以联合其他传统工艺类非遗项目，共同组织线下文化活动，用丰富多彩的文化活动，吸引受众走进艺术馆了解非遗项目、感受文化魅力。在此基础上，还可以根据反馈，进一步策划针对不同群体的活动，如针对少年群体策划传统文化体验的游学、亲子活动，针对青年群体策划非遗技艺学习体验等活动。此外，还可以与高校、培训机构等教育机构合作，开展"非遗进校园""传统技艺讲座"等活动，加强彭氏微刻在年轻群体中的知名度，同时寻找潜在的传承群体。

（三）推进彭氏微刻产业化发展

1. IP化助力产业化

通过一系列线上运营措施，打造品牌形象使彭氏微刻技艺IP化，不但可以突出彭氏微刻的艺术特色，还可以提升其在受众中的知名度和影响力，提高用户黏性，同时也是彭氏微刻产业化发展至关重要的一步。

在产业化过程中，需利用线上品牌影响力，积极向线下引流，将粉丝群体转化为观众群体，在线下打造彭氏微刻及彭祖述艺术馆品牌形象。积极参加全国各地的相关行业展会、艺术展览和文化活动，如非遗文化节、雪博会等，在线下提高面向目标受众群体中的曝光率。积极尝试与综艺、影视作品等开展跨界合作，在提升文化影响力的同时，实现经济效益与社会效益的最大化。

2. 开发文创产品

针对不同受众群体有目的地开发不同文创产品可以有效地拓宽销路、提升经济效益。目前彭氏微刻相关文创产品品类单一，需要在做好现有艺术品、首饰性质文创产品的同时，面向大众打造多种产品线，开发成本较低、价格适中的纪念产品、实用产品。可以通过引入 3D 打印、向工厂定制等方式，降低产品生产成本，复制代表性作品，定制彭氏微刻、松花石雕刻主题明信片、冰箱贴，挂件等。可以面向年轻群体开发融合流行元素的时尚产品，如手机壳、记事本、鼠标垫等，还可以尝试打造非遗体验 DIY 材料包，让消费者能够在艺术馆之外，体验彭氏微刻技艺的精妙与魅力。

参考文献

张丹、郭悦：《精美的石头会"唱歌"》，《吉林日报》2024 年 7 月 3 日。

郭小宇：《美丽的石头"唱新歌"》，《吉林农村报》2024 年 7 月 18 日。

覃锡红：《非遗视角下唢嘟管制作技艺的当代传承与发展策略研究》，《黄河之声》2024 年第 12 期。

张艳丽等：《新媒体背景下非遗剪纸的传承与发展策略》，《造纸信息》2024 年第 6 期。

刘继华：《夕阳云锦　鲐背京华》，《文艺生活（艺术中国）》2022 年第 11 期。

赵德钧：《吉林省松花石的主要特征及开发策略》，《吉林地质》2020 年第 2 期。

刘园：《石头记》，《中华手工》2012 年第 3 期。

G.17
长影集团实现突破升级的优势、路径与对策

赵丙成*

摘　要： 长影集团被誉为"新中国电影的摇篮",历史厚重,影视基础扎实。在中国式现代化发展要求下,长影集团需要积极寻求突破式升级,保证集团、电影产业以及全省经济的高质量发展。在延展旅游融合路径方面,长影集团应积极打造体现影视文化的旅游消费场景,逐步丰富"电影+"业态,并运用现代化力量进行大力宣传。在夯实影视产业动能基础方面,长影集团应进一步弘扬老一辈艺术创作者精神,更深层次发挥长影影院经济和社会价值,进一步丰富长影乐团活动,探索长影音乐厅的沉浸式演艺开发等。在激发自身成长动力方面,长影集团应坚定主旋律创作,重视人才培养,积极推进公司制改革,加强协同合作发展,充分利用"电影+互联网"新型发行渠道等。

关键词： 长影集团　影视产业　沉浸式演艺开发

早期的电影承担着书写历史、建构主流意识形态权威性的政治使命,是社会主义革命和建设的重要组成部分。电影有它自己的特殊规律,它是社会阶级斗争的特殊反映,不能脱离一般历史发展的基本规律。随着我国经济由高速增长阶段转向高质量发展阶段,影视行业不断促成新旧动能转换,培育

---

* 赵丙成,吉林省百年电影传媒有限公司创始人,中国电影家协会、中国夏衍电影学会会员、中国演员委员会、中国电影收藏委员会委员、吉林省电影家协会会员、长春电影文化发展协会会长,研究方向为影视文旅产业。

新引擎、构建新支撑。作为有着"新中国电影的摇篮"之称的长影集团，要快速适应这种新变化，致力于新型影视文旅产业升级，为再创长影新辉煌作出努力。

一 长影集团拥有厚重的历史

长影集团有限责任公司前身为长春电影制片厂，长春电影制片厂前身"株式会社满洲映画协会"始建于1937年11月，于1939年竣工，整体设计仿照德国乌发电影厂，现存总建筑面积37549平方米，其中包括早期建筑的办公楼、摄影棚、录音室、洗印车间和小白楼。1945年日本投降后，东北电影公司成立，于1946年正式命名为东北电影制片厂。1995年，东北电影制片厂更名为长春电影制片厂。1999年1月，长春电影制片厂改制成立长影集团有限责任公司。

长影作为新中国最早的电影生产和创作基地，见证和记录了中国电影文脉的生成、延续与传承。1945年，东北电影公司正式成立，标志着人民电影事业的郑重开始。东北电影公司创造了新中国电影史上"七个第一"，包括第一部纪录片《民主东北》、第一部木偶片《皇帝梦》、第一部科教片《预防鼠疫》、第一部动画片《瓮中捉鳖》等，开辟了中国电影多片种发展的新纪元。厂标"工农兵"塑像，被人们亲切地称呼为"小金人"，这一传世经典之作时刻警醒长影人，人民群众是创作的源头活水，只有扎根人民，创作才能获得取之不尽、用之不竭的源泉。然而，随着物质和文化不断发展繁荣，面对电视、录像带、影碟机、网络等社会日渐丰富的文艺传播形式的竞争冲击，长影经历了发展低谷和迷茫期。与东北老工业基地一样，长影正在迫切寻求振兴发展，肩负着党和国家对中国电影"国家队"迅速崛起、东北振兴中文化"排头兵"冲锋在前的双重希冀。为人民放歌、为民族铸魂，不论时代怎样改变，长影刻进骨血里的红色基因始终未变，老一辈传下来的对工作钻研和探索的精神，以及对品质的坚守始终不变。

从20世纪50年代开始，小白楼作为创作基地，《董存瑞》《上甘岭》

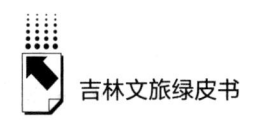

《英雄儿女》《平原游击队》《红孩子》《兵临城下》《钢铁战士》《甲午风云》《刘三姐》《党的女儿》《五朵金花》等大量优秀影片在此创作，激励了一代又一代人。小白楼等遗址不但见证了新中国电影摇篮的历史，更记录了中国电影文脉的生成、延续与传承，保护和利用这种特殊的文化资源、再创新时期的长影辉煌是长影人的责任。

二 大力延展长影的旅游融合路径

（一）打造体现影视文化的旅游消费场景

积极推进"文化+旅游"融合发展，依托长影旧址博物馆、小白楼等地标，打造文旅消费新场景。开发旅游消费影视场景体验项目，围绕传统影视拍摄手法和当时所用的拍摄设备、场景，通过实物呈现的方式展现给游客，让他们身临其境地感受传统电影的制作过程。根据旅游资源属性，将众多经营产品以演艺活动的方式在休闲街区、旅游场景等进行销售，为景区增添内容要素，提升景区氛围感和游客互动性，让影视文化孵化出经济价值。

（二）丰富"电影+"业态

长影各个旅游景区应该培育多元业态，深化电影与文化、旅游、体育、啤酒会展、文创等的多元融合，打造啤酒美食、酒吧餐饮、休闲游乐、体育竞技、主题研学等功能业态，并通过线上、线下营销，吸引全国各地众多爱好者打卡。积极打造角色打卡路径，仿经典影视片段，营造游客与电影人物的交互，通过影视手段的"可触、可感、可达"，助推影视文旅打通公域流量和私域流量，拓宽传播渠道。以呈现鲜明的地域性为背景，深度挖掘并展现独特的地方方言、传统服饰、民俗、经典电影片段等，让游客身临其境地体验影视文旅的魅力，并产生浓厚的兴趣和向往。

（三）积极运用现代化力量进行宣传

长影集团应充分发挥影视带头人的作用，积极带动影视文旅产业发展。长影应以"互联网+"进一步打破原有的经营理念和产业模式边界，积极与其他产业融合，不断延伸产业链触角，探索跨界融合协作，提升其社会关注度和美誉度。例如，长影集团应积极与有影响力的传媒公司及传播能力强的自媒体合作，以现代化、电子化、普泛化、自主化的方式开展宣传，拓宽传播渠道，提高吸引力。

三 着力夯实长影影视产业动能基础

（一）弘扬长影老一辈艺术创作者精神

铸造长影"红色基因"的传统与风骨，传承红色艺术创作基因。宣传长影"小白楼"的历史，弘扬"小白楼精神"，将承载老长影人开疆辟土的创业精神、战争时期随军拍摄不怕牺牲的战斗精神、"人民立场、艰苦奋斗、精益求精、超越自我""忠于使命、敢为人先"的时代引领精神发扬光大。积极开发"小白楼"红色传统教育资源，对在这里潜心创作、辛勤耕耘的重要编剧、导演的创作过程进行场景再现。开展红色教育研学和党员义务教育，讲述电影人如何在这里创作出数百部优秀剧本和久远流传的经典电影和歌曲，让研学者深刻了解长影的创业史、奋斗史、发展史，了解新中国电影事业摇篮的开创与发展。积极组织体验式红色故事剧本创作、红色歌曲创作大奖赛，来讴歌党、讴歌时代、讴歌人民。

（二）更深层次发挥长影电影院经济和社会价值

长影电影院是在"满映"时期的第4、第5、第6摄影棚和第12放映室的基础上建造的，于2014年4月25日正式对外开放。长影电影院建筑特色突出，放映设备先进，环境幽雅舒适、干净清洁，观影效果好。长影电影院交通便利，是城市居民文化生活聚集地之一。相比于商业性较强的电影院，长影电影院走廊两边的墙体展出长影历史沿革中经典影片的工作照，体现了浓厚的电影历史文化气息。当前，影院市场竞争激烈，长影电影院应多角度开发观影人群，快速提高观影人次，最大限度地发挥自身优势，在以长影为代表的原有电影文化的基础上，打造长春电影文化特色品牌。可以充分利用长影集团丰厚的电影历史资源，营造鲜明的文化氛围，让一些老影迷重温经典，重温童年记忆。可以借助长影博物馆，组织宣传长影经典电影放映日的活动，让更多人铭记长影的辉煌历史。

（三）丰富长影乐团活动

作为新中国建立最早、最具实力的国家级交响乐团，长影乐团曾经在人才培养与影视歌曲创作等方面取得辉煌成就。乐团培养、造就了一批颇有建树、国内外知名的艺术家，也曾为一批经典电影配音和演唱。为更好发挥长影乐团服务影视作品、服务人民大众的作用，乐团应定期开展红色经典电影歌曲演唱会，将红色经典电影歌曲唱响和传承，不断提升长影乐团出镜率。组织经典电影歌曲大奖赛，通过赛事丰富乐团活动内容，同时选拔出人才。长影乐团做好自身节目的同时，也要加大与其他部门的联系，在重大节庆节日期间，可协同老年大学、文艺团、音乐学院等进行联合演出，以乐团的专业性提升大众音乐文化活动的水准。积极邀请明星共同传唱经典电影歌曲，创建明星、网红打卡基地。

（四）积极探索长影音乐厅的沉浸式演艺开发

长影音乐厅是由第 7 摄影棚改建而成的专业音乐厅，面积 1200 多平方米，是当时中国最大的摄影棚，也是亚洲最大的摄影棚之一。这里曾拍摄过《保密局的枪声》《开国大典》等著名影片。长影音乐厅应积极融入电影旅游产业的沉浸式发展浪潮，在旅游旺季积极与旧址博物馆联合开展活动，设计当前喜闻乐见的沉浸式观演方式，提升观众的参与度和体验感，形成与长影经典电影相映衬的演唱表演节目。围绕音乐艺术，长影音乐厅应积极举办音乐沙龙、跨界讲座、排演探班、互动欢唱秀、声乐工作坊、话歌剧等活动，为表演者搭建舞台，助力其实现演艺梦想。长影音乐厅应发挥联动优势，努力整合各方资源，聚焦不同艺术门类，挖掘创作潜力，打造演艺新模式、新产品和新场景。

四　不断激发长影自身成长动力

坚持守正创新是长影集团健康、可持续发展的根本遵循，在老一代长影人创造的影视产业的基础上，长影集团须坚守正确方向，不断创新，在创新中寻求突破和发展，在发展中巩固基础、强化根本。

（一）坚定主旋律创作

长影的影视作品始终反映时代的主旋律。在战火纷飞的年代，部队打到哪里，长影的电影就拍摄到哪里。在改革开放、振兴发展的时代，榜样在哪里，长影的创作源泉就出自哪里。长影的大多数影视作品反映革命历史、讲述英模故事，以弘扬时代精神、再现社会变革、传递"真善美"等为主旋律，为讲好中国故事、展现国家形象、凝聚社会共识起到重要作用。新的时代，新的征程，长影集团应继续坚持文艺的人民性价值取向，坚持以人民为中心的创作导向，在守正创新中与时代同行，探索"叫好又叫座"的艺术表达方式，继续用更多更好的红色故事，讴歌时代、讴歌人民、讴歌英雄，持续出品像《黄大年》《杨靖宇》《血战宁波》等经典、历久弥新的红色影片。坚持创作反映普通百姓生活正能量的影片，拓展题材、内容、形式、手法，通过丰富的艺术创作形式和多元化、特色化的剧种，创作群众喜闻乐见、传递新时代精神风貌的优质作品。

（二）进一步优化公司治理改革

集团发展规模扩大的同时，可能面临"集而不团"的问题。面对更加市场化和竞争更加充分的市场环境，长影集团需要进一步优化公司治理改

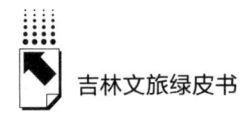

革，加快摆脱传统管理模式，制定符合市场经济规律的激励机制，制订员工持股计划，通过参股、分红等方式，最大限度地激发集团员工创新创作热情，促进员工与集团的共同发展。加快形成合作与共享的企业文化，为员工创造更多培训和发展机会，营造积极的团队氛围，凝聚力量。

（三）加强协同合作发展

长影集团应树立国际化的发展理念，加强与专业的影视制作团队联盟，与国内知名导演、监制、演员开展合作，加快建立庞大的明星资源网络，为打造顶级院线电影和网络大电影奠定基础。与专业团队联盟可以更好地发挥长影集团自身核心业务的优势，有利于形成合力和影响力，为长影集团带来技术创新和发展理念的有益补充。

（四）充分利用新型互联网发行渠道

互联网已经成为影视作品发行的重要渠道，充分利用新型互联网发行渠道对影视公司来说至关重要。尤其是近几年随着短视频和短剧的兴起，电影宣传转向了更为平民化和大众化的方向。以短视频渠道带动电影宣传具有见效快、宣传范围广的特点，不仅能有效宣传影视作品，更可以快速提高影视公司的品牌影响力。

参考文献

毕馨月等：《灼灼其华　步履不息》，《长春日报》2023年9月4日。
范周：《习近平文化思想指引我们奋发前行》，《艺术教育》2024年第1期。
张博文：《城市更新背景下电影工业遗产保护与再利用策略研究》，长安大学硕士论文，2023。
庄严：《铭记光辉历史　强化使命担当　做党的电影事业优良传统和可贵精神的忠实传人》，《中国电影报》2021年7月14日。

G.18 "吉字号"地域特色产品为拉动文旅消费提供品牌支撑的研究

陈春生*

摘　要： 吉林省拥有广袤富饶的黑土地、独特的地理环境和四季分明的气候条件，孕育了北国大地丰富多彩的资源宝藏。特别是长白山原生态、多样性的生态系统架构，为人类社会和人民生命健康福祉提供了多元化、高品质的生态价值。本文重点以吉林省"特色饮食、农特产品、特色景观"为研究对象，客观地阐述了"吉字号"地域特色产品的内涵及分布特点品牌价值对文旅消费的支撑作用，分析了"吉字号"地域特色产品面临的瓶颈及问题，并在此基础上提出了"吉字号"地域特色产品的发展策略及建议。

关键词： "吉字号"特产　原生态　品牌支撑作用　拉动文旅消费

随着国家发展战略的东移，吉林省迎来了前所未有的发展机遇。在推动东北老工业基地新一轮全面振兴、统一国内大市场、实现国内和国际经济双循环的大背景下，吉林省委、省政府高度重视地域特色产品的开发和品牌建设，出台了《关于推进"吉字号"特色品牌建设的若干举措》，标志着吉林省在"吉字号"品牌建设上进入了一个新的发展阶段，以"吉字号"为代表的特色产品成为吉林省经济高质量发展的重要引擎。遍布于吉林省境内的"特色饮食""农特产品""特色景观"，无不彰显"大美吉林"的独特魅

---

* 陈春生，吉林省文化企业商会秘书长，高级政工师，吉林大学工程仿生"教育部重点实验室"研究员，辽宁大学、吉林外国语大学、长春建筑学院客座教授，研究方向为旅游经济。

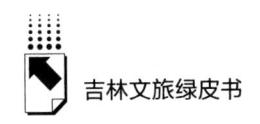

力,并在全国形成了良好的美誉度。吉林省长白山地区作为世界著名的生物多样性基因库,拥有得天独厚的自然资源,其丰富道地的食材和药材资源不仅具有很高的营养价值,更具备巨大的开发潜力。这些资源不仅是自然界的馈赠,更是吉林省经济发展的动能基础。吉林省在推动"吉字号"产品开发过程中,利用现代生物科技应用手段,保护性开发和萃取大自然精华,通过"讲好吉林故事",提升产品的文化附加值。这种将自然资源与文化资源相融合的开发模式,不仅有助于提升产品的市场竞争力,更为拉动文旅消费提供强有力的品牌支撑,实现文化动能基础与经济快速增长相得益彰。随着大众消费观念的转变,人们越来越注重身心健康和精神世界的和谐与完美,这为吉林省地域特色产品开发带来了无限商机以及巨大的市场发展空间。

一 "吉字号"地域特色产品的内涵及分布特点

(一)"吉字号"地域特色产品定义及内涵

"吉字号"地域特色产品,顾名思义,是指源于吉林省的特色产品,包括特色饮食、农特产品以及特色景观三大核心组成部分。这些产品经过政府权威机构的认证或命名,成为代表吉林省地方特色的标志性产品。它们不仅依托于吉林省丰富的地域资源优势,更突出其原生态的天然属性,通过系统化的开发过程,实现品牌价值提升、市场定位明确以及消费拉动等多重目标。

在特色饮食方面,吉林省"中华老字号""非遗特色餐饮"等系列美食产品,以其丰富道地的食材及农畜产品为基础,创造出了独具特色的美食。如通化的"人参全席宴",长春的"长白山五行宴""康乾御鹿宴",吉林的"满族乌拉火锅""满汉全席""松花江开江鱼宴",松原查干湖的"全鱼宴",延边的辣白菜、冷面、打糕等,这些美食不仅口感独特,更承载着深厚的历史文化渊源。

在农特产品方面,吉林省的农特产品以其品质优良、种类繁多而著称。

如长白山的人参、松茸、坚果，双阳、东丰的梅花鹿系列产品，延边的黄牛、熊胆粉、灵芝孢子粉，蛟河黄松甸的黑木耳、黄蘑，白城的杂粮杂豆等，这些农特产品以其独特的生长环境和营养结构，深受消费者的喜爱，部分产品已经成为"国家地理标识性保护产品"。

在特色景观方面，吉林省的自然风光和人文景观可谓精彩纷呈。长白山天池、瀑布、地下原始森林景观，通化的"火山溶洞"景观、"三角龙湾"火山地貌群，磐石的"官马溶洞"，吉林松花江雾凇景观，珲春的"一眼望三国"，大安嫩江湾国家湿地公园、临江溪谷高山草原、乾安"大布苏泥林"以及各地的历史文物古迹和民俗文化形成的"景观带"不胜枚举，构成了吉林省吸引国内外游客的独特亮点。

（二）"吉字号"地域特色产品的分布特点

吉林省地势东高西低，东南部为长白山山脉，中部为松辽平原，西部为起伏多变的丘陵地带。这种地势的多样性，为吉林省的地域特色产品和农业发展提供了丰富的自然条件。长白山地区因其高海拔、低气温、降水充沛等特点，成为诸多中药材和山珍野味的最佳生长地。松辽平原地区则因其平坦的地势、肥沃的土壤和适宜的气候条件，成为吉林省粮食和畜牧业的主要产区。这样的地理环境，为吉林省地域特色产品的形成提供了基础保障。吉林省地域特色产品呈现多元化分布特点，无论是城镇还是乡村，无论是山区还是平原，都可以找到地域特色产品的踪迹，这些产品不仅丰富了人们的生活所需，更成为吉林省经济发展和文化传承的重要载体。

吉林省地域特色产品的分布呈现明显的地域属性。不同地区的自然条件和人文环境不同，成就了各具特色的地域产品。如长白山区以其独特的山地气候和丰富的森林资源，孕育出了人参、松茸等珍贵的土特产。而延边地区则以其独特的朝鲜族文化和丰富的农畜产品，造就了独具特色的朝鲜族美食和民俗文化产品。

近年来，吉林省农产品区域品牌建设工作的整体推进，为发展地域特色产品提供了广阔的市场空间。在培育和打造"吉字号"产业品牌、区域品

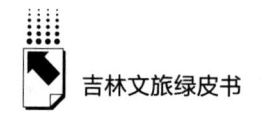

牌、企业自主品牌等方面，进行了强有力的推动，旨在全面挖掘优势产业的潜能，为吉林高质量发展"放水养鱼"。2024吉林省农产品品牌建设发展大会上，吉林省农业农村厅相关负责人介绍了吉林省农产品品牌建设情况。吉林省正全面实施品牌强农战略，发力培育"吉字号"农产品品牌。吉林省打造了吉林大米、吉林玉米、吉林杂粮杂豆、吉林长白山人参、吉林长白山黑木耳、吉林优质畜产品、吉林梅花鹿七大"吉字号"农产品品牌。全省绿色、有机、地理标志农产品数量达1313个，创建全国绿色食品原料标准化生产基地22个。吉林省培育了汪清黑木耳、抚松人参、洮南绿豆、通化蓝莓、集安人参、前郭县查干湖淡水有机鱼、长白山桑黄、桦甸黄牛、集安山葡萄、蛟河黑木耳10个国家级特色农产品优势区，37个省级特色农产品优势区，84个市（州）级特色农产品优势区，102个县（市、区）级特色农产品优势区，累计培育区域公用品牌90个、企业品牌268个、产品品牌384个。[①]

从农产品区域品牌建设效果来看，以"吉字号"为代表的一大批区域品牌的认证工作，推动了吉林省区域品牌的发展，并在农民增收、产业增效、市场繁荣的发展中发挥出重要作用。由此可见，吉林省地域特色产品分布特色鲜明，产业基础雄厚，开发潜力巨大。

二 "吉字号"品牌价值对文旅消费的支撑作用

（一）原生态价值与文化传承

面对全球化进程的加速和消费者需求的日益多样化，地域特色产品已经成为满足人类生活需求的重要组成部分。"吉字号"产品无论是单品还是多品种，其最大的核心价值在于产品的"独特功效"。以长白山黄花菜为例，

[①] 王春胜：《2024吉林省农产品品牌建设发展大会在长春召开》，《吉林日报》2024年8月18日。

黄花菜又名金针菜，是一种营养价值高、具有多种保健功能的花卉类蔬菜，因其花瓣肥厚、色泽金黄、香味浓郁、食之清香，被视作"席上珍品"，具有较高的药膳功效。拥有长白山"第一鲜"美誉的小黄蘑，也是生长在长白山落叶松林内的一种野生食用菌类，富含多种人体必需的氨基酸，为野生食用菌中的上品。长白山人参、万昌大米、大安花生、延边黄牛肉、集安板栗、洮南黑水西瓜等，都成为吉林省重要的农特产品。而在特色景观方面，最有代表性的是长白山天池，它是松花江、图们江、鸭绿江"三江"的源头。长白山天池在海拔 2154 米的山峰上，周围没有任何河流水系，却神奇般地以 20.4 亿 m³ 的池容量而一泻千里，奔腾不息"天池之水从哪里来"成为世界未解之谜。"吉字号"原生态地域特色产品，可谓是集聚东北黑土地精华之大成，源源不断地向人们输出优良的产品和深邃的文化内涵。吉林省地域特色产品，经历了漫长的岁月沉淀和跨越时空的洗礼，见证了从古至今不同寻常的发展历程。延续到现在，仍然不失其"英雄本色"，其中，具有传承代表意义的"中华老字号"和"非遗传统加工技艺"产品，仍然赢得了无数消费者的信赖。面对新兴产业和新兴业态的快速崛起，传统文化赋能作用，已经成为"吉字号"产品开发的永恒主题。无论"吉字号"产品的形态如何发生改变，以及科技含量有多高，永远不变的是吉林大地的"原生态基因"和"人文传统基因"的鲜活生命力。为此，我们在传承与创新的基础上，保护好长白山珍稀物种资源，维护生态平衡，提升"吉字号"原生态产品的品位，推动产业升级和文化创新，不断完善现代设计理念、改进生产工艺、在拓宽产品销售渠道等方面，让传统工艺熠熠生辉，全面提升"吉字号"品牌产品的市场竞争力。

随着吉林省经济的快速发展，"吉字号"地域特色产品得到了广泛关注。政府和相关企业积极推动品牌建设，通过举办"农博会""食博会""茶博会""雪博会""东北亚博览会"等博览会，开展"市民文化节""农民丰收节"等活动，拓宽宣传推广渠道，让更多的人了解和认识"吉字号"产品。吉林省地域特色产品不仅代表着这片黑土地的自然之美和人文之韵，更是吉林省经济发展和文化传承的生动展现。吉林省通过深度挖掘地域特色

产品的起源、分布及价值，在传承的基础上实现品牌创新，实现产品由初加工型向功能高科技型的转变，推动吉林省"农文旅"产业高质量发展。

（二）经济价值提升与市场拓展

"吉字号"地域特色产品的开发，对于地方经济的发展具有重要的推动作用。在文旅融合高质量发展的进程中，地域特色产品作为文旅产业的重要组成部分，其品牌价值已经成为文旅消费的重要支撑。传统意义上的旅游"六要素"已经不能适应大众多元化的消费需求，新的消费理念更加注重精神层面的感官刺激和文旅"沉浸式"的全新体验，以及在参与互动中领悟地域特色品牌的深刻内涵。吉林省文旅产业迎来了前所未有的发展机遇，同时也为吉林省"四季运营"带来了新的突破，其地域特色产品在品牌形成、要素支撑、表现形式、传播手段、价值体现等方面，均表现出强劲的发展态势，凸显出吉林地域特色产品的强大优势和巨大的市场容量，有效地推动了吉林省文旅产业的可持续发展。

（三）生物科技价值

在快速发展的高科技时代，生物科技已经成为推动社会进步和经济发展的重要力量。而"吉字号"作为生物科技基础研发的强大支撑，其在中草药、食材萃取等关键技术领域已经形成了"药食同源""药膳食疗"等相对独立的知识产权保护体系，增强了吉林省在国内外市场的核心竞争力。

"吉字号"生物科技产业凭借其先进的研发能力和创新理念，在药膳萃取、功能农业研发、胚胎养殖技术、食用菌生物技术等多个领域已经取得了显著成就。

三 "吉字号"地域特色产品面临的瓶颈及问题

（一）品牌认知度与市场推广面临的困境

地域特色产品往往承载着丰富的文化内涵和独特的地域特色，但这也使其品牌认知度受到一定的限制。一方面，由于缺乏统一的品牌形象和宣传策略，消费者往往难以将某一产品与特定的地域文化联系起来。另一方面，市场推广的渠道有限，难以覆盖更广泛的消费群体。这导致地域特色产品在市场上的知名度和影响力不足，难以形成有效的竞争优势。

（二）产品创新与品质提升面临的挑战

地域特色产品往往具有深厚的历史渊源和传统工艺，这既是其魅力所在，也是其发展的制约因素。一方面，传统工艺的传承和创新之间存在一定的张力，如何在保持传统特色的基础上进行产品创新，是一个需要深思的问题；另一方面，随着消费者对产品质量和安全性要求的提高，如何确保地域特色产品的品质稳定和提升，也是一项重要的挑战。

（三）产业链整合与资源利用面临的不足

地域特色产品的开发涉及原材料供应、生产加工、市场销售等多个环节，需要形成完整的产业链。然而，目前很多地域特色产品的产业链整合程度不高，资源利用效率低下。一方面，原材料供应不稳定，价格波动大，影响了产品的成本控制和品质稳定；另一方面，生产加工环节缺乏标准化和规范化管理，导致产品质量参差不齐，难以形成统一的市场形象。

（四）政策支持与产业引导面临的不足

地域特色产品的开发离不开政府政策的支持和产业引导。然而，目前一些地方政府在地域特色产品开发方面的政策支持力度还不够，缺乏具有针对性的产业规划和引导措施。这导致地域特色产品的开发缺乏有效的政策保障和资金支持，难以形成规模效应和品牌效应。

（五）人才培养与技术创新面临的短板

地域特色产品的开发需要专业的人才和先进的技术支持。然而，目前一些地区在人才培养和技术创新方面存在短板。一方面，缺乏专业的研发人员

和营销团队，导致产品创新和市场推广能力有限。另一方面，技术创新不足，难以提升产品的附加值和市场竞争力。

（六）景区同质化与创新发展面临的瓶颈

景区景点目前面临的最大瓶颈就是地域特色文化挖掘不足，甚至没有很好地"讲故事"。好多景区仍然停留在"真山真水"的自然景观上，没有形成独立的文化 IP，导致普遍的同质化。还有就是"四季运营"瓶颈没有突破，季节的变化导致"冷热交替"融合度不足，最明显的案例就是吉林省诸多滑雪场在夏季按下"暂停键"，缺少可持续发展的运营模式。

四 "吉字号"地域特色产品发展策略及建议

（一）明确品牌定位，强化品牌核心价值

"吉字号"应首先明确自己的品牌定位，即要清晰地传达给消费者该品牌所代表的价值和理念。这包括产品的功能定位、价格定位、消费者群体定位等多个方面。通过精准的定位，使品牌在消费者心中形成独特的印象，从而与竞争对手区分开来。同时，强化品牌的核心价值，让消费者能够清晰地认识到"吉字号"所能带来的独特价值和利益。

（二）提升产品品质，打造高品质品牌形象

产品是品牌的载体，品质是品牌的生命线。因此，"吉字号"应不断提升产品品质，通过严格的质量控制和持续的创新，打造出高品质的产品。这不仅可以赢得消费者的信任和口碑，还能提升品牌的美誉度和忠诚度。同时，高品质的产品还能为品牌带来更多的溢价空间，提高品牌的市场竞争力。

（三）加强品牌宣传，提升品牌知名度和美誉度

在竞争激烈的市场中，品牌宣传是提升品牌知名度和美誉度的重要手段。"吉字号"应加大品牌宣传力度，通过多种渠道和形式，向消费者传递品牌的价值和理念。同时，注重与消费者的互动和沟通，倾听消费者的声音和需求，及时调整品牌策略和产品方向。此外，还可以借助明星代言、跨界合作等方式，提升品牌的知名度和影响力。

（四）创新营销手段，激发消费者购买欲望

创新是品牌永葆活力的关键。"吉字号"应不断创新营销手段，通过差异化、个性化的营销策略，激发消费者的购买欲望。例如，可以推出限量版产品、定制化服务、会员专享优惠等，吸引消费者的关注和参与度。同时，注重线上线下融合，打造全渠道营销体系，为消费者提供更加便捷、高效的购物体验。

（五）强化品牌文化建设，提升品牌内涵和影响力

品牌文化是品牌的灵魂和核心竞争力。"吉字号"应强化品牌文化建设，通过挖掘品牌背后的故事、理念和文化元素，提升品牌的内涵和深度。这不仅可以增强消费者对品牌的认同感和归属感，还能为品牌注入更多的文化价值和社会责任。同时，品牌文化还能成为品牌与消费者之间的情感纽带，提升品牌的忠诚度和黏性。

（六）建立产品溯源监控系统，提升数据库价值空间

为了充分发挥吉林省地域特色产品的优势，应建立一套完善的地域特色产品溯源监控系统。该系统应具备实时数据上传功能，确保产品的无污染、无公害。同时，通过对流量数据的分析，了解产品的市场需求和消费者偏好，为产品的开发和推广提供强有力的支持。此外，溯源监控系统还可以提升产品的透明度，增强消费者的信任度，进一步提升产品的品牌价值。

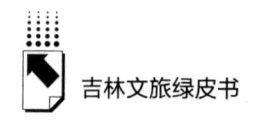

（七）利用生物科技研发，打造高附加值产品

随着生物科技的不断发展，可以利用这些先进技术对吉林省的地域特色产品进行深度开发和利用。例如，通过功能产品开发，将传统的农特产品转化为具有特殊功效的保健品或食品；通过药膳餐饮开发，将吉林的药材与美食相结合，创造出独具特色的药膳美食；通过优质物种开发，培育出更具市场竞争力的新品种，提升产品的附加值和市场竞争力。

（八）提炼全省景观不同特色，突破四季运营瓶颈

"吉字号"地域特色产品中非常重要的内容就是"特色景观"。如何解决景区景点的同质化问题，以及"四季运营"等一系列瓶颈问题，是吉林省面临的重要课题。政府及有关部门应在宏观调控指导与产业布局上给予政策支持。做到统一谋划、科学布局，树立"全省一盘棋"战略思维，深度挖掘地域文化资源，形成"一地一特色""一景一IP""一村一品牌"，打造"四季运营"模式，围绕"记住啥？了解啥？带走啥？"以及"制造神秘、制造快乐、制造爆点、制造美誉"，解决游客"凭什么来"的问题，从顶层设计和产品体验上突破"同质化"和"四季运营"的瓶颈。

参考文献

常天恺、齐骥：《中国式现代化视角下文化产业高质量发展的理论阐释与实践路径》，《治理现代化研究》2023年第5期。

纪洋：《深挖"文化+"激活产业新动能》，《吉林日报》2023年3月9日。

宋瑞、冯珺：《2022~2023年中国旅游发展分析与展望》，载宋瑞主编《旅游绿皮书：2022~2023年中国旅游发展分析与预测》，社会科学文献出版社，2023。

G.19 新型中医药膳产业与文旅产业融合发展对策研究

于泓坤[*]

摘　要： 吉林省在中医药膳产业与文旅产业融合发展方面已经取得了一定的成效。例如，一些旅游景区推出了中医药膳养生旅游产品，吸引了众多游客前来体验；一些餐饮企业将中医药膳融入菜品中，打造出具有特色的中医药膳美食。然而，吉林省中医药膳产业与文旅产业的融合还处于初级阶段，尤其在应用新型中医药膳吸引国内外庞大的亚健康、慢性病人群来吉康养旅游方面，还存在融合深度不够、服务创新不足、品牌建设滞后、体系构建不全等问题，同时面临法规限制、技术研发难度大、市场推广难等挑战。从国信南山温泉度假酒店的成功经验来看，吉林省进一步推动新型中医药膳产业与旅游业融合发展，需要加强政策支持与引导、提升产业创新能力、打造具有地域特色的融合品牌。

关键词： 新型中医药膳　吉林省　文旅经济

一　中医药膳产业与文旅产业融合发展的意义

（一）中医药膳为吉林省文旅产业发展增添特色

在文旅产业发展过程中，吉林省需要不断挖掘特色资源，打造具有地域

---

[*] 于泓坤，吉林省九圣源生物科技有限公司董事长，九圣源中医药研究院（北京）有限公司董事长，长春中医药大学客座教授，于氏中医第五代传人，中华食医学派创始人，中国药膳研究会药膳创新研发中心主任，吉林省功能食品协会新型药膳标准化研究专委会主任，广东省百岁养生研究所导师，研究方向为新型中医药膳应用。

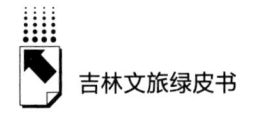

特色的旅游产品。文旅产业呈现多元化、个性化、体验化的发展趋势，游客不再满足于传统的观光旅游，而是更加注重旅游的品质和内涵，追求独特的旅游体验。文旅产业逐渐向文化体验、休闲度假、健康养生等领域拓展，为新型中医药膳产业与文旅产业的融合提供了广阔的空间。中医药膳产业可以为吉林省文旅产业注入新的活力，丰富旅游产品的种类和内涵，满足游客对健康养生的需求，提升文旅产业的竞争力。吉林省拥有丰富的自然景观和人文资源，如长白山、松花湖、查干湖、净月、伪满皇宫等。新型中医药膳产业作为一种具有独特文化内涵和养生功效的产业，正好满足了吉林省文旅产业发展对特色产业的需求。一方面，中医药膳可以与吉林省的自然风光相结合，开发出以养生度假为主题的旅游产品。游客可以在欣赏美丽的自然风光的同时，品尝新型中医药膳餐饮产品，享受定制化的养生服务，放松身心。另一方面，中医药膳可以与吉林省的历史文化相结合，打造出具有文化底蕴的旅游产品。例如，结合吉林省的满族文化、朝鲜族文化等，开发出具有民族特色的新型中医药膳，让游客在品尝功能美食的同时，了解吉林省的历史文化。

（二）吉林省中医药膳产业的发展为全国培养和输送中医药膳专业人才

国家倡导"人人都是自己健康第一责任人"，医疗卫生事业要从"以治病为中心向以健康管理为中心转变"。近年来中医药产业发展风起云涌，社会大众对食疗食养需求巨大。吉林省教育资源丰厚、学科健全，每年为全国输送各行各业的优质人才。依据当前形势，吉林省应在中医药膳技术、食疗食养服务的人才培养和输出方面，抢占先机、快人一步。比如，可在省内具有资质的中医药大学或健康管理职业技术学院开设相关专业，培养中医食疗调理师、新型中医药膳制作师等，其对口就业单位可以是医院的营养科、健康管理机构、企事业单位健康管理部门或食堂等，就业前景非常广阔。而由此拉动的省内教育事业发展，也是非常喜人的。

二　传统中医药膳与新型中医药膳的对比

（一）中医药膳产业的内涵与特点

中医药膳是在中医药理论指导下，将不同的食材与中药材进行合理搭配，经过特定的烹饪工艺制作而成，具有养生保健、预防和治疗疾病等功效的特殊膳食。中医药膳按功能可分为补气类、补血类、滋阴类、壮阳类、健脾益胃类等；按制作方式可分为汤类、粥类、羹类、膏类等。不同类型的中医药膳适用于不同的人群和体质状况，为人们提供了多样化的养生选择。中医药膳具有以下特点。

一是药食同源。许多食材本身就具有一定的药用价值，通过与中药材的巧妙搭配，能够发挥出更强大的养生保健功效。例如，山药既可以作为日常食材，又具有健脾益胃、补肾涩精的药用功效。

二是个性化定制。中医药膳可以根据个人的体质、年龄、性别、季节等因素进行个性化定制，满足不同人群的特殊需求。例如，体质虚寒的人可以食用一些温热性药膳，如当归生姜羊肉汤等；而体质燥热的人则适合食用一些清凉性药膳，如绿豆百合粥等。

三是相对安全。中医药膳大多采用天然的食材和中药材，不含有化学合成的药物成分，相对安全可靠。同时，中医药膳注重整体调理，从根本上改善人体的健康状况，避免了药物治疗可能带来的副作用。

（二）传统中医药膳存在的问题

传统中医药膳，即指按照中医配伍理论指导，将药材与食材通过蒸、煮、炖等方式烹饪制成的具有某些功能的膳食。传统中医药膳存在以下四个方面不足。

第一，认知与推广方面。一是公众认知存在局限，很多人对中医药膳的了解较为片面，往往将其等同于普通的食疗或中药方剂，对药膳的适用范

围、功效原理以及正确的食用方法缺乏准确认识。例如，一些人认为只要是将中药材加入食物中就是药膳，随意食用，却不知道不同的药膳有不同的适应证和禁忌人群，错误食用可能会对身体造成不良影响。二是推广力度不足。传统中医药膳的推广主要依赖于口口相传和一些中医书籍记载，传播渠道较为单一。在现代社会，面对众多的饮食选择和快节奏的生活方式，传统中医药膳难以引起广泛关注。相比之下，各种新型食品和快餐文化在广告宣传和市场推广方面投入巨大，使得中医药膳在市场竞争中处于劣势。

第二，制作与应用方面。一是制作工艺传统。传统中医药膳的制作方法大多较为传统，以炖煮、熬制等为主，制作过程相对烦琐，耗时较长。这与现代社会快节奏的生活方式不太相符，难以满足人们对便捷食品的需求。例如，制作一份传统的药膳汤可能需要数小时的炖煮，对于忙碌的上班族来说，很难有时间和精力去准备。二是口感欠佳。由于一些中药材本身具有特殊的气味和味道，在与食物搭配制作成药膳时，可能会影响药膳的口感。传统的制作方法往往难以完全去除这些不良味道，使得部分人对药膳的接受度较低。三是缺乏标准化。传统中医药膳在制作过程中缺乏统一的标准和规范，不同的厨师或家庭制作的药膳在配方、用量和制作方法上可能存在较大差异，导致药膳的功效和安全性难以保证。例如，同一种药膳在不同的地方可能会使用不同的中药材或食材进行搭配，其功效也会有所不同，甚至可能因为用量不当而产生副作用。

第三，产业发展方面。一是产业规模小。传统中医药膳企业通常为小型企业或个体经营户，缺乏大型龙头企业的带动和整合，产业规模较小，市场竞争力不强，难以形成规模化的生产和销售，市场占有率较低，难以与其他食品产业相抗衡。二是创新能力不足。传统中医药膳产业在产品研发、技术创新等方面投入较少，创新能力不足。产品种类较为单一，难以满足消费者多样化的需求。例如，市场上常见的传统药膳产品以汤类、粥类为主，缺乏新颖的产品形式和口味，难以吸引年轻消费者的关注。三是行业人才短缺。中医药膳产业需要既懂中医药知识又懂食品制作和经营管理的复合型人才。然而，目前这类人才相对短缺，制约了传统中医药膳产业的发展。传统的中医教育和食品专业教育往往缺乏对中医药膳领域人才的系统培养，导致专业人才匮乏。

第四，功效作用方面。由于原材料形式传统、烹饪制作方式传统，尤其是原材料在化肥、农药环境下种植，传统中医药膳看似回归传统文化范畴下的养生方式，但终究无法在功效方面令人满意。

（三）新型中医药膳的特点

新型中医药膳是在传统中医药膳的基础上，结合受众需求、现代科技和养生观念而发展起来的一种具有明显创新性的特殊膳食形式。

1. 新型中医药膳与传统中医药膳的区别

一是选材更严格更安全。新型中医药膳在几千种中药材的范围内，针对受众人群日常食用的特点，精选药食同源物质，即那些既有药性可作为中药材又可放心食用作为食材的物质，如人参、枸杞、黄精等。国家对药食同源物质有严格的遴选和界定，目前只有106种，这就使得制作新型中医药膳在选择具有药性材料方面有严格的要求，并且在安全方面有更严格的标准。

二是制作工艺更先进。传统中医药膳的制作工艺相对较为简单，以炖煮、熬制等方式为主。新型中医药膳则结合了现代食品加工技术，如低温萃取、超微粉碎、生物发酵技术等，促进了药膳食材有效成分的标准化，保障了营养价值和口感。比如，低温萃取技术可以更好地保留中药材中的有效成分，使药膳的功效更加显著；超微粉碎技术则可以将中药材和食材粉碎成极细的粉末，提高人体对营养成分的吸收利用率。

三是功效更显著。新型中医药膳，在对原材料进行提纯、萃取、酶化、发酵等工艺处理后，功效成分实现了标准化，例如人参当中发挥功效的是人参皂苷，那么将人参皂苷提纯后，其每包新型药膳的功效都是标准的。中华五千年中医经方，为新型中医药膳提供了深厚的智慧。新型中医药膳按照中医经方，采用标准化的功效材料进行配伍，克服了传统药膳存在的诸多问题。

四是产品形式更多样。传统中医药膳主要以汤、粥、羹等形式出现，新

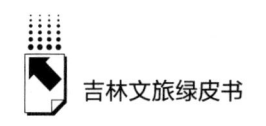

型中医药膳则开发出了更多样化的产品形式,如药膳面粉、药膳饮品、药膳糕点、药膳零食等,满足了不同消费者的需求。例如,药膳果汁饮品既保留了水果的鲜美口感,又融入了中药材的保健功效,深受年轻人的喜爱;药膳糕点则可以作为旅游纪念品、日常零食或茶饮伴侣,方便携带和食用。一些新型中医药膳采用预包装的形式,更加方便人们随时服用,受到文旅出行人群的广泛赞赏和好评。

五是文化创意更丰富。传统中医药膳注重的是功效,在文化创意方面相对较弱。新型中医药膳则在提升传统中医药膳功效的基础上,将文化创意元素融入其中,通过设计富有创意的商标名称、设计独特的包装、讲述有趣的故事、举办文化活动等方式,提升了中医药膳的文化内涵和品牌价值。比如,一些新型中医药膳品牌以吉林省的历史文化、民俗风情为背景,设计出具有地方特色的药膳产品包装,同时通过举办药膳文化节、药膳烹饪大赛等活动,传播药膳文化,提高品牌知名度。

2. 新型中医药膳的优势

一是个性化定制。新型中医药膳利用现代科技手段,如大数据分析、体质检测等,为消费者提供个性化的药膳方案。根据消费者的体质、年龄、性别、生活习惯等因素,量身定制适合其身体状况的药膳,提高养生效果。例如,利用体质检测设备,分析消费者的体质类型,如阳虚体质、阴虚体质、气虚体质等,为其推荐相应的药膳配方。

二是功能更明确。新型中医药膳在研发过程中,更加注重对中药材和食材的功效研究,明确每种药膳的主要功能和适用人群。消费者可以根据自己的健康需求,选择具有针对性的药膳产品。比如,针对失眠人群开发的安神助眠药膳,含有酸枣仁、百合、莲子等中药材,具有养心安神的功效;针对肥胖人群开发的减肥降脂药膳,含有荷叶、山楂、决明子等中药材,具有降脂减肥的作用。

三是口感更佳。新型中医药膳在保留药膳功效的同时,注重口感的提升。通过合理的食材搭配和烹饪工艺,使药膳既具有良好的保健功效,又美味可口,容易被消费者接受。例如,在药膳汤品中加入一些鲜美的食材,如海鲜、菌类等，提升汤品的口感；在药膳糕点中加入适量的蜂蜜、红枣等，增加糕点的甜度和香气。

四是产品更安全。新型中医药膳在生产过程中，严格遵守食品卫生和安全标准，确保产品的质量和安全。同时，通过选用药食同源物质并经科学的配方设计和严格的质量检测，避免了中药材的毒副作用，提升了药膳的安全性。比如，对药食同源物质进行严格的筛选和检测，去除农药残留、重金属超标等不合格的原料；在配方设计中，合理控制中药材的用量，避免过量使用导致的不良反应。

三 吉林省新型中医药膳产业的发展现状

（一）新型中医药膳产业具有良好的市场前景

目前，吉林省的新型中医药膳产业尚处于萌芽发展阶段。随着人们对健康养生重视程度的不断提高，新型中医药膳的市场需求不断增长。近年来，吉林省新型中医药膳产业的市场规模逐年扩大，增长率保持在较高水平。未来，随着人们生活水平的进一步提高和健康意识的不断增强，吉林省新型中医药膳产业的市场规模有望继续保持快速增长。同时，随着科技的不断进步和产业的不断升级，新型中医药膳产业的发展前景将更加广阔。吉林省在新型中医药膳产业发展方面取得了一些显著成果。首先，在技术创新方面，一些企业积极引进先进的生产技术和设备，提高了产品的质量和生产效率。其次，在产品研发方面，一些企业结合吉林省的地域特色和文化资源，开发出了一系列具有地方特色的新型中医药膳产品，受到了市场的欢迎。最后，在产业融合方面，一些企业积极探索新型中医药膳与旅游、文化等产业的融合发展模式，取得了一定的成效。

（二）吉林省开展新型中医药膳产业与文旅产业融合发展优势

吉林省具备促进新型中医药膳产业与文旅产业融合发展的基础。新型中

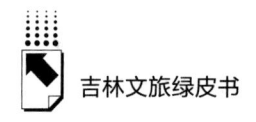

医药膳作为传统中医药与饮食文化的完美结合，具有独特的养生保健功效。在吉林省，丰富的中药材资源为新型中医药膳产业的发展奠定了坚实的基础。例如，人参、鹿茸、灵芝等名贵中药材，在中医药膳中有着广泛的应用。吉林省的长白山地区更是中药材的宝库，拥有众多珍稀的野生中药材资源。

吉林省可以开发一系列中医药膳主题旅游商品，如新型药膳食品、药膳调料、药膳糕点等。这些旅游商品既具有地方特色，又具有养生保健功效，能够满足游客的购物需求。同时，通过开发旅游商品，可以延长新型中医药膳产业的产业链，提高产业的附加值。例如，吉林省可以开发以长白山人参提取物为主要原料的新型中医药膳特殊食品，如人参口服液、人参胶囊等，这些保健品具有提高免疫力、抗疲劳、延缓衰老等功效，深受消费者的喜爱。此外，吉林省还可以开发以吉林特产的中药材为主要原料的药膳调料，如五味子调料、黄芪调料等，这些调料可以用于烹饪各种菜肴，增加菜肴的口感和营养价值。

吉林省可以在全省范围内的旅游景区、度假酒店、特色餐饮商家全面推广新型中医药膳餐饮产品，如新型药膳面粉制成的药膳馒头、药膳包子、药膳面条、药膳面包、药膳奶茶、药膳蛋糕、药膳解酒饮料等。

吉林省可以开发新型中医药膳文化体验旅游项目，让游客亲身体验新型中医药膳的制作过程和文化内涵。游客可以在专业药膳师的指导下，选择自己喜欢的食材和中药材，制作出适合自己体质的中医药膳。同时，游客还可以了解中医药膳的历史文化、药用功效、烹饪技巧等知识，提高自己的养生保健意识。例如，吉林省可以在一些中医药膳企业或旅游景区设立中医药膳文化体验中心，开展新型中医药膳制作体验、文化讲座、养生咨询等活动，游客可以在这里学习新型中医药膳的制作方法，品尝自己制作的药膳，感受新型中医药膳的文化魅力。

（三）吉林省新型中医药膳产业发展面临一些挑战

第一，吉林省的新型中医药膳产业市场结构较为分散，主要由一些小型的中医药膳企业和个体经营户组成。这些企业和个体经营户在产品质量、服务水平、品牌建设等方面存在较大差异，市场竞争较为激烈。

第二，在品牌竞争方面，目前吉林省还没有形成具有较大影响力的新型中医药膳品牌。一些企业虽然在产品质量和服务水平上有一定的优势，但在品牌建设和市场推广方面还存在不足，难以在激烈的市场竞争中脱颖而出。

第三，法规限制。新型中医药膳产业涉及食品和药品两个领域，相关法规较为严格。一些企业在生产和经营过程中对法规的理解和执行不到位，容易出现违规行为，影响产业的健康发展。

第四，技术研发难度大。新型中医药膳的研发需要综合考虑食材的营养成分、中药材的药用功效、烹饪工艺等多个因素，技术难度较大。一些企业缺乏专业的技术人才和研发设备，难以开展有效的技术研发工作。

第五，市场推广难度大。新型中医药膳产业作为一种新兴产业，消费者对其认知度和接受度还比较低。一些企业在市场推广过程中缺乏有效的推广手段和渠道，难以打开市场。

四 吉林省新型中医药膳产业与文旅产业融合的案例分析

（一）国信南山温泉度假酒店新型中医药膳健康服务项目

国信南山温泉度假酒店位于吉林省长春市双阳方向16公里处，北临净月潭国家森林公园，南接小天鹅湖，西抵新立城水库，立于群山环抱之中，自然风光秀丽，环境静谧舒适，负氧离子含量是市区的300倍，森林覆盖率达到80%，是城市真正意义上的"天然氧吧"。浪漫法式风情与山水泉景相得益彰，奢华品质、自然乐趣皆完美呈现。该酒店占地面积约7万平方米，集休闲、娱乐、商务、度假于一体，是极具特色的温泉文化主题酒店。国信南山温泉属于医疗级复合型碳酸氢钠泉，日出泉水量约7000吨，出水温泉

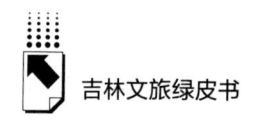

60多度,是国际公认的"美人汤"。①

除优厚的自然资源外,国信南山拥有数量较大、质量较高的稳定客流,在省内拥有较高的口碑,其特色在于充分利用了吉林省丰富的中医药资源和旅游资源,将中医药文化与旅游产业完美融合。酒店成立了健康管理中心,设有中医大师工作室、满族非遗针灸馆、中药药浴专区、中医药膳餐厅等多个功能区,游客可以在这里了解中医药文化的历史渊源和发展历程,体验中医养生保健的方法和技巧,品尝美味可口的新型中医药膳,享受舒适的温泉度假服务。该酒店引入了吉林省食养正医药科技公司的特色产品——新型药膳面粉,以该面粉制作的馒头、面条为主食,以"辩证选餐"为特色的新型药膳火锅宴,受到顾客的极大欢迎和好评。该酒店还计划在客房内,用十款功效的药膳茶饮为顾客提供茶疗服务,在大堂一侧长年展示和销售新型药膳系列产品。新型中医药膳系列产品在国信南山温泉度假酒店提质升级的快车道上,真正起到了锦上添花的作用。

在融合方式上,国信南山温泉度假酒店采用了"度假+新型中医药膳+文化"的模式,将旅游产业、康养产业、中医药产业和文化产业有机结合起来,通过打造中医药文化主题旅游产品和线路,吸引了大量的游客前来度假体验,促进了新型中医药膳产业和文旅产业的融合发展。

(二)国信南山温泉度假酒店新型中医药膳健康服务对吉林省文旅产业的促进作用

国信南山温泉度假酒店应用新型中医药膳的案例,对吉林省文旅产业的促进作用主要体现在以下三个方面。

第一,丰富了吉林省的旅游度假产品供给。该项目充分发挥了吉林省的地域优势和资源优势,将中医药膳产业与当地的旅游产业、文化产业等紧密结合起来,形成了具有特色的旅游产品和线路,为游客提供了全新的旅游度假体验,满足了游客对健康养生旅游度假的需求。同时,项目内的新型中医

---

① 资料来源:国信南山温泉调研材料。

药膳餐厅、中医药膳营养小屋、温泉度假酒店等设施也为游客提供了优质的餐饮和住宿服务，提高了游客的旅游满意度。

第二，提升了吉林省文旅品牌的知名度和美誉度。国信南山温泉度假酒店作为国家4A级旅游度假企业，长年接待全国各地康养、会议客群，是吉林省的重点旅游度假项目之一，得到了政府和社会各界的广泛关注和支持。通过宣传推广，该项目吸引了国内外大量的游客前来参观体验，提高了吉林省文旅品牌的知名度和美誉度。

第三，促进了吉林省新型中医药膳产业的创新发展。该项目的开展，为吉林省的新型中医药膳企业提供了一个展示和推广产品的平台。同时，项目内的中医药膳营养小屋、新型中医药膳餐厅等设施也为企业提供了一个拓展市场的渠道，促进了吉林省新型中医药膳产业的发展。

五 进一步推动新型中医药膳产业与文旅产业融合发展的策略

（一）加强政策支持与引导

一是出台积极的帮扶政策。政府应制定和完善相关政策，为新型中医药膳产业与吉林省文旅产业的融合发展提供政策支持。例如，出台鼓励新型中医药膳产业发展的政策，加大对新型中医药膳企业的扶持力度；制定促进文旅产业发展的政策，为新型中医药膳产业与文旅产业的融合发展创造良好的政策环境。同时，政府还应加强对中医药膳产业和文旅产业的监管，规范市场秩序，保障消费者的合法权益。例如，加强对中医药膳产品的质量监管，确保产品的安全有效；加强对旅游市场的监管，打击非法旅游经营行为。

二是加大资金扶持与项目支持力度。政府应加大对新型中医药膳产业与吉林省文旅产业融合发展的资金扶持力度。可以设立专项基金，用于支持新型中医药膳产业技术创新、产品研发、品牌建设、人才培养等方面的工作；

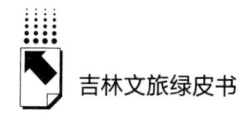

也可以通过财政补贴、贷款贴息等方式，鼓励企业加大对中医药膳产业的投入。此外，政府还应积极支持新型中医药膳产业与文旅产业融合发展的项目建设。可以通过项目申报、评审等方式，筛选出一批具有示范带动作用的项目，给予重点支持。同时，政府还应加强对项目的跟踪管理和服务，确保项目顺利实施。

（二）提升产业创新能力

一是加强技术创新对产业升级的推动作用。吉林省应加大对新型中医药膳产业的技术创新投入，鼓励企业开展技术创新活动。可以通过产学研合作等方式，引进先进的技术和设备，提高新型中医药膳产业的技术水平和生产效率。同时，吉林省还应加强对新型中医药膳产业的技术研发能力和创新人才的培养。可以通过设立科研项目、举办技术培训、开设学科专业等方式，提高企业的技术研发能力和创新人才的素质。此外，应加强对新型中医药膳产业的知识产权保护，鼓励企业开展自主创新，提高产业的核心竞争力。

二是以市场需求为导向开发更多融合产品。吉林省应鼓励企业开展产品创新活动，开发出更多具有市场竞争力的新型中医药膳产品。可以通过市场调研等方式，了解消费者的需求和偏好，开发出符合市场需求的新型中医药膳产品。同时，吉林省还应加强对新型中医药膳产品的品牌建设和市场营销。可以通过品牌策划、广告宣传等方式，提高新型中医药膳产品的品牌知名度和美誉度；依托商会、电商平台、旅游景区等渠道，扩大新型中医药膳产品的销售市场。

（三）打造具有地域特色的融合品牌

一是打造新型中医药健康旅游品牌。吉林省可以以提升中医药新质生产力为核心，以新型中医药膳产业为抓手，打造新型中医药健康旅游品牌。通过整合吉林省的中医药资源、旅游资源、文化资源、学术资源等，开发出一系列具有特色的新型中医药健康旅游产品和线路。这些产品和线路可以涵盖新型中医药膳体验、新型中医养生保健、新型中医药文化参观等多个方面，满足不同游客的需求。例如,吉林省可以开发以长白山为核心的新型中医药健康旅游线路,游客可以在长白山欣赏美丽的自然风光,品尝长白山特色的新型中医药膳,体验长白山的温泉养生药浴、森林养生等项目。此外,吉林省还可以开发以长春、吉林、四平等地为核心的中医药新质生产力健康旅游城市,游客可以在这些城市参观创新型中医药博物馆、新型中医药膳企业等,了解吉林省中医药文化传承、理念创新和产业发展情况。尤其是可在省会长春试点开办食医医院,以食疗为特色面向国内外游客提供健康管理服务。

二是增强文旅品牌的文化内涵。中医药膳文化是中国传统文化的重要组成部分,将中医药膳文化融入吉林省的文旅品牌建设中,可以增强文旅品牌的文化内涵,提高品牌的知名度和美誉度。吉林省可以通过举办中医药膳文化节、中医药膳大赛、中医药膳学术研讨会等活动,宣传中医药膳文化,提高吉林省文旅品牌的文化影响力。例如,吉林省可以每年举办一次新型中医药膳文化节,邀请国内外的中医药专家、药膳师、游客等参加。在文化节期间,可以开展新型中医药膳展览、品尝、制作、学术交流等活动,让人们更好地了解中医药膳文化。此外,吉林省还可以举办新型中医药膳大赛,评选出优秀的新型中医药膳作品和药膳师,以提高中医药膳产业的技术水平和服务质量。

参考文献

丁晓燕主编《吉林省文化和旅游发展报告(2022)》,社会科学文献出版社,2023。
马继兴:《中医药膳学》,人民卫生出版社,2009。
(唐)孙思邈:《备急千金要方》,山西科学技术出版社,2020。
(元)忽思慧:《饮膳正要》,中国医药科技出版社,2011。
(商代)伊尹著《汤液经法》
(唐)孟诜:《食疗本草》,中国商业出版社,2022。
(唐)昝殷,范行准,梁峻《食医心鉴》,中医古籍出版社,2022。
〔英〕帕特里克·霍尔福德:《营养圣经》,范志红等译,天津教育出版社,2007。
朱玉贤、李毅、郑晓峰:《现代分子生物学》,高等教育出版社,1997。

G.20 吉林省民宿价格空间分异及高质量发展研究

姜乃源*

摘　要： 本文以价格分布和价格需求为研究重点，对吉林省民宿的价格、政策、资源、区位因素等进行综合分析，为民宿未来发展提供了相关参考建议。本文采用数据统计、POI网络数据查询、GIS数据分析及问卷调查的综合性方法对吉林省民宿分布、价格及需求进行研究，运用地理探测器挖掘不同价格等级的分布情况，旨在寻找新质生产力发展背景下民宿高质量发展的路径。研究结果表明：吉林省民宿分布与价格有关联，城市、景区、旅游休闲街区周边民宿价格较高，市民消费场所周边及乡村地区民宿价格较低；吉林省民宿分布受到自然环境因素、消费方式和交通因素的影响；吉林省民宿价格呈现城市乡村分化趋势。

关键词： 新质生产力　民宿价格　价格需求特征

一　研究背景

受政策环境、市场供给及消费者需求等要素影响，住宿业不断变化、升级、重构，呈现外出旅行首选住宿招待所、亲戚家—高星级酒店奢华消费—经济型酒店成为主导市场—民宿成为出行主要选择的发展趋势。究其原因，旅游消费不断升级，沉浸式、体验型旅游消费促使人们需求发生变革。民宿

---

* 姜乃源，白城师范学院讲师，研究方向为民宿经济、旅游产业经济。

有别于传统酒店、招待所，以其注重主客互动、场景亲和等优势，迎合了需求的变革，占领了住宿市场。

2023年9月习近平总书记在黑龙江考察调研期间提出新质生产力概念以来，发展区域的新质生产力和扎实推进高质量发展成了各行各业的首要任务。本文在新质生产力背景下，从政策环境、市场环境、自然旅游资源禀赋、人文旅游资源禀赋等方面对吉林省民宿发展进行综合分析，并深入分析价格空间要素对吉林省民宿发展的影响，试图拓展吉林省民宿发展理论基础，为丰富相关领域研究成果提供一些参考。

二　吉林省民宿发展禀赋

（一）政策环境

吉林省民宿的发展有着较好的政策引导。2021年，吉林省人民政府办公厅印发《吉林省文化和旅游发展"十四五"规划》。2023～2024年，吉林省政府推出大量政策解读文件，对《文化和旅游标准化工作管理办法》《东北地区旅游发展规划》《吉林省沿边开放旅游大通道旅游发展规划》《大长白山区域旅游发展规划》，以及"城乡景区化""雪假制度""深度融合林旅、体旅""雪季吉林省冰雪政策""世界级大河旅游目的地"等内容进行详细解读，为民宿的未来规划与开发指引了方向。在民宿政策发展方面，2023～2024年，发布《关于推进兴村旅游高质量发展的实施意见》，修订《吉林省乡村旅游经营单位服务质量等级划分与评定》标准，完成《吉林省乡村旅游经营单位服务质量等级管理办法》《吉林省省级旅游民宿评定与符合实施办法》等政策文件，公布年度民宿评定单位，加大民宿培养、评定的力度，为游客"住"在吉林提供政策支持。

（二）市场环境

近年来，在"三亿人上冰雪""三亿潜在"的带动下，"温暖相约·冬季到吉林来玩雪""清爽吉林·22℃的夏天""延大打卡墙"等品牌效应持续提升,为吉林省内吸引了大量客流,吉林省在冰雪、生态、避暑、康养、边境等方面发展城市、乡村旅游,具有坚实的市场基础。2024年"五一"期间,吉林省接待游客和旅游收入分别同比增长118.7%和160.3%;特别是省外游客占比达到35.6%,同比提高了17个百分点。①

近年来,吉林省大力推动冰雪旅游、避暑旅游、乡村旅游、沿边旅游、体育旅游及文旅融合的全方面发展,注重地区文化及区域旅游特色发展,文化馆、博物馆、公共图书馆、星级饭店、旅行社等设施齐全,能够支持旅游消费者前来消费。吉林省文化和旅游供给场所及数量如表1所示。

表1 吉林省文化和旅游供给场所及数量

序号	文化旅游场馆	数量(个)	备注
1	文化馆	80	
2	公有制艺术团队	45	
3	公共图书馆	67	
4	博物馆	112	
5	旅行社	845	含245个分社
6	A级以上旅游景区	303	
7	5A级景区	7	
8	自然保护区	51	国家级24、省级20、市县级7
9	森林公园	64	国家级35、省级29
10	湿地公园	32	国家级23、省级9
11	地质公园	9	国家级6、省级3
12	风景名胜区	11	国家级4、省级7
13	旅游休闲街区	15	国家级2、省级13
14	国家级旅游度假区	1	
15	工业旅游示范基地	13	国家级1、省级12
16	研学旅行基地	41	省级
17	滑雪旅游度假地	3	国家级
18	国家公园	1	

---

① 资料来源:吉林省人民政府网站。

续表

序号	文化旅游场馆	数量（个）	备注
19	历史文化名城	3	
20	历史文化名镇	3	
21	历史文化名村	2	
22	全国乡村旅游重点村镇	9	

资料来源：文化和旅游部、吉林省林业和草原局、吉林省文化和旅游厅。

（三）自然旅游资源禀赋

吉林省位于东北中部地区，为东北亚地理几何中心，自然气候条件具有典型东北地区的特征，地形地貌多种多样，以中低山区、平原、草甸、护坡、湿地、沙地等形态为主。属于温带大陆性季风气候，省内四季分明。生态环境多种多样，省内拥有各类自然保护区54个，吉林市、四平市、白城市、延边州被列入国家生态文明先进示范区，白城市入选首批海绵城市建设名单。省内森林旅游资源丰富多样，森林覆盖率为44.2%，草地旅游资源总面积69万公顷，湿地旅游资源丰富，面积达172.8万公顷，河流、湖泊26.55万公顷，野生动植物资源丰富，达445种。吉林省位于世界黄金冰雪旅游带，拥有丰富的冰雪旅游资源，冬季平均气温-11℃，资源与气候具有典型特征，形成了"西冰""中城""东雪"的空间分布特点。吉林省现拥有室内外滑雪场46座，其中包括国际顶级滑雪场，体量足够容纳旅游者进行冬季旅游活动。

（四）人文旅游资源禀赋

吉林省拥有悠久的历史，曾经有肃慎、秽貊、东胡三大部落系统，后经历了不同时代变迁逐渐形成了现在的吉林省。吉林省红色旅游资源丰富，是抗日战争的主要阵地；省内非物质文化遗产389项，包括2项联合国人类非物质文化遗产、44项国家级非物质文化遗产及343项省级非物质文化遗产；省内曲艺形式百花齐放，包括二人转、榆树东北大鼓、吉剧、黄龙戏、评剧等；拥有各种节庆活动，包括旅游节、文化节、商贸农事节与会展、体育节

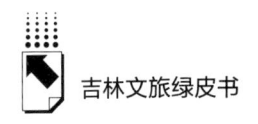

等，其中雾凇冰雪节、中国长春电影节、汽博会等知名度较高。

吉林省依托国家对民宿发展的政策支持，利用得天独厚的自然资源和独具特色的人文旅游资源，在新需求的驱动下，为民宿发展提供了良好的政策、环境发展基础。

三 吉林省民宿发展现状

（一）吉林省民宿类型

吉林省民宿主要分为以下几个类型：以资源为主导的民宿类型，主要集中在长白山度假区、旅游滑雪度假区、森林公园等自然景观周边；以消费需求为主导的精品酒店式、文化主题民宿，主要集中在城市消费中心、旅游休闲街区中心；以乡村休闲、农家乐为主导的民宿类型，主要集中在民俗村寨、乡村及县城。由于吉林省不直接沿海，没有海岛型度假民宿。除此之外，还有一些表征不明显的民宿分布在城市周边。

（二）吉林省民宿分布

2021年以来，吉林省着力推动民宿建设，进行民宿评定工作，2021年评定7家丙级民宿，2022年评定8家丙级民宿，2023年评定9家丙级民宿，2024年评定9家丙级民宿，共33家，距离建立100间民宿目标较远。根据民宿评定标准，民宿分为甲、乙、丙三个等级，吉林省目前尚无甲、乙两个等级民宿。吉林省评定等级民宿分布情况如表2所示。

表2 吉林省评定等级民宿分布情况

单位：家

城市名称	数量	评定等级
长春市	1	丙级
吉林市	14	丙级
延边州	6	丙级

续表

城市名称	数量	评定等级
白山市	1	丙级
通化市	3	丙级
松原市	3	丙级
四平市	1	丙级
白城市	2	丙级
梅河口市	2	丙级

（三）吉林省民宿分布及价格情况

本文从网络爬取携程民宿价格，从供给角度对民宿价格进行分析。为了确保数据的准确性，以旺季刚刚结束的10月中旬民宿价格为基础。在爬取数据后，根据百度POI爬取的民宿价格及电话核对，对价格进行分析和分类。按照民宿等级划分，可以分为评定等级的民宿、未评定等级的民宿。评定等级的民宿数量为33家，均为丙级民宿，除辽源外各市均有分布。未评定等级的民宿以携程爬取的数据为准，共1400家（见图1）。剔除未显示价格的309家，本文对剩余的1091家有价格的民宿进行分析。

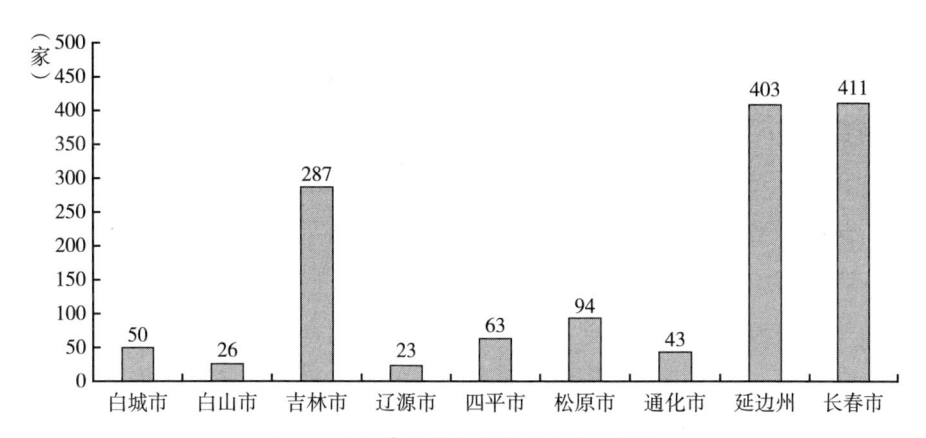

图1 吉林省未评定等级民宿分布情况

携程爬取的价格数据显示，吉林省民宿价格主要集中在 51~300 元，最多的为 101~200 元（见图 2）。

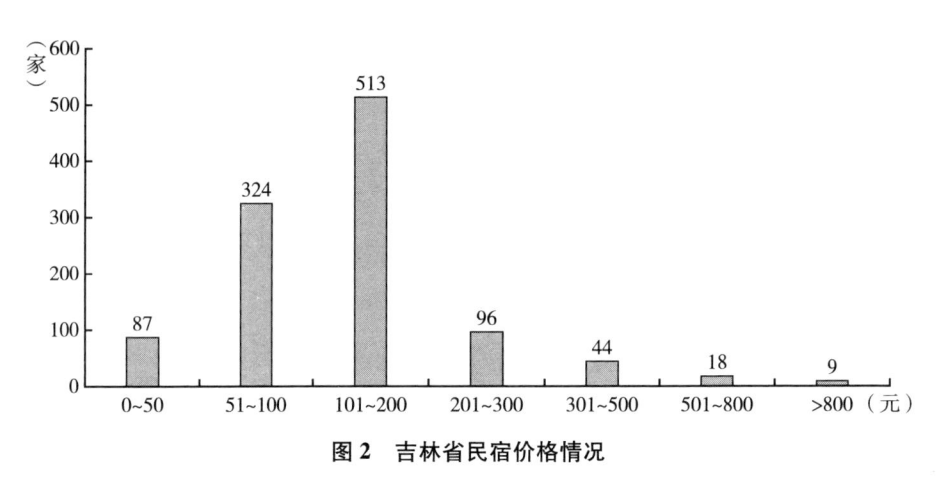

图 2 吉林省民宿价格情况

从吉林省民宿价格分布来看，高价格（500 元以上）民宿在白山市、通化市、吉林市、延边州及周边呈现放射性的高密度分布，长春市高价格民宿呈点状分布，其他城市民宿价格相对较低，这和以上城市的旅游热度、气候条件以及旅游景点分布情况息息相关，旅游消费与旅游住宿的契合度较高，分布于消费热点城市及周边的民宿价格呈现较高的趋势。同时，还能够反映出，吉林省低价格（51~200 元）民宿仍占有市场的较大比例。低价格民宿受自然空间、人文资源影响较少，中等价格（201~500 元）民宿集中在城市消费核心区域，高价格民宿集中在景区、街区和城区周围，对环境的依赖程度较高。无论哪个价格档次的民宿都对交通和设施需求较高。

从民宿空间分布上能够看出，吉林省民宿分布点集中在长春市、延边州、吉林市、通化市和松原市等地，以上地区民宿分布高度集中并呈现由城市中心向周围辐射的状态，与城市发展模式契合，符合中心地区发展理论，白城市、四平市及其他地区也有一定的聚集趋势，其他城市民宿发展不集中。吉林省民宿空间和价格空间的分布有一定契合但略有差异，有些地区价格较高，但民宿不集中，有些地区价格较低，但仍有一部分民宿集中存在。

（四）吉林省民宿价格需求分析

为精准分析吉林省民宿价格的需求和供给的适配度，本文采用调查问卷的方法，对吉林省的民宿需求、价格倾向、价格设置、人口基础因素、民宿周边设施等进行分析。

问卷采用李克特5级量表进行设计。问卷包括：（1）受访者的基本情况，包括性别、来源、身体健康状况、可支配收入；（2）入住时长、日均花销；（3）入住价格接受度、入住地区价格影响因素；（4）民宿文化体验；（5）民宿周边选择因素，包括生态、滨海、民俗、文化、康养设施、洗浴条件、文旅IP、美食等；（6）前往吉林省民宿的季节；（7）周边设施，包括健身场所、公园、景区、医院、超市、城市综合体、社区大学和图书馆等；（8）民宿周边服务，包括康体服务、温泉、医疗、保养、膳食、心理咨询等；（9）分享行为；（10）满意度。

问卷以线上+线下的形式进行发放。首先，进行预调研，通过获取到的数据进行可靠性和有效性的分析，根据结果对问卷部分内容进行修改，包括语言的精修和语言的环境。其次，发放正式问卷。问卷共回收884份。最后，利用spssau进行分析检测，分析问卷的信度和效度。检验项目数为5，信度、效度较好，问卷有效。

1. 旅游者选择民宿地点和时长分析

从受访者选择民宿地点情况来看，多集中在长春市、吉林市、延边州、通化市四个地区，选择四平市、白城市、白山市、辽源市、松原市的较少。选择长春市的受访者占比25%，选择吉林市的受访者占比17%，选择延边州的受访者占比14%，选择通化市的受访者占比12%，选择四平市的受访者占比9%，选择白城市的受访者占比8%，选择辽源市、白山市的受访者均占比6%，选择松原市的受访者占比3%（见图3）。这与地方经济发展、资源环境和地方政策支持息息相关。

以城市、乡村民宿需求为要素分类，选择城市民宿的受访者占比

68.21%、选择乡村民宿的受访者占比31.79%,说明城市民宿的需求量比乡村民宿的需求量大得多(见图4)。

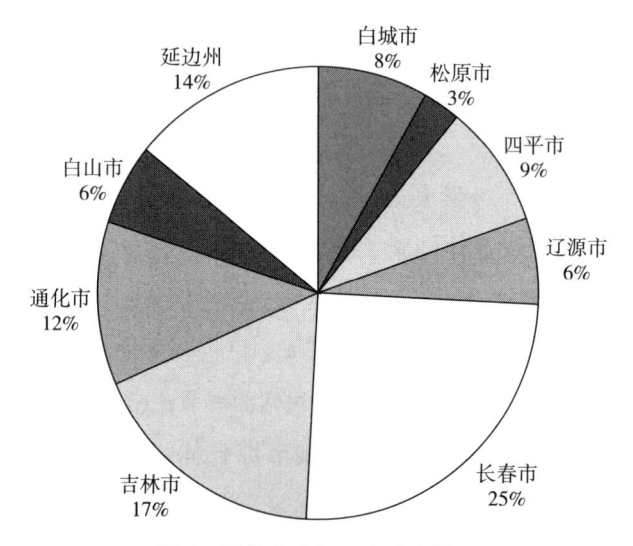

图3 受访者选择民宿地点情况

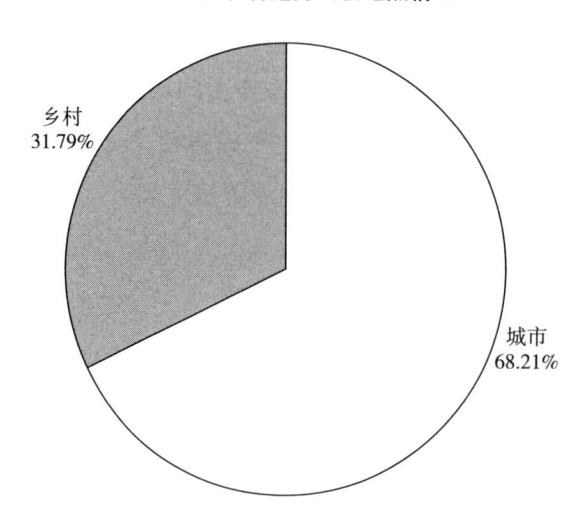

图4 以城乡需求为调查的民宿选择

前往吉林省受访者的民宿入住时长主要集中在2~5天和5~7天(见图5),说明吉林省的短期旅游占主要市场,长期旅居和慢旅行市场占有率还需提升。

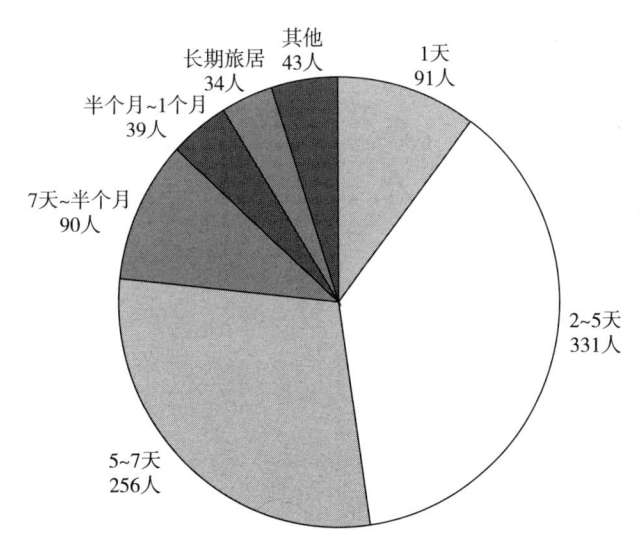

图5 受访者选择民宿入住时长

2. 民宿需求价格分析

有别于星级酒店，未评定等级的民宿在价格上缺少相关部门管理，价格的不稳定因素较大。为了更加了解市场的消费接受能力，将价格区间设置为100元以内、101~200元、201~500元、501~1000元、1000元以上，受访者进行价格区间选择。根据问卷调查结果，受访者能够接受价格为201~500元的最多，共314人，占样本总量的35.52%，其次为501~1000元，共241人，占样本总量的27.26%；能够接受民宿价格为101~200元的共198人，占样本总量的22.40%，能够接受民宿价格为100元以内的45人，占样本总量的5.09%（见图6）。由此可见，传统的以价格要素为驱动的需求发生变革，中高价格民宿需求量高于低价格民宿。未来，民宿应注重创新，打造精品的服务，为游客提供高质量的服务体验。

从日均旅游花销角度进行分析，将价格区间设置为100元以内、101~300元、301~500元、500元以上，问卷调查结果显示，受访者日均旅游花销为301~500元的最多，共344人，占样本总量的38.91%，其次为101~300元，共278人，占样本总量的31.45%；日均旅游花销为500元以上的

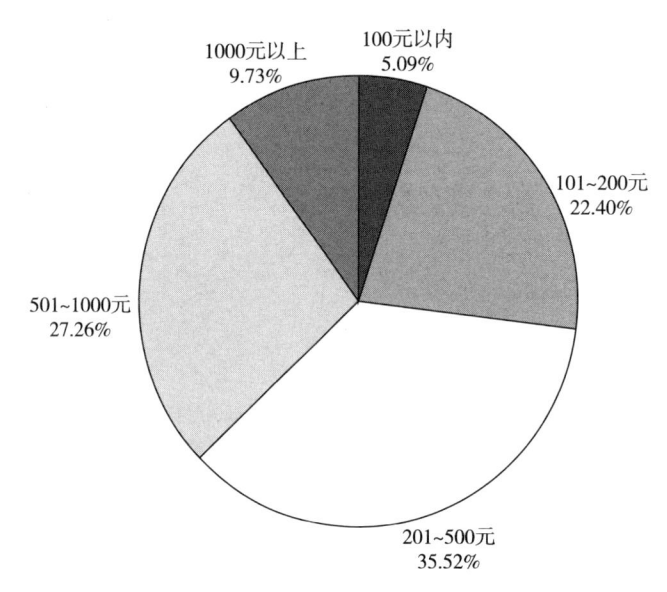

图 6　受访者民宿需求价格

共178人，占样本总量的20.14%；日均旅游花销为100元以内的84人，占样本总量的9.50%（见图7）。

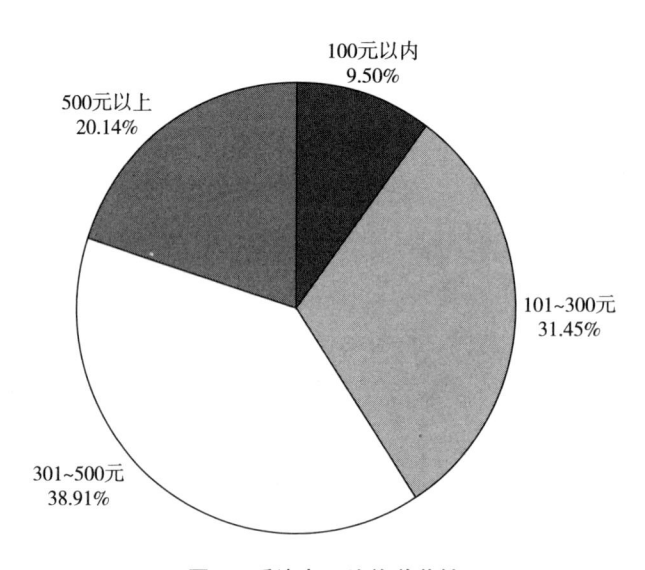

图 7　受访者日均旅游花销

3.受访者选择影响因素

对受访者选择的民宿类型、季节、设施、服务等因素进行分析，以分析未来民宿高质量发展的精准方向。从民宿类型选择来看，度假型民宿、客栈式民宿、文化主题民宿及精品酒店式民宿的选择较多，说明受访者在旅游中倾向于舒适型民宿及融入文化主题的民宿。受访者更喜欢在景区、度假区、森林等地区选择民宿入住；更喜欢在夏季和秋季来吉林旅游；喜欢民宿周边拥有便捷的交通站点，综合性超市，医院，社区图书馆，早市、夜市，公园等配套设施；希望周边提供温泉疗养、康体、保养及美容、医疗保健等服务（见图8~图12）。

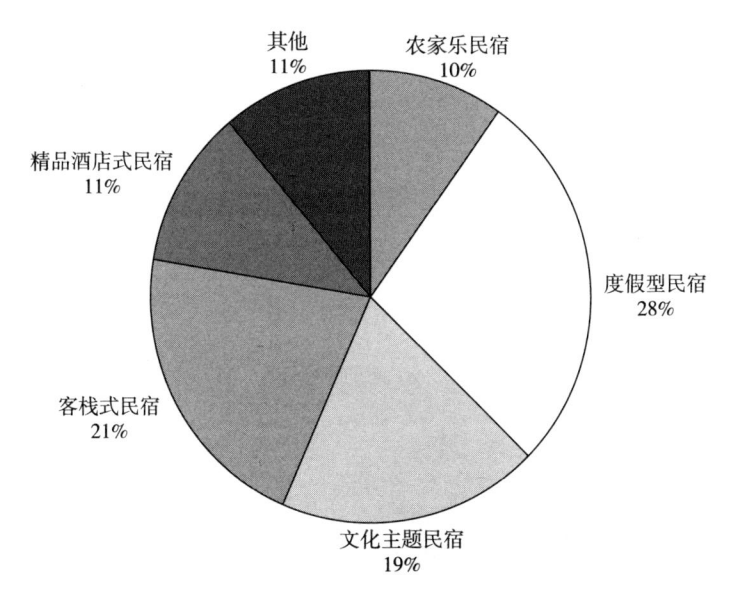

图8 受访者选择民宿类型

4.受访者分享及满意度

从民宿获取渠道来看，朋友圈、亲友推荐，大众点评、携程、马蜂窝等网站，社区推介是受访者主要的民宿获取渠道。此外，主流媒体纪录片，口碑相传，小红书、微博、抖音、快手等也占有相当比例（见图13）。

有近七成游客希望将自己的民宿入住经验分享给他人，对民宿入住的满

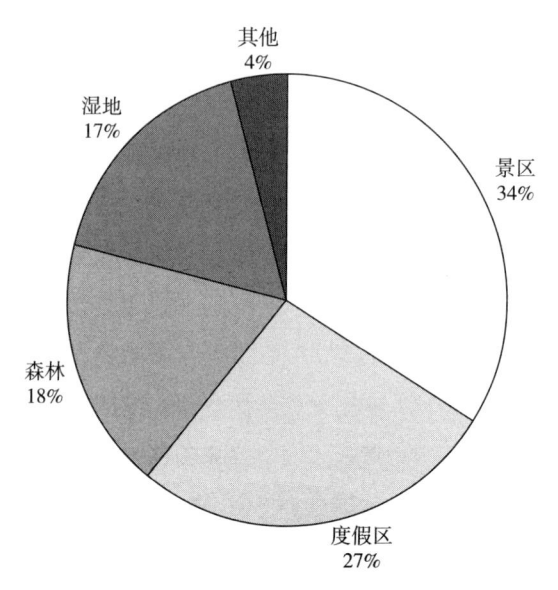

图9 受访者选择民宿地点

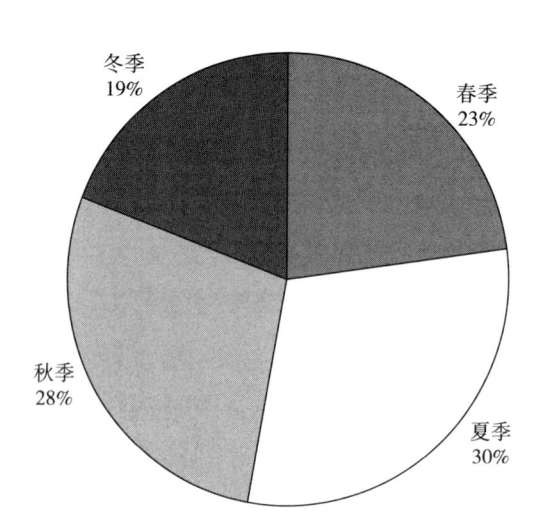

图10 受访者选择来吉季节

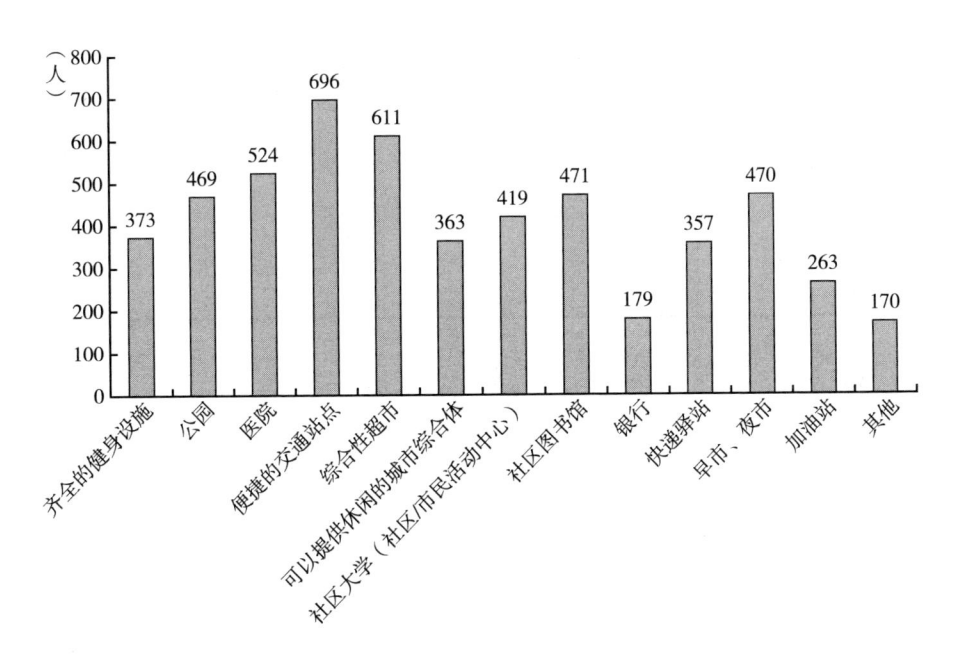

图 11 受访者依赖周边公共设施

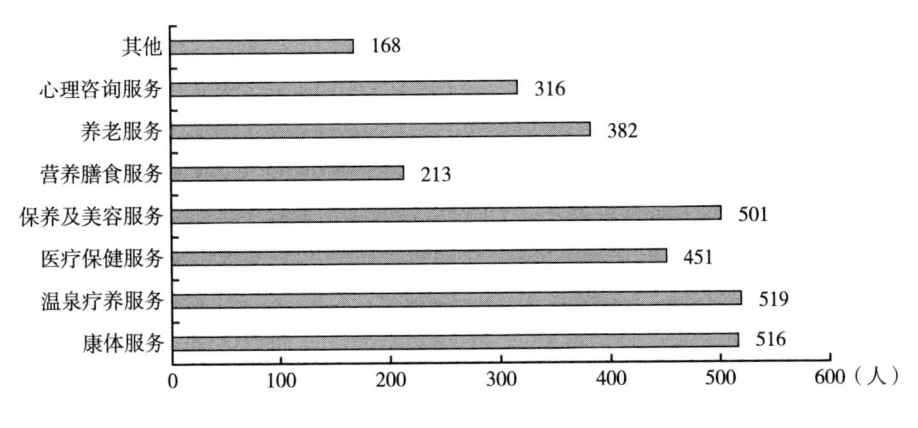

图 12 受访者依赖周边服务

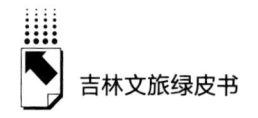

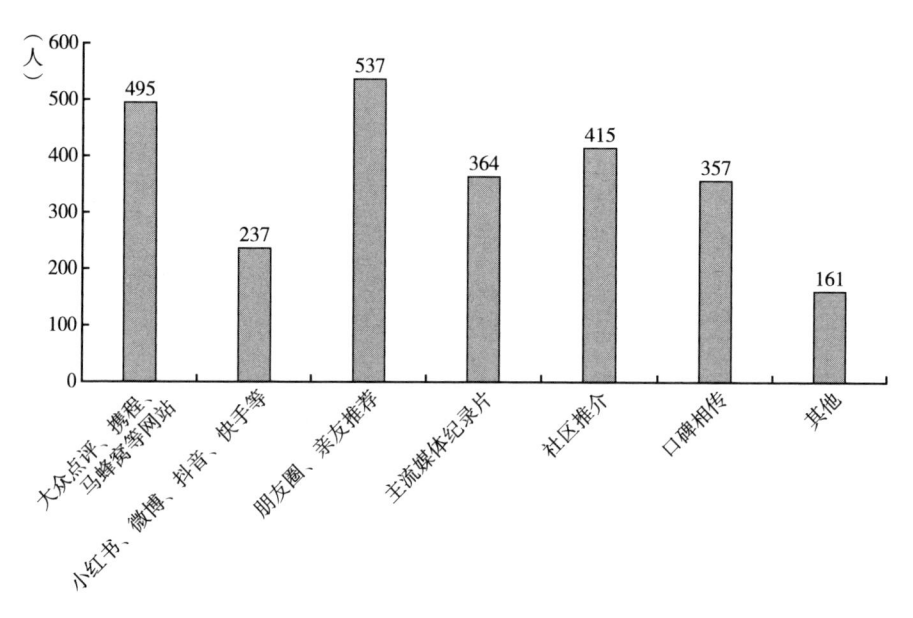

图 13　民宿获取渠道

意程度为比较满意的占多数（见图 14），说明在高质量发展驱动下，吉林省民宿的发展仍需要进一步努力。受访者对文化元素、生态环境、基础服务设施、价格优惠的要求较高，认为民宿在这几个方面还有提升空间（见图 15）。

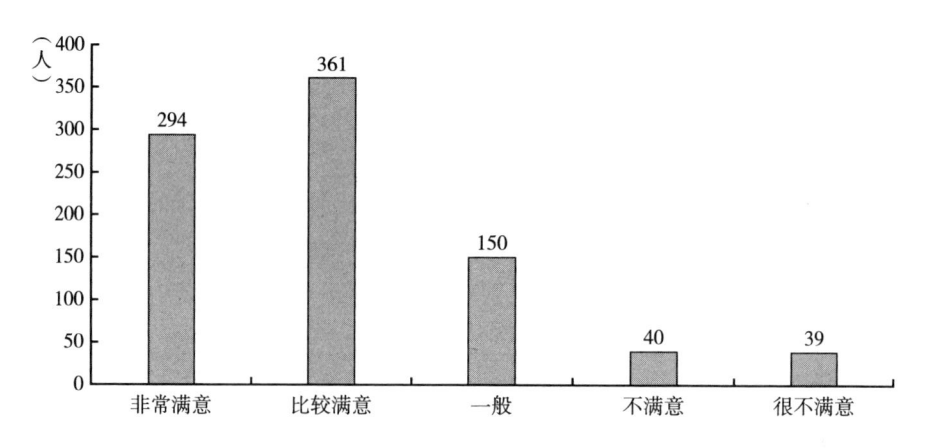

图 14　民宿入住满意度

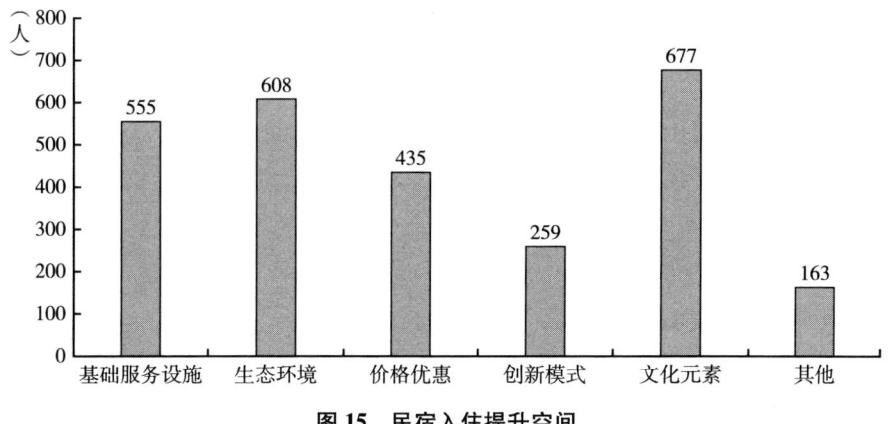

图15 民宿入住提升空间

四 研究结论

根据吉林省民宿空间分布以及民宿价格需求的分析，得出如下结论。吉林省民宿分布欠均衡，呈现省会城市和边境城市集中，其他地区分散的特征，以在国内具有较高知名度的长春市、吉林市、延边州为主要分布地区。吉林省民宿较前几年有明显增加，以丙级民宿为例，2024年新增9个丙级民宿，除长春市、吉林市、延边州外，梅河口市、松原市、白城市等地民宿数量逐渐增多。吉林省民宿空间分布受到资源要素和人文因素影响，价格定位以需求为导向。吉林省民宿价格呈现两极分化的现象，价格差距较大，说明能够提供的服务档次差距较大，民宿供给不能够完全满足越来越精致化的旅游者对旅游生活的需求。在民宿选址上，省内民宿受景区、文化资源影响不如受自然资源和交通影响大。

科技赋能、文化驱动是未来民宿发展的方向。吉林省应聚焦民宿发展的趋势，以资金投入助力地区民宿产业健康快速发展。应注重乡村民宿集群建设，运用线上+线下的销售模式，打造拥有吉林特色的民宿宣传渠道和美好体验。依托独特的气候、地理位置，打造冰雪民宿、避暑民宿等不同环境的精品民宿。应注重打造以吉林特色为主的民宿类型，增加体验型民宿发展，

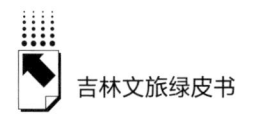

如以采摘体验为主的农业体验型民宿综合体，以滑雪、滑冰、登山为主的运动体验型民宿，依托生态资源打造自然体验型民宿，依托朝鲜族、蒙古族风情打造民俗体验型民宿，以渔猎等主题打造牧业、渔业、加工体验型民宿，以年画制作等为主题打造工艺体验型民宿。以需求为导向，深挖地方特色，建设高质量精品民宿，提供适应大众旅游的精致化、定制化服务。

吉林省民宿的高质量发展还在路上，相较于国内发展较好的云南、浙江等地区，民宿发展的质量不高，游客体验不足。因此，在产业升级和融合的背景下，要成功破圈、实现差异化塑造，就需要针对性地开展深层次文化内涵发掘与精品塑造。民宿经营者要做好市场调查，在广泛调查的基础上，根据自身的实际状况寻找市场定位，提供更优质的服务，实现全方位、深层次、高标准的民宿发展目标。要发挥现代科技引领作用，打造专属民宿形象IP。在民宿建设中融入人工智能、VR导览、智能停车、垃圾处理器等现代科技项目，提升消费者的整体体验。

G.21
吉林省冰雪人才培养路径研究

李倓*

摘　要： 冰雪旅游的爆火让人们重新发现东北，要使"冰雪热"持续升温，必须着力培养高质量冰雪人才。吉林省在冰雪人才培养方面具有政策、环境和资源优势，但也存在冰雪专业人才短缺、专业教师人数较少、课程体系不够完善、教学质量有待提升等问题。新消费时代，吉林省应从夯实基础设施建设、完善人才培养与保障体系、强化冰雪师资力量、重构课程体系、政企校多方联动促就业等方面入手，打好"引才牌"，下好"培育功"，绘就吉林"才业两旺"崭新图景。

关键词： 新消费时代　吉林省　冰雪人才

2023年11月，中共吉林省委十二届四次全会指出，"要努力在构建高质量发展体系和高品质生活体系上率先实现新突破"，并强调"以新基建、新环境、新生活、新消费'四新设施'建设为保障"，[①] 为吉林省未来消费模式和经济增长方式指明了方向。2023年，冰雪旅游在中国文旅市场上表现突出，形成现象级传播，在促进地方经济增长、带动就业、传承文化等方面发挥了重要作用。新消费时代，吉林省应把握文旅复苏的机遇，乘势而上，尽快提高地方人才培养质量，为冰雪旅游产业发展提供必要的人才支撑。

---

* 李倓，吉林省社会科学院马克思主义研究所助理研究员，主要研究方向为西方哲学、区域经济。
① 《中共吉林省委十二届四次全会新闻发布会召开》，央广网，2023年11月29日，https://jl.cnr.cn/jlyw1/20231129/t20231129_526503097.shtml。

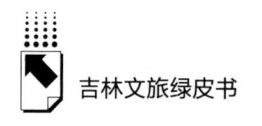

一 吉林省冰雪人才培养优势

（一）政策优势：政策红利释放冰雪产业发展潜力

吉林省积极践行习近平总书记"冰天雪地也是金山银山"理念和"大力发展寒地冰雪经济"等系列指示精神，相继颁布了一系列有助于冰雪旅游产业实现高质量稳定发展的文件，为冰雪旅游产业人才培养工作提供了重要的政策支撑。2016年，吉林省研究出台《关于做大做强冰雪产业的实施意见》，这是全国首个专门针对冰雪产业的政策意见，该意见率先以产业化思维构建以冰雪旅游、冰雪体育、冰雪文化为核心，以冰雪装备制造、冰雪商贸、冰雪交通、智慧冰雪等为配套和支撑的全产业链发展模式，首创冰雪产业发展目标体系、产业架构和保障措施。2021年，吉林省编制《吉林省冰雪产业高质量发展规划（2021—2035年）》，这是全国首个冰雪产业省级规划，全面构建起以冰雪旅游、冰雪运动、冰雪文化和冰雪装备为核心，以冰雪科技、冰雪人才、冰雪商贸等相关产业为支撑的"4+X"现代化冰雪产业体系，培育万亿级冰雪产业，全力建设中国冰雪经济强省和世界级冰雪旅游目的地。2023年，吉林省以国家发展改革委等7部门联合出台的《关于推动"冰雪丝路"高质量发展的指导意见》为契机，以省委、省政府名义出台了《关于高质量建设"冰雪丝路"创新先导区的实施意见》，该意见成为未来一段时间冰雪经济发展的行动纲领。为推动吉林冰雪产业高质量发展，彰显吉林"引客入吉"的温度，吉林省文化和旅游厅发布《2023—2024新雪季吉林省冰雪政策》，从消费券、直通车、航线、项目投资、贷款贴息等方面推出11条优惠政策，为省内外游客旅游出行带来实实在在的优惠。吉林省体育局充分发挥资源优势，加强顶层设计和整体规划，编制出台《吉林省滑雪场建设布局规划》《吉林省冰雪运动高质量发展规划》《吉林省户外运动产业发展规划》等政策文件，积极创建国家冰雪体育产业基地和国家体育旅游示范区，充分发挥示范试点的引领作用，以梯队化模式逐步实现均衡发展。吉林省通过顶层设计与创新实践，积极构建冰雪产业布局，形成冰雪旅游、冰雪运动、冰雪文化等多元支撑、多业并举的产业格局。探索制定冰雪领域激励政策，培育一批有增长潜力的创新型企业，推进冰雪产品业态智能化升级，实施冰雪技术先锋工程和数字冰雪建设工程，全面提高冰雪经济附加值。推出"冰雪+旅游+非遗+艺术"系列活动，在隆冬季节为全国人民带来一场冰雪文旅融合盛宴，走出一条争先领跑的吉林冰雪发展新路。

（二）环境优势：冰雪产业成为社会经济新增长点

北京冬奥会成功举办后，冰雪旅游项目受到越来越多人的追捧，冰雪旅游实现了从南到北、从小运动到大产业、从冬季到四季、从"冷资源"到"热经济"的历史性跨越。近年来，科技不断进步，生活品质不断提升，激发了人们在文化生活方面的消费潜力。消费是经济增长的主引擎，是促进冰雪产业高质量发展的"主动力"，优质的产业发展环境可以带来更多更好的文旅产品和服务体验。在这样的背景和逻辑下，冰雪旅游热度高涨，冰雪产业成为社会经济新增长点。近年来，在"带动三亿人参与冰雪运动"的号召下，吉林省更是广泛开展"百万青少年上冰雪"等活动，进一步激发了民众对冰雪运动的热情，也为吉林省冰雪人才培养工作奠定了良好基础。2023年入冬以来，东北冰雪旅游在中国文旅市场表现突出，超高的人气和网络热度，让人们重新发现东北，给吉林省冰雪产业带来了新的发展机遇。借助东北文旅"出圈"热度，各地冰雪产业持续发力，打造冰雪文旅新业态，探索冰雪新玩法。雪季以来，以吉林万科松花湖度假区为代表的滑雪场，推出了龙灯手作、雪地对对碰、雪地飞盘、接雪挑战等冰雪新玩法，为游客解锁了更多玩雪体验。作为北京冬奥会后首个全国冬季项目大型体育赛事，"十四冬"再次"带火"冰雪运动。2024年1月8日，中国旅游研究院发布《2024中国冰雪旅游发展报告》，调查结果显示，66.2%的受访者希望在2023~2024冰雪季体验冰雪休闲旅游活动，其中，42%的受访者希望能够进行远距离的冰雪旅游，24%的受访者希望同时开展近距离和远距离的冰雪休闲、冰雪旅游。冰雪旅游发

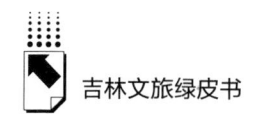

展呈现新结构，近悦远来、南客北上成为新趋势。近年来，一批传承历史和面向未来的创新性冰雪文化产品开始涌现，查干湖冬捕（吉林松原）、"城中雪村"知北（吉林梅河口）等新产品广受游客好评。

（三）资源优势：优质资源供给发挥强大带动作用

吉林省土壤肥沃，气候寒冷，地跨北纬 40°50′~46°19′，处于世界最优的冰雪纬度带，冬季雪期时长 4 个月左右，平均冬季温度达零下 15~25 摄氏度，拥有最优的山体海拔高度、山体坡度、雪季跨度和世界顶级的粉雪资源。吉林省地貌形态差异明显，东部山地形成林海雪原，中西部平原形成雾凇奇观、冰湖腾鱼等，独特的自然景观成为吉林省冰雪产业发展的特有优势。吉林省是一个多民族边疆省份，有 56 个民族[①]，是我国朝鲜族主要聚居地，也是满族、锡伯族发祥地之一，拥有满族说部、长白山满族剪纸、朝鲜族长鼓舞、朝鲜族鹤舞、蒙古族马头琴音乐等国家级非物质文化遗产。吉林省独特的民族文化资源已逐步成为冰雪文化的重要组成部分。例如，延吉市委、市政府立足于民族文化优势资源，着力打造冬季旅游品牌延吉国际冰雪旅游节，截至 2025 年 3 月，已成功举办十二届，滚铁环、投壶、抽冰尜、掷柶游戏、摇象帽等朝鲜族特色民俗游戏项目，正宗的朝鲜族美食和精彩的朝鲜族歌舞吸引大量游客驻足观赏、体验；松原市推出"查干湖冰雪渔猎文化旅游节"，将早在辽金时期就享有盛名的传统渔业生产方式（习俗）延续与再现，并融入如祭湖仪式等丰富的民族文化元素，使其成为一种具有深厚文化底蕴的民俗活动，这一传统已被列入吉林省省级非物质文化遗产代表性名录，成为著名的吉林八景之一。此外，吉林省历史文化底蕴深厚，包括集安高句丽古迹、东北抗联遗址在内的 400 余处古城遗址成为东北文明最直接的见证，高句丽和磨盘村山城、长白山神庙遗址分别入选国家"百年百大考古发现""十大考古新发现"。这些都是带动冰雪产业发展的重要人文历史资源。

---

① 资料来源：吉林省人民政府网站。

二 吉林省冰雪产业及冰雪人才现状

(一)吉林省冰雪产业发展现状

近年来,吉林省不断释放冰雪资源的独特优势,冰雪产业发展在全国已经处于领先地位并逐渐与国际接轨,处于"冰雪经济"黄金运转期,拥有良好的市场发展前景与市场价值。

1. 冰雪产业发展总体势头迅猛

近年来,吉林省深挖冰雪特色资源,做大做强冰雪产业,以长春市、吉林市、延边州等地为代表的冰雪旅游目的地已经形成了较为完善的冰雪旅游产业链。截至2023年12月,吉林省拥有75家滑雪场,雪道总面积超1200公顷,雪道总长度358公里,拥有8.9万个冰雪资源单体,[①]"吉林冰雪领先全国"已经成为业界的广泛共识。根据2023年12月15日发布的《吉林省冰雪旅游国际化竞争指数》,吉林省冰雪旅游产业成绩突出,全国共34家滑雪场有脱挂式架空索道,吉林省有8个雪场、29条脱挂式架空索道,其中,北大湖滑雪场有9条脱挂式架空索道,数量领先于全国其他雪场,万科松花湖有6条,万达长白山有5条,通化万峰有4条,长白山华美胜地有2条,庙香山、莲花山、仙峰各有1条。截至2024年2月,由文化和旅游部、国家体育总局认定的26家国家级滑雪旅游度假地中,吉林省占5席,分别是吉林省北大湖滑雪度假地、松花湖滑雪旅游度假地、长白山滑雪旅游度假地、万峰滑雪旅游度假地、长白山池北区长白山滑雪旅游度假地,总量居全国第1位。吉林市北大湖滑雪度假区已成为亚洲单体规模最大的滑雪场,雪道面积240公顷,雪道数量64条,有11条缆车,运营床位近8000张。中国品牌联盟发布的《2022中国节庆品牌100强》报告显示,吉林省

[①] 张静姝:《吉林文旅:已有75家滑雪场,滑雪度假人次连续多年位居全国第一》,《新京报》2023年12月21日。

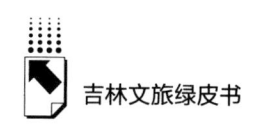

有2项冰雪类节庆活动上榜，分别为吉林国际雾凇冰雪节（第13位）、中国长春净月潭瓦萨国际滑雪节（第45位），上榜冰雪类节庆活动数量位居全国第1。吉林雪博会作为国内目前唯一一个以雪为主题的博览会，自2016年开始，已成功举办6届，是东北地区最具规模、最有影响力的冰雪产业综合商贸展洽活动，为国内外城市和企业搭建了合作交流的平台，有助于推动吉林省冰雪产业的发展和壮大，打造世界级冰雪品牌和冰雪旅游胜地。

2. 冰雪旅游人数和收入大幅提升

吉林省滑雪度假人次连续多年位居全国第1。2023年12月发布的《吉林省冰雪旅游国际化竞争指数》数据显示，2023年前三季度，在全国"四大"滑雪大区中，吉林省旅游增速排名第1，旅游人次达2.42亿次，同比增长154%，较2019年同期增长20%；吉林省旅游收入达4009亿元，同比增长245%，较2019年同期增长6%。2023~2024雪季，吉林省累计接待国内游客1.25亿人次，同比增长121%；实现旅游收入2419亿元，同比增长140%，两项指标均创历史新高。吉林省重点监测的9家滑雪度假区接待滑雪游客405万人次，同比增长47.9%，实现滑雪接待收入16.47亿元，同比增长37.1%；北大湖滑雪场累计接待游客85万人次、同比增长42%，累计收入4.4亿元、同比增长43%；吉林市万科松花湖度假区客流量突破76万人次，其中省外游客占比超70%；吉林省雪场单日最大接待规模15万人次，同比增长25%；冰雪乐园营业数量达158家，较上个雪季增长68%。2024年元旦、春节假期，携程平台预售吉林省滑雪订单量同比分别增长6倍、16倍。新雪季以来，吉林省长春龙嘉国际机场运输生产呈现明显的增长态势，机场平均客座率达到82.9%，机场航班量、旅客量恢复率均保持在国内千万级机场首位。[①] 截至2023年12月21日，长春龙嘉国际机场旅客吞吐量达1500万人次，再创历史新高。[②] 携程平台数据显示，2023~2024雪季吉林省酒店产品销售额同比增长89.1%，机票产品销售额同比增长73.2%，度假

---

① 资料来源：吉林省人民政府网站。
② 资料来源：长春市文化广播电视和旅游局综合整理自吉林机场集团、《长春日报》。

产品销售额同比增长274%，门票产品销售额同比增长81.5%。全国主要冰雪旅游目的地中，吉林省的度假产品、酒店产品、用车产品、门票产品等人均消费均排在第1位。

（二）吉林省冰雪人才现状

在冰雪旅游快速发展的强劲势头下，人才成了冰雪经济发展的重中之重。

1. 冰雪人才从业现状

吉林省冰雪经济发展火热，冰雪产业持续释放热效应，冰雪雕刻师、滑雪教练等成为热门职业，同时衍生出雪场规划师、冰灯雪景工、滑雪教练、电商卖鱼人等冰雪新职业，吸引大量出省打工的年轻人陆续返乡就业。近年来，吉林省高度重视冰雪旅游的全方位高质量发展，越来越多的冰雪雕刻师投身冰雪产业，充满艺术感的冰雕、雪雕能够展现冰雪文化，增强游客黏性，逐渐成为吉林冰雪产业链上的关键一环。吉林省广泛开展"百万青少年上冰雪"系列活动，冰雪运动爱好者体量日益庞大，很多滑雪运动员退役后成为教练员，助力冰雪运动的推广和普及。同时，冰雪装备需求量持续增加，吉林省依托专业冰雪人才优势，开展冰雪装备相关领域研发，积极发展冰雪装备制造产业。冰雪服务业是冰雪产业的核心，其中，冰雪场地运营至关重要。吉林省滑雪场数量多、品质佳，无论是专业赛道，还是大众场地，都有一群工作人员守护雪道的运营，提高雪道的品质，为体旅融合、提升游客冬日出游体验提供服务。但是，目前吉林省专业人才供不应求。由于冰雪专业人才培养周期长、成长路径窄，吉林省冰雪人才无论是数量上还是整体水平上，都难以满足市场需求。当前，吉林省冰雪运动教练员和管理人员大多是退役的职业运动员，供给严重不足。近年来，受国家"北冰南展西扩"等调动各省（区、市）开展冬季项目号召的影响，吉林省冬季项目人才也成为全国各地"挖人"的重点目标。由于经济发展相对滞后，吉林省冰雪产业相关的运动员、教练员、科研人员以及长期驻队管理人员普遍待遇不高。南方沿海发达省市优厚的待遇和训练条件，吸引了北方大批竞技体

育优秀后备人才、优秀运动员、教练员及辅助工作人员，这对吉林省竞技冰雪运动项目的发展产生长期的、连锁性的影响。吉林省现阶段雪场的管理者大多属于"跨界"或者"半路出家"，专业水平有待提升，雪场在经营过程中缺乏先进的经营理念，很多纸面上的规划也得不到落实，雪场内围绕"冰"和"雪"深度开发的产品不多，设施简陋，景观单调，容量不足，滑雪收益和其他服务收益相应较低。

2. 冰雪人才培养现状

近年来，冰雪产业发展迅速，人才市场出现缺口。吉林省广泛开展冰雪旅游人才培训、行业大赛等活动，不断创新冰雪人才培育模式，在冰雪运动、冰雪艺术和冰雪旅游等方面涌现出大量人才。截至2023年6月，吉林省依托国家文化和旅游人才培训基地，举办省级高山滑雪运动教师培训班、各类冰雪技能提升培训班等，完成培训人才近1000人次；鼓励9所高校开设冰雪运动体育专业，冰雪师资近200人，进一步夯实冰雪人才教育基础。① 吉林省体育局充分发挥高校作用，强化人才培养，助力吉林省冰雪产业实现高质量发展。2018年9月，北华大学在国内综合性大学中率先成立冰雪学院，2020年增设一个冰雪运动本科专业，三个专科专业〔电机设备维修与管理（冰雪装备维护与管理）、休闲体育（滑雪）、体育场地运营与管理（冰雪）〕；2021年，又增设2个专科专业（冰雪设施运维与管理、冰雪运动与管理）。2019年，吉林外国语大学国际文化旅游学院（国际冰雪学院）揭牌成立。2021年，依托吉林大学建设的冰雪旅游场地装备与智能服务技术文化和旅游部重点实验室成立，获批文化和旅游部第三批重点实验室，成为全国冰雪旅游研究方向唯一的部级重点实验室。2021年，吉林体育学院成立冰雪产业学院。2023年，东北师范大学成立冰雪学院。在冰雪专业人才方面，吉林省体育局积极构建"七位一体"滑雪巡救体系，这一体系将在多方面填补国内空白。吉林省制定的《滑雪场所巡查救助人员管理规范》（地方标准）已正式公布实施，提出的"滑雪巡救员"职业有望列入《中华人民共和国职业

---

① 资料来源：吉林省文化和旅游厅。

分类大典》。吉林省科技厅依托省级科技计划项目和创新平台建设的支持，为吉林省冰雪产业培育了一批优秀的科研团队，如吉林大学、长春工业大学、长春理工大学、北华大学冰雪装备旅游基础设施研发团队。吉林省与时俱进、多措并举，在冰雪人才培育方面驶上了快车道，助力吉林省冰雪产业发展。

三 吉林省冰雪人才培养的主要问题

新消费时代，冰雪旅游产业发展需要专业人才的支持。目前，吉林省冰雪人才培养还存在如下问题，影响了冰雪旅游产业的创新与发展。

（一）冰雪专业人才短缺，业务素质参差不齐

冰雪产业进入高速发展期，吉林省在冰雪场地的管理、维护与运营，冰雪机械操作，雪场救护等方面人才缺口依然较大，难以满足市场需求。与此同时，北京、河北等地加大了人才引进力度，吉林省冰雪人才流失现象严重。冰雪产业发展受季节和地域的影响，每年持续时间仅有3~4个月，职业连续性较差，从业人员缺乏提高专业水平的积极性，目前冰雪产业从业人员素质参差不齐，一些企业管理者急于抢占市场，降低人才招聘标准，部分从业人员仅经过短期培训就开始从业，存在讲解能力差、技术动作不标准等问题，对冰雪产业认识不足。

（二）专业教师人数较少，兼职教师水平不一

吉林省冰雪体育专业教师师资力量不足，学校进行冰雪运动教学时，只能对部分现有师资进行改造，不少冰雪方向教师是"半路出家"，具有"双师"资格的教师人数较少，影响教学效果。部分课程需要聘请校外教师或教练执教，兼职教师的水平不一，对冰雪课程的教学形成制约。专兼职搭配的教学方式，还存在冰雪知识与实践技能等方面的不足。以现有的师资情况，部分学校没有充分利用现有资源在校内开设冰雪及相关项目的选修课，不利于冰雪运动的普及和推广。在专业方面，冰雪体育方向专业的毕业生不

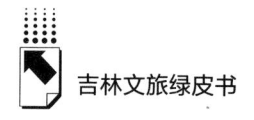

多，像轮滑、速度滑冰这类小众项目，引进专业体育教师难度大。专业教师工资待遇与滑雪场教练等职业差距较大，岗位竞争力不强，对专业人才的吸引力不够。

（三）课程设置缺乏创新，课程体系不够完善

在课程设置方面，高校对于冰雪课程开设的重视力度不够，冰雪专业课程种类较为单一，内容重复性较强，丰富多彩的冰雪活动、冰雪体育赛事等举办次数较少。非专业院校冰雪类选修课程设置较少，缺乏多样性，难以激发学生对冰雪运动学科的兴趣。一些院校冰雪体育课程设置不够全面，冰雪场地设备使用与维护、专业技能服务等课程设置不足，或未能与人才培养深度融合。专业体育院校虽然课程设置较为完善，但必修课程设置缺乏新意，课程开发和设置并没有完全紧跟经济社会发展的步伐。冰雪运动对场地等硬件设施要求较高，很多院校教学受条件限制，在社会实践等环节并没有突出冰雪专业特色，实际应用性较弱，难以快速有效地提高学生的专业冰雪技术水平。课程设置更关注提升运动技能，在服务类、文化类等常用知识方面有所欠缺，未能注重人文培养及全面发展，培养出的冰雪人才不能满足市场需求。

（四）教学质量有待提升，教学方式创新不足

冰雪复合型人才应该是善规划、懂管理、会经营的人才。在教学方法上，目前教学大纲和考评标准体系还不够健全，冰雪技能教学缺乏整体性与系统性，缺乏对冰雪企业人才需求的敏感度，在一定程度上影响了冰雪教学质量的提高和冰雪人才队伍的科学化建设。冰雪教师培训机会较少，采用多种教学方式的教师还在少数，教学方式需要进一步打磨创新。在理论知识方面，多数高校冰雪课程的教学方式以讲解示范教学为主，属于知识的单向传授，教学方法较为单一，未能将"教"与"学"很好的结合，未能充分调动学生学习的主动性、能动性与差异性，影响教学效果。在实践能力方面，没有很好地实现校内学习与校外实践的有效结合，容易出现教学偏差。

四　新消费时代吉林省冰雪人才培养路径

2023年末，冰雪旅游火爆出圈，带动了整个冰雪旅游热，吉林省相关产业也迎来了快速发展时期，这对专业人才、高端人才提出了更高的要求。吉林省应创新冰雪人才培养模式，培养出能促进冰雪产业发展的高质量人才，助力吉林冰雪产业发展迈上新台阶。

（一）夯实教学基础设施建设拓展社会资源共享教学场地

良好的教学场地与设施能确保冰雪教学的顺利开展。吉林省应积极打造高水平冰雪人才基地建设，加大经费投入力度，完善相关项目基础设施建设，解决硬件设施不完善的问题，为专业运动员提供专用训练雪道，大力改善学生"上冰难"的情况。共建冰雪实践基地，如冰雪项目高水平教练员培训基地、竞技体育专业人才实习基地、高水平竞技体育训练基地等，为培育吉林省冰雪旅游人才搭建学习实践平台。开设青少年后备人才培养实验班，在竞技体育人才流转、课程体系建设、师资互动联动等方面进行积极探索和尝试，通过异地训练、代训、共同举办冰雪项目或对抗类项目训练营等形式，大力培养青少年体育竞技后备人才。在校外承包场地以供学生冰上课程的教学。在拓展校外合作方面，尽可能结合社会力量，与政府、企业开展联合培养人才，采用"3+1"模式联合培养人才，按特色化模块建设，按专业化水平培养，按行业化要求管理，共建共享冰雪教学场地资源。鼓励冰雪运动相关企业为在校学生提供优惠政策，培养更多青少年学习冰雪运动的兴趣，激发学生参与冰雪运动的积极性。

（二）完善冰雪人才培养与保障体系

以高校培养为主、社会培养和引进为辅，积极培养冰雪产业专业管理及技术人才，建立科学的冰雪人才培养体系。提升冰雪教练员、管理人员等的待遇，完善冰雪人才引进政策，设置合理的冰雪人才评价标准，放宽冰雪人

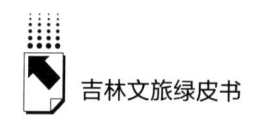

才职级晋升条件，打造吉林冰雪人才品牌，努力实现建设冰雪运动强省的奋斗目标。建立冰雪人才保障制度，打造稳定的冰雪人才队伍。对于现有冰雪产业复合型人才，体现人文关怀，提高冰雪人才的待遇和生活质量，让冰雪人才有归属感、荣誉感和价值感，激发冰雪产业从业人员工作积极性。制定冰雪人才选拔、任用制度，建立冰雪产业平台，分层培养人才，奖励有突出贡献的冰雪装备科技人才，充分发挥冰雪人才作用。鼓励企事业单位、科研机构人员参与科研成果转化。建立冰雪人才培养基金，对高科技、高技能的冰雪人才，给予住房、就业等方面政策倾斜，解决优秀冰雪人才后顾之忧。健全后备人才培养管理机制，通过企业培训、基地培养、高校合作等途径，建立学习型组织，实现良性循环，营造冰雪文化氛围，保持人才活力。

（三）补齐师资短板强化冰雪师资力量

教师队伍是冰雪体人才培养的坚强后盾，素质高、经验足的专业教师队伍可以带动各个教学环节的实现。针对目前的师资缺口，吉林省应充分利用现有的市场化教学资源，统筹规划冰雪师资力量，调整培养方案，按需引进冰雪师资队伍。大力拓展人才引进渠道，政府机构、教育部门可以制定特殊人才的引进策略，提高学校冰雪运动专业教师数量。创新招聘方式，采取教育局聘用、各学校轮岗的方式，减轻学校压力，提高用人效率。通过政府购买服务等方式，将中小学生送到社会冰雪场开展冰雪教学。对专业院校紧缺的冰雪师资，应拓宽学校准入机制，更看重专业水平和教学能力，适当放宽学历、户口、年龄限制等硬性要求。针对外聘教师资质问题，相关部门可以制定科学的考核制度，通过考核后可以破格录取。加强教师队伍建设并非一味追求教师数量，更要注重教师队伍质量。冰雪专业教师应抓住继续深造的机会，鼓励中、青年教师择优进行短期培训，积极参加研讨会、科研合作等，及时更新教育方法、教学理念，把求实创新能力作为一项系统工程来抓。逐步建立一支基础牢、专业稳，授课经验丰富的学习型教师团队。

（四）聚焦专业核心技能重构课程体系

冰雪课程建设是一项长期复杂的系统工程，要根据冰雪运动项目特点，遵循课程目标和教育原则与方法，聚焦核心技能，以理论知识、人文素养等为着力点，建立基础与专业、必修与选修、理论与实践课程相互渗透的主体课程结构。理论课程要顺应实际发展需要，关注乡村旅游、红色旅游等旅游新业态的前沿理论，设置案例分析、小组练习、模拟实验等环节，培养学生既能独立思考，又能集体协作解决问题。应增加冰雪运动专业学科的教学课时比重，进行金字塔式的教学培养模式，通识必修课要增加体育保健学、运动竞赛学等的课时比重。适当增加交叉学科选修课程，在达到既定培养要求的前提下，留给学生足够的选修余地，参加第二课堂活动，拓宽知识面，提高创造性。要强化实践教学，保证实践课时数的占比，多渠道、多途径、多方位灵活开展实践创新课程。增设具有国际特色的学科主题课程，定期邀请国内外优秀冰雪体育场馆管理者定期开展专题讲座，促进高水平教材建设和引进，加大英语教学比重，适应冰雪体育场馆国际化趋势。设置多种多样的冰雪特色课程，开展易于实施的雪地足球、雪地徒步等活动，大力开展校园冰雪体育赛事，营造校园冰雪运动氛围。推进冰雪课程改革实践，发挥人才力量共同研究、开发冰雪课程，探索以"玩雪、戏冰、增体质"为主旨的冰雪课程体系，激发学生学习的积极性。鼓励教师进行实验教学改革探索，设计和实施综合性和创新性实验，通过拓展性和个性化实验强化学生实践技能，不断调整和完善职业定位，巩固教学成果。

（五）"政企校联动"精准对接促就业

加强政、企、校多方合作，深化政府推动与社会力量相结合，精准开辟就业新通道。建立校企联合培养模式，高校应通过与企业联合制订培养计划，走校培企助、多源引智的资源整合之路。完善人才按需培养机制，通过"订单式""定向式""定岗式"培养，实现人才培养与社会需求的对接，提升毕业生的职业技能水平和适岗能力，实现专业技能培训和学生就业的有效衔接,以便为冰雪旅游产业人才培养工作提供重要保障。建立政企合作培养模式,吉林省政府可以结合企业人才需求、未来发展规划等制定冰雪旅游产业人才培养政策,制定冰雪旅游产业管理类人才培养目标、竞技类人才培养规划等,与企业做好密切配合,持续完善冰雪旅游产业人才团队。"政企校联动"人才培养模式可以加快推动冰雪旅游人才培养工作进程,政府应通过政策引导与财政投入,积极为冰雪人才创造更多就业岗位,鼓励各类企业积极拓岗,扩大应届毕业生招用比例。给予企业吸纳就业补贴、职业培训补贴等优惠政策。政府还应不断加大创业政策支持力度,为毕业生创业提供政策保障,鼓励冰雪专业人才以创业带动就业。鼓励高校开展技能型人才培养、实践型人才培养等工作,充分发挥"政企校联动"培养模式的优势。

参考文献

岳本奇等:《吉林省乡村振兴中的文旅产业机遇与挑战——基于冰雪经济与农业经济的分析》,《农业与技术》2024年7月30日。

刘廷艳:《热"雪"沸腾向未来》,《协商新报》2024年6月25日。

程俣薇、刘玉萍:《这个雪季吉林旅游创新高》,《中国旅游报》2024年4月16日。

魏彪:《"文旅不热都难,'文旅热'不持续下去也难"》,《中国旅游报》2024年3月12日。

汪志球、孟海鹰、门杰伟:《这个雪季,吉林省冰雪旅游市场异常火爆》,《人民日报海外版》2024年3月7日。

杨悦:《开年大"吉"》,《吉林日报》2024年2月26日。

安然:《释放冰雪"冷资源"的"热效应"》,《大连干部学报》2024年2月25日。

王培莲:《吉林:冰天雪地"热"青年创业欢》,《中国青年报》2024年1月12日。

杨浩、刘玉萍:《冰雪旅游有魅力,引客入吉有诚意》,《中国旅游报》2024年1月11日。

赵珊:《冰雪旅游热力十足》,《人民日报海外版》2024年1月10日。

李志刚:《近七成受访者希望体验冰雪休闲旅游》,《中国旅游报》2024年1月8日。

丁莉:《冰雪游热度持续走高》,《长春日报》2023年12月24日。

李娜:《以人大监督力量推动吉林旅游高质量发展》《吉林日报》2023年12月

6 日。

申琳：《吉林省冰雪旅游人才培养研究》，《文化创新比较研究》2023 年 5 月 11 日。

蒲钰、刘玉萍：《冷资源变热产业 助力吉林旅游"万亿级"产业建设》，《中国旅游报》2023 年 2 月 16 日。

徐群贺、仝菲：《后冬奥背景下吉林省冰雪旅游产业人才培养探究》，《旅游与摄影》2022 年 12 月 23 日。

刘雪冬、刘玉萍：《吉林上下铆足干劲冰雪产业体质升级》，《中国旅游报》2022 年 9 月 29 日。

杨安娣：《坚定落实省第十二次党代会部署要求 推动吉林文化和旅游高质量发展》，《新长征》2022 年 8 月 1 日。

孙运财：《家庭体育对儿童发展冰雪运动的思考》，《冰雪体育创新研究》2022 年 7 月 10 日。

查甜甜：《湖北省滑雪旅游现状及可持续发展对策研究》，《冰雪体育创新研究》2022 年第 19 期。

叶小瑜：《体育旅游专业人才培养研究：需求、问题与策略》，《盐城工学院学报》（社会科学版）2022 年第 5 期。

支晓晔、甘静：《冰雪旅游产业研究综述与展望》，《当代经济》2022 年第 7 期。

杨佳、李保玲、杨春媛：《冬奥会背景下冰雪人才培养的困境与模式创新——以哈尔滨体育学院本科为例》，《冰雪运动》2021 年第 6 期。

谢方、张晨霖、许畅：《吉林省描绘冰雪产业高质量发展新蓝图》，《东北之窗》2022 年第 1 期。

杜兰杰、张宏波：《高校对冰雪运动后备人才培养的作用研究》，《辽宁高职学报》2022 年第 6 期。

蒋抒博：《吉林省冰雪产业发展现状及对策研究》，《税务与经济》2019 年第 1 期。

社会科学文献出版社

皮 书
智库成果出版与传播平台

❖ 皮书定义 ❖

皮书是对中国与世界发展状况和热点问题进行年度监测，以专业的角度、专家的视野和实证研究方法，针对某一领域或区域现状与发展态势展开分析和预测，具备前沿性、原创性、实证性、连续性、时效性等特点的公开出版物，由一系列权威研究报告组成。

❖ 皮书作者 ❖

皮书系列报告作者以国内外一流研究机构、知名高校等重点智库的研究人员为主，多为相关领域一流专家学者，他们的观点代表了当下学界对中国与世界的现实和未来最高水平的解读与分析。

❖ 皮书荣誉 ❖

皮书作为中国社会科学院基础理论研究与应用对策研究融合发展的代表性成果，不仅是哲学社会科学工作者服务中国特色社会主义现代化建设的重要成果，更是助力中国特色新型智库建设、构建中国特色哲学社会科学"三大体系"的重要平台。皮书系列先后被列入"十二五""十三五""十四五"时期国家重点出版物出版专项规划项目；自2013年起，重点皮书被列入中国社会科学院国家哲学社会科学创新工程项目。

皮书网

（网址：www.pishu.cn）

发布皮书研创资讯，传播皮书精彩内容
引领皮书出版潮流，打造皮书服务平台

栏目设置

◆ 关于皮书
何谓皮书、皮书分类、皮书大事记、
皮书荣誉、皮书出版第一人、皮书编辑部

◆ 最新资讯
通知公告、新闻动态、媒体聚焦、
网站专题、视频直播、下载专区

◆ 皮书研创
皮书规范、皮书出版、
皮书研究、研创团队

◆ 皮书评奖评价
指标体系、皮书评价、皮书评奖

所获荣誉

◆ 2008年、2011年、2014年，皮书网均在全国新闻出版业网站荣誉评选中获得"最具商业价值网站"称号；
◆ 2012年，获得"出版业网站百强"称号。

网库合一

2014年，皮书网与皮书数据库端口合一，实现资源共享，搭建智库成果融合创新平台。

皮书网

"皮书说"微信公众号

权威报告·连续出版·独家资源

皮书数据库
ANNUAL REPORT(YEARBOOK) DATABASE

分析解读当下中国发展变迁的高端智库平台

所获荣誉

- 2022年，入选技术赋能"新闻+"推荐案例
- 2020年，入选全国新闻出版深度融合发展创新案例
- 2019年，入选国家新闻出版署数字出版精品遴选推荐计划
- 2016年，入选"十三五"国家重点电子出版物出版规划骨干工程
- 2013年，荣获"中国出版政府奖·网络出版物奖"提名奖

皮书数据库 ｜ "社科数托邦"微信公众号

成为用户

登录网址www.pishu.com.cn访问皮书数据库网站或下载皮书数据库APP，通过手机号码验证或邮箱验证即可成为皮书数据库用户。

用户福利

- 已注册用户购书后可免费获赠100元皮书数据库充值卡。刮开充值卡涂层获取充值密码，登录并进入"会员中心"—"在线充值"—"充值卡充值"，充值成功即可购买和查看数据库内容。
- 用户福利最终解释权归社会科学文献出版社所有。

卡号：743481161529
密码：

数据库服务热线：010-59367265
数据库服务QQ：2475522410
数据库服务邮箱：database@ssap.cn
图书销售热线：010-59367070/7028
图书服务QQ：1265056568
图书服务邮箱：duzhe@ssap.cn

S 基本子库
UB DATABASE

中国社会发展数据库（下设12个专题子库）

紧扣人口、政治、外交、法律、教育、医疗卫生、资源环境等12个社会发展领域的前沿和热点，全面整合专业著作、智库报告、学术资讯、调研数据等类型资源，帮助用户追踪中国社会发展动态、研究社会发展战略与政策、了解社会热点问题、分析社会发展趋势。

中国经济发展数据库（下设12专题子库）

内容涵盖宏观经济、产业经济、工业经济、农业经济、财政金融、房地产经济、城市经济、商业贸易等12个重点经济领域，为把握经济运行态势、洞察经济发展规律、研判经济发展趋势、进行经济调控决策提供参考和依据。

中国行业发展数据库（下设17个专题子库）

以中国国民经济行业分类为依据，覆盖金融业、旅游业、交通运输业、能源矿产业、制造业等100多个行业，跟踪分析国民经济相关行业市场运行状况和政策导向，汇集行业发展前沿资讯，为投资、从业及各种经济决策提供理论支撑和实践指导。

中国区域发展数据库（下设4个专题子库）

对中国特定区域内的经济、社会、文化等领域现状与发展情况进行深度分析和预测，涉及省级行政区、城市群、城市、农村等不同维度，研究层级至县及县以下行政区，为学者研究地方经济社会宏观态势、经验模式、发展案例提供支撑，为地方政府决策提供参考。

中国文化传媒数据库（下设18个专题子库）

内容覆盖文化产业、新闻传播、电影娱乐、文学艺术、群众文化、图书情报等18个重点研究领域，聚焦文化传媒领域发展前沿、热点话题、行业实践，服务用户的教学科研、文化投资、企业规划等需要。

世界经济与国际关系数据库（下设6个专题子库）

整合世界经济、国际政治、世界文化与科技、全球性问题、国际组织与国际法、区域研究6大领域研究成果，对世界经济形势、国际形势进行连续性深度分析，对年度热点问题进行专题解读，为研判全球发展趋势提供事实和数据支持。

法律声明

"皮书系列"(含蓝皮书、绿皮书、黄皮书)之品牌由社会科学文献出版社最早使用并持续至今,现已被中国图书行业所熟知。"皮书系列"的相关商标已在国家商标管理部门商标局注册,包括但不限于LOGO( )、皮书、Pishu、经济蓝皮书、社会蓝皮书等。"皮书系列"图书的注册商标专用权及封面设计、版式设计的著作权均为社会科学文献出版社所有。未经社会科学文献出版社书面授权许可,任何使用与"皮书系列"图书注册商标、封面设计、版式设计相同或者近似的文字、图形或其组合的行为均系侵权行为。

经作者授权,本书的专有出版权及信息网络传播权等为社会科学文献出版社享有。未经社会科学文献出版社书面授权许可,任何就本书内容的复制、发行或以数字形式进行网络传播的行为均系侵权行为。

社会科学文献出版社将通过法律途径追究上述侵权行为的法律责任,维护自身合法权益。

欢迎社会各界人士对侵犯社会科学文献出版社上述权利的侵权行为进行举报。电话:010-59367121,电子邮箱:fawubu@ssap.cn。

社会科学文献出版社